Peter Schettgen, Alex Ferstl, Barbara Bous (Hrsg.)

Einmischen necessary!

Gesellschaftliche Verantwortung und politische Beteiligung in der Erlebnispädagogik

ziel

Dieser Titel ist auch als eBook erhältlich
ISBN 978-3-96557-101-3
Sie finden uns im Internet unter www.ziel-verlag.de

Bibliografische Information der Deutschen Nationalbibliothek
Die Deutsche Nationalbibliothek verzeichnet diese Publikation in der Deutschen Nationalbibliografie; detaillierte bibliografische Daten sind im Internet über *http://dnb.d-nb.de* abrufbar.

Printed in Germany

ISBN 978-3-96557-100-6

Verlag: ZIEL – Zentrum für interdisziplinäres erfahrungsorientiertes Lernen GmbH
Zeuggasse 7 – 9, 86150 Augsburg, www.ziel-verlag.de
1. Auflage 2021

Abbildungen: von den Autorinnen und Autoren (außer anders gekennzeichnet),
Titelbild: paulaphoto/shutterstock.com

Gesamtherstellung:
FRIENDS Menschen Marken Medien, www.friends.ag

Einmischen necessary!
Gesellschaftliche Verantwortung und politische Beteiligung in der Erlebnispädagogik

Peter Schettgen
Alex Ferstl
Barbara Bous
(Hrsg.)

ziel
www.ziel-verlag.de
erlebenundlernen
Internationaler Kongress

Einmischen necessary! Gesellschaftliche Verantwortung und politische Beteiligung in der Erlebnispädagogik

Teil I: Einmischung – Generelle erlebnispädagogische Ansätze

Teil II: Einmischung – Empirische Evidenz und Erfahrungsberichte

Teil III: Einmischung – Praxisbezogene Perspektiven

Prof. Dr. Peter Schettgen

Peter Schettgen, Diplom-Psychologe, ist Leiter des Key Competence Programms an der Wirtschaftswissenschaftlichen Fakultät der Universität Augsburg. Zuvor war er geschäftsführender Direktor des universitären Zentrums für Weiterbildung und Wissenstransfer (2007 – 2017). Von 2016 – 2018 Mitglied im SprecherInnen-Rat (davon 2017 – 2018 als Vorsitzender) der Landesgruppe Bayern der Deutschen Gesellschaft für Wissenschaftliche Weiterbildung und Fernstudien (DGWF). Er ist Autor zahlreicher wirtschaftspsychologischer und -pädagogischer Publikationen. Promotion (1990) im Bereich der Führungspsychologie, Habilitation (1998) über Konfliktmanagement.

Seine Arbeitsschwerpunkte in Forschung, Lehre und Weiterbildung sind Personalführung, Personalentwicklung und Personalbeurteilung. Sein Spezialgebiet ist die Führungskräfteentwicklung auf Basis der japanischen Bewegungskunst „Aikido". Mitglied im Board of Directors (1999 – 2004) und seit 2005 Mitglied im Advisory Board von Aiki Extensions Inc., Chicago (USA), einer gemeinnützigen Organisation zur Unterstützung und Verbreitung von Aikido-Anwendungen außerhalb des traditionellen Übungssettings.

Peter Schettgen praktizierte Aikido regelmäßig von 1980 – 2012, unterrichtete seit 1992. Er gründete und leitete eine Aikido-Übungsstätte in Augsburg (1992-2012) und erwarb zuletzt den 4. Dan (Meistergrad). Nach wie vor wendet er die Aikido-Prinzipien und -Körperübungen in seinen Führungskräfte-Trainings bei Themen wie Konflikt-, Change- und Stressmanagement, Resilienz, Emotionale Intelligenz usw. an. Durch die Nutzung des Aikido als Methode handlungs- und erfahrungsorientierten Lernens kam der Kontakt mit der Erlebnispädagogik zustande: Gründungsmitglied der Interdisziplinären Initiative Erlebnispädagogik (IIE) an der Universität Augsburg (seit 1996) und Mitglied im Organisationsteam für den Kongress „erleben und lernen" an der Universität Augsburg (seit 2000). Seit 2019 Mitglied im Wissenschaftlichen Beirat der Zeitschrift „e&l – erleben und lernen".

E-Mail: peter.schettgen@wiwi.uni-augsburg.de

Website: www.wiwi.uni-augsburg.de/kcp

Dipl.-Päd. Univ. Alex Ferstl

Alex Ferstl ist geschäftsführender Gesellschafter der Kommunikations-, Marketing- und Werbeagentur FRIENDS Menschen Marken Medien sowie von ZIEL – Zentrum für interdisziplinäres erfahrungsorientiertes Lernen GmbH. Er ist Autor und Herausgeber zahlreicher pädagogischer Publikationen.

Seine Arbeitsschwerpunkte als Verleger sind die Entwicklung, Herstellung und der Vertrieb von Büchern, Zeitschriften und Seminarmaterial zu Erlebnispädagogik und Weiterbildung, Kongressmanagement sowie zu Organisations- und Personalentwicklung. Dabei besteht eine enge Kooperation mit der Universität Augsburg. Als Inhaber einer Werbeagentur liegt der Arbeitsschwerpunkt auf strategischer Konzeption und Marketingplanung sowie dem integrierten Einsatz von Off- und Online-Medien.

Alex Ferstl studierte in Augsburg Betriebswirtschaft und Diplom-Pädagogik (Schwerpunkte: Jugend- und Erwachsenenbildung, Freizeitpädagogik, Psychologie, Soziologie). Von 1996 – 2002 war er Mitglied der Bundesleitung DPSG (Deutsche Pfadfinderschaft Sankt Georg), 2004 – 2014 Vorstand der Stiftung DPSG. U.a. Mitglied im Lions-Club Augsburg-Elias Holl und Vorstand der Konzerte im Fronhof e.V.

Durch das langjährige Engagement in der Pfadfinderbewegung kam zwangsläufig der Bezug zur Erlebnispädagogik zustande: Gründungsmitglied der Interdisziplinären Initiative Erlebnispädagogik (IIE) an der Universität Augsburg und Mitglied im Organisationsteam für den Kongress „erleben und lernen“ an der Universität Augsburg (seit 1996). Alex Ferstl ist Erlebnispädagoge be®.

E-Mail: ferstl@ziel.org

Website: www.ziel-verlag.de

Dr. phil. Barbara Bous

Barbara Bous, Diplom-Pädagogin, ist langjährige wissenschaftliche Mitarbeiterin an der Philosophisch-Sozialwissenschaftlichen Fakultät der Universität Augsburg. Sie ist verantwortlich für die Beratung und Lehre im Zusatzmodul Erlebnispädagogik, welches sie, wie es seit der Bologna Reform an der Universität angeboten wird, mitentwickeln und gestalten konnte. Im Rahmen ihrer universitären und freiberuflichen Tätigkeit arbeitet sie gerne im Naturraum. Dabei legt sie besonderes Augenmerk auf eine naturbezogene und kleinschrittige Erlebnispädagogik, die mit allen Sinnen begreifbar ist.

Ihre Arbeitsschwerpunkte in Forschung, Lehre und Weiterbildung sind Erlebnispädagogik in Theorie und Praxis, Pädagogische Gesprächsführung und Begleitung von Gruppen, Prozessgestaltung, -begleitung und Kommunikation in (erlebnis-) pädagogischen Settings sowie Förderung von Resilienz durch handlungsorientierte Methoden.

Neben unterschiedlichen Publikationen zur Erlebnispädagogik ist sie Teil des Organisationsteams für den Kongress „erleben und lernen" an der Universität Augsburg und der „Wissenschaftlichen Tagung für Erlebnispädagogik".

Seit 2018 ist Barbara Bous im Vorstand des Bundesverband Individual- und Erlebnispädagogik e.V. (be) aktiv. Sie leitet die Fachgruppe Erlebnistherapie und begleitet die Fachgruppe Aus- und Weiterbildung. Im Rahmen dieser Arbeit hat sie an der Entwicklung des Berufsbilds Erlebnispädagoge*in, dem Erlebnispädagoge*in-be® sowie am Selbstverständnis Erlebnistherapie mitgewirkt.

Seit 2021 engagiert sie sich im wissenschaftlichen Beirat des Bündnis Schul- und Klassenfahrten und unterstützt die Entwicklung und Etablierung von Erlebnispädagogik als Bildungsmedium.

E-Mail: barbara.bous@phil.uni-augsburg.de

Website: https://www.philso.uni-augsburg.de/lehrstuehle/paedagogik/paed1/mitarbeiterInnen/Bous/

Vorwort der Herausgeber

Am 14. Juni 2021 ist in Ungarn das sog. LGBTQ[1]-Gesetz in Kraft getreten, das die Informationsrechte von Jugendlichen im Hinblick auf Homosexualität und Transsexualität deutlich einschränkt. So verbietet das Gesetz z.B. Bücher, Filme und andere Inhaltsträger, die Kindern und Jugendlichen zugänglich sind und in denen von der Heterosexualität abweichende sexuelle Praktiken dargestellt werden. Auch jede Art von Werbung, in der Homosexuelle oder Transsexuelle als Teil der Normalität erscheinen, gilt seitdem als Straftatbestand[2]. Trotz massiver Proteste von großen Teilen der Landesbevölkerung, zahlreicher öffentlicher Demonstrationen im In- und Ausland sowie der vehementen Kritik der EU-Kommission und von insgesamt siebzehn EU-Mitgliedsstaaten hält der ungarische Ministerpräsident Viktor Orbán weiter an seinem umstrittenen Gesetz fest. EU-Kommissionschefin Ursula von der Leyen bezeichnet das Gesetz wortwörtlich als „Schande", weil dadurch Menschen aufgrund ihrer sexuellen Orientierung diskriminiert werden[3].

Vor diesem Hintergrund entscheidet der Münchner Stadtrat, anlässlich des Gruppenspiels in der Fußball-Europameisterschaft Deutschland gegen Ungarn am 23.06.2021 ein Zeichen für Vielfalt und Weltoffenheit zu setzen und die städtische Fußballarena während des Spiels in Regenbogenfarben erstrahlen zu lassen. Der Oberbürgermeister der Stadt München, Dieter Reiter, wendet sich mit einer entsprechenden Petition an den UEFA-Präsidenten Alexander Ceferin: „Ich bitte Sie deshalb, gemeinsam mit dem DFB an diesem Tag und während des Spiels eine Beleuchtung der Arena in Regenbogenfarben zu ermöglichen und so ein weithin sichtbares Signal für unser gemeinsames Werteverständnis zu senden (…) sich auch darüber hinaus gerade aus Anlass der EURO 2020 mit deren medialer Reichweite nachdrücklich und sichtbar für Toleranz und Gleichstellung einzusetzen."[4]

Einen Tag vor dem Spiel weist die UEFA den Antrag aus München zurück. Die UEFA sei "aufgrund ihrer Statuten eine politisch und religiös neutrale Organisation. Angesichts des politischen Kontextes dieser speziellen Anfrage – eine Botschaft, die auf

---

[1] Die Abkürzung *LGBTQ* steht für lesbische, schwule, bisexuelle, transsexuelle, transgender, queere, intersexuelle und asexuelle Menschen.

[2] https://www.tagesschau.de/ausland/ungarns-praesident-orban-will-gesetz-zur-homsexualitaet-nicht-zuruecknehmen-101.html (Abruf am 01.07.2021 um 17:15 Uhr).

[3] https://www.tagesschau.de/ausland/ungarns-praesident-orban-will-gesetz-zur-homsexualitaet-nicht-zuruecknehmen-101.html (Abruf am 01.07.2021 um 17:15 Uhr).

[4] https://www.br.de/nachrichten/sport/muenchen-allianz-arena-in-regenbogenfarben-dieter-reiters-brief-an-ceferin,Sax5F4T (Abruf am 01.07.2021 um 17:39 Uhr).

eine Entscheidung des ungarischen Parlaments abzielt - muss die UEFA diese Anfrage ablehnen".[5] Die Ablehnung kommentiert der Münchner Oberbürgermeister mit den Worten: "Ich finde es beschämend, dass die UEFA uns verbietet, ein Zeichen für Vielfalt, Toleranz, Respekt und Solidarität zu setzen. Ich bin auch enttäuscht vom DFB, der trotz der überragenden Zustimmung aus der ganzen Republik sich nicht in der Lage sehen wollte, das Ergebnis zu beeinflussen."[6] Die Antwort der UEFA löst Bedauern und Ärger bei vielen Verantwortlichen in Sport, Medien und Politik aus. Durch die virale Verbreitung empörter Reaktionen wird ein regelrechter „Bumerang-Effekt" ausgelöst, bei dem den Werten der Freiheit und Gleichheit (auch im Hinblick auf die sexuelle Orientierung) mehr öffentliche Beachtung denn je geschenkt und der Ruf nach Emanzipation immer lauter wird.

Seltsam an der Begründung der UEFA erscheint, dass Politik und Sport symbolisch getrennt werden sollen, nachdem sie doch historisch immer schon eine (häufig auch staatlich gewollte und geförderte) Einheit gebildet haben. Dies wird allerdings verdrängt oder verschwiegen, ebenso wie die handfesten politischen Interessen hinter den Kulissen der UEFA, die offenbar Rücksichtnahmen oder Gefälligkeiten gegenüber dem ungarischen Staat oder seiner Repräsentanten erforderlich machen. Zudem muss man sich fragen, was eigentlich an der Forderung nach Regenbogenfarben „politisch" ist, wenn die EU nicht nur einen Markt oder eine Währungsunion, sondern in erster Linie eine Wertegemeinschaft darstellt – und wenn eine Fußballmeisterschaft, die in und für Europa stattfindet, sich im Kontext dieser Wertegemeinschaft bewegt. Werte zu adressieren wie Freiheit, Toleranz, Vielfalt, Gleichstellung, Demokratie und Mitbestimmung: sollte dies nicht viel mehr eine Selbstverständlichkeit als ein Politikum sein? Ist es stattdessen nicht ein Skandal, dass die ungarische Staatsregierung – legitimiert durch einen Parlamentsbeschluss – in provokanter Weise dieses Wertefundament ignoriert, das ihr zugleich die Mitgliedschaft in der Europäischen Gemeinschaft erlaubt?

Natürlich kann und darf man bei diesen Fragen und den Antworten, nach denen sie verlangen, unterschiedlicher Meinung sein, und natürlich sollte bei allen Antworten auch ein kritisches Reflexionsvermögen nicht fehlen. Interessant ist jedoch, dass trotz oder gerade wegen des Verbots einer Stadionbeleuchtung in Regenbogenfarben zahlreiche Aktionen der Einmischung gestartet wurden, die rechtlich nicht zu verhindern

---

[5] https://www.tagesschau.de/sport/uefa-zu-regenbogenfarben-101.html (Abruf am 01.07.2021 um 18:18 Uhr).

[6] https://www.ndr.de/sport/fussball/Regenbogen-Entscheidung-Nordclubs-setzen-Zeichen-fuer-Toleranz,regenbogenfarben100.html

waren und damit zugleich die Spielräume aufzeigen, die für die zivile Meinungsbekundung genutzt wurden. So entschieden sich viele große deutsche Städte, die Arenen ihrer Fußballvereine am Tage des EM-Spiels gegen Ungarn bunt zu illuminieren: wie z.B. Berlin, Frankfurt, Düsseldorf, Köln, Wolfsburg, Augsburg… [7] Viele Fußballclubs reagierten in den sozialen Netzwerken, andere hissten vor ihren Stadien Regenbogenflaggen. Auch große Vereine anderer Sportarten jenseits des Fußballs schlossen sich diesen Aktionen an.[8] Der Kapitän der deutschen Fußball-Nationalmannschaft, Manuel Neuer, trug bereits vor dem öffentlichen Eklat eine Armbinde in Regenbogenfarben, nutzte damit eine Regelungslücke der UEFA und schaffte Fakten. Am Tag des EM-Spiels wurden durch mehrere organisierte Initiativen Fähnchen, Regenschirme, Alltagsmasken und Trikots in Regenbogenfarben an die Fußballfans ausgeteilt, um weitere Zeichen zu setzen. Auch die Kritik der Sport-Journalist*innen und –Kommentator*innen riss nicht ab – man könnte im Nachhinein sagen, um in der Sprache des Fußballs zu bleiben, dass sich die UEFA mit ihrer Entscheidung ein echtes „Eigentor“ geschossen hat.

Dieses aktuelle Beispiel soll die Dimension der Dynamik aufzeigen, die aus der Überzeugung für Menschenrechte entstehen kann. Damit soll nicht behauptet werden, dass die genannten Aktionen erlebnispädagogische Projekte im engeren Sinne darstellen. Sie zeigen jedoch, wie man durch eigenes, beherztes Handeln die öffentliche Aufmerksamkeit auf etwas lenken, die politische Willensbildung beeinflussen und durch den Erlebnischarakter der gewählten Maßnahmen das Bewusstsein für Missstände schärfen kann. Demokratieuntergrabende oder –feindliche Strukturen lassen sich aufgrund ihres enormen Beharrungsvermögens nicht schnell und ohne weiteres aufweichen oder brechen. Die Chance der Einmischung besteht jedoch darin, dass man über erlebnisorientierte Aktionen die Aufmerksamkeit der Menschen auf prekäre Sachverhalte oder gefährdete Werte lenken und Andere zum Mitmachen bewegen kann. Es ist zumindest auch das *Erleben* des Regenbogens und des damit einhergehenden *Handelns*, welche die öffentliche Meinung angeregt und diese so formiert haben, dass damit Druck auf bestehende Machtmechanismen sowie diejenigen Persönlichkeiten ausgeübt werden konnte, die von diesen Machtmechanismen profitieren.

Spätestens hier sind wir beim zentralen Thema dieses Buches angelangt: „Einmischung“. Der Titel des letzten Kongresses „erleben und lernen“ und des entsprechenden Tagungsbandes aus dem Jahr 2018 lautete „Einmischen possible!“. Bereits damals

---

[7] https://www.sueddeutsche.de/sport/fussball-regenbogen-beleuchtung-in-mehreren-deutschen-staedten-dpa.urn-newsml-dpa-com-20090101-210622-99-99142

[8] https://www.ndr.de/sport/fussball/Regenbogen-Entscheidung-Nordclubs-setzen-Zeichen-fuer-Toleranz,regenbogenfarben100.html

wurde sichtbar, dass sich viele Erlebnispädagog*innen in Form von Trainings, Weiterbildungen oder eigenem Handeln einmischen, so z.B. in Fragen der Nachhaltigkeit, Demokratie oder Politik und in weiteren Bereichen. Der Aufruf 2018 hatte einige nachhaltige Folgen wie zum Beispiel die Entstehung verschiedener Positionspapiere[9] oder veränderter Handlungsweisen. Dennoch haben wir als Kongressveranstalter*innen und Herausgeber*innen des vorliegenden Buches heute, drei Jahre danach, nicht das Gefühl, dass sich die weltweite Lage im Hinblick auf gesellschaftliche, wirtschaftliche, technologische und ökologische Herausforderungen signifikant verbessert hätte. Im Gegenteil. Um nur einige Beispiele zu nennen: Gesellschaftlich spreizt sich die Schere zwischen „arm“ und „reich“ weiter auf (national und international), wirtschaftlich droht ganzen Staaten der Kollaps, technologisch können wir die Folgen digitaler Transformation für unser Leben kaum beurteilen – geschweige denn: kontrollieren; und ökologisch schreitet der Klimawandel immer weiter voran, obwohl hochrangige Politiker*innen nicht müde werden, immer neue und noch anspruchsvollere Klimaziele zu formulieren. Das Alles erinnert an „kalkulierten Wahnsinn“, der durch die Corona-Krise und die durch sie bewirkten widersprüchlichen Reaktionen, u.a. von Wissenschafler*innen, Ärzt*innen, Journalist*innen, Politiker*innen und Bürger*innen, nochmals zusätzliche Schubkraft erhalten hat.

Vor diesem Hintergrund, der eher Anlass zur Verwirrung als zur Gewinnung von Klarheit gibt, haben wir uns im Organisationsteam für den Kongress „erleben und lernen“ in diesem Jahr entschlossen, das Thema „Einmischung“ ein weiteres Mal aufzugreifen und die damit verbundene Forderung zu verschärfen: „Einmischen necessary!“ heißt das neue Motto, denn es ist an der Zeit, JETZT zu handeln. Damit stellt sich erneut die Frage, welche Chancen der Einmischung durch die Erlebnispädagogik eröffnet werden, aber auch unbedingt ergriffen werden sollten, um einen Beitrag zur Verbesserung der bedrohlichen Weltlage zu leisten. Zusätzlich möchten wir dazu anstiften, mehr voneinander zu erfahren, andere Herangehensweisen kennen zu lernen, eigene Handlungsweisen nachzuschärfen, neue Ideen zu entwickeln sowie durch die Verbundenheit miteinander größer, stärker und damit letztlich kraftvoller zu werden. Die Kernbotschaft lautet: Jede(r) Einzelne von uns, der sich erlebnispädagogisch engagiert, kann etwas tun, und durch gemeinsames, solidarisches Handeln wird der Impact deutlich größer. Gerade Erlebnispädagog*innen müssen in einer Erlebnisgesellschaft weiterdenken und durch Handeln nachdrücklich Selbstwirksamkeitserfahrungen ermöglichen, um damit eine Multiplikation veränderter Denk- und Handlungsstrukturen bei Menschen zu bewirken! Wie man in effektiver und vielfältiger Weise den Gedanken

---

[9] Bspw. das Positionspapier zur gesellschaftspolitischen Dimension des Bundesverbands Individual- und Erlebnispädagogik e.V., vgl. www.bundesverband-erlebnispaedagogik.de/fileadmin/user_upload/be-ep.de/Dateien/Pdf/Downloads/20-05-27_position_gesell.polit_dimension_erlebnispaedagogik.pdf

der Einmischung erlebnispädagogisch aufgreifen und in die Tat umsetzen kann, zeigen die Beiträge in diesem Band aus drei verschiedenen Sichtweisen: Im ersten Teil werden generelle Ansätze erlebnispädagogischer Einmischung dargestellt; der zweite Teil verweist auf empirische Evidenz und Erfahrungsberichte, während der dritte Teil praxisbezogene Perspektiven eröffnet.

Generelle Ansätze erlebnispädagogischer Einmischung beleuchten unterschiedliche Zugänge, Möglichkeiten oder Ansatzpunkte, auf deren Basis ein Einmischen, eine Entwicklung oder Veränderung möglich wird. Hier haben wir Beiträge eingeordnet, die sich beispielsweise mit einer speziellen Theorie oder einem bestimmten Ansatz im Bereich der Erlebnispädagogik beschäftigen und diese wiederbeleben, weiterentwickeln oder sogar auf eine höhere Ebene heben, um damit ein Einmischen der Erlebnispädagogik anzustoßen. Um dies zu verdeutlichen, soll der Beitrag von Gunnar Liedtke beispielhaft dienen. Hier wird der Ansatz des „Leave no trace" hin zu einem umfassenderen, tiefgreifenderen und ganzheitlicheren Grundgedanken der umweltethischen Betrachtung geführt. Auf dieser Basis wird ein Weiterdenken der erlebnispädagogischen Herangehensweise und Haltung gefordert. Mit diesem Grundanliegen sehen wir inhaltlich– neben Gunnar Liedkte – auch die Beiträge von Franz Josef Radermacher, Jürgen Einwanger, Reinhard Zwerger, Wolfgang Wahl, Jakob von Au, Lea Menzi, Rolf Jucker, Daniel Merz, Rahel Drüen und Thorsten Späker, Hanna Beißert, Dieter Gremel, Julia Rappich und Paul Rameder sowie Birgit Martini.

Im zweiten Teil dieses Bandes möchten wird den Blick auf empirische Evidenz und Erfahrungsberichte lenken. Unter dieser Rubrik werden Implikationen zur wissenschaftlichen Beforschung und theoretische Diskussionen gebündelt. Des Weiteren sehen wir in diesem Teil Erfahrungsberichte des Einmischens in unterschiedlichen Kontexten und dessen Auswirkungen oder erste Entwicklungen. Als Erfahrungsbericht des Einmischens und der klaren Botschaft daraus „Jede(r) kann etwas tun UND bewirken!" soll beispielhaft der Beitrag von Heike Lorenz Erwähnung finden. Lorenz beschreibt die Ausgangslage einer politischen Veränderung und entscheidende (negative) Folgen für Kinder- und Jugendliche als Hilfeempfänger. Auf Basis dieser Herausforderung wurde ein Masterplan zur Veränderung der Reform des SGB VIII entwickelt und durchgeführt, mit dem Ergebnis, dass es weiterhin individuellere Hilfsmaßnahmen für Kinder und Jugendliche in dieser Form geben wird. Ramona Schneider und ihr Beitrag zur Genderkonstruktion in der erlebnispädagogischen Praxis wird als Beispiel für die empirischen Evidenz gewählt. Schneider beleuchtet unhinterfragte, scheinbar unveränderliche Genderkonstruktionen in der erlebnispädagogischen Praxis und die damit verbundenen Wirkungen. Neben Heike Lorenz und Ramona Schneider liegen in der skizzierten Ausrichtung weitere Beiträge von Jule Hildmann, Simon White und Joanna Bochniarz, Manuel Sand und Angela Novotny, des Organisationskreis der Konferenz Bildung Macht Zukunft, Elmar Straube und Bertram Böhm vor.

Der dritte Teil eröffnet unterschiedliche praxisbezogene Perspektiven, wie Einmischen stattfinden kann. Hier werden Beiträge gefasst, die von Methoden, Workshops oder grundlegenden (Vor-) Überlegungen erlebnispädagogischer Praxis berichten und zur eigenen Veränderung anregen möchten. So kann beispielhaft als Beitrag der EP-Log als Reflexionsmethode von Christian Mende angeführt werden. Mende stellt ein Verfahren vor, welches kleinschrittig eine tiefgreifende Reflexion ermöglichen kann und gerade den Gedanken der Empathie umschließt. Im Bereich der praxisbezogenen Perspektiven wurden von uns – neben dem Aufsatz von Christian Mende – die Beiträge von Henrike Hirschmüller, Kolja Müller-Späth und Lena Hoffmann, Stephanie Krieg, David Schwarz, Angelika Voß und Hartmut Wahrmann gesehen.

Aus dieser Auflistung wird ersichtlich: Es gibt viele Perspektiven des Einmischens als Einladung zum Mitmachen, Weiterdenken, Bewegen, …

Hinweise und Dank

Abschließend ist zu den Beiträgen zu sagen, dass wir sie weder im Hinblick auf Gender-Formulierungen noch auf alte vs. neue Rechtschreibung überarbeitet haben. Wir möchten allen Leser*innen versichern, dass wir als Herausgeber*innen nicht beabsichtigen, durch die Wahl einer rein männlichen Schreibweise patriarchalische Wertevorstellungen zu unterstützen oder andere Menschen zu diskriminieren. Wir haben allerdings die Autonomie und Freizügigkeit der Autor*innen gleichzeitig für so wichtig erachtet, dass diese in ihren Texten selbst darüber entscheiden durften, welche Schreibweise sie bevorzugen. Die Leser*innen werden also folglich unterschiedliche Formen des Umgangs mit gendersensiblen Schreibweisen in den Beiträgen vorfinden. Unser besonderer Dank ergeht an dieser Stelle nochmals an die Autor*innen dieses Buches, die sich zusätzlich zur Vorbereitung ihrer Kongressveranstaltung die Mühe gemacht haben, einen Text zu verfassen und diesen in mehreren Korrekturschleifen mit uns als Herausgeber*innen in eine finale Version zu bringen. Stellvertretend für das Organisationsteam des Kongresses – dazu gehören außer den Herausgebern dieses Bandes Kurt Daschner, Janne Fengler, Werner Michl, Michael Rehm, Katja Rothmeier, Martin Scholz, Sibylle Schönert und Christiane Thiesen– wünschen wir Ihnen und Euch viel Lesevergnügen und frische Inspirationen!!

Peter Schettgen *Augsburg, im September 2021*
Alex Ferstl
Barbara Bous

Teil I: Einmischung – Generelle erlebnispädagogische Ansätze

Prof. Dr. Dr. Dr. h.c.
Franz Josef Radermacher

Vorstand des Forschungsinstituts für anwendungsorientierte Wissensverarbeitung (FAW/n), Professor (emeritiert) für Informatik, Universität Ulm
2000 – 2018 Mitglied des Wissenschaftlichen Beirats beim Bundesministerium für Verkehr und digitale Infrastruktur (BMVI)
2010 bis Februar 2021 Präsident des Senats der Wirtschaft e. V., Bonn
Seit Februar 2021 Vizepräsident sowie Ehrenpräsident des Senats der Wirtschaft e. V., Bonn
Ehrenpräsident des Ökosozialen Forum Europa, Wien
Mitglied des Club of Rome

E-Mail: radermacher@fawn-ulm.de

Website: http://www.fawn-ulm.de

Pädagogik in einer schwierigen Welt

Pädagogik beschäftigt sich als (wissenschaftliche) Disziplin mit der Theorie und Praxis von Bildung und Erziehung. Somit mit dem Thema, wie Kinder, Jugendliche und auch Erwachsene dabei unterstützt werden können oder sollen, bestimmte (Ausbildungs-) Ziele zu erreichen, also Menschen dabei zu helfen, bestimmte Fähigkeiten, Fertigkeiten, Verhaltensweisen usw. zu entwickeln, andere u. U. abzulegen. Eine große Frage ist, in welcher Reihenfolge, Dosierung und in welchem Tempo Inhalte bzw. Fertigkeiten angeboten bzw. vermittelt werden, eine andere, wie weit „eingepaukt" wird oder nur Anregungen gegeben werden. Wichtig ist auch, wie weit in der Adressierung primär auf den „Kopf" und wie weit auf den „Bauch" bzw. den ganzen Körper gesetzt wird. Pädagogik sollte immer den jeweiligen kulturellen Kontext in Rechnung stellen und hat für diesen eine wichtige Vermittlungsfunktion. Dies schließt in der Regel religiöse und ethische Fragen ein. Bei allen Vermittlungsversuchen ist zu beachten, dass Menschen als freie Wesen oft anders reagieren, als es diejenigen, die erziehen oder beeinflussen wollen, erwarten.

Der vorliegende Text ist primär aus der Sicht der akademischen Ausbildung und eher aus einer Beobachterperspektive geschrieben. Er basiert auf 5 Bereichen eigener Forschungs- und Mitwirkungsbeiträge, auf die im Weiteren eingegangen wird:

(1) Untersuchungen im Umfeld „Intelligenz" und „künstliche Intelligenz"

(2) Vorschläge zu Vorgaben für Club of Rome Schulen

(3) Untersuchungen zu der Frage „Was macht Staaten reich?"

(4) Mitwirkung im Generalkomitee der UNESCO Bildungsdekade

(5) Digitalisierung

Unter (6) wird versucht, die verschiedenen Überlegungen mit einem Blick von außen auf die Erlebnispädagogik als einen wichtigen Ansatz im Bildungsbereich zu verknüpfen.

Unter (7) wird dann abgeleitet, dass die Erlebnispädagogik ein großes Potenzial besitzt, um Jugendliche darauf vorzubereiten, zukunftsorientiert mit vielen Herausforderungen umzugehen, die die moderne Welt an sie stellt und stellen wird.

Ein Resümee schließt den Text ab.

1 Bezüge zu Intelligenz und künstlicher Intelligenz

Bildung hat viel zu tun mit dem Ziel, die Intelligenz des Menschen zu fördern und zu stimulieren. Schon immer war damit die Frage verknüpft, was Intelligenz ausmacht und wie weit es Intelligenz z. B. auch bei Tieren gibt. Mit der **künstlichen Intelligenz** auf Basis von Rechnern und/oder Robotern wurde ein neuer Weg zum besseren Verständnis der Natur von Intelligenz eröffnet, gleichzeitig entsteht eine neue „Konkurrenz" zum Menschen im ökonomischen Kontext. Immer „intelligentere" Systeme übernehmen zunehmend viele Aufgaben, die bisher nur von Menschen erledigt werden konnten und für die Menschen gut bezahlt wurden [4].

Es gibt in der Wissenschaft einen Streit darüber, was es bedeutet, dass Maschinen intelligent sind. Die Verhältnisse sind dort anders als beim Menschen. In der Analogie: **Adler fliegen, Flugzeuge auch**. Es gibt Gemeinsamkeiten in der Art des „Fliegens" zwischen Adlern und Flugzeugen, aber auch fundamentale Unterschiede [19, 21].

Für maschinelle Intelligenz ist eine Grenze, dass sie (bisher) weitgehend nur in einem **begrifflichen Raum** operiert. Algorithmen wirken dort auf Daten. Klar ist, dass Maschinen bisher Dinge nicht so verstehen, wie Menschen das tun. Das gilt insbesondere auch für das Verstehen von Sprache. Maschinen können auch nicht wirklich fühlen. Maschinen haben nicht, wie der Mensch, einen **inhärenten Antrieb** im Sinne eines Wollens. Es fehlt ihnen zudem die für den Menschen prägende Wechselwirkung mit einem Körper, der ein eigenes Wollen in sich trägt. Der Körper ist für den Menschen die Brücke zur Einbindung in die Welt. Worte gewinnen so ihre Basierung (symbol grounding/ground truth).

Das menschliche Vermögen entwickelt sich, wie von der Erlebnispädagogik vertreten, stark in Wechselwirkung mit dem eigenen Tun in der Welt. Dort sind Primärerfahrungen möglich. Eine enge **Wechselwirkung zwischen Kopf und Bauch** im Sinne einer analytischen, kalkülartigen Seite einerseits und einer mehr holistischen, ganzheitlichen Seite im Sinne des Arbeitens neuronaler Netze andererseits, ist typisch [12, 14].

Die Erlebnispädagogik setzt insbesondere auch auf die Aktivierung von eher holistisch-neuronalen Fähigkeiten. Aufgrund mathematischer Einsichten ist die prinzipielle Leistungsfähigkeit beider Welten identisch und erlaubt prinzipiell die Erschließung der gesamten **Welt des Berechenbaren**. Der genetische Einfluss auf die Intelligenz ist gewaltig, grob geschätzt mindestens 50%, auch wenn das viele Beobachter nicht gerne akzeptieren wollen. So vertreten manche Pädagogen die – aus Sicht des Autors weltfremde – Position, dass jeder Mensch auf jedes Ziel hin ausgebildet werden kann, wenn nur die Umstände stimmen und genügend Geld investiert wird.

Generell ist es wichtig zu erkennen, dass es Vieles gibt, was man wissen kann, ohne dies artikulieren zu können. So wie uns als Mensch z.B. das Immunsystem auch dann schützt, wenn wir gar nicht wissen, dass wir ein solches besitzen – was für die gesamte Historie der Menschheit vor der Neuzeit zutrifft.

2 Entwicklung von Vorgaben für Club of Rome Schulen

Der Club of Rome hat mit seinen Analysen und Vorschlägen zur Zukunftsgestaltung weltweit, und gerade auch in Deutschland, seit 1972 viel Einfluss entfaltet [9, 20, 30].

Aus dem Schulbereich gab es und gibt es auch deshalb ein Interesse an der Etablierung sogenannter „Club of Rome“ Schulen, von denen es in Deutschland heute 16 gibt (vgl. www.club-of-rome-schulen.org). Das Konzept der Club of Rome Schulen weist viele Parallelen zu erlebnispädagogischen Bildungsprogrammen auf. Die Club of Rome Schulen sind ein Beispiel dafür, wie man in der schulischen Bildungsarbeit erlebnispädagogische Akzente setzen kann. Daher sollen die Club of Rome Schulen im Folgenden etwas näher dargestellt werden.

Ausgangspunkt der Überlegungen zu spezifischen charakterisierenden Merkmalen von Club of Rome Schulen [2, 18, 20] ist zunächst die Beobachtung, dass alle **Schulen in Deutschland** vor dem Hintergrund **weltethischer Prinzipien** [27] organisiert sind, wie sie insbesondere in unserer Verfassung niedergelegt sind. Unsere Schulen verfolgen vielfältige wichtige Ziele, wie etwa die Vergleichbarkeit der Lebensbedingungen in den Regionen und einen hohen **Ausbildungsstand für alle Bürger**. Das schließt zu Recht in einem gewissen Maße auch **Förderung von Breite zu Lasten der Spitze ein**, wenn beides nicht gleichzeitig in vollem Umfang erreichbar ist. Die gesetzten Ziele werden in Deutschland auch sehr weitgehend erreicht, was ein tieferer Grund für die **hohe Leistungsfähigkeit** der deutschen Wirtschaft wie der Kulturszene ist. Das allgemeine Bildungsniveau ist z. B. in Deutschland höher als in den USA – im Spitzenbereich sieht es partiell anders aus. Viele der spezifischen Erfolge der USA in Wirtschaft, Wissenschaft und Technik sind nur vor dem Hintergrund der **Green Card** Thematik zu verstehen. Das reichste Land der Welt rekrutiert viele der besten Köpfe nach erheblichen Vorinvestitionen durch andere Länder und durch Eltern in anderen Teilen der Welt zum Nulltarif rund um den Globus. Der daraus resultierende indirekte Geldzufluss in die USA ist erheblich, er kann auf mehrere hunderttausend Euro pro Spitzenkraft kalkuliert werden [1].

Hat man diese Größenordnungen vor Augen, dann kann eine Club of Rome Schule bei gleicher Ressourcensituation (Lehrer, Finanzausstattung etc.) wie andere Schulen in Deutschland nicht einfach als Modell neue Qualitäten und Leistungsniveaus ermöglichen, schon gar nicht in 1.000-facher Kopie. Die Ressourcenfrage ist wichtig, die Kosten sind unvermeidlich hoch. Deshalb wird es nur eine begrenzte Zahl solcher Schulen geben. Die Situation der Schulen im Allgemeinen bleibt schwierig, auch wegen gewachsener Verhältnisse, rechtlich abgesicherter Ansprüche auf Seiten der Lehrer, der Schüler, der Eltern, etc. In dieses Umfeld muss sich die Erlebnispädagogik einpassen, ebenso müssen das Club of Rome Schulen, wobei es auch Überschneidungen zwischen diesen beiden „Ideenwelten“ gibt. Will also eine Club of Rome Schule in dieser Situation wirklich Wesentliches bewirken und verändern, dann allenfalls als ausstrahlender „**Leuchtturm**“ und auf der Basis eines **besonderen Ressourceneinsatzes für eine begrenzte Anzahl solcher Schulen**. Die zugrundeliegende Logik umfasst Punkte wie:

1. **Leuchtturm-Charakter**
   Für Club of Rome Schulen müssen besondere Ressourcen aktiviert werden. Sie stellen eine kleine, begrenzte Gruppe von Schulen dar, sie können **Leuchtturm Charakter** haben
2. Besonderer Wertekanon [6, 7, 13, 20, 26, 27, 29, 30]
3. Förderung einer authentischen Wahrnehmungsfähigkeit
4. Vision für eine bessere Welt
5. Empowering der Schüler.

Hinter dem Ansatz von Club of Rome Schulen steht ein bestimmtes Menschenbild

Der Mensch wird in einer Wechselwirkung von Bestimmtheit und Nicht-Prognostizierbarkeit gesehen. Dies beinhaltet insbesondere ein Entwicklungspotential, das vor allem auch durch **Interaktionen mit anderen Menschen** und der richtigen Sequenz von Lernschritten und Herausforderungen, einem zentralen Inhaltsbereich jeder Pädagogik, erschlossen werden kann.

Die Empathiefrage

Als eine der wichtigsten **Intelligenzdimensionen** des Menschen wird die **Empathie** gesehen, also die Fähigkeit zu verstehen, wie ein Anderer die Welt sieht, und dabei insbesondere auch den Unterschied zwischen der eigenen Sicht und der Sicht Anderer zu begreifen. Dies war schon immer ein wichtiges Thema und kann sowohl auf einer **Bauch-**, als auch auf einer **Kopfebene** geleistet werden. Das Beherrschen mehrerer Sprachen und Begegnungen mit Menschen aus unterschiedlichen Kulturkreisen kann dabei helfen, eine entsprechende (globale) Empathie zu entwickeln.

Die **Erlebnispädagogik** hat in diesem Umfeld eine wichtige Rolle und wird in dieser Positionierung zunehmend noch wichtiger werden. Darauf wird auch noch einmal gesondert in Kapitel 7 eingegangen.

Das Thema gewinnt aktuell an Bedeutung. Unter dem Begriff der **Cancel Culture** artikuliert sich zunehmend eine wirkungsmächtige intolerante intellektuelle Bewegung, die ihren Ursprung im Bereich der Sozial- und Kulturwissenschaften in den USA hat. Mit Cancel Culture ist gemeint, dass Personen mit anderen Meinungen vom Diskurs ausgeschlossen werden: Man hört ihnen nicht zu, man lädt sie nicht mehr ein. Typischerweise geht es dabei um Themen wie soziale (Un-)Gerechtigkeit, Sexismus oder Rassismus. Bezüge bestehen zu Bewegungen in „sozialen" Netzwerken wie #metoo oder #blacklivematters.

Teilweise werden Erfahrungen und Vorfälle generalisiert und übersetzt in Angriffe gegen diejenigen, die aufgrund ihres Geschlechts oder ihrer Hautfarbe als **privilegiert** angesehen werden. Diesen werden Formen von Aggression gegen andere vorgeworfen, die sich z. B. in einem bestimmten Sprachgebrauch äußern, durch den sich andere zurückgesetzt fühlen. Dabei geht es nicht darum, ob mit einem Begriff in irgendeinem objektivierbaren Sinne eine Zurücksetzung verbunden ist oder nicht. Es reicht, dass sich Personen als Betroffene sehen und zurückgesetzt fühlen. Der Umgang mit diesen Gefühlen der Zurücksetzung führt dann zu strikten Sprachregulierungen, die solche Verletzungsgefühle ausschließen sollen und in den weiteren Kontext der sogenannten „**Political Correctness**" fallen.

Extreme Varianten der beschriebenen Sichten auf die Welt behaupten, dass sich Menschen weißer Hautfarbe prinzipiell nicht in die Situation von Sklaven hineindenken können. Natürlich ist das ein massiver Angriff auf **Empathiefähigkeit**, eines der wesentlichen Intelligenzmerkmale des Menschen. Jeder Weiße ist im Übrigen im Sinne der Cancel Culture sowieso ein Sklavenhalter und schon von Geburt an schuldig. Zur Sache kann er nur schweigen und sich entschuldigen. Das geht soweit, dass einer weißen Übersetzerin abgesprochen wird, das Buch einer schwarzen Schriftstellerin überhaupt übersetzen zu dürfen. Natürlich darf im Theater kein Weißer die Rolle eines farbigen Menschen spielen. Kürzlich entschuldigte sich eine grüne deutsche Politikerin nach einem Shitstorm in den „sozialen" Netzen dafür, dass sie in einer Rede dem Publikum mitgeteilt hatte, sie hätte in ihrer Jugend davon geträumt, ein Indianerhäuptling zu sein. In manchen Kindergärten wurde den Eltern davon abgeraten, ihre Kinder zu Karneval in einem Indianerkostüm auftreten zu lassen. Für jemanden, der sich mit Gehirnforschung beschäftigt, grenzt das alles ans Absurde: **Verwirrungen des Geistes**. Auf die Erlebnispädagogik, wie auf andere Bereiche der Bildung, kommt an dieser Stelle noch viel Arbeit zu.

Einige methodisch-praktische Anforderungen:

1. Engagement der Eltern
2. Lehrpersonal einer bestimmten Orientierung
3. Geeignete Mischung von Schülern aus unterschiedlichen Kulturkreisen
4. Weltethos und Humanismus als Fach
5. Weltweite Zusammenhänge von der Wissensseite her vermitteln
6. Mathematik und Systemtheorie sind wichtig
7. Lernen mehrerer Fremdsprachen
8. Ausprägung eines breiten sportlich–musischen Umfelds
9. Übernahme gesellschaftlicher Pflichten
10. Weltweite Vernetzung und Schulpartnerschaften
11. Sport und Kunst sowie handwerkliche Fähigkeiten sind wichtig
12. Selbstständigkeit und Kommunikationsfähigkeit fördern.

Einige abschließende Thesen

Wichtig für eine Club of Rome Schule sind auch folgende Aspekte:

1. Wechselwirkung von Kopf und Bauch
2. Dualität zwischen individueller Arbeit und Gruppenarbeit
3. Eine breite und tiefe Grundausbildung in klassischen Fächern (Sprachen, Geschichte, Mathematik, Naturwissenschaft etc.)
4. Betonung eines systemisch-holistischen Hintergrunds
5. Starke Betonung der Empathie
6. Geist und Körper in Balance
7. Kunst als „Sprache" verstehen
8. Eine Gemeinschaftsaufgabe übernehmen.

Wie bereits eingangs zu diesem Kapitel erwähnt, sind die aus den genannten Aspekten hervorgehenden Querbezüge zum erlebnispädagogischen Ansatz ganz offensichtlich.

3 Untersuchungen zu der Frage, was ein Land reich macht

Wie hängen Schule und Ausbildung mit dem **Wohlstand von Staaten** zusammen? Dass es Zusammenhänge gibt, ist evident. Deshalb kümmern sich alle erfolgreichen Staaten um dieses Thema, deshalb ist das Thema für Eltern so wichtig. Es gibt mittlerweile, z.B. aus sogenannten **„Development Economics"**, Einsichten in die gesellschaftlichen Voraussetzungen für entsprechende Ausbildungssysteme. Die (öko-)soziale Marktwirtschaft stellt offenbar einen Rahmen bereit, Länder und Regionen richtig zu organisieren, und trägt zu ihrem solide abgesicherten Reichtum bei. Das leisten aber beispielsweise auch relativ ambitionierte asiatische Gesellschaften. Gesellschaftlicher Reichtum ist systemischer Natur. Was also macht ein Land reich [2, 15, 16, 17, 24]? Die wichtigsten Punkte sind:

1. Ein gut funktionierendes, leistungsfähiges **Governance-System**
2. Eine im internationalen Vergleich gut ausgebildete und leistungsstarke Bevölkerung
3. Hervorragende Infrastrukturen auf internationalem Niveau
4. Ein exzellenter Kapitalstock
5. Zugriff auf benötigte Ressourcen
6. Eine leistungsfähige Forschung und international konkurrenzfähige Innovationsprozesse
7. Ein leistungsfähiges Finanzsystem
8. Eine enge Einbettung der Unternehmen und Menschen in weltweite Wertschöpfungsnetze.

Nicht ohne Grund steht **Governance**, also die adäquate Regelung der gesellschaftlichen Verhältnisse, an erster Stelle. Ein vernünftiges System von Eigentumsstrukturen, Rechtssicherheit sowie allgemeiner Sicherheit, verbunden mit verschiedenen, verfassungsmäßig garantierten Freiheiten, ist die wohl wichtigste Voraussetzung für Wohlstand, noch wichtiger als leistungsstarke Unternehmer und Unternehmen. Gibt es solche Rahmenbedingungen nicht, ist auch kein breit entwickelter Reichtum eines Staates auf Basis eigener Leistung möglich.

Im 12. Jahrhundert wurde in Deutschland das **Grundbuch** erfunden, war allerdings erst um 1900 auf nationaler Ebene voll entwickelt. Durch diese Innovation gelang es, zuerst in Europa, dann in den USA, Grundstücke und Häuser in Kapital zu verwandeln. So konnten Hypotheken vergeben werden, um Investitionen an anderer Stelle zu tätigen. In den vergangenen Jahren und Jahrzehnten sind in weiten Teilen der ärmeren Welt durch den Fleiß der Menschen ebenfalls große Besitztümer entstanden. Für Südamerika und die arabischen Länder hat der Ökonom Hernando de Soto erforscht, wie wichtig eine funktionierende Dokumentation von formalen Eigentumstiteln, zum Beispiel für Immobilien, ist. Denn solange die Dokumentation unterbleibt, ist dieser Besitz (relativ) totes Kapital. Das gilt in Ägypten beispielsweise für 92 Prozent der Gebäude in Städten und zu 83 Prozent für Siedlungen auf dem Land. Die Eigentumsverhältnisse sind durch mündliche Absprachen innerhalb der Familien geregelt, insgesamt geht es um Werte in Höhe von Billionen von Dollar, die für das Finanzsystem gleichsam unsichtbar bleiben.

Zu den durch Governance vorzugebenden und zu regelnden Rahmenbedingungen gehört die Bereitstellung von Infrastruktur, die Rechtsprechung, die innere Sicherheit, **Bildungs- und Ausbildungseinrichtungen** etc., Leistungen, die teilweise ohne primäre Nutzung von Marktmechanismen organisiert werden. Auch und nicht zuletzt fallen meist auch kritische Infrastruktur und Gesundheitssysteme darunter und manchmal auch der Zugriff auf generell benötigte Ressourcen wie Wasser, Nahrung und Energie. Sobald dies alles nicht mehr gesichert ist, gerät jegliche wirtschaftliche Aktivität ins Stocken.

Voraussetzung für einen reibungslosen ökonomischen Ablauf ist auch eine angemessene **Qualität der Innovationssysteme**. Nur über Innovationen ist **neuer Wohlstand** für immer mehr Menschen möglich. Innovation ist insofern auch ein Kernbereich der Konkurrenz zwischen Staaten, Staaten-Bündnissen und Regionen der Welt. Weitere wichtige Punkte sind die Qualität des Geld- und Finanzsystems sowie die **Einbettung in internationale leistungsfähige Wertschöpfungsnetzwerke**. Die neuen deutschen Bundesländer haben nach der Wende und nach dem danach folgenden Zusammenbruch des Rats für gegenseitige Wirtschaftshilfe (RGW/COMECON) schmerzhaft erfahren müssen, was es bedeutet, wenn die Wertschöpfungsnetzwerke, in die man eingebunden ist, kollabieren. Denn die Unternehmen im Westen, die in ihren dortigen Geschäftsbeziehungen im Bereich Maschinenbau, Automobile, Ernährung, Medizintechnik, Modebranche etc. verankert waren, verteidigten – aus nachvollziehbaren Gründen – ihre Position mit aller Macht und setzten auf eigenes Wachstum, insbesondere auch in den neuen Bundesländern und in den vormaligen Ländern des sowjetischen Blocks.

Wichtig: Bildung der gesamten Bevölkerung ist ein zentrales Thema zum Erreichen hohen Wohlstands. Wobei Bildung, wenn z.B. anschließend die Jobs fehlen, auch primär zu Wut führen kann. Hohe Bildung und gute Jobs gehören insofern zusammen und korrespondieren zu einer nach europäischen Maßstäben sozialen Organisation der Gesellschaft. **Zweiklassen-Gesellschaften** sind demgegenüber ärmer. Bildung ist für Wohlstand nicht alles, aber ohne breite gute Basisausbildung der gesamten Bevölkerung ist ein sehr hohes Wohlstandsniveau (ohne „Plünderung“

anderer) nicht erreichbar. Spätestens, als mit der französischen Revolution und Napoleon ein derartiges Breiten-Programm auf Ebene eines Nationalstaates erfolgreich realisiert wurde, mussten die anderen Staaten nachfolgen. Dies ist dann z. B. so mit der preußischen Bildungsreform (Stein-Hardenbergsche Reformen) passiert.

4 Mitwirken im Generalkomitee der Bildungsdekade „Bildung für nachhaltige Entwicklung" in Deutschland 2005-2014

Nachhaltige Entwicklung ist seit vielen Jahren eine der entscheidenden Leitideen der internationalen Politik [5, 15, 17, 22, 24]. Es handelt sich allerdings um ein schwieriges, komplexes Thema, bei dem ökologische, soziale und ökonomische, sowie auch kulturelle Fragen miteinander wechselwirken. Das Thema wirft sowohl **intra-** also auch **intergenerationelle Gerechtigkeitsfragen** auf. Es ist vor allem ein Thema, das sich auf die ganze Welt bezieht, und damit neben der staatlichen Seite vor allem auch eine internationale Seite hat. Wegen der vielen Herausforderungen ist das Thema aber auch auf substaatlichen Ebenen, also zum Beispiel in Kommunen, verankert. Schon 1992 beim Weltgipfel in Rio war klar, dass man sich auf allen Ebenen mit dem Thema „Nachhaltigkeit" würde beschäftigen müssen. Ein Beispiel ist die **Lokale Agenda**, die sich mit den Prozessen vor Ort beschäftigt. Schon seit Rio war auch das Bildungsthema angedacht, es manifestierte sich dann insbesondere in der Bildungsdekade von 2005-2014.

Aus naher Beobachtung wurde dem Autor deutlich, dass ein so komplexes Thema die Schulen und Ausbildungsstätten, aber durchaus auch Universitäten und Hochschulen, leicht überfordern kann. Im Kern geht es bei Nachhaltigkeit um die gleichzeitige Verfolgung einerseits des Ziels einer nachholenden (Wohlstands-) Entwicklung der ärmeren Länder bei gleichzeitig rasch wachsender Bevölkerung und andererseits einem weltweiten Umwelt- und Klimaschutz. Deshalb wird Nachhaltigkeit in einem Land wie Deutschland eher als „Wohlfühlproblem" eines reichen Landes diskutiert, das primär mit sich selber und der Frage des Lebensstils (z.B. „veganes Essen" und „regionales Einkaufen" sowie z.B. Genderfragen) beschäftigt ist. Dass dies so ist, liegt allein schon daran, dass es auf der Ebene der lehrenden Personen, wie der verfügbaren Lehrbücher und Publikationen, kaum kohärente Behandlungen der Thematik in ihrer internationalen Dimension über sehr viele Disziplinen und sehr viele mögliche Fragenschwerpunkte hinweg gibt. Hinzu kommt das Interesse Vieler, die Diskussion zum Thema Nachhaltigkeit für ihre schon immer verfolgten „Lieblingsanliegen" zu instrumentalisieren. Das heißt, die meisten, die sich mit dem

Thema beschäftigen, beschäftigen sich mit speziellen Fragen und auch dann nur aus einer relativ engen Sicht der persönlichen Orientierung und Schwerpunktsetzung.

Zum Beispiel fiel dem Autor auf, wie sehr sich die Vertreter einer **Umweltbildung**, die – ganz im Sinne der Erlebnispädagogik – mit den Kindern in die Natur gehen, damit sie dort mehr zum Thema Umwelt lernen, der Meinung waren, dass sie mit dem, was sie dort schon immer taten, voll im Zentrum von Nachhaltigkeitsfragen operierten, teilweise sogar glaubten, dass dies der Kern oder das Wesen der Nachhaltigkeitsthematik sei. Dies, obwohl soziale, ökonomische und kulturelle Fragen, gar noch in weltweiter Sicht, gar nicht behandelt wurden. Diese Betrachtungen gingen teilweise am Thema vorbei, haben mittlerweile aber in fast der gleichen geistigen Enge die Staatenwelt erreicht, und zwar auf der internationalen Ebene mit dem modernen Programm der SDGs (**Sustainable Development Goals**). So war es bis 2015 als Teil der Milleniumsentwicklungsziele (MDGs) 2000 - 2014 noch eine dominierende Sicht auf die Thematik, dass große Probleme insbesondere in Afrika oder in Indien bestehen und sich dort alle reichen Länder engagieren müssen. Mittlerweile dominiert die Haltung „Wir haben alle Nachhaltigkeitsprobleme“, was sich dann in der Folge in eine Politik übersetzt, bei der jeder zunächst einmal in seinem eigenen Land versucht, Beiträge zu leisten und es dann oft auch dabei bleibt. Das heißt, der entscheidende Beitrag in Form einer internationalen Zusammenarbeit, der nötig ist, um vielleicht die Armut weltweit zu überwinden, auch zum Beispiel durch Einsatz besserer Technologien, wird weitgehend gar nicht mehr verfolgt, weil schon das allgemeine Verständnis fehlt, was das mit Nachhaltigkeit zu tun hat. Ist man einmal an diesem Punkt, fehlen in den ärmeren Ländern in jedem Fall die nötigen Finanzmittel. Jedes Land bearbeitet seine Probleme: die einen betreiben mit ihren großen Ressourcen „Wohlfühlfragen reicher Länder“, die anderen ohne die benötigten Ressourcen die ganz großen Herausforderungen der Welt wie Hunger und Elend – natürlich mit nur geringen Chancen auf Erfolg.

Das alles wird natürlich nicht ohne gravierende Konsequenzen bleiben. Denn nirgendwo manifestieren sich die **ungeklärten Gerechtigkeitsfragen** so massiv, wie in der Klimathematik. Diese Gerechtigkeitsfragen bilden seit 1972 den Kern des Energie- und Klimaproblems in weltweiter Perspektive. Damals scheiterte die 1. Weltumweltkonferenz in Stockholm, als die junge indische Ministerpräsidentin Indira Ghandi den reichen Ländern erklärte, dass für die Entwicklungs- und Schwellenländer **nachholende Entwicklung** das zentrale Thema ist, nicht der Schutz der Umwelt und des Klimasystems. Aus ihrer Sicht versuchten die reichen Länder nur, die ärmeren Ländern dadurch arm zu halten, dass sie ihnen das unter dem Begriff „Umweltschutz“ zu verbieten versuchten, was sie selber seit Jahrhunderten vorexerzierten und was die Basis ihres heutigen Wohlstands bildet [28]. Brutal deutlich beschreibt diese Zusammenhänge die indische Publizistin und Umweltschützerin Sunita Narain, Direktorin des Centre for Science and Environment (CSE), Neu-

Delhi, in ihrem Beitrag „Klimawandel: Keine gemeinsame Teilhabe an der Welt" [11]. Ebenfalls ist dies ein zentrales Thema des Umweltthrillers „The Ministry for the Future" [25]. In einem aktuellen Text des Autors ist all dies inhaltlich kohärent dargestellt [24].

5 Digitalisierung

Digitalisierung hat begrifflich eine lange Historie, die die Benennung von Objekten, die Sprachentwicklung, die formalisierte Logik und die Entwicklung der Mathematik umfasst. Unter **Digitalisierung** versteht man heute aber lebenspraktisch weniger diese kulturhistorische Entwicklung, sondern schlicht den **massiven Einsatz von Rechnern** für immer mehr Themen, mit denen der Mensch in der ein oder anderen Form zu tun hat.

Ausgeklammert werden in der Debatte heute meist die technischen Voraussetzungen dieser neuen Welt. Dazu gehört z. B. für die technische Herstellung von Vernetzungen aller Art die zentrale Bedeutung der **Satellitenkommunikation** und der dahinterliegenden Beiträge der Mathematik, der Physik und des Engineerings. Dazu gehören ebenso die unglaublichen Leistungen in der **Chipproduktion**, etwa die optischen Systeme zur Herstellung der mikroskopisch kleinen Strukturen, die heute die Komplexität einer Millionenstadt auf die Fläche eines Fingernagels projizieren.

Die Entwicklung hinter der Digitalisierung wird im Wesentlichen getrieben durch die enormen **Preis-Leistungs-Verbesserungen** im Bereich der elementaren Rechenoperationen, die wieder eine Folge der dauernden Miniaturisierung sind. Hier wird alle zwanzig Jahre mindestens ein Faktor 1.000 erreicht. Heute haben wir Rechner in Form von Chips in Mobiltelefonen, die sehr viel leistungsfähiger sind, als der Großrechner, mit dem die Apollo-Mission gerechnet wurde. Dieser hat damals etwa 20 Millionen Dollar gekostet. Heute kostet ein Chip, der sehr viel mehr leistet, nur noch fünf Euro. Dieser Preis wird bald noch einmal um den Faktor 10 fallen.

Parallel dazu haben sich die Verhältnisse bei den Periphersystemen ebenso wie in den Bereichen Systementwicklung und Software in unglaublichem Umfang verbessert. All das erlaubt zukünftig ein **Internet of Things** zu realisieren, in dem fast alle technischen Artefakte in die Vernetzung eingebunden werden, von Tischen und Stühlen bis hin zu Büchern und Taschenmessern. Eingebunden werden sicher auch alle Haus- und Nutztiere (Internet of Everything), zunehmend auch Wildtiere (z. B. Wildschweine zur Vermeidung von Unfällen mit Automobilen) [19]. Dies alles erschließt immer mehr Anwendungen. Immer öfter ist es sinnvoll, Aufgaben digital zu bearbeiten. Da insbesondere die digitale Bearbeitung selber die Daten generiert, auf denen noch mehr digitale Bearbeitung Sinn macht, wird dieses Segment für unser Leben immer wichtiger. Mit neuen Entwicklungen, wie dem erwähnten Internet der Dinge, bei dem immer einfachere Gegenstände selber mit einem Chip ausgestattet sind und über Sensorik und Aktorik verfügen, entstehen immer neue Optionen für Anwendungen.

Dabei werden in immer mehr Anwendungsfeldern Leistungsfähigkeiten erreicht, die der Mensch mit seiner biologischen Ausstattung allein natürlich nicht nachbilden kann. Entsprechendes sehen wir jetzt bereits im Bereich der Mobilität auf uns zukommen, wenn Fahrzeuge zunehmend autonom fahren.

Für Schule und Bildung ist dieser Digitalisierungsprozess und die zunehmende „Intelligenz von Systemen“ von zentraler Bedeutung [3, 4, 19, 21], weil er einerseits neue Möglichkeiten zum Lernen schafft, auch ganz neue Arbeitsfelder zu erschließen erlaubt, andererseits aber auch sehr viel Arbeit vom Menschen weggenommen wird [4]. Die **Corona-Krise** ist ein großes Lehrstück in Sachen Digitalisierung, wenn nun immer mehr Menschen im **Home-Office** arbeiten. Wir sehen aber auch in der Corona-Krise, dass wir systemrelevantes Personal haben, zum Beispiel an den Kassen von Supermärkten. Der mögliche Ausfall dieses Personals stellt ein gewisses Risiko dar. Dies fördert Überlegungen in Richtung einer Vollautomatisierung auch der Abrechnung an solchen Kassen. Während wir einerseits überlegen, wie man die Leistungen dieser „system-relevanten“ Personen an Kassen besser würdigen kann als bisher, arbeitet der Markt zugleich daran, diese Stellen obsolet zu machen.

Bildungssysteme müssen sich in jedem Fall mit der Zukunft der Digitalisierung auseinandersetzen, sowohl als ein Werkzeug, das man nutzen kann, als auch als eine Quelle des Verstehens ebenso wie natürlich des Missverstehens. Ein interessanter Nebenaspekt sind pädagogisch interessante/wertvolle Sendungen auf Mobiltelefonen, PCs oder anderen Geräten für junge Kinder, wie z.B. **Benjamin Blümchen**, **Bob der Baumeister**, **SuperWings**, **Peppa Wutz**, **Feuerwehrmann SAM**, **Paw Patrol** und **Tom der Abschleppwagen**. Sie vermitteln die Bedeutung bestimmter Organisationen (wie z. B. der Feuerwehr), sie sind oft mit „Helfen“ und „Retten“ beschäftigt; sie vermitteln Einsichten in das Globalisierungsgeschehen und eröffnen Kontakte zu vielen Sprachen. Vermittelt wird das Miteinander in der Lösung von Problemen, Hilfsbereitschaft, handwerkliches Können etc. Für gestresste Eltern, die endlich einmal Ruhe von ihrem quengelnden Kind/ihren quengelnden Kindern brauchen, kann das die Lösung sein. Wobei das Ziel mancher Eltern, Medienkontakte der Kinder in so jungen Jahren nicht zuzulassen, bei diesen Sendungen teilweise mit Verweis auf Eigenschaften wie „pädagogisch wertvoll“ bzw. „die Kleinen lernen hier etwas Wichtiges“ rein lebenspraktisch ausgehebelt wird.

6 Bezüge zu Erlebnispädagogik

Die Erlebnispädagogik ist ein Bereich der Pädagogik, der in den letzten fünfzig Jahren immer mehr Beachtung gefunden hat. Zu den Vätern gehört **Kurt Hahn**, der in der Historie des Themas für den deutschsprachigen Raum eine zentrale Rolle besitzt. Die gleichnamige wissenschaftliche Gesellschaft trägt diese Ideen weiter und arbeitet an der Systematisierung. Die Erlebnispädagogik hat, wie die Welt des **„symbol grounding"** in der Intelligenzforschung, eine klare Vision, die besagt, dass Menschen Dinge körperlich erfahren sollen, also nicht nur über die Dinge reden, sondern die Dinge konkret **erleben** sollten. Die Erlebnispädagogik tut das in großer Breite, sie befasst sich mit **Gruppenerfahrung in der Natur**, um die Persönlichkeit der Menschen und um soziale Kompetenzen weiterzuentwickeln. Natursportarten bieten viele Ansatzpunkte, etwa wenn man durch das Land joggt, wenn man sich auf Schiffen auf dem Meer bewegt oder mit Segelflugzeugen durch die Luft fliegt. Die Aktivität draußen wird ergänzt mit Methoden aus Theater-, Abenteuer- und Spielpädagogik, der Gruppendynamik und der Sozialpädagogik.

Erlebnispädagogik hat über die Jahrzehnte immer mehr Zustimmung gefunden, sie gilt heute als integrativer Bestandteil ganzheitlicher Erziehungs- und Bildungskonzepte. Ursprünglich in der Reformpädagogik verwurzelt, gewinnt sie in jüngster Zeit zusätzlich an Bedeutung. Denn für unsere Gesellschaft werden sogenannte Schlüsselqualifikationen, wie soziale Kompetenz, Wagnisbereitschaft und Persönlichkeit, zunehmend wichtig, da rein analytische Aufgaben, die früher einen besonderen Stellenwert hatten, immer öfter von Maschinen übernommen werden können. Waren es also ursprünglich einmal die handwerklichen Fähigkeiten, mit denen der Mensch sich auch bevorzugt in die ökonomischen Prozesse einbrachte, waren das irgendwann später dann eher Kopfarbeiten, wie zum Beispiel Rechnen oder auch Planen und Schaffen von Kunst und Design, so sind heute **Kreativität** und **agile Zielgerichtetheit** einerseits und **Empathie** für die Nöte der Menschen andererseits (Pflegepersonal, Coaches, Therapeuten) große Anliegen. Natürlich gewinnt auch die Aktivität der Menschen als Ausgangspunkt von Handlungen immer mehr an Bedeutung, vor allem da, wo eben die Maschinen zunehmend Dinge übernehmen, die bisher nur der Mensch getan hat.

Erlebnispädagogik ist eng mit Vorstellungen von **ganzheitlichem Lernen** verknüpft. Der Blick über die Jahrtausende verdeutlicht einen roten Faden von der Erziehungslehre Platons hin zu ganzheitlichen Erziehungsvorstellungen für junge Menschen. Zu der Ahnenreihe gehören Denker von Aristoteles bis hin zu Rousseau. Letzterer gilt als ein Begründer des erlebnispädagogischen Gedankens. Interessant, dass auch Robert Baden-Powell, der 1907 die erste **Pfadfindergruppe** gründete, mit seiner Pfadfindermethodik ebenfalls zu einem geistigen Vater der modernen

Erlebnispädagogik wurde. Das pädagogische Motto der Pfadfinderbewegung lautete „**Learning by Doing**“. Hier hat auch der Autor wichtige persönliche Erfahrungen schon als Kind gesammelt. Das Konzept, gezielt Verantwortung zu übertragen und Kindern und Jugendlichen etwas zuzutrauen, war in den puritanisch und konservativ geprägten europäischen Gesellschaften um die Jahrhundertwende neu. Über die jungen Verbände einer neuen Jugendbildung und die Pfadfinderei hat sich das in eine ganz andere Richtung entwickelt.

Mit Kurt Hahn hatte die Erlebnispädagogik in Deutschland um 1930 herum einen ersten großen Höhepunkt erreicht. Hahn war Vertrauter und politischer Berater des Prinzen Max von Baden und begleitete von 1920 bis 1933 das Land-Erziehungsheim **„Schule Schloss Salem“**. Hahn wandte sich gegen Verfallserscheinungen, die er zu beobachten glaubte, nämlich einen Mangel an menschlicher Anteilnahme, ein Verfall körperlicher Tauglichkeit, ein Mangel an Initiative und Spontanität, ein Mangel an Sorgsamkeit. Für ihn war wichtig, was sich heute auf vielen Internaten, zum Beispiel in Großbritannien, wiederfindet, dass man sehr stark auf körperliches Training setzt, darunter Natursportarten, wie Segeln, Kanufahren, Bergwandern. Dass es explizit einen Dienst am Nächsten gibt, dass also die Schüler Aufgaben z. B. der Küstenwache oder von Bergrettungsdiensten übernehmen. Der Autor hat das alles bei einem langen Aufenthalt mit der Studentenbewegung des Deutschen Volkes an einer bekannten Schulstätte in Wales am Bristol Channel mit seiner besonders starken Ebbe- und Flut-Dynamik miterlebt. Drittens, dass man Projekte durchführt. Es müssen anspruchsvolle Projekte sein. Sie benötigen selbständige Planung und Durchführung, sie benötigen den Rückgriff auf handwerkliche, technische oder künstlerische Fähigkeiten. Hinzu kommen Expeditionen, oft in Form mehrtägiger Berg- und Skitouren, Floßfahrten etc., bei denen es um lebenspraktische Alltagserfahrungen geht, also „Wie kann man sich selbst versorgen? Wie kann man sich auf dem Land ernähren? Wie bereitet man ein Nachtlager?“. Das sind teilweise Ideen, die auch am Couven Gymnasium in Aachen, an dem der Autor seine Gymnasialzeit verbracht hat, eine Rolle gespielt haben.

Durch die Erfahrungen, die die Menschen machen, auch durch die teilweise großen körperlich-geistigen Belastungen und außergewöhnlichen Erlebnisse, resultieren beim Menschen damit verbundene tiefe Einprägungen in seinem Gehirn. Man spricht auch von **neuraler Einprägung**. Diese umfassen z. B. Erinnerungsbilder, die Jahre später noch abrufbar sind. Natur- und Kulturlandschaften sind wichtige Handlungsfelder. Wichtig sind Ernsthaftigkeit (No-Nonsens Approach) und Unmittelbarkeit der Situation, Echtzeit, Direktheit, Authentizität – immer verbunden mit Körperlichkeit. Das Gefühl, physische und psychische Anstrengungen lustvoll zu erleben, sind Ansatzpunkte zeitgemäßer moderner Erlebnispädagogik.

7 Erlebnispädagogik als Brücke zu neuen Herausforderungen

Die moderne Welt stellt immer mehr Anforderungen an den internationalen Austausch zwischen Menschen. Dringend erforderlich ist, wie oben schon dargestellt, die Entwicklung einer **globalen Empathie** bei immer mehr Menschen, zumindest ein Verständnis für die Nöte der anderen. Wie in dem Text dargestellt ist **Ground Truths** eine zentrale Voraussetzung dafür, Gegebenheiten richtig bzw. authentisch verstehen zu können, also zum Beispiel die Not von Menschen in Flüchtlingslagern, in extremer Armut, von Kindern ohne Ausbildung und Perspektive. Vieles dazu kann über Medien aufgenommen werden, immer wieder sind aber auch unmittelbare Primärerfahrungen erforderlich. Damit ist ganz offensichtlich, dass eine kluge Nutzung des Programms der Erlebnispädagogik Menschen in substantieller Weise darauf vorbereiten kann, mit den Herausforderungen der modernen Welt besser zurecht zu kommen, als das heute meistens der Fall ist. Immer wieder geht es ja darum, sich durch Erlebnisse ein Bild davon zu machen, wie die Lebensverhältnisse unter bestimmten Bedingungen aussehen.

Die Erlebnispädagogik als solche wird dann natürlich daran arbeiten müssen, es den Schülern im Kontext der Schulausbildung zu ermöglichen – und sie dazu auch zu motivieren –, sich bestimmten Erfahrungsbereichen tatsächlich auszusetzen und dabei insbesondere auch zu überlegen, wie man die Wechselwirkung im internationalen Kontext verstärken kann. Unmittelbar bieten sich dafür im Rahmen gut vorbereiteter Reisen (fact finding mission) Themen an wie (1) die Besuche von Flüchtlingslagern und die Kommunikation mit Menschen in diesen Lagern, (2) Versuche, sich direkt über die Situation in Slums zu informieren, möglicherweise mit Menschen, die in Slums arbeiten, mit Menschen, die dort unter Umständen Verwandte oder Bekannte haben, sich mit Betroffenen direkt auszutauschen und hierbei möglicherweise elektronische Mittel zu nutzen, sich (3) in diesem Kontext auch einmal an sozialen Brennpunkten in unserem Land umzuschauen, (4) sich in derselben Logik auch unmittelbar mit der Umweltsituation weltweit auseinanderzusetzen, z. B. mit den brutalen Abholzprozessen in den Regenwäldern. (5) Das zuletzt Gesagte gilt übrigens auch für die Vernichtung von Regenwald durch die Herstellung von Holzkohle, die in Afrika für viele, insbesondere arme Menschen nach wie vor die primäre Energie zum Kochen ist. (6) Hilfreich ist es sicher auch, sich temporär in Situationen zu versetzen, in denen kein Strom und keine Wärme verfügbar sind, u. U. zeitweise auch nichts zu essen oder trinken vorhanden ist.

Es ist zu erwarten, dass die unmittelbare Auseinandersetzung mit entsprechenden Lebenssituationen, aber auch der Austausch mit Menschen, die in solchen Situationen leben, einen etwas vollständigeren Blick auf das Leben im Allgemeinen erlauben wird. Dies gilt auch für die Zwänge, die Grausamkeiten und die Einschränkungen, denen viele Menschen ausgesetzt sind. Auf Basis solcher Erfahrungen wird man mit einer realistischen Perspektive an Fragen wie soziale Balance, Klimaschutz etc. herangehen.

Zum Beispiel dominiert heute in der Klimadebatte in Ländern wie Deutschland eine Fixierung auf die Reduktion der CO_2-Emissionen hier vor Ort. Dabei geht die Situation in den ärmeren Ländern völlig unter, bei denen es erstmals darum geht, dass jeder Mensch überhaupt einen Zugang zu einer Steckdose bekommt [10]. Der eine und der andere Fokus haben ganz unterschiedliche Politiken zur Folge: In unserer Fixierung auf den Versuch, unsere CO_2-Emissionen vor Ort abzusenken, vergessen wir meist völlig, wie die wirklichen weltweiten Herausforderungen aussehen, die noch zu bewältigen sind.

Resümee

Versucht man so etwas wie eine Einordnung, dann ist klar, dass die volle Entfaltung der menschlichen Möglichkeiten nur in der Wechselwirkung von Kopf und Bauch erfolgen kann und dass der Körper eine wichtige, vermittelnde Funktion hat. Auf einer anderen Ebene geht es um die Koppelung und Koordinierung von Kopf und Hand, die schon Goethe ein großes Anliegen war: Fassen und Erfahren. Der Körper muss gebraucht werden. Der **menschliche Körper ist ein wunderbares System**, das zu unglaublich vielen Dingen in ganz vielen Bereichen fähig ist. Er muss dafür gefordert werden, er muss dafür ausgebildet werden und er braucht die entsprechenden Erfahrungen über das, was der Mensch tun kann. Das prägt sich dem Menschen ein, verstärkt das Vertrauen in die eigene Person und ihre Urteilsfähigkeit und gibt einem Menschen dann für später die Fähigkeit zu handeln. Wichtig ist das Betonen von „**Ground Truths**" bzw. „**Symbol Grounding**", also die Welt wahrzunehmen, wie sie wirklich ist, authentisch. D.h., sich den Dingen nicht mit einer Vorprägung durch ein bestimmtes „Framing" [8], einer vorgegebenen Schablone, wie man an die Dinge herangeht, zu nähern. Vielmehr die Dinge zu erkennen, wie sie sind. Wichtig ist dazu, bestimmte „gesellschaftlich normale" Arten der Interpretation, der Sprache oder des Sehens, zurückzustellen, fast wie das Zurücksetzen auf eine „Stunde-Null". Es geht also um unmittelbares Verstehen der Situation und dann um die Frage, was wir daraus für Schlüsse ziehen können. Dies ist auch ein zentrales Thema, wenn es in Richtung Nachhaltigkeit oder sozialer Gerechtigkeitsfragen geht. Mit der Digitalisierung wird dabei die Wechselwirkung mit einer virtuellen Welt wichtig. Digitalisierung soll und kann die Primär-Erfahrungen nicht ersetzen, schafft aber heute etwa durch animierte Welten so etwas wie eine zweite Welt, in der ähnliche Erfahrungen gemacht werden können wie in der ersten, der richtigen Welt. Und in der sogenannten **augmented reality** kann sich das alles auch noch überlagern – typisch für moderne **Fiction Filme**, aber auch für große **Pop-Konzerte**. Alles das fällt auch in den Rahmen der Gesamtthematik „Erlebnispädagogik“, der immer wieder neu auszuloten ist.

Ergänzende Literatur

1. Alfred Herrhausen Gesellschaft für internationalen Dialog mbH, Frankfurt am Main, Wieviel Bildung brauchen wir? Humankapital in Deutschland und seine Erträge, Vertrieb: Deutsche Bank AG, Frankfurt am Main
2. Beyer, A., P. Meyer-Dohm, U. Möller, A. Graf Wass von Czege: Skizze des Schulprofils einer Club of Rome-Schule, 28. November 200
3. de Soto, H.: Freiheit für das Kapital! Warum der Kapitalismus nicht weltweit funktioniert. Rowohlt, 2002
4. Forschungsinstitut für anwendungsorientierte Wissensverarbeitung (ed.): Management von nicht-explizitem Wissen: Noch mehr von der Natur lernen. Abschlussbericht für das Bundesministerium für Bildung und Forschung (bmb+f), Ulm, 2001, http:/www.faw.uni-ulm.de
5. Herlyn, E., Kämpke, Th., Radermacher, F. J., Solte, D.: Reflections on the OECD-Project “The Role of Data in Promoting Growth and Well-Being”, BIG DATA and Analytics – What are the perspectives?, 2015
6. Herlyn, E.: Freiwillige Klimaneutralität und CO2-Kompensation nicht-staatlicher Akteure – Eine Chance auf vielfältige Co-Benefits im Sinne der Agenda 2030. Erscheint in: Herlyn, E., Lévy-Tödter, M. (Hrsg.): Die Agenda 2030 als Magisches Vieleck der Nachhaltigkeit, FOM-Edition, Düsseldorf, 2020
7. Küng, H.: Projekt Weltethos, 2. Aufl., Piper, 1993
8. Lakoff, G.: Don’t Think of an Elephant! Know Your Values and Frame the Debate. The Essential Guide for Progressives. Chelsea Green Publishing, White River Junction, Vermont, USA, 2004.
9. Küng, H. (ed.): Globale Unternehmen – globales Ethos. Frankfurter Allgemeine Buch, Frankfurt, 2001
10. Meadows, D. H.; Meadows, D. L.; Randers, J.; Behrens III, W. W.: The Limits to Growth. A Report to the Club of Rome´s Project on the Predicament of Mankind (1st ed.). Location: Universe Books, 1972
11. Müller, G.: UMDENKEN – Überlebensfragen der Menschheit. Murmann Publishers, 2020

12. Narain, S.: Klimawandel: Keine gemeinsame Teilhabe an der Welt. Essay aus 2010, http://www.bpb.de/apuz/32580/klimawandel-keine-gemeinsame-teilhabe-an-der-welt

13. Radermacher, F. J.: Cognition in Systems, erschienen in: Cybernetics and Systems 27, No. 1, 1996, S. 1-41

14. Radermacher, F. J.: Globalisierung und weltweite Herausforderungen: Die Rolle der Pädagogik. Beitrag zur Internationale Pädagogischen Werktagung, Salzburg, 14. Juli 1997

15. Radermacher, F.J.: Wissensmanagement in Superorganismen. In: Unterwegs zur Wissensgesellschaft (Christoph Hubig, ed.), S. 63-81, Edition Sigma, Berlin, 2000

16. Radermacher, F. J., Balance oder Zerstörung – Ökosoziale Marktwirtschaft als Schlüssel zu einer weltweiten nachhaltigen Entwicklung. Ökosoziales Forum Europa, Wien/Österreich, August 2002, 316 Seiten, Broschur, ISBN: 3-7040-1950-X

17. Radermacher, F. J.: Was macht Gesellschaften reich? Die Infrastruktur als wesentlicher Baustein, erschienen in: Loske, Reinhard/Schaeffler, Roland (Hrsg.). Infrastruktur für eine nachhaltige Entwicklung, Marburg 2005

18. Radermacher, F. J.; Beyers, B.: Welt mit Zukunft – Die Ökosoziale Perspektive, Murmann Verlag, Hamburg 2011

19. Radermacher, F. J.: Die Zukunft der Wirtschaft: Nachhaltigkeitskonformes Wachstum, sozialer Ausgleich, kulturelle Balance und Ökologie, Ausgestaltung Club of Rome Schulen, FAW/n-Dokument, 2015

20. Radermacher, F. J.: Algorithmen, maschinelle Intelligenz, BIG DATA: Einige Grundsatzüberlegungen. in: Schwerpunktheft „Big Data contra große Datensammlungen. Chancen und Risiken für die Gesundheitsforschung“, Bundesgesundheitsblatt, Band 58, Heft 8, Berlin Heidelberg, Springer-Verlag, 2015, S. 859-865

21. Radermacher, F. J.: Club of Rome, erschienen im Staatslexikon der Görres-Gesellschaft, 8. Auflage, 2015

22. Radermacher, F. J.: Intelligenz und Bewusstsein – wohin entwickelt sich die digitale Maschine?! Beitrag für das Buch „Die Menschine“, FESTO AG, 2017

23. Radermacher, F.J.: „Der Milliarden-Joker - Wie Deutschland und Europa den globalen Klimaschutz revolutionieren können“, Murmann Verlag, Hamburg, Okt. 2018

24. Radermacher, F. J.: Weltweite Klimaneutralität – bis wann? FAW/n-Report, April 2021

25. Riegler, J.: Antworten auf die Zukunft, Ökosoziale Marktwirtschaft 1990, Adolf Holzhausens Nfg., Wien, ISBN 3- 900-518-05-X

26. Robinson, K.S.: The Ministry for the Future. Orbit Verlag, 8. Oktober 2020

27. Schmidt, H. (Hg.): Allgemeine Erklärung der Menschenpflichten – Ein Vorschlag. Piper Verlag GmbH, München, 1997

28. The Earth Charter Initiative (ed.): The Earth Charter. Costa Rica, 2000; http://www.earthcharter.org

29. Töpfer, K.: Klima als globale Herausforderung – Klimaneutralität als strategischer Ansatz. In: M. J. Worms, F. J. Radermacher (Hrsg.), Klimaneutralität – Hessen 5 Jahre weiter (S. 27-32), Springer Fachmedien Wiesbaden, 2018

30. von Weizsäcker, C. F.: Bedingungen des Friedens, Vandenhoeck und Ruprecht, Göttingen, 1964

31. von Weizsäcker, E. U., Wijkman, A.: Come On!: Capitalism, Short-terminism, Population and the Destruction of the Planet, Springer Verlag, Berlin und Heidelberg, 2017

Dr.

Gunnar Liedtke

Leiter des Arbeitsbereichs für Theorie und Praxis der Bewegungsfelder am Institut für Bewegungswissenschaft der Universität Hamburg. Arbeitet vor allen Dingen im Bereich Natursport und Friluftsliv, Alltagsaktivität, Gesundheit, Wertebildung sowie Bildung für nachhaltige Entwicklung. Als ehemaliger Vogelwart mit einem besonderen Hang zum Naturschutz.

E-Mail: gunnar.liedtke@uni-hamburg.de

Website: www.bw.uni-hamburg.de/arbeitsbereiche/theorie-und-praxis-der-bewegungsfelder

Outdoor-Ethik – mehr als nur Leave No Trace

1 Einleitung

Die Nutzung der Natur oder anderer öffentlicher Räume ist im Normalfall an bestimmte Regeln geknüpft, die z.B. in entsprechenden Gesetzen oder Verordnungen festgehalten werden. So regelt z.B. das Waldgesetz der verschiedenen Bundesländer, in welcher Weise und zu welchen Zeiten der Wald und die Landschaft betreten werden dürfen. Darüber hinaus gibt es aber auch nicht so eindeutig geregelte Verhaltensvorgaben oder Verhaltenserwartungen, wie beispielsweise Rücksicht auf andere Naturnutzer nehmen oder Störungen von Tieren vermeiden, die eher in den Bereich der eigenen Verantwortung fallen.

Wenn es um die Übernahme von Verantwortung geht, kommt die Ethik ins Spiel, die sich mit der Frage beschäftigt, wer – warum – für wen Verantwortung übernehmen soll und was das konkret bedeutet. Die US-Kampagne „Leave No Trace" (hinterlasse keine Spuren!) ist schon lange auch in Deutschland bekannt und ein guter Startpunkt, sich mit der Ethik des Draußen-Seins zu beschäftigen.

Da Erlebnispädagogik in vielen Bereichen Natur und naturnahe Räume nutzt, ergibt sich hier eine besondere Notwendigkeit, verantwortungsvoll mit Natur umzugehen. Die Idee von Leave No Trace bietet einige gute Prinzipien und Rezepte, mit denen man in ganz pragmatischer Hinsicht negative Wirkungen auf Natur und natürliche Räume reduzieren oder vermeiden kann. Bei etwas genauerer Betrachtung von „Leave No Trace" wird man evtl. feststellen, dass das noch nicht alles sein kann. In einer Zeit, in der globale und lokale Probleme Hand in Hand gehen, sollte man von einer Outdoor-Ethik mehr erwarten.

In den folgenden Abschnitten wird es darum gehen, die Idee von Leave No Trace genauer zu beleuchten und herauszuarbeiten, wie man diesen guten, pragmatischen Ansatz nutzen kann, um über Verantwortung im Allgemeinen nachzudenken, daraus weitergehende Schlüsse zu ziehen und Ideen zu entwickeln, was das für eine konkrete Praxis heißen kann, die die Welt ein bisschen besser macht.

2 Leave No Trace

Hinterlasse keine Spuren! Ende der 1960er Jahre wurde in den USA die Nutzung von Naturräumen wie Nationalparks und Wildnisgebieten immer populärer. Immer mehr Menschen zogen in diese Naturräume, um dort zu wandern, zu campen oder mit Off-Road-Fahrzeugen unterwegs zu sein. Diese verstärkte Nutzung brachte nicht nur einen großen Entwicklungsschub für die Outdoorindustrie mit sich, sondern führte auch zu einem erheblichen Ausmaß an Naturschädigungen. Die Amerikaner liefen Gefahr, ihre Natur zu Tode zu lieben.[1] Im Laufe der Jahre konnte z.B. durch das Verbot von Off-Road-Fahrzeugen in einigen Gebieten die Situation entschärft werden, allerdings blieben negative Effekte wie Bodenverdichtung in der Nähe von beliebten Übernachtungsplätzen, Vegetationsschäden, Störungen von Wildtieren usw. bestehen, so dass Ende der 1970er Jahre erste Anläufe für Bildungsaktivitäten entstanden, um Naturnutzer*innen zu sensibilisieren und deren Verhalten positiv zu beeinflussen. In der Fortsetzung dieser Bildungsaktivitäten gründeten der US-Forest Service, die National Outdoor Leadership School (NOLS) und die Outdoor Recreation Coalition die sogenannte Leave No Trace, Inc., eine Non-Profit-Organisation, aus der später das Leave No Trace Center for Outdoor Ethics (LNTCOE) wurde.[2]

Das LNTCOE bemüht sich mit verschiedensten Aktivitäten wie Weiterbildungsseminaren, Multiplikator*innen-Schulungen, Aufstellen von Info-Plakaten, Bereitstellen von Informationsmaterial, Unterweisung von Rangern usw. die negativen Einflüsse der menschlichen Naturnutzung zu minimieren. Konkret werden sieben Prinzipien vermittelt und zur Anwendung gebracht:

- Plan ahead and prepare
  Durch vernünftige Planung und Vorbereitung lassen sich viele Probleme vermeiden. Wer weiß, was in einem bestimmten Gebiet für Bedingungen herrschen, kann sich im Vorwege überlegen, wie er / sie sich verhalten muss, was an Ausrüstung gebraucht wird und welche Herausforderungen evtl. zu erwarten sind. Durch gute Planung und Vorbereitung lassen sich Störungen von Tieren und unnötige Vegetationsschäden deutlich reduzieren. Zeiten mit hohem Besucheraufkommen können genauso gemieden werden wie besonders sensible Naturbereiche. Zur guten Vorbereitung gehört in diesem Sinne natürlich auch die umweltschonende Anreise.

---

[1] Nash 1967

[2] Simon & Alagona 2009

- Travel and camp on durable surfaces
  Widerstandsfähige Untergründe für die Fortbewegung, für Pausen und das Camp zu nutzen, vermeidet Schäden an der Vegetation. Das bedeutet vor allen Dingen, dass möglichst die vorhandenen Wege genutzt werden oder, wo das nicht möglich ist, durch entsprechendes Verhalten Schäden minimiert werden.
- Dispose of waste properly
  Abfall richtig entsorgen heißt vor allen Dingen, alles an Verpackungen oder sonst entstehendem Müll, der bei einem Ausflug in die Natur anfällt, auch wieder mit nach Hause zu nehmen und dort recyclinggerecht zu entsorgen. Ein „Knackpunkt" in diesem Bereich ist häufig der „Toilettengang", also der Umgang mit anfallenden Fäkalien und Toilettenpapier. Während in einigen Nationalparks der Welt tatsächlich auch die Fäkalien im Rucksack wieder aus dem Gebiet transportiert werden müssen, reicht es an den meisten Orten, eine Schaufel dabei zu haben und alles ordentlich zu vergraben.
- Leave what you find
  Wenn Du interessante Dinge findest, lass' sie liegen! Auch andere Menschen sollen die Möglichkeit haben, spannende Dinge zu finden, sich zu wundern und zu erfreuen.
- Minimize campfire impacts
  Auswirkungen von Lagerfeuer zu minimieren oder ganz auf Lagerfeuer zu verzichten, ist ein zentrales und oft kontrovers diskutiertes Anliegen. Auf der einen Seite sind Lagerfeuer gemütlich bis romantisch, wärmen und sind auch zum Kochen geeignet. Auf der anderen Seite erhöhen sie das Risiko von Waldbränden und führen häufig zu Vegetationsschäden, die lange sichtbar sind und damit auch das Naturerlebnis nachfolgender Nutzer*innen beeinträchtigen. LNTCOE plädiert darum nachdrücklich für die Benutzung von Kochern oder als zweitbeste Lösung für die Verwendung von Feuerschalen oder anderer Techniken, mit denen sichtbare Schäden vermieden werden können. In Deutschland sind offene Lagerfeuer in der Landschaft in der Regel verboten.
- Respect wildlife
  Wilde Tiere brauchen Zonen, in denen sie ungestört Nahrung suchen oder ruhen können. Gerade in Deutschland mit seiner ausgeräumten Landschaft stehen vielen Tierarten nur noch wenige Lebensräume zur Verfügung. In diesen Räumen sollen Störungen minimiert werden.
- Be considerate of other visitors
  Nimm Rücksicht auf andere Menschen, die ebenfalls die Natur nutzen und genießen wollen. Konflikte zwischen verschiedenen Nutzer*innengruppen

> und -interessen nehmen vielerorts zu. Solche Konflikte zu vermeiden, Rücksicht zu nehmen und freundlich zu sein, erhöht die Freude auf allen Seiten.[3]

Diese hier formulierten Prinzipien haben in erheblicher Weise zu einer Low-Impact-Kultur vor allen Dingen in den Naturarealen der USA beigetragen und sind durch diesen Erfolg zu einem weit verbreiteten Standard geworden.[4] Allerdings gibt es auch kritische Stimmen, denen Leave No Trace nicht weit genug geht. Hauptkritikpunkt ist die Fokussierung auf das Vermeiden von Schäden in einem konkreten Naturraum und das Ausblenden der globalen und alltäglichen Perspektive, die vor allen Dingen den mit Natursport verbundenen Konsum an Ausrüstung, Kleidung und Reiseaktivitäten betrifft. Diese hier genannten Bereiche sind in den letzten Jahren stark gewachsen und verantworten durch ihren Material- und Energieverbrauch einen nicht unerheblichen Teil an Umweltverschmutzung. Im Zeitalter globaler Lieferketten und Reiseaktivitäten greift die Fokussierung auf Verhaltensweisen in einem verhältnismäßig kleinräumigen Naturareal zu kurz.[5]

3 Ethik – Verantwortung für was oder wen und warum?

Hinterlasse keine Spuren! Aber warum? Worin soll die Begründung liegen, keine Spuren zu hinterlassen und sich die sieben Prinzipien zu Herzen zu nehmen? Warum soll es schlimm sein, Müll in der Landschaft zu hinterlassen oder Tiere zu stören? Oder allgemeiner gefragt: warum soll man Verantwortung für etwas übernehmen, das über die unmittelbar eigenen Interessen hinausgeht?

Wenn es um die Beantwortung dieser Fragen geht, kommen verschiedene Aspekte ins Spiel. Im Bereich von Leave No Trace wird man wahrscheinlich der Ökologie eine große Bedeutung beimessen, z.B. wenn es um die Frage geht, warum die Störung von Wildtieren vermieden werden sollte. Die Sichtweise der Ökologie wäre in etwa folgende: die Störung von Wildtieren hat zur Folge, dass sie in ihren Ruhephasen gestört werden, dass sie verstärkt zu Fluchtreaktionen gezwungen werden, ein höheres Stresslevel erreichen, einen erhöhten Energie- bzw. Nahrungsbedarf haben, mehr fressen müssen, damit evtl. zu erhöhtem Verbiss der Vegetation beitragen (und damit ggf. die Verjüngung des Waldes beeinträchtigen), bei knappem Nahrungsangebot z.B. im Winter geschwächt werden, evtl. vorzeitig sterben oder schlechtere

---

[3] LNTCOE 2021; Marion 2014

[4] Marion & Reid 2007; Lawhon et al. 2019; Vaglas et al. 2012; Backman et al. 2018; Bundesministerium für Umwelt 2004

[5] Alagona & Simon 2012; Simon &Alagona 2009; Marion et al. 2011

Fortpflanzungschancen haben. Die Ökologie präsentiert uns Ketten von Zusammenhängen, aber es bleibt die entscheidende Frage unbeantwortet: was soll an all diesen Folgen schlimm sein. Was ist schlimm daran, wenn durch unser Verhalten Tiere dazu gezwungen werden, mehr zu fressen und evtl. geschwächt werden? Die Ökologie als wissenschaftliche Disziplin ist in ihrer Herangehensweise erst einmal neutral: sie untersucht lediglich die Zusammenhänge mit dem Anspruch, diese möglichst genau zu beschreiben. Sie kann aus dieser Beschreibung aber nicht unmittelbar eine Bewertung ableiten!

Die Forderung: „Hinterlasse keine Spuren!" bezieht sich also weniger auf ökologische Zusammenhänge, sondern vielmehr auf eine ethische Komponente. Naturwissenschaften beschäftigen sich mit der Frage, wie Dinge oder Sachverhalte sind. Ethik beschäftigt sich mit der Frage, wie etwas sein soll, wann etwas gut, wünschenswert oder schlecht ist und auch mit der Frage: Warum?[6]

Wenn wir also sagen, dass wir die Störung von Wildtieren vermeiden sollen, weil sie dadurch weniger Ruhephasen haben und ggf. unnötig geschwächt werden, dann ist diese Forderung nur dann sinnvoll, *wenn* wir den Tieren (oder einem anderen Glied aus der Kette der Zusammenhänge) einen Wert zusprechen. *Wenn* die Tiere und deren Wohlergehen für uns einen Eigenwert haben, *dann* ist es sinnvoll, sie nicht unnötig zu stören. *Wenn* uns die Tiere und deren Wohlergehen egal sind, *dann* wird uns auch das Prinzip „respect wildlife" nicht besonders sinnhaft erscheinen, und wir werden uns wahrscheinlich damit nicht weiter befassen.[7]

„Wenn Tiere und deren Wohlergehen einen Wert haben …" Wenn man einen Satz so beginnt, stellen sich in der Regel mehrere Fragen: Haben Tiere tatsächlich einen Wert? Und wenn JA, ist dieser Wert ein Nutzwert für uns Menschen oder haben sie sogar einen Eigenwert, der unabhängig von ihrem Nutzen existiert? Worin liegt dieser Nutz- oder Eigenwert begründet? Die Umweltethik bietet hier einen guten Fundus an Begründungen und Reflexionsmöglichkeiten, die im Folgenden vorgestellt werden sollen – zum einen, um die Ethik hinter Leave No Trace verständlich zu machen und zum anderen, um sie als Ausgangspunkt für weitergehende Diskussionen (im pädagogischen Setting) nutzen zu können.

---

[6] Gorke 1999

[7] Gorke 2004, S. 16.

Die Idee vom Eigenwert

Eigenwert bedeutet, dass wir Dingen oder Lebewesen einen Wert zuschreiben, der unabhängig von irgendeinem Nutzen existiert. Ein echter Egoist schreibt diesen Eigenwert nur sich selbst zu, alles andere, alle Mitmenschen hätten in dieser radikalen Perspektive nur einen Nutzwert, der für das Erreichen der eigenen Interessen mehr oder weniger förderlich ist. Unter psychisch gesunden Menschen sind echte Egoisten wahrscheinlich kaum zu finden, denn in der Regel erkennt man den Eigenwert mindestens auch der eigenen Familienmitglieder und Freund*innen an. In der aktuellen Debatte über Nachhaltigkeit und den Klima- oder Umweltschutz erstreckt sich der Eigenwert aber auf einen größeren Kreis als nur Familie und Freunde. Bei diesen Fragen geht es um das Wohlergehen aller Menschen, von jetzt lebenden und auch zukünftigen Generationen. Die ethische Position, die allen Menschen einen Eigenwert zuweist und die alle Handlungen und Entscheidungen an der Frage misst, ob diese einen Nutzen für die Menschen haben, nennt sich *Anthropozentrismus*: der Mensch steht im Mittelpunkt ethischen Denkens und Handelns.

Doch es gibt auch noch weitergehende Positionen: Die Diskussion über Tierwohl in der Schweinezucht, auf Hühnerfarmen usw. lässt sich nicht mit der Anthropozentrik erklären. Wenn Tiere nur als Fleisch- oder Eierlieferanten gesehen werden und möglichst billig Konsumprodukte abwerfen sollen, spielt es eigentlich keine Rolle, ob sie dabei leiden oder nicht. Wer sich für das Tierwohl einsetzt, ist wahrscheinlich der Meinung, dass man mit leidensfähigen Tieren so umgehen muss, dass ihnen unnötiges Leiden erspart bleibt. Diese Position des *Pathozentrismus* (pathos = Erleben, Leiden) erweitert also den Kreis der Wesen mit Eigenwert auf alle höheren Lebewesen, auf alle die, die Leiden empfinden können.

Die *biozentrische* Position (bios = Leben) spannt den Bogen noch weiter: alle Lebewesen haben einen Eigenwert und verdienen es, dass man sie nicht unnötig schädigt oder zerstört. Hier werden also auch andere Tiere wie Insekten, Würmer oder Spinnen mit in den Kreis der moralisch relevanten Wesen einbezogen, genauso wie Pflanzen oder Pilze (die biologisch nicht zu den Pflanzen gehören). Noch weitergehender wäre die Position des *Holismus* (holos = gesamt, ganz), die auch unbelebte Dinge, ganze Systeme (wie z.B. Landschaften) oder abstrakte Einheiten wie Tier- oder Pflanzen*arten* (in Erweiterung zu konkreten, einzelnen Tieren) mit einbezieht. Die folgende Abbildung 1 gibt einen Überblick über die hier skizzierten Grundtypen der Umweltethik.

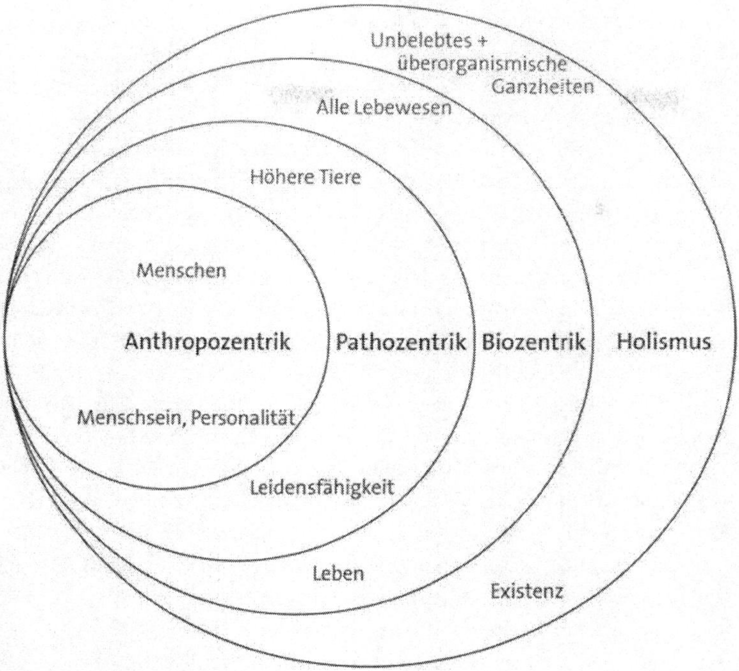

Abb. 1: Grundtypen der Umweltethik und die Bereiche direkter menschlicher Verantwortung. Oben sind die Naturobjekte aufgeführt, denen ein Eigenwert zugeschrieben wird, unten die Kriterien, die für moralische Berücksichtigungswürdigkeit angeführt werden.[8]

Die Ethik hinter Leave No Trace

Kommen wir zurück zur Frage: warum sollen wir in der Natur keine Spuren hinterlassen? Warum z.B. keinen Müll in die Landschaft werfen oder warum Rücksicht auf wildlebende Tiere nehmen? Um auf diese Fragen eine Antwort zu finden, können wir Rückgriff auf die vorgestellten ethischen Positionen nehmen und dann entscheiden, ob wir es verständlich und sinnvoll finden, die sieben Leave No Trace Prinzipien zu beachten und unser Verhalten entsprechend auszurichten.

In den Texten zu Leave No Trace und auf der Seite des Leave No Trace Centre of Outdoor Ethic findet man kaum Hinweise zu den ethischen Grundlagen, auf denen

[8] Gorke 2004, S. 18

die konkreten Verhaltensprinzipien beruhen. In vielen Fällen ist davon die Rede, dass es darum geht, die Natur und Landschaft so zu hinterlassen, dass auch andere Wanderer oder Nutzer ihre Freude daran haben, wilde Tiere beobachten und die ästhetische Komponente der Landschaft genießen können. Diese Begründungen verweisen auf einen anthropozentrischen Ansatz, also darauf, die Erholungs- und Erlebnismöglichkeiten für uns und unsere Mitmenschen jetzt und auch in folgenden Generationen zu erhalten. Aber wie passend ist diese Argumentation wirklich, wenn es darum geht zu begründen, warum man wilde Tiere nicht stören oder keinen Müll zu hinterlassen soll? Rücksicht auf wildlebende Tiere zu nehmen, erscheint aus rein anthropozentrischer Sicht ein nicht sonderlich dringliches Gebot zu sein. Wenn man z.B. an die Störung von Brutvögeln denkt, erscheint dies rein anthropozentrisch betrachtet relativ unproblematisch zu sein. Dass die Störung von Vögeln während der Brutzeit deren Bruterfolg gefährden kann, mag einsichtig sein, aber wenn z.B. die Blaumeise in diesem Jahr keine Jungen großzieht, wird das mein Überleben und auch mein Wohlergehen (und das von anderen Menschen) höchstwahrscheinlich nicht negativ beeinflussen. Dass ich in den folgenden Jahren vielleicht damit rechnen muss, weniger Blaumeisen im Garten zu haben und darum weniger Gelegenheit für ästhetischen Genuss haben werde, ist zwar ein prinzipiell richtiges Argument, aber zum einen ziemlich weit hergeholt und zum anderen auch nur gültig für Tierarten, die einen ästhetischen Wert haben. Und auch die ökologische Bedeutung der Blaumeise ist wahrscheinlich gering.[9] Wenn sie aussterben würde, würde das Überleben der Menschheit mit ziemlicher Sicherheit nicht gefährdet. Die Blaumeise zu respektieren und ihre Bruttätigkeit möglichst nicht zu stören, ist durch Anthropozentrik schwer zu rechtfertigen, sondern verweist darauf, dass wir auch anderen Lebewesen einen Eigenwert zuschreiben.[10]

Ähnlich, aber fast noch komplizierter verhält es sich bei der Frage, warum wir keinen Müll in der Landschaft hinterlassen sollen. Müll ist für viele Menschen ein ästhetisches Ärgernis, von daher ist es aus anthropozentrischer Sicht plausibel, dass man keinen Müll achtlos wegwirft. Aber was ist mit der Option, den Müll zu vergraben oder ihn im Wasser zu versenken[11]? Aus anthropozentrischer Sicht spricht gegen diese Variante eigentlich nicht viel, außer, dass der Müll eventuell irgendwann wieder zu Tage tritt. Wenn man allerdings tief genug gräbt, wird die

---

[9] In der Regel wird die ökologische Bedeutung einer Art erst deutlich, wenn diese Art verschwunden ist und sich dann Veränderungen einstellen.

[10] Gorke 1996, 1999

[11] „Du sollst alle Eier- und Fruchtschalen, Papierreste, Konservendosen vergraben oder wieder mitnehmen und dort versenken, wo es am tiefsten ist." So beginnt das „vierte Gebot für den Kanusport" aus dem Jahre 1929 (Eddelbüttel 1929)

Wahrscheinlichkeit immer kleiner, dass diese Möglichkeit der ästhetischen Störung tatsächlich irgendwann eintritt. Wer der Meinung ist, dass Müll wieder mit nach Hause genommen werden soll und dass auch tiefes Vergraben keine verantwortungsvolle Option darstellt, der beruft sich dabei nicht auf die Anthropozentrik, sondern geht in seiner ethischen Position weit darüber hinaus. Denn hier geht es nicht um das Wohl von Menschen oder Tieren, sondern vielmehr um die Verantwortung gegenüber einer Landschaft oder einem Ökosystem, also um eine holistische Perspektive, in der eigentlich allem Natürlichen ein Eigenwert zugesprochen wird.

Warum das Leave No Trace Centre of Outdoor Ethic (LNTCOE) seine ethischen Grundlagen nicht klar benennt und nur zwischen den Zeilen eine anthropozentrische Argumentation erkennen lässt, kann man nur vermuten. Das LNTCOE finanziert sich zum großen Teil aus Mitteln, die von der Outdoorindustrie bereitgestellt werden[12] – vielleicht würde ein Zuviel an Grundlageninformationen nahelegen, die klar benannten ethischen Verpflichtungen der Naturnutzer auch auf die Aktivitäten der Outdoorindustrie zu beziehen. Auch wenn sich in diesem Industriezweig in den letzten Jahren viel in Richtung Nachhaltigkeit (anthropozentrischer Ansatz!) bewegt hat, so käme man schnell zu dem Schluss, dass der immer schnellere Konsum von immer aufwendigeren Ausrüstungsgegenständen, Kleidungsstücken und Accessoires nicht mit einer weitergehenden Ethik zu vereinbaren ist – schon gar nicht mit einer Ethik, in der Landschaften und Ökosysteme einen Eigenwert besitzen und deren Ausbeutung und Zerstörung sich für die Produktion von Luxusgütern eigentlich verbietet.

4 Von der Outdoor-Ethik zum Konvivialismus

Für alle, die im pädagogischen Kontext die Natur nutzen, sind die sieben Leave No Trace Prinzipien eine gute Handlungsanweisung, ein guter Rezepte-Fundus, um negative Effekte des eigenen Tuns auf Natur und Landschaft zu minimieren und lokal verantwortungsvoll zu handeln – gerade in Zeiten, in denen wenige Natur- Naherholungsräume von vielen Menschen genutzt werden. Darüber hinaus bieten sie einen hervorragenden Diskussionsanlass zu der Frage, *warum* es Sinn macht, sich an diese Prinzipien zu halten. Welche ethische Position liegt dieser und unserer eigenen Haltung zu Grunde? Was ist wertvoll und verdient es, von uns respektiert und möglichst wenig beeinträchtigt zu werden? Was hat einen Eigenwert und was hat nur einen Nutzwert – und in Bezug auf viele Dinge der heutigen Konsumgesellschaft: was ist überflüssig, was braucht die Welt nicht, was macht nur Probleme (in der

[12] Simon & Alagona 2009

Rohstoffgewinnung, der Herstellung, im Transport, Gebrauch und in der Entsorgung)? In diesem Sinne ist der Ansatz, lokal zu handeln, ein hervorragender Anlass, auch global zu denken!

Auf diese wichtigen Fragen gibt es in der Regel keine Antworten, die sich in die Kategorien „richtig“ und „falsch“ einordnen lassen, und zur Beantwortung muss auch niemand Experte in Umweltethik sein. Die oben beschriebenen Positionen der Umweltethik können als nützliches Hintergrundwissen verstanden werden, aber die hier benutzten Fachbegriffe sind in der Diskussion mit Jugendlichen wahrscheinlich eher hinderlich als dass sie helfen. Die Diskussion um diese Fragen, die Reflexion der eigenen Situation, des eigenen Verhaltens und der daraus erwachsenden Konsequenzen, scheint in der heutigen Zeit allerdings nötiger denn je. Und sich hier eine eigene Position zu bilden, bzw. im pädagogischen Kontext die Bildung einer verantwortungsvollen Position zu unterstützen, ist vielleicht eine der Kernaufgaben der Erlebnispädagogik.[13]

Neben der kognitiven Grundlage der Leave No Trace Prinzipien ist das konkrete Erleben von Natur, der eigenen Naturverbundenheit und letztendlich auch des eigenen Natur-Seins eine gute Unterstützung für Diskussionen und Reflexionen dieser Art. Übungen zur Achtsamkeit und zum Naturerleben können hier wunderbar genutzt werden.[14]

In einer komplizierten, globalisierten, vernetzten und von scheinbaren Zwängen beherrschten Welt stellt sich die Frage, was aus ethischen Diskussionen und Reflexionen Konkretes erwachsen kann, ohne dass das bedrückende Gefühl überhandnimmt, in der globalen Gesamtsituation verloren zu sein. An grundsätzlichen Einsichten könnte entstehen, sich auf das kleinste mögliche moralische Übel zu besinnen, also anderen Lebewesen und Systemen nur das anzutun, was für die Aufrechterhaltung des eigenen Wohlergehens wirklich wichtig ist. Was das im Einzelfall bedeutet, lässt sich pauschal nicht beurteilen. Für den einen mag das aktuell bedeuten, sich einmal im Jahr eine Reise auf einen anderen Kontinent zu gönnen, für eine andere kann die gleiche Funktion für das Wohlbefinden durch eine Radtour befriedigt werden, die vor der eigenen Haustür startet. Was konkret als notwendig oder als verzichtbarer Luxus angesehen wird, ist wie Vieles dem Wandel der Zeit unterworfen und verändert sich auch für den einzelnen Menschen im Laufe des Lebens und der gesellschaftlichen Entwicklung fortwährend. Klar scheint allerdings, dass die Entwicklung der letzten 30-50 Jahre nicht so weitergehen kann, dass Dinge und Verhaltensweisen, die „früher“ als cool galten und positiv in die persönliche Statusbilanz

---

[13] Liedtke & Ghaffari 2018

[14] z.B. Cornell 1991

eingeflossen sind, heute und in Zukunft evtl. anders bewertet werden müssen und dass der Luxus der vergangenen Jahrzehnte, der heute für viele zur Normalität geworden ist, seinen ökologischen und sozialen Preis hat.

In jedem Fall kann aus einem lokalen Handeln im Sinne der Leave No Trace Prinzipien und einem globalen Denken und Reflektieren ein neues und verändertes lokales Handeln entstehen. Am Beispiel der Outdooraktivitäten bezieht dieses lokale Handeln nicht nur die Leave No Trace Prinzipien mit ein, sondern auch die umweltfreundliche Anreise, die Beschaffung (ausleihen!) bzw. Nutzung von umweltfreundlicher Ausrüstung usw. und betont damit den Aspekt der wahrgenommenen Verantwortung für das Gemeinwohl – auch wenn es persönlich im Moment als aufwendiger, teurer und vielleicht auch nerviger empfunden wird. Durch diese Art des Handelns, Denkens, Reflektierens und Diskutierens kann im Laufe der Zeit eine „Kunst des Zusammenlebens“[15] mit unserer Mitwelt (Menschen, Tieren, Ökosystemen usw.) immer besser gelingen, so dass sich Konflikte zwischen Mitmenschen, zwischen Nationen, zwischen Mensch und Natur ständig weiter minimieren und die Welt zu einem besseren Ort wird, als sie im Moment ist. Wenn Du Müll in der Natur findest, nimm ihn mit! Das ist *besser*, als ihn liegen zu lassen – dies gilt im konkreten wie im übertragenen Sinne.

5 Literatur

Alagona, Peter & Simon, Gregory (2012): Leave no trace starts at home: A response to critics and vision for the future. In: Ethics, Policy and Environment 15, S. 119–124.

Backman, Cassandra Lee et al. (2018): Visitors' views of leave no trace principles across a national park, a national forest, and three state parks. In: Journal of Park and Recreation Administration 36, S. 41–54.

Bundesministerium für Umwelt, Naturschutz und Reaktorsicherheit (2004): Natur Bewegt. Natursport in Deutschland. Berlin: Bundesministerium für Umwelt, Naturschutz und Reaktorsicherheit.

Cornell, Joseph (1991): Mit Freude die Natur erleben. Naturerfahrungsspiele für alle. Mühlheim an der Ruhr: Verlag an der Ruhr.

Eddelbüttel, W.F. (1929): Kanuwanderbuch für Nordwestdeutschland. 3. Aufl. Hamburg: Verlagsbuchhandlung Broschek & Co.

Gorke, Martin (1996): Die ethische Dimension des Artensterbens. Von der ökologischen

[15] ein wirklich guter Literaturtipp: Les Convivialistes 2014

Theorie zum Eigenwert der Natur. Universität Bayreuth.

Gorke, Martin (1999): Artensterben. Von der ökologischen Theorie zum Eigenwert der Natur. Stuttgart: Klett-Cotta.

Gorke, Martin (2004): Vom Eigenwert der Natur - Grundzüge einer Naturschutzethik. In: Seevögel 25, S. 16–21.

Lawhon, Ben et al. (2019): Understanding attitudes and support for leave no trace: Informing communication strategies with frontcountry state park visitors. In: Journal of Outdoor Recreation, Education, and Leadership 11, S. 37–52.

Les Convivialistes (2014): Das konvivialistische Manifest. Für eine neue Kunst des Zusammenlebens. Bielefeld: transcript Verlag.

Liedtke, Gunnar & Ghaffari, Bijan (2018): Forward to the Roots – Reaktivierung der Mensch-Natur- Beziehung als Zukunftsaufgabe der Erlebnispädagogik? In: Schettgen, Peter/Ferstl, Alex/Bous, Barbara (Hg.): Einmschen possible. Die gesellschaftpolitische Dimension der Erlebnispädagogik. Augsburg: Ziel Verlag. S. 54–63.

LNTCOE (2021): The 7 principles. Online unter: https://lnt.org/why/7-principles (Datum des letzten Zugriffs: 21.06.2021, 19:27 h.

Marion, Jeffrey L. et al. (2011): Revisiting „beyond leave no trace". In: Ethics, Policy and Environment 14, S. 231–237.

Marion, Jeffrey L. (2014): Leave No Trace in the Outdoors. Mechanicsburg, PA: Stackpole Books.

Marion, Jeffrey L. & Reid, Scott E. (2007): Minimising visitor impacts to protected areas: The efficacy of low impact education programmes. In: Journal of Sustainable Tourism 15, S. 5–27.

Nash, Roderick Frazier (1967): Wilderness and the American Mind. 4. Edition. New Haven, London: Yale University Press.

Simon, Gregory L. & Alagona, Peter S. (2009): Beyond leave no trace. In: Ethics, Place and Environment 12, S. 17–34.

Vaglas, Wade M. et al. (2012): Development, psychometric qualities, and cross-validation of the leave no trace attitudinal inventory and measure (LNT AIM). In: Journal of Leisure Research 44, S. 234–256.

Dipl. Sozialpädagoge (FH)

Jürgen Einwanger

Leiter der Alpenverein-Akademie und Bildungsreferent der Alpenvereinsjugend beim Österreichischen Alpenverein.

E-Mail: juergen.einwanger@alpenverein.at

Website: alpenverein.at

Mut zum Risiko

Erinnerung an einen pädagogischen Auftrag

„Risiko ist die Verbindung von Ungewissheit und Bedeutsamkeit"[1] – und genau in diesem Spannungsfeld geschieht Entwicklung. Die Notwendigkeit dafür, aus der eigenen Komfortzone in die Lernzone zu kommen, ist oft beschrieben. Meist unbewusst, manchmal durch das Überwinden unserer Erwachsenenängste, ermöglichen wir solche Lernerfahrungen. Leider häufen sich aber die Wahrnehmungen, dass die gebotenen Möglichkeiten immer weniger werden. Zunehmend unterschätzen wir Kinder und Jugendliche, bevormunden und entmündigen sie weit unter ihren Möglichkeiten und rauben ihnen damit einen Teil ihres Entwicklungspotenzials. Wie sollen sie dann zu den oft geforderten demokratiepolitisch verantwortlichen Menschen werden, die gesellschaftliche Wertewelten adaptieren und gestalten? Vielleicht hilft es, sich wieder einmal an den pädagogischen Auftrag von Erwachsenen zu erinnern – das möchte ich mit diesem Artikel einmal mehr versuchen.

1 Der Thunberg-Effekt

Schon wieder muss die junge Frau aus Schweden und das Thema Klimawandel Pate stehen, um einen Beitrag einzuleiten. Es sei mir verziehen. Aber wenn ich Klima und Artensterben meinem (dagegen vielleicht vergleichsweise bescheidenen) Anliegen gegenüberstelle, sehe ich Parallelen, die es mir nahelegen, den Thunberg-Effekt vielleicht auch für das Pädagogische zu nutzen.

Als Greta Thunberg 2019 ihre emotional vorgetragene Schelte an die Erwachsenenwelt richtete, hatte sie Recht. Sie hat vor den Vereinten Nationen einen der wohl einprägsamsten Sätze der vergangenen Jahre gesagt: „How dare you." „Wie könnt ihr es wagen ...", seit den achtziger Jahren von der Klimakrise zu wissen und dennoch passiv zu bleiben; ... noch immer über ewiges Wirtschaftswachstum zu reden und den Kindern die Zukunft zu rauben.[2] Wobei mir heute, 2021, auffällt, dass die Krise der Pandemie offenbar auch den Blick auf die bevorstehende Klimakrise gerichtet hat, diese zumindest in der politischen Diskussion wieder verstärkt auftaucht und auch die Programmatik der Agierenden und Wählenden teils beeinflusst –

---

[1] Benett 1986, S. 26

[2] vgl. www.tagesspiegel.de

scheinbar lernen wir Menschen immer erst, wenn die existentielle Bedrohung direkt und unmittelbar spürbar wird.

Vielleicht kann uns Erwachsenen so ein heftiger Tadel und der Weckruf der globalen Bedrohung durch einen Virus helfen, auch in anderen Lebensbereichen unser Wissen mit unserem Handeln zu vergleichen und unser Tun zu korrigieren. Das gilt für mich im Besonderen auch für unsere Begleitung von Kindern und Jugendlichen hin zu einem selbständigen, verantwortungsvollen und am Gemeinwohl orientierten Leben. Denn wie können wir es wagen, trotz aller vorhandenen Informationen unseren Kindern und Jugendlichen zentrale Erlebnis- und Erfahrungsräume zu verwehren? Oder warten wir auch hier auf eine noch größere Krise? Die Pandemie hat uns bezüglich Kinder- und Jugendgesundheit bereits alarmierende Zahlen über die Auswirkung von Natur- und Bewegungsmangel geliefert – was brauchen wir noch, bevor wir handeln und maßgebliche Reformen umsetzen?

2 Denn sie wissen nicht, was sie tun

In den Bildungssystemen wäre es dringend geboten, das heute vorhandene Wissen aus Lernpsychologie und Neurobiologie endlich umzusetzen. Und für Pädagog*innen in allen Bereichen gilt es, vorhandene Kenntnisse, z.B. aus Studien über den Bewegungsmangel von Kindern und Jugendlichen, ernst zu nehmen und auf Ursachenforschung zu gehen. Bewegungsmangel, wie er im November 2019 in der WHO Studie „Jugendliche bewegen sich zu wenig" erneut deutlich wurde, hat viele Langzeitfolgewirkungen für das gesamte Leben und einige deutlich auszumachende Ursachen. Eine davon ist: „Gespielt wird digital statt aktiv" und steht symptomatisch für einen Wechsel in den Lebensrealitäten von Kindern und Jugendlichen, der nicht länger bagatellisiert werden darf.[3] Durch die Coronapandemie wurde der Mangel an Bewegung und die digital verbrachte Lebenszeit weiter um ein Vielfaches erhöht. Nicht nur durch homeschooling, sondern besonders auch in der Freizeitgestaltung ist die Präsenz an Bildschirmen massiv gestiegen. Das war zwar nur ein temporärer Katalysator, aber es ist noch nicht absehbar, wie weit diese Verhaltensmuster reversibel sind, da es natürlich auch viele andere Gründe gibt, warum sich Kinder-Erlebniswelten so sehr verändern. So wie es viele Gründe gibt, warum es zum Klimawandel gekommen ist. Die Frage ist nun, wann der Erkenntnisdruck groß genug ist, Korrekturen zuzulassen bzw. diese vehement einzufordern. Argumente über die Wichtigkeit gibt es weiterhin genug und auch aktuelle Studienergebnisse der Universität

---

[3] vgl. https://science.apa.at

Salzburg[4] belegen am Beispiel Pandemie erneut, was Menschen am Ehesten hilft, durch Krisen zu kommen. Danach gefragt, war mit 76% die häufigste Nennung „Zeit in der Natur zu verbringen“, „Sport & Bewegung“ folgt mit 72%, und 68% gaben als wichtige Krisen-Ressource an, „Angehörige und Freunde persönlich zu treffen“, und räumen damit den sozialen Aspekten einen großen Stellenwert ein.[5]

Persönlich beschäftigt mich bei den erheblichen Auswirkungen der zugegebenermaßen massiven Krise in diesem Zusammenhang, dass wir es in den letzten Jahrzehnten offensichtlich verpasst haben, uns als Gesellschaft, als Individuen und vor allem aber auch viele unserer Kinder und Jugendlichen mit genügend „Resilienzfaktoren“ auszustatten, um mit solchen Veränderungen konstruktiv umzugehen. Die repräsentative Studie „Jetzt sprichst du“ mit mehreren Tausend Teilnehmer*innen zeigt, dass Kinder, Jugendliche und junge Erwachsene am meisten von den Folgen der Pandemie betroffen sind. Demnach leiden 55% unter depressiver Symptomatik, 49% unter Ängsten, 25% unter Schlafstörungen und 16% haben suizidale Gedanken. Dabei gilt Resilienz als erlernbar. „Das Konzept der Resilienz legt den Fokus erstmals auf die Bewältigung von Risikosituationen sowie auf die Fähigkeiten, die Ressourcen und die Stärken jedes einzelnen Kindes, ohne dabei Probleme zu ignorieren oder zu unterschätzen. Von Interesse ist also, wie individuell mit Stress umgegangen wird und wie Bewältigungskompetenzen aufgebaut bzw. gefördert werden können.“[6]

---

[4] Studie der Universität Salzburg 2021

[5] www.sleepscience.at

[6] www.gesundheitsfoerderung.bildung-rp.de/fileadmin/user_upload/gesundheitsfoerderung.bildung-rp.de/Psychische_Gesundheit/Leitfaden_Resilienz.pdf

3 Rechtliche Verankerung

Vielleicht ist es an dieser Stelle hilfreich, uns auch wieder einmal an den gesetzlich verankerten Auftrag zu erinnern. In diesem Fall, um einerseits der geforderten Korrektur Rückenwind zu geben und andererseits gegen die weiter steigende Angst von Pädagog*innen vor rechtlichen Konsequenzen anzutreten. Mut zum Risiko ist ja kein Selbstzweck. Vielmehr soll dieser Aufruf ermutigen und daran erinnern, wie wichtig das Zulassen von „gesunden Risiken“ ist. Vor allem für das Entwickeln von Selbstwirksamkeit und Verantwortungsübernahme – und darin sind sich inzwischen alle sozialwissenschaftlichen Disziplinen einig – gibt es keine echten Alternativen.

Zunächst aber der Hinweis auf den gesetzlichen Hintergrund. Im deutschen Sozialgesetzbuch (SGB) VIII[7] finden wir unter „§ 1 Recht auf Erziehung, Elternverantwortung, Jugendhilfe“, dass (1) jeder junge Mensch ein Recht auf Förderung seiner Entwicklung und auf Erziehung zu einer eigenverantwortlichen und gemeinschaftsfähigen Persönlichkeit hat, und unter (2), dass Pflege und Erziehung der Kinder das natürliche Recht der Eltern sind und die zuvörderst ihnen obliegende Pflicht.

In einem sehr ähnlichen, teils identischen Wortlaut ist dies auch im Österreichischen Kinder- und Jugendhilfegesetz unter „§ 1. Grundsätze der Kinder- und Jugendhilfe“ verankert. Hier heißt es (1) Kinder und Jugendliche haben ein Recht auf Förderung ihrer Entwicklung und auf Erziehung zu einer eigenverantwortlichen und gemeinschaftsfähigen Persönlichkeit. Und unter (2) steht auch hier, dass die Pflege und Erziehung von Kindern und Jugendlichen in erster Linie die Pflicht und das Recht ihrer Eltern oder sonst mit Pflege und Erziehung betrauter Personen ist.

Das heißt kurz zusammengefasst: Es gibt ein RECHT auf Erziehung zur Eigenverantwortung und Gemeinschaftsfähigkeit und die PFLICHT der Pädagogik, dies auch zu tun!

4 Gemeinwohl oder „Me first“?

Wie zentral und aktuell dieser Auftrag zur Verantwortung und Gemeinschaft ist, haben wir in den letzten Jahren nicht nur durch die teils gesellschaftsspaltenden Auswirkungen der Pandemie erlebt. Auch demokratiepolitische Entgleisungen und Polarisierung rütteln an Grundwerten. Wir haben sogar in Europa einige für nicht mehr möglich gehaltene politische Auswüchse. Die partielle Demontage von demokrati-

---

[7] SGB VIII 1990

schen Strukturen im Osten Europas und die Instrumentalisierung von Falschmeldungen in ungekanntem Ausmaß sind nur möglich, wenn sich die kritische Haltung gegenüber Radikalisierung und die grundsätzliche Einstellung und Bereitschaft zur Nutzung von Mitgestaltung negativ verändert. Das unterstreicht einmal mehr, wie wichtig der im Titel dieses Buches unterstrichene Appell an das Sich-Einmischen ist. Wer das nicht tut, entzieht sich der Verantwortung und lässt die demokratischen Gestaltungsmöglichkeiten ungenutzt.

Mitgestaltung basiert folglich auf der Übernahme von Verantwortung. Sich an der Gestaltung von Gesellschaft zu beteiligen und Einfluss zu nehmen, wo dies möglich ist, muss gelernt werden – aber wo geht das noch, wo haben Kinder und Jugendliche Möglichkeiten zur echten Partizipation? Dieses damit verbindbare Interesse am Gemeinwohl zu entwickeln, steht hier in einem gewissen Gegensatz zu den stark wahrnehmbaren Änderungen, die durch eine „Me first"-Gesellschaft zunehmend forciert werden. Entscheidende Bausteine der Demokratie, wie Solidarität und Empathie, die grundsätzliche Notwendigkeiten für die zukunftsfähige Gestaltung des Zusammen-Lebens sind, werden in diesem Modell, in dem die individuelle Inszenierung und der eigene Nutzen im Mittelpunkt stehen, nicht mehr in ausreichendem Maß ausgeprägt.

Hilfreich finde ich hier den Empathie-Begriff, wie Gerald Koller ihn 2019 beim Fachsymposium der Alpenvereinsjugend zum Thema „Verantwortung ermöglichen" aufgezeigt hat. Empathie erklärt Koller als die menschliche Fähigkeit, Komplexität zu bewältigen. Sie ist demnach die wichtigste Orientierungsmöglichkeit, die uns als Mensch zur Verfügung steht. Empathie entwickelt sich nach seinem Modell aus vier Fähigkeiten, die grundlegend sind, um den Mut zur Verantwortung entwickeln zu können.

Das ist zum einen die *Selbstwahrnehmung*, die z.B. hilft, die eigenen Grenzen zu entdecken und die nicht nur für die Empathie nach außen, sondern im Besonderen auch für die nach innen ausschlaggebend ist. Als zweite Fähigkeit nennt er das *Mitgefühl* als die Basis, die uns empfindsam für die Emotionen anderer macht. Das wichtige dritte Potential in seinem Modell ist das des *Perspektivwechsels*. Diese Veränderung des Blickwinkels und die Möglichkeit, die eigene Sicht zu transformieren, ist eine Grundlage der Demokratie, da ansonsten das Anderssein des anderen nicht als Potential zur Entwicklung gesehen und genutzt werden kann, sondern als Bedrohung wahrgenommen wird. Ohne diese Perspektivwechsel können wir nicht zu einem Miteinander kommen und damit auch nicht zum Mit-einander-gestalten. Die vierte Dimension ist eine ganz wesentliche – die *Antizipation*. Durch

Antizipieren können Menschen die Konsequenzen ihres Handelns im Vorfeld bedenken und dementsprechend (re-)agieren. Von dieser Fähigkeit zum Vordenken leitet Koller die Verpflichtung zur Übernahme von Verantwortung ab.[8]

Wir müssten also in der Begleitung von Kindern und Jugendlichen stark auf diese Potentiale setzen, ihnen Räume zur Verfügung stellen, in denen nicht das Diktat von Erwachsenen die Erfahrungsmöglichkeiten vordefiniert. Stattdessen brauchen die Kinder und Jugendlichen Möglichkeiten, in denen sie selbst Wahrnehmen, Mitfühlen und Antizipieren lernen und Perspektivwechsel ausprobieren können. Das geht nur, wenn wir ihnen vertrauen, den dafür nötigen Handlungsspielraum geben, eine Fehlerkultur etablieren, in der „Misserfolg“ zum Lernrepertoire gehört, und wenn wir bereit sind, die damit verbundenen Risiken zulassen. Aber dafür müssen auch wir Pädagog*innen uns aus dem „Me first“ verabschieden, unsere Komfortzone verlassen und uns unseren eigenen Ängsten stellen, anstatt diese als Argument für die Entwicklungshemmung von Kindern und Jugendlichen zu verwenden.

5 Entwicklung ist riskant

Dass die Auseinandersetzung mit dem Thema nicht ganz neu ist, zeigt ein Blick 100 Jahre zurück. Bereits 1919 hat der polnische Kinderarzt und Pädagoge Janus Korczak das „Recht des Kindes auf den eigenen Tod“ als eines der drei Grundrechte formuliert. Das Buch, in dem diese Grundrechte ausgeführt werden, heißt „Wie man ein Kind lieben soll“, das Kapitel „Wie liebt man Kinder“. Er hat also die Liebe zum Kind als Motivation gesehen, den Freiraum zu gewähren, den es für seine Entwicklung braucht. Er hat damit aber auch deutlich gemacht, dass in letzter Konsequenz – und damit provoziert er ja bewusst schon beim Titel – die Inanspruchnahme dieses Rechts auch dramatisch enden kann. Wobei er nicht den leichtfertigen Umgang mit dem Tod postulierte, sondern in erster Linie schon damals eine andere Fehlerkultur einfordert: „Gemeint ist die radikale Forderung nach der Selbstständigkeit und Selbstbestimmung des Kindes und die Anerkennung Fehler machen zu dürfen“.[9] Und wie wir aus tausendfacher Erfahrung wissen, führen diese Fehler in den seltensten Fällen zum Tod, in fast allen Fällen aber zu wichtigen Lernerfahrungen. Neben dem Erfolg ist das Scheitern einer der zentralen Faktoren des Lernens. Für das eine wie das andere braucht es aber die Möglichkeit des Versuches.

---

[8] vgl. https://www.alpenverein.at

[9] https://korczakinfo.jimdo.com/korczak-schule-wien/kinderrechte 2021

6 Entwicklung braucht mutige Begleiter*innen

Korczak kritisiert also bereits vor 100 Jahren eine Erziehung, die durch Überversorgung und Dauerbehütung das Kind davon zurückhält, selbstständige Erfahrungen zu machen: „Du musst eben den Mut aufbringen, ein bisschen Angst um sein Leben auf dich zu nehmen“ (Korczak, 1987, 270). Dabei verbindet er zwei Forderungen: Die Erwachsenen müssen sich von unnötiger Bevormundung, Drohungspraktiken und Misstrauen fernhalten und dem Kind Handlungsfähigkeit zugestehen, indem das Kind Entscheidungswille und Verantwortung übernehmen kann[10]. Es scheint aber eine der schwierigsten Anforderungen an Eltern und andere Begleiter*innen von Kindern und Jugendlichen zu sein, diese Freiräume zuzulassen.

7 Verantwortung ermöglichen

Gerald Koller, Risikopädagoge und Ashoka Fellow[11], verweist in dem bereits zum Thema Empathie zitierten Vortrag im Rahmen des Fachsymposiums „Verantwortung ermöglichen“ in Wien auf eine noch ältere Quelle als Korczak – die des Gebets „Vater unser“. In einer Ordensgemeinschaft nahe Biel/Bienne (Schweiz) wird demnach nicht mit dem heute gängigen „und führe uns nicht in Versuchung“, sondern nach dem überlieferten Urtext gebetet, der da heißt „und führe uns in der Versuchung“.. Koller weist damit darauf hin, dass „Kinder in den mannigfaltigen Risiken des Lebens ein Navigationssystem brauchen, das nicht nur das Vermeiden, sondern gerade auch das eigenständige Gestalten von Wagnissen möglich macht“.[12]

Im Rahmen dieser Fachveranstaltung machte auch die Neurobiologin Dr. Nicole Strüber erneut deutlich, wie wichtig das selbstbestimmte Spiel für die Gehirnentwicklung ist. „Eine wesentliche Funktion des kindlichen Spiels, und vor allem auch des risikoreichen Spiels scheint zu sein, dass Kinder dabei in einem angenehmen Kontext lernen, ihre Gefühle zu regulieren – verbunden mit einer Verstärkung der dafür notwendigen Verschaltungen im Gehirn. Sie lernen, Frustrationen, Angst und Wut auszuhalten – eine wesentliche Voraussetzung dafür, in vielen Bereichen des

---

[10] Beiner, 2008, S. 28

[11] Ashoka ist eine Weltweite Organisation für social change. Sie zeichnen u.a. Fellows aus, deren Ideen dazu beitragen, diesen Wandel zu unterstützen (vgl. https://ashoka-cee.org/austria/fellows/). Gerald Koller war der erste Österreicher, der als Fellow berufen wurde

https://ashoka-cee.org/austria/fellow/gerald-koller-3/

[12] vgl. https://www.alpenverein.at

Lebens hohe Kompetenzen auszubilden: emotionale, soziale, kognitive und auch motorische Kompetenzen".[13]

8 Welche Risiken sind wichtig?

In den letzten Jahren wurde z.B. vielfach das Verhalten auf Spielplätzen untersucht. Die Studie „Sichere Spielplätze hemmen Entwicklung" beschreibt als ein Resultat „sechs Risiken, die ein Spielplatz erfüllen sollte", und betont deren Wichtigkeit. Diese sind: Das Erforschen von Höhe, das Erleben von hoher Geschwindigkeit, der Umgang mit gefährlichen Gegenständen, die Nähe von gefährlichen Ereignissen (Feuer, Wasser), wildes Spielen (Raufen) und das selbstständige Weggehen einer erwachsenen Aufsichtsperson.[14]

Je nach Umgebung und Lebensbedingungen sind auch andere Themen entscheidend. Im urbanen Umfeld sollte die Abschätzung von komplexen Verkehrssituationen gelernt werden, in der Wildnis der Umgang mit Natur-Risiken.

[13] vgl. ebd.

[14] vgl. www.news.ORF.at

9 Ab welchem Alter?

Nach heutigem Erkenntnisstand ist es das Beste, die Kinder schon früh an Herausforderungen heranzuführen. Kinder wenden bei ihrem Spielverhalten die Methode der „Schrittweisen Annäherung" an, indem sie sich immer gefährlicheren Situationen aussetzen und so ihre Grenze erkennen. Das Fehlen dieser Erfahrungen, z.B. durch die Angst der Eltern vor harmlosen Verletzungen, führt oft zu ängstlicheren Kindern mit höherer Neigung zu schweren physischen Verletzungen und psychischen Erkrankungen.

Im Standardinterview vom 3.7.2018 zitiert Lilly Shanahan aus der von ihr mitbetreuten Studie „Helicopter Parenting May Negatively Affect Children's Emotional Well-Being and Behavior": „Unsere Studie zeigte, dass schon Eltern von Zweijährigen ihren Kindern einen gewissen Grad an Unabhängigkeit erlauben sollten, wenn es darum geht, altersgerechte Probleme zu lösen, etwa wie man mit einem neuen Spielzeug spielt oder wie man nach dem Spielen aufräumt. Es ist wichtig, dass Kinder die Möglichkeit haben, den Umgang mit neuen Herausforderungen und auch Frustrationen zu erlernen, wobei die Eltern durchaus helfen können, wenn die Herausforderungen für ein zweijähriges Kind zu schwierig oder zu komplex werden".[15]

10 Ein Leben ohne Risiko?

Zu ähnlichen Ergebnissen kam auch die Studie „Safe outdoor play for young children". Wenn Kinder nicht mehr die Möglichkeit zu aufregendem und selbstgesteuertem Spielverhalten haben, hat das nicht nur negative Auswirkungen auf ihre körperliche Fitness, sondern auch auf ihre soziale, emotionale und intellektuelle Entwicklung. Das größte Risiko ist es also offenbar, wenn es kein Risiko mehr beim Spielen gibt. Oder anders gesagt „Was Hänschen nicht lernt, lernt Hans nimmermehr", denn dieses Erfahrungsdefizit wirkt sich in Biografien von Jugendlichen und Erwachsenen weiter aus.

„Unterforderung erzeugt Langeweile – Überforderung erzeug Frust". Gelingt es, für unsere Kinder eine Balance innerhalb dieses Spektrums herzustellen, ist das ein erster Schritt von der Bewahrungs- zur Bewährungspädagogik. Eltern wie Pädagog*innen müssen wieder mehr „Mut zum Risiko" entwickeln, um Kinder und Jugendliche bei dem Betreten von für sie neuen, und damit mit Unwägbarkeiten verbundenen, Risikoräumen zu begleiten. Diese zuzulassen, heißt Entwicklung zuzulassen – diese aus eigenen Ängsten zu verhindern, heißt Entwicklung zu hemmen!

---

[15] vgl. www.derstandard.at

11 Wie können wir es also wagen?

Die Informations- bzw. Bedrohungslage ist recht eindeutig und Gegenstand zahlreicher Diskussionen, Studien und Publikationen. Diese sind auch sehr vielen Pädagog*innen bekannt. Das Wissen um diese dramatische Veränderung und ihre vermeintlichen Folgen ist großteils vorhanden – was aber sind die Gründe und Blockaden, die einen Kurswechsel verhindern? Es ist ja durchaus nachvollziehbar, dass sich die Bedeutung von Kindern für die Biografie der Eltern völlig verändert hat, und damit auch deren Ängste und Besorgtheit steigen. Es ist auch verständlich, dass es eine (meist unbegründete) Angst vor juristischen Folgen bei Unfällen bei Pädagog*innen gibt. Auch ist es einsehbar, dass eine gesellschaftliche Entwicklung hin zur Sicherheitsdoktrin sogar die „gesunden Risiken" als unvernünftig erscheinen lässt. Und selbstverständlich gibt es noch eine ganze Reihe anderer Gründe für diese Veränderungen.

Derzeit haben Kinder und Jugendliche oft keine große Wahl mehr, denn eigenverantwortliche Bewegungs-Spiel-Räume sind eher eine Seltenheit geworden. Damit Kinder lernen können, die für sich richtige Entscheidung zu treffen und damit das Ausmaß der Herausforderung zu wählen, muss es aber auch etwas zu entscheiden geben, braucht es fordernde Situationen. Vielleicht hilft es uns Erwachsenen, sich wieder an den pädagogischen Auftrag und die damit einhergehende individuelle und gesamtgesellschaftliche Relevanz für die Gestaltung von Zukunft zu erinnern.

12 Lernen mit Unsicherheit zu leben

Eine Gesellschaft hat die Aufgabe, die kommende Generation auf ihr Leben vorzubereiten. In Zeiten zunehmender Verunsicherung ist dies ein immer komplexer werdendes Anliegen. Das frühe Erlernen, mit Unsicherheit umzugehen, hat einen enormen Einfluss auf die Ausprägung dafür hilfreicher Fähigkeiten. Wer lernt, sich Herausforderungen und Risiken zu stellen, Lösungen zu suchen und flexibel immer wieder neue Situationen zu meistern, der kann diese Potentiale aufbauen.

Um also unsere Kinder auf die Herausforderungen und Gestaltungsmöglichkeiten ihres Lebens vorzubereiten, müssen auch wir Erwachsenen wieder mutiger werden, Freiräume und gesunde Risiken zulassen, uns dafür unserer entwicklungsblockierenden Ängste bewusstwerden und wieder mehr explorativ-aktive als digitale Angebote für Kinder und Jugendliche bereitstellen. Es geht dabei um nichts weniger, als gemeinsam mit der nächsten Generation das Fundament eines resilienten, solidarischen und am globalen Gemeinwohl ausgerichteten Gesellschaftsmodells[16] zu errichten. Wie könnten wir es also wagen, diesen Auftrag zu vergessen?

13 Literatur

Benett, John J. (1986): Risiko und Freiheit. Verlag Bruno Martin, Südergellersen

Beiner, F. (2008): Die Grundrechte des Kindes als Basis der Pädagogik der Achtung. Gütersloher Verlagshaus

Korczak, J. (1987): Wie man ein Kind lieben soll. Hrsg.: Elisabeth Heimpel, Hans Roos. Vandenhoeck & Ruprecht

Sozialgesetzbuch (SGB) – Achtes Buch VIII – Kinder und Jugendliche (1990), abgerufen unter https://www.gesetze-im-internet.de/sgb_8/SGB_8.pdf am 14.06.2021

www.news.ORF.at / Thema: „Studie: Sichere Spielplätze hemmen Entwicklung“ / Story: „Sichere Spielplätze hemmen Entwicklung“ (publiziert am 19.07.2011; abgerufen am 20.06.2021)

www.standard.at / STANDARD Zurück zur Natur / Malte Roeper "Bewegung im Freien ist ein Grundbedürfnis" (publiziert 08. Juli 2011, abgerufen am 20.06.2021)

www.academia.edu/1479806/Risk_deficit_disorder David Eager and Helen Little (abgerufen am 20.06.2021)

https://korczakinfo.jimdo.com/korczak-schule-wien/kinderrechte/ (publiziert am 02.08.2018, abgerufen am 20.06.2021)

www.derstandard.at/2000082531036/Warum-Helikopter-Eltern-ihren-Kindern-schaden Interview mit Lilly Shanahan (publiziert am 03.07.2018, abgerufen am 20.06.2021)

https://www.alpenverein.at/jugend/verantwortung/symposium_Dokumentation.php: Fachsymposium „Verantwortung ermöglichen“ (abgerufen am 20.12.2019)

https://science.apa.at/rubrik/medizin_und_biotech/WHO-Studie_Jugendliche_bewegen_sich_zu_wenig/SCI_20191122_SCI39371351251822784: WHO-Studie (abgerufen am 20.12.2019)

https://www.tagesspiegel.de/kultur/kolumne-spiegelstrich-warum-das-how-dare-you-von-greta-thunberg-berechtigt-ist/25067266.html: Greta Thunberg (abgerufen am 20.12.2019)

http://www.sleepscience.at/?page_id= 257&lang=de: Studie der Universität Salzburg, Leiter Univ.-Prof. Manuel Schabus et. al „Wissen und Einstellungen zu Corona“ 2021 (3.600 Erwachsene) (abgerufen am 20.06.2021)

https://science.apa.at/power-search/4815384734757860196 Online-Umfrage *‚Jetzt sprichst du‘* (abgerufen am 20.06.2021)

[16] vgl. https://web.ecogood.org/de/

Reinhard Zwerger

Jahrgang 1962, Dipl. Geophysiker, Erlebnispädagoge be®, langjähriger Lehrtrainer und Lehrbeauftragter an zwei Hochschulen für Soziale Arbeit, Geschäftsführer und Ausbildungsleiter der Zwerger&Raab GmbH.

E-Mail: reinhard@zwerger-raab.de

Website: www.zwerger-raab.de

„Die größte Entdeckung, die uns das 20. Jahrhundert beschert hat, ist die Tiefe unserer Unkenntnis der Natur“

Zitat nach François Jacob (Molekularbiologe, Mitentdecker der Gensteuerung)

Von fliegenden Katzen, Pandemien und Buchfinken

*Unsere Verantwortung als Erlebnispädagog*innen*

Fliegende Katzen?

Im Scherz habe ich erzählt, dass sogar Katzen fliegen können. Mit dem Fallschirm. Nicht auf natürliche Weise wie die Spinnen, aber wenigstens im Interesse der Umwelt.

Die Royal Air Force und die Weltgesundheitsorganisation haben einmal Hauskatzen über abgelegenen Dörfern auf Borneo an Fallschirmen abgeworfen. Dort waren alle Katzen gestorben, so dass die Ratten sich explosionsartig vermehrten (und Ratten sind potentielle Überträger von ekelhaften Krankheiten wie Typhus, Lepra und Pest). Und woran waren alle einheimischen Katzen gestorben? Am Insektenbekämpfungsmittel DDT, das man versprüht hatte, um die Mücken auszurotten, die die Malaria übertragen (bis zu 90 Prozent der Bevölkerung litt an Malaria).

Diese ernüchternde Geschichte erzählen wir in unseren Biologiekursen, um die Bedeutung der Nahrungskette und die ökologischen Zusammenhänge deutlich zu machen. Die Mücken in dieser Geschichte wurden dadurch ausgerottet, dass man in den Dorfhütten DDT versprühte. Die Malaria war auf einen Schlag verschwunden. Alles schien in Ordnung zu sein, bis die Strohdächer auf die Bewohner der Hütten herunterzustürzen begannen. Das Stroh war offensichtlich angefressen worden von den Larven eines Nachtfalters, der schon immer in diesen Hütten gelebt hatte, nur nicht in solchen Massen. Die Population hatte sich anscheinend explosionsartig vermehrt. Der natürliche Feind des Falters, eine Schlupfwespe, war ebenfalls durch das DDT getötet worden, doch die Larven des Falters waren so vernünftig, das DDT nicht anzurühren.

Doch was bedeutete schon der Einsturz von ein paar Strohdächern, wenn dafür die Malaria ausgerottet war? Die Sache ging jedoch weiter. Das DDT wurde auch von Kakerlaken gefressen, obwohl leider nicht in ausreichender Menge, um sie zu töten. Ein kleiner Hinweis: DDT wird nicht leicht abgebaut und ausgeschieden. Wenn es einmal im Körper ist, geht es nicht mehr weg, sondern reichert sich an. Das reichte jedoch nicht, um besonders viele Kakerlaken zu töten.

Die mit DDT angereicherten Kakerlaken wurden anschließend von den Geckos gefressen, jenen eidechsenartigen Hausgenossen des Menschen, die mit Hilfe von Saugnäpfen an den Füßen an der Decke laufen können. Nun muss ein Gecko, wenn er satt werden will, eine ganze Menge Kakerlaken fressen, wodurch sich das DDT aus den Kakerlaken im Körper der Geckos anreicherte, bis es schließlich eine Konzentration erreichte, die um eine Größenordnung über der in den Kakerlaken lag. Das reichte aber noch nicht, um die Geckos zu töten.

Die Dorfkatzen ernährten sich nun nicht nur von Ratten, sondern fraßen auch Geckos. Damit speicherte sich in Hunderten von Katzen das DDT, das Millionen von Kakerlaken aufgenommen hatten. Bislang war die DDT-Konzentration nicht hoch genug gewesen, um sehr viele Kakerlaken oder Geckos zu töten, doch schließlich wurde sie um eine Größenordnung zu hoch - und tötete die Katzen. Was den Ratten zugutekam. Und dazu beitrug, all die ekelhaften Krankheiten zu verbreiten.

Die "Operation Katzenabwurf" brachte die Katzenpopulation schließlich wieder auf ihre alte Höhe und wendete die drohende Rattenplage ab. Unwissenheit ist kostspielig. Wenn man lediglich weiß, dass Mücken Malaria verbreiten und dass DDT Mücken tötet, so reicht das nicht – man muss außerdem wissen, wer sonst noch DDT frisst, auch in nicht tödlichen Mengen, und was damit innerhalb der Nahrungskette passiert.

Man muss das System im Ganzen erfassen. Das nennt man Ökologie. Unsere agrar-medizinisch-industrielle Gesellschaft lässt alle möglichen neuen Chemikalien auf die Umwelt los, ohne über die Wirkung ausreichend Bescheid zu wissen. Die Behebung der Schäden ist dann, sofern sie überhaupt möglich ist, in der Regel nicht so einfach wie das Abwerfen von Katzen.

Aus: "Der Strom, der bergauf fließt" von W.H. Calvin (1994, S. 86 f.)

Diese Episode lesen wir gerne vor, wenn wir uns gemeinsam mit Teilnehmenden unserer Weiterbildungen in Erlebnis- und Umweltpädagogik daran machen, die einige Wochen zuvor gestellte Recherche-Aufgabe „aufzulösen“. Sie lautete bislang:

„Welche Zusammenhänge bestehen zwischen unserem Essverhalten, Ozonlöchern über der Antarktis und der Population von Eichhörnchen in mitteleuropäischen Wäldern?“

Die Aufgabenstellung verursacht zunächst stets ungläubiges Lächeln, doch nachdem glaubhaft versichert wurde, es ernst zu meinen, beginnen in der Regel die Gedanken bereits zu kreisen.

Ziel der Aufgabenstellung ist einerseits, die komplexen Zusammenhänge zu erfassen und Teilnehmende dazu einzuladen, komplex vernetzt (systemisch) und nicht nur linear zu denken. Andererseits haben wir in Diskussionen immer wieder festgestellt, dass hier auch bei vermeintlich weltoffenen, interessierten und gebildeten Menschen zu einem großen Teil „Halbwissen" vorhanden ist. Wenn man beispielsweise auf das Thema „Treibhauseffekt" kommt, sind die Mechanismen[1] nur sehr wenigen tatsächlich bekannt. Und häufig wird auch durcheinander gebracht, dass es Orte gibt, an denen man ausreichend viel Ozon haben möchte und andere wiederum, wo das Gas nicht erwünscht ist.

Wir konfrontieren unsere Teilnehmenden bereits seit gut 15 Jahren regelmäßig mit diesen Themen, denn zum einen sind wir als Erlebnispädagog*innen vor allem in der Natur unterwegs, und wir werden dadurch auch oft mit Fragen konfrontiert. Teilnehmende fragen nach dem Namen einer Pflanze, oder man gilt unvermittelt am Lagerfeuer als „kompetente*r" Ansprechpartner*in in Sachen Natur und beispielsweise Klimakrise. Zum anderen führen wir mit der Auseinandersetzung über diese scheinbar willkürlich gesetzten Faktoren in die Gesamtthematik „Unsere Verantwortung in der Rolle des*der Erlebnispädagog*in" ein.

In den Anfangsjahren der Diskussionen ging es vor allem darum, wie man Erlebnispädagogik und ökologische Verantwortung zusammenbringen kann (z. B. Muff, 1997). Denn ganz gleich, wie wir unsere Spuren hinterlassen: der Natur ist es letztlich egal, in welcher „guten" Absicht dies geschieht. Auch eine schweigend begangene Kanufahrt schreckt möglicherweise Vögel in der Brutzeit auf.

Die Antworten auf diese Fragen sind weiterhin relevant, und tragbare Lösungen gehören in das Repertoire aller Erlebnispädagog*innen. Ging es vor 20 Jahren vor allem um Betretungsregeln, Anreise der Teilnehmenden, Sperrzeiten und allgemeines Verhalten in der Natur, wurden in den letzten Jahren Fragen der regionalen, saisonalen und ökologischen Ernährung zunehmend relevant. Hinzu kommen Fragen wie die Erreichbarkeit von Veranstaltungsorten mit öffentlichen Verkehrsmitteln und andere mehr.

In den beiden Jahrzehnten, die inzwischen vergangen sind, hat sich viel bewegt. Die Welt ist in hohem Maße enger zusammen gerückt (Globalisierung, Digitalisierung), und die Auswirkungen unserer persönlichen Entscheidungen werden auf kurzen

[1] Testen Sie sich selbst mit der Beantwortung dieser Frage: „Wenn doch die Treibhausgase die Wärme durch die Atmosphäre nicht wieder zurück in das Weltall lassen, weil klimarelevante Gase wie Kohlendioxid, Lachgas und Methan in großen Mengen zusätzlich vorhanden sind – warum kommt diese Wärme dann überhaupt anfänglich noch bis zum Boden durch? Wenn doch nichts mehr raus geht, wie kommt es dann noch rein?"

Wegen in vielen früher scheinbar unerreichbaren Ecken dieser Welt spürbar, was uns nicht nur durch die Corona-Pandemie schmerzhaft vor Augen gehalten wird.

Und noch mehr ist in den fast sechs Jahrzehnten meiner persönlichen Lebensspanne passiert. Am Heiligabend 1968 machte der NASA-Astronaut William Anders vom Raumschiff der Apollo-8-Mission ein Foto, das unter dem Namen „Earthrise" vom Time Magazine wegen seiner Bedeutung für den Umweltschutz in die Liste der 100 einflussreichsten Fotografien aller Zeiten aufgenommen wurde. Jeder wird dieses Bild bereits einmal gesehen haben, und im April 2020, mitten in der ersten COVID-19-Welle, jährte sich der erste „Earth Day", dessen Entstehung eng mit diesem Bild verknüpft ist, zum fünfzigsten Mal.

Abb. 1: Das Bild "Earthrise" gilt als Symbol der Umweltbewegung.
Quelle: NASA/Bill Anders

Seit einem Jahr haben wir die eingangs erwähnte Aufgabenstellung angepasst, sie lautet nun: „Welches ist der Zusammenhang zwischen unserem Essverhalten, Eisbären-Überfällen auf Dörfer in Sibirien und der Verbreitung von Viren?"

Ein guter Teil der Antworten wird eindrücklich in einem vom WWF veröffentlichten Online Text (WWF, 2020) beschrieben. Ich zitiere nachfolgend einige Teile aus einer Zusammenfassung:

60 Prozent aller Infektionskrankheiten sind Zoonosen und 72 Prozent davon kommen von Wildtieren. Zoonosen sind Infektionskrankheiten, die auf natürliche Weise von Wirbeltieren auf Menschen übertragen werden können und umgekehrt und können von Bakterien, Viren, Pilzen, Parasiten und Prionen verursacht werden. Daher ist das Auftreten von COVID-19 schon längst keine Überraschung mehr.

Epidemien wie Ebola kosteten tausenden, das HI-Virus sogar mehr als eine Million Menschen das Leben. Viele waren auf Krankheiten zurückzuführen, deren Erreger von Wildtieren auf Menschen übertragen wurden. Bei Ebola ist das Reservoir wahrscheinlich wie bei Covid-19 eine Fledermausart, HIV wurde ursprünglich von Affen übertragen. Auch die SARS- und die MERS-Erreger, die seit 2002 jeweils rund 800 Menschen das Leben kosteten, gehören zur Gruppe der Corona-Viren und sind Zoonosen.

Doch nun mit dem Finger auf ferne Länder zu zeigen, ist natürlich viel zu einfach. Wir alle beteiligen uns an der Zerstörung von Lebensräumen, indem wir Lebensmittel konsumieren, für die beispielsweise Regenwald abgeholzt werden muss, oder indem wir fossile Brennstoffe abbauen und dafür riesige Landstriche zerstören.

Denn bei der Zerstörung von Wäldern und anderen Lebensräumen verändert der Mensch die gewachsenen Strukturen der Ökosysteme tiefgreifend. Millionen von Tier- und Pflanzenarten, aber auch Parasiten, Viren, Pilze und Bakterien leben allein in unseren Wäldern. Sie bilden ein Gleichgewicht mit den Arten, mit denen sie sich entwickelt haben. Selbst wenn der Erreger für Menschen gefährlich werden kann, muss er bei seinem tierischen Wirt nicht zwangsläufig auch Krankheitssymptome auslösen. Die Stärke des Systems ist seine Vielfalt.

Dringen wir in diese Ökosysteme ein oder zerstören sie sogar, verlieren Krankheitserreger ihren Wirt und suchen sich einen neuen – nicht selten ist das ein einzelner Mensch. „Spillover“ wird dieses Ereignis genannt, der in der Folge die Infektion von Tausenden anderen Menschen auslösen kann.

Der US-amerikanische Autor David Quammen hat in seinem Buch „Spillover“ schon 2012 anschaulich beschrieben, wie sich solche Erreger, Zoonosen, auf den Menschen übertragen: "Wo Bäume gefällt und Wildtiere getötet werden, fliegen die lokalen Keime wie Staub umher, der aus den Trümmern aufsteigt."

Arnulf Köhncke führt es in einem Interview mit dem Deutschlandfunk so zusammen: *„Ganz grob zusammengefasst zeigt sich, dass eine intakte Natur ein Bollwerk ist gegen neue Krankheitserreger und Pandemien, dass aber, wenn wir Menschen immer stärker in die Natur eingreifen, intakte Ökosysteme stören, dass dann die Gelegenheiten zunehmen, bei denen Erreger von Wildtieren auf andere Wildtiere und auch auf den Menschen übertragen werden können“ (Köhnke, 2020)*

Im Februar 2021 wurden diese Forschungsergebnisse durch Wissenschaftler der Universitäten von Cambridge und Hawaii-Manoa und des Potsdamer Institutes für Klimafolgenforschung bestätigt: Durch den Klimawandel bedingte Veränderungen der natürlichen Vegetation in der südchinesischen Yunnan Provinz führten dazu, dass sich viele neue Fledermausarten in der Region ansiedelten und mit ihnen wiederum rund 100 neue Arten von Coronaviren. (scinexx – das Wissensmagazin, 2021)

In den Monaten, während derer COVID-19 unser aller Leben prägt, erscheint uns diese Fragestellung als noch brisanter als die Eingangsfragestellung. Wir sind davon unmittelbar betroffen, und niemand kann sich diesen Themen entziehen. Denn aktuell wird der Blick auf die möglicherweise sehr leicht ausgebremste Klimakrise immer wieder vergessen. Und um es mit den Worten des Präsidenten der Weltorganisation für Meteorologie (WMO), Prof. Dr. Gerhard Adrian, auszudrücken:

„Die Klimakrise ist eine Art Krise in Zeitlupe im Vergleich zur Corona-Pandemie. Die Reaktion darauf fällt angesichts des politischen Systems schwer. Aber: Die erstmals vorgestellte dekadische Klimavorhersage des Deutschen Wetterdienstes DWD zeigt den verheerenden Anstieg der Lufttemperatur in den kommenden zehn Jahren – nicht erst bis Ende des Jahrhunderts. Beherztes und zügiges politisches Handeln, um die globale Erderwärmung zu begrenzen, ist daher unumgänglich." (Jendrischik, 2020)

Kehren wir zurück zu den Gesprächen, die wir mit den Teilnehmenden der Ausbildungen führen und zu den Themen, zu denen wir diese ursprünglich führen möchten. Leicht könnte man dazu neigen, sich irgendwann resigniert und frustriert vom Lagerfeuer zu erheben und zu denken, dass ohnehin alles zu spät sei. Und diese Schlüsse schmerzen umso mehr, da wir die Gespräche oftmals in einer wunderschönen Landschaft in scheinbar „intakter" Natur führen.

Doch uns geht es zusätzlich um weitere Aspekte, nämlich um unsere (zukünftige) Rolle als Begleiter*innen von Menschen, die wir auf vielfältige Weise in Bewegung bringen werden. Bewegung in der Natur, Bewegung in den Gedanken, Bewegung im Sinne von Motivation.

Eine Frage der Werte

In seinem Buch „Es gibt keinen Planet B" beschreibt Mike Berners-Lee (2020, S. 202f) drei zentrale Werte, die kulturübergreifend auf der ganzen Erde gelten müssen und die die Menschheit aus „rein praktischen Erwägungen braucht, um im Anthropozän zu überleben":

1. Alle Menschen sind von Natur aus gleichberechtigt (…).
2. Respekt vor der Welt und die Sorge um sie, ihre Schönheit, ihre lebensunterstützende Komplexität und all ihre Lebensformen.
3. Respekt vor der Wahrheit – um ihrer selbst willen. Respekt vor Fakten, sofern man sie erkennen kann. Anderen zu ermöglichen, eine möglichst klare Sicht auf das zu bekommen, was als Beweis herangezogen werden kann. Transparenz gegenüber Ursachen, Methoden und persönlichen Interessen.

Weiter schreibt er, dass die drei Werte eng mit Carl Rogers (ebd., S. 203) verbunden sind, der die drei Hauptbedingungen für eine therapeutische Beziehung formuliert hat als Empathie, Wahrhaftigkeit und bedingungslose positive Zuwendung.

Welche Chancen sich daraus für uns als Erlebnispädagog*innen ergeben, wird zum Abschluss nochmals aufgegriffen.

Werte sind sehr eng mit Denkweisen verknüpft. Berners-Lee (ebd., S. 218ff) beschreibt im zusammenführenden Kapitel 9 seines Buches, in welchen acht Denkweisen im 21. Jahrhundert wir „rasend schnell besser werden müssen", und begründet dies so: „ (…) die Denkfähigkeiten, die wir im Laufe der Jahrtausende entwickelt haben, während wir uns in einer großen, stabilen Welt ausbreiteten, sind anders als die, die wir nun brauchen, um auf dem kleinen, zarten Raumschiff, auf dem wir uns nun wiederfinden, gut zu leben".

Diese neuen Denkfähigkeiten sind:

- eine übergreifende Perspektive
- globale Empathie
- Zukunftsdenken
- Wertschätzung des Einfachen, Kleinen und Lokalen
- Selbstreflexion
- kritisches Denken
- komplexes und kompliziertes Denken
- gemeinsame Perspektive

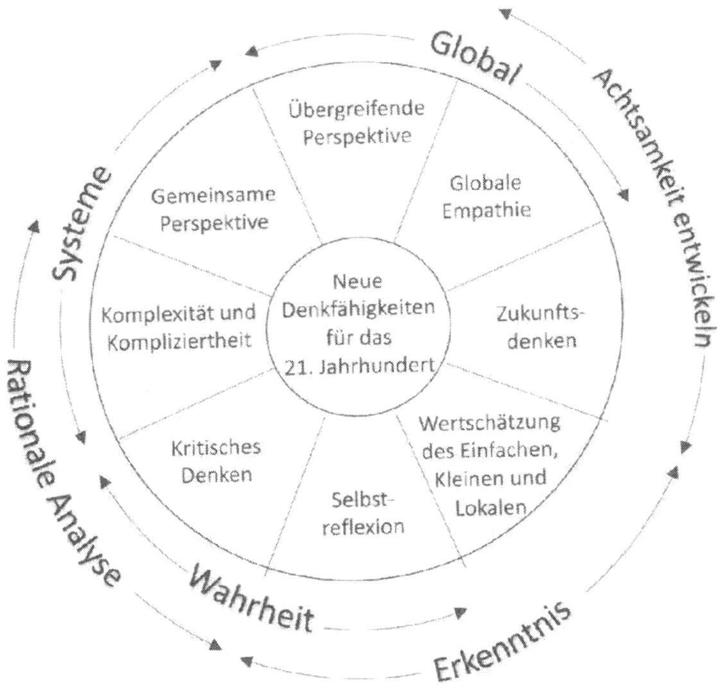

Abb. 2: Denkfähigkeiten des 21. Jahrhunderts nach Berners-Lee (2020, S. 218 ff.)

Das Konzept der Gestaltungskompetenz

Die Entwicklung von Gestaltungskompetenz ist eines der Ziele des Konzeptes „Bildung für nachhaltige Entwicklung (BNE)“. Dabei umfasst „Gestaltungskompetenz (…) Fähigkeiten und Fertigkeiten, die Voraussetzung sind für Veränderungen. Nicht die Reaktion auf vorhandene Problemlagen allein, sondern die Fähigkeit, Neues zu denken und zu schaffen, ist Ziel. Damit lenkt Gestaltungskompetenz unseren Blick in die Zukunft“ (Rauscher 2012).

Gerhard de Haan (2008) konkretisiert die Gestaltungskompetenz anhand von Teilkompetenzen auf:

Sach- und Methodenkompetenz:

1. Weltoffen und neue Perspektiven integrierend Wissen aufbauen.
2. Vorausschauend denken und handeln.
3. Interdisziplinär Erkenntnisse gewinnen.
4. Risiken, Gefahren und Unsicherheiten erkennen und abwägen können.

Sozialkompetenz:

5. Gemeinsam mit anderen planen und handeln können.
6. An Entscheidungsprozessen partizipieren können.
7. Sich und andere motivieren können, aktiv zu werden.
8. Zielkonflikte bei der Reflexion über Handlungsstrategien berücksichtigen können.

Selbstkompetenz:

9. Die eigenen Leitbilder und die Anderer reflektieren können.
10. Selbstständig planen und handeln können.
11. Empathie und Solidarität für Benachteiligte zeigen können.
12. Vorstellungen von Gerechtigkeit als Entscheidungs- und Handlungsgrundlagen nutzen können.

Diese Auflistung der Teilkompetenzen macht deutlich, dass es bei der Gestaltungskompetenz durch die *Ausrichtung auf die Zukunft* sowie auf *globales Denken und Handeln* um eine Erweiterung von individueller Handlungskompetenz geht,

Die Ähnlichkeit der Konzepte von de Haan und Berners-Lee ist leicht zu erkennen, und manche Werte, Denkweisen und Gestaltungskompetenzen sind nahezu identisch.

Berners-Lee (2020, S. 224) merkt bei der Frage, wie die Denkfähigkeiten entwickelt werden können, an:

„Das Entwickeln der gemeinsamen Perspektive heißt, dass wir unsere Komfortzone verlassen müssen. (...) Begeben Sie sich in die Welt der Geschichten, Emotionen, Menschlichkeiten und anderen riskanten, bedrohlichen Dinge, die vom Menschen nicht komplett gesteuert werden können. Verlassen Sie die Technosphäre von Zeit zu Zeit".

Dieser Satz wirkt wie eine Steilvorlage für den letzten Teil dieser Gedanken – nämlich die Erinnerung daran, dass wir als Erlebnispädagog*innen geradezu heraus- und aufgefordert sind, unseren Beitrag dazu zu leisten, zukunftsfähige Menschen auf ihrem Weg zu begleiten: und das jenseits der durch die Technisierung des Alltags geschaffenen Komfortzone, sondern in einer sozialen und ökologischen Welt „da draußen", für die neue Problemlösungen entwickelt werden müssen.

Der Beitrag der Erlebnispädagogik

Seit 2017 befasst sich ein Arbeitskreis des Bundesverbandes Individual- und Erlebnispädagogik e.V. mit dem Thema und hat im Juni 2020 ein *„Positionspapier zur gesellschaftspolitischen Dimension der Erlebnispädagogik"* veröffentlicht, aus dem ich hier zitiere:

Erlebnispädagog*innen arbeiten mit einem pädagogischen Konzept, prozess- und ziel-orientiert, bevorzugt in der Natur oder dem naturnahen Raum sowie vorrangig an der Förderung der Selbst- und Sozialkompetenzen und damit letztlich an der Handlungskompetenz. Unsere Programme und Ausbildungen können zudem gesellschaftspolitische Themen handlungsorientiert thematisieren. Damit möchten wir Teilnehmende zur aktiven Teilhabe und verantwortlichen Gestaltung im Sinne einer weltoffenen, solidarischen, ökologischen und nachhaltigen Gesellschaft ermutigen. Anbietende möchten wir sensibilisieren, Programme dahingehend auszurichten, dass Bildung für nachhaltige Entwicklung (BNE) in ihren Dimensionen Ökologie, Ökonomie und Soziales vertieft wird.

Dies beinhaltet die Chance, bei Teilnehmenden die Weiterentwicklung der individuellen Handlungskompetenz hin zu einer Gestaltungskompetenz zu fördern. (...)

Eine der Stärken der Erlebnispädagogik ist es, die Gestaltungskompetenz mit handlungsorientierten Methoden und Lernszenarien zu entwickeln und zu fördern. Daraus entsteht für uns als Erlebnispädagog*innen der Auftrag, zu diesen Themen eine Haltung zu entwickeln und aktiv zu werden. Die Erlebnispädagogik leistet hierzu mit ihrer Zielsetzung, ihren Prinzipien und ihrem methodischen Ansatz einen wichtigen Beitrag:

Erlebnispädagogische Angebote sind prozessorientiert. Sie unterscheiden sich von Angeboten in curricularen Strukturen und müssen diese ergänzen.

Ihr Prinzip der Handlungsorientierung fördert aktives Handeln in Ergänzung zu Wissensvermittlung, abstrakter Belehrung oder vorschneller Moralisierung.

Die spezifischen Lernarrangements unterstützen unmittelbares Erleben und betonen damit die Bedeutung der emotionalen Verankerung allen Wissens als Impuls für die Bereitschaft zu handeln.

Ihre charakteristischen Outdoor-Aktivitäten können Menschen aus einer sekundären Medienwelt in reale Lebensräume führen. Sie bietet Einblicke in die sich rasant verändernden Lebensbedingungen des fortschreitenden Zivilisationsprozesses sowie in die Eingriffe des Menschen in die Natur, welche die eigenen Lebensgrundlagen zu zerstören drohen.

Wir erkennen die Aktualität und die Herausforderungen gesellschaftspolitischer Themen in einer beschleunigten, modernisierten Gesellschaft und die Notwendigkeit, sich ihrer anzunehmen. Diese Themen haben einen Einfluss auf unsere Haltung, die stets aufs Neue überprüft werden muss.

Daraus ergibt sich für uns die Notwendigkeit, aktiv zu werden und das eigene pädagogische Handeln anzupassen:

Im Sinne der Anbahnung eines Transfers in erlebnispädagogischen Programmen und Ausbildungen können Teilnehmende und Betreuende als Botschafter*innen fungieren.

Wir möchten Auftraggeber*innen darin bestärken, bei der Auswahl von Programmen für beispielsweise Klassenfahrten gezielt nach gesellschaftspolitischen Inhalten zu fragen, die die genannten Themen aufgreifen.

Und wir können noch mehr…!

„Der Regenruf des Buchfinken“

Ich kann heute behaupten, mich mit Tieren und Pflanzen in der heimischen Natur recht gut auszukennen und über viele Lebewesen und über Zusammenhänge in der Natur spannende Geschichten erzählen zu können.

Das war nicht immer so, und als mich vor 35 Jahren meine damalige Freundin, die Biologie studierte, zu einer botanischen Exkursion in den Schwarzwald einlud, war ich wenig begeistert. Sie versuchte mich damit zu überreden, dass eine botanische Koryphäe die Exkursion leitete, doch als ich hörte, dass es sich um den 82 Jahre alten Erich Oberdorfer handelte, war ich noch weniger begeistert.

Dies änderte sich schnell, als ich bemerkte, wie er die Studenten und auch mich mit seinen Geschichten immer mehr in den Bann zog. Sein Wissen und die Art, wie er es in Sprache fasste, faszinierten mich.

Noch weniger Ahnung als von Pflanzen hatte ich damals von Vogelstimmen. Doch mein Interesse an all dem war in einem einzigen Moment da, an den ich mich drei Jahrzehnte später noch in Details zu erinnern meine.

Er blieb plötzlich stehen, lauschte kurz und sagte „Der Regenruf des Buchfinken!“

Dieser kurze Satz, der melancholisch wirkende Ruf, die Aufmerksamkeit aller Beteiligten und der fast aus heiterem Himmel 10 Minuten später einsetzende leichte Regen haben mein Leben so geprägt und verändert, dass mir heute noch auch beim Schreiben dieser Zeilen die Tränen in die Augen schießen. Sie haben meine Liebe zu Naturwissen in einem einzigen „ergreifenden“ Moment auf den Weg gebracht, dem ich seitdem folge.

Diese Episode hat sich 1985 abgespielt. Ich war junger Student der Geophysik, und die Zeiten in diesem Jahrzehnt waren geprägt durch Umweltkatastrophen wie dem Chemieunfall „Sandoz“ (November 1986) in Basel, dem seit Anfang der 80‘er Jahre grassierenden „Waldsterben“ und im April 1986 Tschernobyl. Hinzu kamen fortlaufende Tankerunglücke und Umweltverschmutzungen in einem riesigen Ausmaß. Recht neu tat sich plötzlich ein bedrohliches Ozonloch auf, es gab eine Menge sichtbarer und auch unsichtbarer und nicht spürbarer Katastrophen. Manches war sehr fern (Ozonloch mit Auswirkungen auf das ferne Australien…), manches so nah wie der 30 km entfernte Rhein und das gewaltige Fischsterben. Ich erinnere mich an eine Zeitungsmeldung aus den 80‘er Jahren, als jemand, der im Rhein schwimmen wollte, von der Wasserschutzpolizei aufgegriffen wurde in der festen Annahme, es könne sich nur um einen Suizid handeln. Auch als der damalige Umweltminister Klaus Töpfer (aufgrund einer verlorenen Wette!) werbewirksam in den Rhein sprang, war dies eine sehr umstrittene Aktion; denn als er nahe Stromkilometer 495 dem Rhein entstieg, waren seine Augen gerötet wie Lackmuspapier im sauren Regen.

Heute schwimmen wieder Lachse im Rhein. Heute sehen die Wälder im Schwarzwald nicht so aus, wie ich es als Greenpeace Aktivist 1983/84 befürchtet habe. Heute ist das Thema Luftverschmutzung durch Schwefeldioxid zwar immer noch präsent, aber längst nicht mehr so brisant wie in der 90'er Jahren.

Nein! Es ist nicht alles gut!

Es hat sich also offensichtlich Vieles verbessert. Und es hat eben doch etwas genutzt, dass Viele als Einzelne angefangen haben, etwas zu verändern. Beispielsweise lag der Trinkwasserverbrauch für Toilette, Baden, Tee kochen etc. Mitte der 80'er Jahre in Deutschland noch bei 154 Liter pro Kopf und Tag, heute liegt dieser Wert bei unter 125 Litern.

Abb. 4: Entwicklung des Wasserverbrauchs in Deutschland

Bei der scheinbar endlosen Fülle an Themen geht es auch darum, die Hoffnung aufrecht zu erhalten. Und das kann unter anderem mit der Betrachtung der Entwicklung auch positiver Dinge geschehen. Regierungen und die Weltgemeinschaft sind durchaus in der Lage, schnell und entschieden zu reagieren. Als Beispiele können das Montrealer Protokoll von 1987 (Verbot von FCKW) oder aber die weltweiten Corona-Reaktionen aus dem Jahr 2020 herangeführt werden.

Dazu benötigt man Menschen, die bereit dazu und gleichzeitig in der Lage sind, die Welt mitzugestalten. Menschen, die über die oben genannten Gestaltungskompetenzen verfügen und den ebenso erwähnten Werten gegenüber verpflichtet sind, was gleichzeitig bedeutet, nicht sogenannten Fake-News aufzusitzen oder solche gar zu verbreiten. Wir brauchen Menschen, die demokratische, humanistische Werte vertreten und die den Kopf aus lauter Angst oder vermeintlicher Unfähigkeit nicht in den Sand stecken.

Als Erlebnispädagog*innen besitzen wir eine ganz besondere Wichtigkeit für (junge) Menschen, denn wir stehen mit Begeisterung und Leidenschaft nicht nur für einen Beruf, sondern auch für unser Hauptarbeitsfeld Natur und damit für ein ökologisches Bewusstsein und eine nachhaltige Lebensweise. In unserer besonderen Rolle können wir Vorbild und – sei der Kontakt auch noch so kurz – Lebensveränderer sein.

„Wir alle schreiben in der Biographie der Teilnehmer, die sich uns anvertrauen" – so lautete ein für uns wichtiger Satz von Hartmut Winter auf der Fachtagung „erleben und lernen" 2012 in Augsburg. Der Satz spiegelt für uns auf beeindruckende Weise wider, welchen Stellenwert das Thema „Haltung" im Schaffen von Erlebnispädagog*innen haben muss. Und wir haben mit Hilfe unserer Methoden, die immer wieder auch emotionale Grenzgänge an der eigenen Komfortzone mit sich bringen, die Möglichkeit, bedeutsame Einträge im Lebensskript unserer Teilnehmer*innen zu verfassen.

Wir als Erlebnispädagog*innen glauben daran, dass der Beziehungsaspekt einen entscheidenden Teil zur Entwicklungsbegleitung beiträgt, und daher wollen wir uns an Carl Rogers (Rogers, 2018) drei Hauptbedingungen für eine therapeutische Beziehung halten: *Empathie, Wahrhaftigkeit und bedingungslose positive Zuwendung.* Wenn wir diese drei Therapeutenvariablen auf das Setting und die Zielsetzung der handlungsorientierten Entwicklungsbegleitung übertragen, spiegeln sie sich in einigen Prinzipien der (systemischen) Erlebnispädagogik wider. Die systemischen Prinzipien erlebnispädagogischer Entwicklungsbegleitung lehnen wir teilweise an die von Roland Abstreiter, Rafaela und Reinhard Zwerger (Abstreiter, Zwerger, Zwerger, 2019, S. 201ff.) formulierten Thesen an und erweitern sie um zusätzliche Aspekte, die im nächsten Abschnitt dargestellt werden.

Wir könnten uns als Erlebnispädagog*innen den Zielen Wahrhaftigkeit, Empathie und positive Zuwendung entscheidend nähern, indem …

- … wir eine Haltung von tatsächlichem Zutrauen entwickeln. Echte Begleitung beginnt im eigenen Kopf, nicht erst in der Tat.
- … wir authentisch sind in dem Feld, in dem wir arbeiten und in dem wir uns bewegen, und uns daher weitgehend in unserer eigenen Komfortzone bewegen, wenn sich uns Menschen anvertrauen.
- … wir unsere Teilnehmer*innen immer wieder aufs Neue „abholen" und mit dem arbeiten, was diese tatsächlich aktuell bewegt.
- … wir stets bedenken: „Ein Mensch ist nicht so oder so, sondern verhält sich so oder so in diesem Kontext" und „Jedes Verhalten ist an sich sinnvoll, ihm liegt eine subjektiv positive Absicht zugrunde."
- … wir davon ausgehen, dass unsere Teilnehmer*innen Experten*innen sind für ihre Themen und selbst am besten wissen, was für sie hilfreich ist. Unsere Aufgabe ist es, mit ihnen gemeinsam auf die Suche zu gehen, Perspektiven zu verändern und Handlungsalternativen anzubieten. Die Entscheidung, was wirksam ist, treffen sie aber selbst.

Zum guten Schluss…

Die Gedankenketten in diesem Text sind in Ansätzen ähnlich komplex, wie die Fragen zu diversen Zusammenhängen, die wir zu Beginn gestellt hatten. Von fliegenden Katzen, Eisbären und COVID-19 war die Rede, als wir betrachteten, wie global vernetzt die moderne Welt ist. Dabei haben wir nur einen geringen Teil der Themen mit ihren Kausalnetzen sehr oberflächlich behandeln können, und dennoch sollte klar geworden sein, dass es keine einfachen und linearen Antworten auf die drängenden Fragen geben kann.

Um die aktuellen und zukünftigen Herausforderungen angehen zu können, benötigen wir zum einen zentrale Werte, die kulturübergreifend auf der ganzen Erde gelten müssen: Bedingungslose Gleichberechtigung, Respekt und Sorge um die Welt und Respekt vor der Wahrheit.

Denkweisen des 20. Jahrhunderts sind überholt und längst nicht mehr zielführend. Die neu benötigten Ansätze beinhalten beispielsweise eine übergreifende und gemeinsame Perspektive sowie ein hohes Ausmaß an Selbstreflexion.

Im Konzept der „Bildung für nachhaltige Entwicklung“ ist der Begriff der Gestaltungskompetenz zu finden, die in Teilkompetenzen aufgeschlüsselt werden, von denen an dieser Stelle vor allen die Methodenkompetenz „Vorausschauend denken und handeln“, die Sozialkompetenz „Sich und andere motivieren können, aktiv zu werden“ und die Selbstkompetenz „Vorstellungen von Gerechtigkeit als Entscheidungs- und Handlungsgrundlagen nutzen können“, genannt seien.

Erlebnispädagog*innen *sehen es als ihre Stärke an, die Gestaltungskompetenz mit handlungsorientierten Methoden und Lernszenarien zu entwickeln und zu fördern. Doch Erlebnispädagogik darf nicht zur reinen Methode verkümmern,* denn der Beziehungsaspekt trägt einen entscheidenden Teil zur Entwicklungsbegleitung bei.

Der Neurowissenschaftler Manfred Spitzer hat es so formuliert: *„Was den Menschen umtreibt sind nicht Fakten und Daten sondern Gefühle, Geschichten, und vor allem andere Menschen“* (Spitzer, 2006). Und genau hier setzt wie an vielen anderen Stellen die Erlebnispädagogik an.

Christine und Hansjörg Lindenthaler (2012, S. 23) führen diese Gedanken weiter: „Und so wie wir in den Wald hineinrufen, so kommt es auch zurück: Unsere Umwelt reagiert entsprechend der Wahrnehmung, die sie von uns hat. Die Wahrnehmung, die die Umwelt von uns hat, erzeugen wir aber selbst mit, durch unsere Handlungen aufgrund unserer internen Bewertungen und Strukturen. Dies ist aber kein Teufelskreis, sondern ein hoch kreativer Zirkel, da wir selbst entscheiden, wie wir unsere inneren Prozesse gestalten und lenken, jede Sekunde neu ...“

Oder, mit den Worten von Gandhi: „Wir müssen selbst die Veränderung sein, die wir in der Welt sehen wollen.“

Nun ist es an Euch, immer wieder einmal einer dieser Menschen zu werden, die bei anderen ähnliche Denk- und Blickveränderungen auslösen, wie vor 35 Jahren ein alter Mann im Rahmen einer Botanik-Exkursion bei mir.

Im Sommer 2018 stand Greta Thunberg noch alleine streikend vor dem Parlament in Stockholm. Elf Monate später sollen es weltweit bereits 4 Millionen Menschen gewesen sein, die für den Klimaschutz auf die Straße gegangen sind.

Und vielleicht können wir als Erlebnispädagog*innen bei immer mehr Menschen das vermitteln, was sich der am 1. April 2020 verstorbene Rüdiger Nehberg zum Leitspruch gemacht hat: „Keiner ist zu gering, um die Welt zu verändern.“

Literatur

Abstreiter, R., Zwerger, R. und Zwerger, R. (2019): Außen handeln – innen schauen. Systemische Prozessbegleitung in der Erlebnispädagogik. 2. Überarbeitete Auflage, Ziel, Augsburg

Berners-Lee, M. (2020): Es gibt keinen Planet B – Das Handbuch für die großen Herausforderungen unserer Zeit, 3. Auflage, Midas, Zürich

Calvin, W. H. (1994): Der Strom, der bergauf fließt, Carl Hanser, München

de Haan, G. (2008): Gestaltungskompetenz als Kompetenzkonzept für Bildung für nachhaltige Entwicklung. In: Bormann, I., de Haan, G. (Hrsg.): Kompetenzen der Bildung für nachhaltige Entwicklung, VS Verlag für Sozialwissenschaften, Wiesbaden, S. 23–44

de Haan, G., Bormann, I. (Hrsg) (2008a): Kompetenzen der Bildung für nachhaltige Entwicklung, VS Verlag für Sozialwissenschaften, Wiesbaden

Muff, A. (1997): Erlebnispädagogik und ökologische Verantwortung – Erleben und Handeln im Spannungsfeld von Naturnutzung und Naturschutz, Afra, Butzbach-Griedel

Lindenthaler, C., Lindenthaler, H. (2012): Natur als Partnerin. Systemische Prozessbegleitung in psychosozialen Handlungsfeldern, Buch&media, München

Quammen, D. (2020): Spillover – Der tierische Ursprung weltweiter Seuchen, Pantheon Verlag, München, Originalausgabe unter dem Titel "Spillover, Animal Infections and the Next Human Pandemic" erschienen 2012 bei W.W. Norton, New York

Rauscher, E. (2012): Lernen und Raum, Pädagogik für Niederösterreich, Band 5), PH NÖ, Baden

Rogers, C.R. (2018): Entwicklung der Persönlichkeit: Psychotherapie aus der Sicht eines Therapeuten, Klett-Cotta, Stuttgart

Spitzer, M. (2006): Lernen – Gehirnforschung und die Schule des Lebens, Spektrum Akademischer Verlag, Heidelberg

Internet:

"Quatsch angefangen": Der Spiegel 19.9.1988, https://www.spiegel.de/spiegel/print/d-13530360.html, abgerufen am 8.4.2020

„Apollo 8" fotografierte den Erdaufgang - das veränderte alles: Frankfurter Rundschau, 1.1.2020, https://www.fr.de/wissen/apollo-8-fotografierte-erdaufgang-earthrise-bild-rettete-1968-10943861.html, abgerufen am 18.4.2020

Der pro-Kopf-Wasserverbrauch in Deutschland: Eine Übersicht: https://nachhaltig-sein.info/privatpersonen-nachhaltigkeit/der-pro-kopf-wasserverbrauch-in-deutschland-eine-ubersicht abgerufen am 8.4.2020

FCKW: Das hat das Verbot dieser Treibhausgase bewirkt: https://utopia.de/ratgeber/fckw-das-hat-das-verbot-dieser-treibhausgase-bewirkt/ abgerufen am 8.4.2020

50 Jahre Earth Day 2020: Earth Day is every day, and anywhere you are, ON APRIL 22, EARTH DAY GOES DIGITAL https://www.earthday.org, abgerufen am 18.4.2020

Jendrischik, M. (2020) in Cleanthinking Online-Magazin: Deutscher Wetterdienst erstellt dekadische Klimavorhersage bis 2029 – und zeigt damit, wie hoch der Handlungsdruck in der Klimakrise ist. https://www.cleanthinking.de/klimavorhersage-dwd-deutlicher-anstieg-lufttemperatur-2029/ abgerufen am 14.4.2020

„Hat der Klimawandel Mitschuld an SARS-CoV-2?“ in scinexx – das Wissensmagazin, https://www.scinexx.de/news/biowissen/klimawandel-koennte-mitschuld-an-sars-cov-2-haben/ , abgerufen am 15.2.2021

NASA/Bill Anders, http://www.hq.nasa.gov/office/pao/History/alsj/a410/AS8-14-2383HR.jpg, abgerufen am 15.2.2021

WWF (2020): Corona-Virus: „Wie uns Artenschutz vor Krankheiten schützen kann“, https://www.wwf.de/aktuell/corona-notspende/corona-virus-wie-uns-artenschutz-vor-krankheiten-schuetzen-kann/ abgerufen am 13.4.2020

Köhncke, A, in Deutschlandfunk (2020) https://www.deutschlandfunk.de/wwf-analyse-eine-intakte-natur-ist-ein-bollwerk-gegen.697.de.html?dram:article_id=474231 , abgerufen am 15.4.2020

Prof. Dr. Wolfgang Wahl

Professor für Theorie und Handlungslehre der Sozialen Arbeit
an der Technischen Hochschule Nürnberg Georg-Simon Ohm

E-Mail: wolfgang.wahl@th-nuernberg.de

Kerstin Gerritzen

Freiberufliche Theater-, Erlebnis- und Naturpädagogin, Mitarbeiterin im Bereich
Umweltbildung am Umweltzentrum Schmuttertal, B.Sc. Umweltwissenschaften

E-Mail: k.gerritzen@markt-diedorf.de

unter Mitarbeit von Johannes Branke

Umweltbaustelle reloaded

Ein altes Konzept wieder neu entdeckt

1 Einleitung: Was ist eine Umweltbaustelle?

Der Begriff der Umweltbaustelle mutet zunächst einmal etwas merkwürdig an. Auf einer Baustelle arbeiten Menschen zusammen, da wird gegraben und geackert, werden Dinge bewegt, um- und aufgeschichtet, da wird gesägt und gehämmert, und am Ende gibt es eine neue Straße oder ein Bauwerk ist errichtet. In den meisten Fällen wird dabei Natur zerstört. Bei einer „Umwelt"-Baustelle geht es um etwas Anderes. Zwar wird auch hier geschuftet, gesägt, gegraben und geschleppt, allerdings mit genau der entgegengesetzten Zielrichtung: ein Stück unserer Umwelt soll erhalten, mehr noch: renaturiert werden. Umweltbaustellen sind Orte, an denen gearbeitet wird, um einen kleinen Teil unserer Umwelt wieder in einen naturnahen Zustand zurück zu versetzen. Zumeist geht es darum, die negativen Folgen menschlicher Eingriffe in die Natur auszugleichen, um so ein ökologisches Gleichgewicht wiederherzustellen. Damit ist ein wichtiges Ziel einer Umweltbaustelle genannt: Die Wechselbeziehungen zwischen den Lebewesen (einschließlich des Menschen) und ihrer Umgebung soll so wieder in ein (dynamisches) Gleichgewicht gebracht werden, das von Artenvielfalt und Widerstandsfähigkeit geprägt ist.

2 Die Anfänge: Umweltbaustelle Hangschutz 1985

Nach unserer Einschätzung gab es die erste Umweltbaustelle im Jahr 1985 in Burgberg im Oberallgäu. Sie nannte sich „Umweltbaustelle Hangschutz" und war an der Nordwestflanke des Grünten (1738m) angesiedelt (Dewald 1992). Bereits Mitte der 1980'er Jahre gab es eine Zeit, in der – bedingt durch Luftverschmutzung und „sauren Regen" – der Bergwald stark geschädigt war und seine Funktion als Schutzwald gegen Lawinen- und Murenabgänge nicht mehr erfüllte. Um das Dorf am Fuße des Berges gegen die drohende Lawinengefahr zu schützen, wurden Pflanz- und Wiederaufforstungsaktionen initiiert, unter maßgeblicher Beteiligung von Jugendgruppen des Deutschen Alpenvereins. Bis heute sind jugendliche Freiwillige am Grünten aktiv und tragen dazu bei, den Bergwald zu verjüngen, Verbissschutz gegen Wild auszubringen und die jungen Baumbestände zu pflegen.

Die Umweltbaustelle Hangschutz bildete Mitte der 80'er Jahre des vergangenen Jahrhunderts gewissermaßen die Blaupause für viele weitere Umweltbaustellen, die in den Folgejahren an ganz unterschiedlichen Orten in Deutschland und Österreich organisiert wurden. Die Idee, ein ökologisches Problem durch engagierte Arbeitseinsätze und in Kooperation mit den lokalen Forst- und Naturschutzbehörden anzugehen, fand in den Kreisen des Deutschen und Österreichischen Alpenvereins eine große Resonanz. Sie traf auf eine sozial und ökologisch interessierte und bewegte Jugend, die sich politisch engagierte und bereit war, selbst Hand anzulegen. Eine weitere Umweltbaustelle wurde im Jahr 1988 am Herzogstand in den Bayerischen Alpen eingerichtet (Friedel 1991). Auch hier waren es aktive Jugendgruppen des Alpenvereins, die an dem stark frequentierten Wandergipfel die Fußwege sanierten und Wegabschneider zurückbauten, um die Erosion der Wiesenhänge aufzuhalten.

Bezeichnend für eine Umweltbaustelle ist es, dass sie sich auf einen kleinen, relativ eng begrenzten Ausschnitt unserer Umwelt bezieht. Erst durch eine solche Eingrenzung ist es möglich, die negativen Auswirkungen des menschlichen Natureingriffs sichtbar, erlebbar und verstehbar zu machen. Die Bedrohung einer Gemeinde durch Lawinen-, Murenabgänge oder Steinschlag kann leicht nachvollzogen werden.

Hangerosion durch Wegabschneider ist für jeden sichtbar, der dort hinauf wandert. Durch diese Begrenzung auf einen konkreten Umweltausschnitt wird die ökologische Problematik greifbar und – das ist das Entscheidende – bearbeitbar. Und zwar nicht durch Verwendung aufwändiger technischer Geräte, sondern durch den koordinierten Einsatz der Arbeitskraft einer Kleingruppe in der Größe von 10 bis 15 Personen. Auch ohne ein spezielles technisches oder handwerkliches Vorwissen ist eine solche Gruppe in der Lage, durch engagierte Zusammenarbeit und mit eigener Muskelkraft innerhalb weniger Tage Erstaunliches zu leisten. Hunderte von Baumsetzlingen sind gepflanzt, ein kompletter Bergweg ist saniert, standortfremde Bäume aus einem Moor entfernt oder der Lebensraum von Raufußhühnern wieder artgerecht eingerichtet. Das bis heute gültige Erfolgsrezept von Umweltbaustellen beruht also vor allem darauf, einen überschaubaren Bereich auszuwählen, dort gezielt mit menschlicher Arbeitskraft und minimalinvasiven Methoden zu intervenieren und so zwar nur einen kleinen, aber dennoch sicht- und messbaren ökologischen Erfolg zu erzielen.

3 Die Rolle von Umweltbaustellen in Zeiten des Klimawandels und Artensterbens

Strategien und Maßnahmen, die im Zusammenhang mit dem Klimawandel und dem Verlust der Artenvielfalt seit Jahren diskutiert werden, sind demgegenüber meilenweit von einem solchen Konkretisierungsgrad entfernt. Das Ziel klimapolitischen Denkens fokussiert sich auf abstrakte Gradzahlen und Tonnen von CO_2 Emissionen, die sich als Folge unseres Wirtschaftens und unseres Lebensstils ergeben. Aber obwohl bereits 1992 in Rio beschlossen, 1997 in Kyoto von über 50 Staaten verbindlich auf das 1,5 Grad-Ziel festgelegt, sind weder weltweit noch in Europa oder Deutschland bis heute nennenswerte Erfolge in der Begrenzung des CO_2 Ausstoßes zu verzeichnen. Auch die kurzfristige Reduktion der Schadstoffemissionen durch den coronabedingten Shut-down wird nichts Entscheidendes daran ändern, dass der CO_2 Gehalt in der Luft ansteigt, es Jahr für Jahr wärmer wird, die Wetterereignisse extremer werden und auch die letzten alpinen Gletscher bis Ende des Jahrhunderts verschwunden sein werden.

In Bezug auf die Artenvielfalt schaut es nicht besser aus. Die kürzlich vom Umweltministerium veröffentlichten Berichte zur Lage der Natur (BMU 2020) lesen sich wie Dokumente des politischen Versagens. Fast 70 Prozent aller Flächen in Deutschland sind in einem ökologisch schlechten Zustand, vor allem Seen, Bäche, Flüsse, Moore und Wiesen. Zwei Drittel der untersuchten Arten sind unter Druck, insbesondere Insekten. Und dies vor allem dort, wo die Landwirtschaft intensiv betrieben wird. Ob der „green deal" der EU-Kommissionspräsidentin Ursula von der Leyen daran etwas Maßgebliches ändern wird, bleibt abzuwarten. Bislang ist es einzelnen europäischen Staaten immer gelungen, ambitionierte EU-Klima- oder Umweltziele auf den kleinsten gemeinsamen Nenner herunter zu diskutieren und auf dem Altar der Auto- und Agrar- bzw. Wirtschaftslobby zu opfern.

Welche Rolle können Umweltbaustellen angesichts dieses desillusionierenden Zustandes unserer Natur überhaupt noch spielen? Fallen solche lokal eng begrenzten Umweltprojekte überhaupt ins Gewicht? Die Antwort darauf fällt leider ziemlich eindeutig aus: Nein! Selbst wenn ab sofort allerorts Umweltbaustellen entstünden: an der Tatsache der globalen Klimaerwärmung werden auch sie nichts ändern. Die Versiegelung der Landschaft durch Straßenbau und Gewerbegebiete, die Zerstörung der Artenvielfalt durch industrielle Landwirtschaft, können auch sie kaum aufhalten. Ihre Rolle könnte dagegen eine andere sein: Umweltbaustellen tragen sehr wohl dazu bei, das Problem der Klimaresilienz und des Erhalts der Artenvielfalt dort anzugehen, wo sie für die Menschen am ersten und ehesten spürbar sind: auf der lokalen Ebene. Der Verlust der Artenvielfalt und die Veränderung des Klimas machen sich am deutlichsten dort bemerkbar, wo uns die Natur am nächsten liegt, wo wir naturnahe Räume zur eigenen Erholung aufsuchen. Umweltbaustellen transponieren die politisch relativ abstrakten Probleme des Klimawandels und Artensterbens auf die regionale Ebene und machen sie so konkret und produktiv bearbeitbar. Sie vermitteln die essentielle Erfahrung, dass es möglich ist, die Regenerationskräfte der Natur zu aktivieren und ein intaktes Ökosystem wieder in Gang zu bringen. Umweltbaustellen sind Orte, an denen wir die Natur dabei unterstützen, Widerstandskräfte gegen die unvermeidbaren Folgen des Klimawandels und des Artensterbens zu entwickeln. Gleichzeitig macht sich das gemeinsame Arbeiten und der Erfolg dieser Tätigkeit auch auf einer anderen Ebene bemerkbar: Menschen, die zusammenkommen und sich für kurze Zeit auf ein gemeinsames Ziel einlassen, können etwas bewegen. Die gelingende Renaturierung eines kleinen Fleckchens Erde stärkt das Vertrauen der Menschen in ihre eigene Handlungsfähigkeit. Sie ist ein Katalysator für kollektives Selbstwirksamkeitserleben. Wie das konkret aussehen kann, möchten wir anhand von zwei Beispielen kurz darstellen.

4 Ökologische und erlebnispädagogische Effekte von Umweltbaustellen: Zwei Beispiele

4.1 Die JDAV-Umweltbaustelle Erlebnis Kulturlandschaft Alpen

Im Rahmen des Jugendkursprogramms der Jugend des Deutschen Alpenvereins (JDAV) finden jährlich drei Umweltbaustellen statt. Ein davon nennt sich „Erlebnis Kulturlandschaft Alpen“, richtet sich an Jugendliche und junge Erwachsene und befasst sich mit der Erhaltung von Almweiden.

Hintergrund

Die Sömmerung von Vieh hat im Alpenraum eine lange Tradition. Ohne den Einfluss des Menschen würde auf den Weideflächen unterhalb der Baumgrenze Wald wachsen. Aus verschiedenen Gründen ist der Erhalt dieser Kulturlandschaft erwünscht. Aus der Perspektive des Naturschutzes ist insbesondere entscheidend, dass Alpweiden eine deutlich höhere Biodiversität aufweisen als der natürlicherweise vorkommende Wald. Viele Pflanzen- und Tierarten haben sich über Jahrhunderte bis Jahrtausende an die extensive landwirtschaftliche Nutzung angepasst. Strukturreiche Weiden mit einem Mosaik von Grasland und Sträuchern bieten ihnen Lebensraum.

Durch die Intensivierung der Landwirtschaft im Tal und den Einsatz von großen Maschinen ist die Landwirtschaft in Berggebieten in den letzten Jahrzehnten vergleichsweise mühselig und unrentabel geworden. Tierzahlen und Alppersonal gingen zurück, wodurch die Weiden nicht mehr so sorgfältig gepflegt werden konnten. Wenn Wiesen und Weiden aufgegeben werden oder unternutzt sind, verändert sich die Vegetation. Gehölzarten, die eher empfindlich auf Beweidung und Tritt des Viehs reagieren, können sich ausbreiten und Graslandpflanzen verdrängen. Durch Sukzession, d.h. die gerichtete Abfolge von unterschiedlichen Pflanzengesellschaften, entwickelt sich die Vegetation langsam von Grasland zu Wald oder zu Buschvegetation.

Dies kann durch eine gezielte Weideführung und durch regelmäßige Pflege verhindert werden. Um Letzteres geht es bei der Umweltbaustelle „Kulturlandschaft Alpen“. Beim Schwenden werden junge Bäume und Sträucher oberflächlich entfernt. Die Abschnitte werden am Rand der Weiden aufgestapelt und dienen Insekten und Kleinlebewesen als Lebensraum. Die Entfernung der Sträucher erfolgt im Idealfall kleinräumig alle drei bis fünf Jahre, so dass es immer parallel verschiedene Sukzessionsstadien gibt.

Alpe Mitterhaus

Seit einigen Jahren findet die Umweltbaustelle hauptsächlich bei der Alpe Mitterhaus im Retterschwanger Tal statt. In den vergangenen Jahren gab es unterschiedliche Einsatzorte, jedoch hat es sich bewährt, sich auf nur eine Alpe zu beschränken. Zum einen ist dadurch der Organisationsaufwand im Vorfeld bedeutend geringer. Zum anderen ermöglicht es den Teilnehmenden, sich mehr mit dem Einsatzort zu identifizieren und sich wirklich auf ihn einzulassen. Auch ist das Mitterhaus-Team sehr wertschätzend gegenüber den jungen Leuten und ihrer geleisteten Arbeit. Die Alpe umfasst 52ha Weidefläche. Von Ende Mai bis Ende September weiden hier gut 20 Milchkühe, 40 Jungrinder, 5 Kälber, 10 Schweine und 2 Ponys. Das Mitterhaus ist eine Bioland-zertifizierte Sennalpe mit Bewirtung. Die Kühe tragen Hörner, und die Kälberaufzucht erfolgt muttergebunden. Bei den Schweinen handelt es sich um Bentheimer Schweine, eine sehr robuste alte Schweinerasse, die auf der Liste der vor dem Aussterben bedrohten Haustierrassen steht, weil sie langsamer wachsen und somit erst später geschlachtet werden können als die hochgezüchteten Turbo-Schweinerassen.

Wie bereits erwähnt, handelt es sich bei dieser Umweltbaustelle um einen Einsatz zur Kulturlandschaftspflege. Es wurde wiederholt von Seiten der Teilnehmenden hinterfragt, inwiefern eine vom Menschen geschaffene Landschaft als schützenswert zu bewerten ist. Bei der Diskussion dieser Frage ist nicht unwesentlich, dass die Bewirtschaftung der Alpe Mitterhaus nach Bioland-Richtlinien erfolgt.

Teilnehmende

Viele Teilnehmende bei den Umweltbaustellen der JDAV sind „Wiederholungstäter*innen“. Teilweise kennen sie sich aus Umweltbaustellen vergangener Jahre. Es sind aber jedes Jahr einige zum ersten Mal dabei. Besondere Wochen durften wir erleben dank der Teilnahme von Geflüchteten, einem Transgender-Jugendlichen und einem Jugendlichen mit Behinderung. So erhielten diese Wochen eine zusätzliche, soziale Komponente, und das gegenseitige Verständnis wurde gefördert.

Arbeit

Das Schwenden an sich ist eine eher eintönige Arbeit. Mit Astscheren und Sägen werden kleine Bäumchen und Sträucher aus den Wiesen entfernt, in großen Säcken abtransportiert und auf Haufen am Rand der Weideflächen gesammelt. An den ersten beiden Tagen zeigen sich die meisten Jugendlichen äußerst motiviert und wetteifern, wer die höhere Fichte absägt bzw. die größere Fläche von Brombeergestrüpp befreit. Auch freuen sich alle nach getaner körperlicher Arbeit über lobende Worte vom Alppächter und genießen zufrieden ein offeriertes Getränk und ein Stück Kuchen auf der Terrasse vor dem Mitterhaus.

Jugendliche beim Schwenden,
Bildautor K. Gerritzen

Mit fortschreitenden Tagen, zunehmender körperlicher Ermüdung, von Dornen zerkratzten Armen und im steilen Gelände umgeknickten Füßen sinkt die Motivation. Nicht zuletzt, weil es sich um eine Arbeit handelt, die nie zu Ende ist. Hier hat es sich als hilfreich erwiesen, sich Tagesziele vorzunehmen und die Gruppe nicht zu überfordern. Das Drumherum gewinnt an Bedeutung: die Führung durch Stall und Sennerei, der Weg zum Einsatzort übers Imberger Horn und den Straußbergsattel, die Badepause im Fluss, Mittagsschlaf auf der Kälberweide, Gespräche über alles Mögliche mitten in einer duftenden Alpwiese umgeben von Bergblumen und dabei die wunderbare Aussicht genießen. Da macht es nichts, wenn die Astschere ein Weilchen ungenutzt im Gras liegt. Oft lässt sich gerade in dieser Phase beobachten, wie sich die Gruppe zunehmend selbst organisiert und kreative Lösungen findet: beim Arbeiten, wo sich beispielsweise mehrere Teilnehmende zusammentun, um ein Förderband zu bilden, oder auch bei der Gestaltung des Abendprogramms, für das jeweils eine Kleingruppe zuständig ist.

4.2 Moorrenaturierung im Bayerischen Wald

Im Rahmen des trinationalen, erlebnispädagogischen Seminars „Adventure Education“ haben Studierende aus Nürnberg, Linz (Österreich) und Mikkeli (Finnland) im vergangenen Jahr gemeinsam eine Woche im Bayerischen Wald verbracht und eine Moorrenaturierung unterstützt. Dabei wurden stark wasserziehende Bäume (wie Birken und Fichten) gefällt und aus dem Moor herausgenommen.

Umweltbaustelle Moorrenaturierung, Bildautor W. Wahl

Dadurch soll verhindert werden, dass sie die Feuchtbiotope zuwuchern und austrocknen, weil so nach und nach das Moor verlandet und zu Wald wird. Eine Moorlandschaft ist aber v.a. dadurch charakterisiert, dass sie zum Teil offen ist, d.h. Licht dringt bis zum Boden durch, was für bestimmte Pflanzen und Tiere, z. B. die Kreuzotter, lebenswichtig ist. In früheren Zeiten haben Auerochsen bzw. Elche dafür gesorgt, dass die jungen Triebe der Bäume abgefressen werden und so das Moor nicht zuwächst. Auch die offenen Wasserflächen sind essentieller Lebensraum, z. B. für bedrohte Libellenarten. Moore sind nicht nur wichtige Wasserspeicher, sie entziehen der Atmosphäre auch Kohlenstoff, der von den Pflanzen aufgenommen und nach ihrem Absterben im Torf gebunden wird. Obwohl sie nur drei Prozent der Erdoberfläche bedecken, binden die Pflanzen in ihren Torfschichten ein Drittel des terrestrischen Kohlenstoffs, etwa doppelt so viel wie alle Wälder weltweit in ihrer Biomasse (BFN 2020). Moorschutz und Moorrevitalisierung sind daher nicht nur eine kostengünstige und effektive Maßnahme zur Einsparung von Treibhausgasen, sie sind auch wichtig zur Erhaltung zahlreicher bedrohter Tierarten. Speziell Tiere, die sich von Schlangen ernähren, wie Störche und Adler, aber auch Pflanzen wie die Silberdistel, Arnika, oder Insekten wie Schmetterlinge, Libellen oder Wildbienen profitieren von der Entwaldung.

Blicken wir auf die erlebnispädagogische Seite des studentischen Seminars. Nach der Ankunft auf der Baustelle stehen die 12 Studierenden zunächst etwas unschlüssig herum. Auf dem Anhänger eines Traktors liegen eine Reihe von Werkzeugen – wie große Astscheren, Sägen und Äxte – bereit . Auch Gummistiefel und Schutzbekleidung in verschiedenen Größen können ausgeliehen werden. Karel, der Biologe und Arbeitsanleiter, erklärt uns, was zu tun ist. Studierende und Dozenten tun sich in Kleingruppen zusammen und hantieren zunächst etwas ungeschickt mit den groben Werkzeugen. Nach einiger Zeit werden wir mit den Geräten immer vertrauter und entwickeln spezielle Techniken im Bäume-Fällen. Die Meisten arbeiten zu dritt, zwei sägen mit einer großen Säge und einer biegt den Baum, so dass sich das Sägeblatt nicht verklemmt. Kleine Bäume lassen sich auch alleine mit der Astschere kappen. Im Laufe des Vormittags werden wir immer routinierter und arbeiten uns weiter in den Wald hinein. Zwischendurch müssen die gefällten Bäume abtransportiert und auf Häufen aufgeschichtet werden. Dadurch ergibt sich ein gewisser Wechsel, so dass in immer wieder veränderten Konstellationen zusammengearbeitet wird. Die Zeit vergeht wie im Flug, und bis zur Mittagspause ist schon eine handballfeldgroße Fläche gerodet.

Studierende im „Arbeitsflow", Bildautor W. Wahl

Wir sehen also, wie sich die Menschen unterschiedlicher Herkunft in Kleingruppen zusammentun und ihren eigenen Arbeitsrhythmus finden. Sie sprechen sich dabei ab, entwickeln einen Modus der Teamarbeit und kommen immer besser in einen Prozess koordinierten Agierens. Die Tätigkeiten sind mehr und mehr aufeinander abgestimmt, greifen ineinander. Studierende wie Dozenten erleben sich dabei nicht als Einzelne, vor sich hin Arbeitende, sondern als Kollektiv in konzertierter Aktion. Durch das Verbunden-sein im Arbeiten entsteht ein Erlebnisraum des engagierten

Tuns und gleichzeitig des produktiven Miteinanders. In Folge entwickelt sich eine ausgelassene Stimmung, die Teilnehmer machen Späße und motivieren sich gegenseitig bei der Arbeit. Nach getaner Arbeit stellt sich ein Gefühl der Zufriedenheit bei gleichzeitiger physischer Erschöpfung ein, das sich durchaus als eine Art Kohärenzgefühl interpretieren lässt. Die Gewissheit über die Sinnhaftigkeit des eigenen Tuns korrespondiert mit einer positiven Selbst- und Gruppenwahrnehmung angesichts des erreichten Tagwerks. Die Gruppe hat Selbstwirksamkeit erfahren. Solche Erlebnisse gemeinsamen, gelingenden Arbeitens, das wird durch die psychologische Forschung immer wieder bestätigt, wirken sich positiv auf die Einschätzung der eigenen Kompetenzen aus. Einzelne und auch Gruppen, die erfolgreich gemeinsame Aufgaben bewältigt haben, entwickeln Selbstwirksamkeitserwartungen in Bezug auf zukünftige und anspruchsvolle Handlungsziele (Bandura 1997, 476). Interessant dabei ist, dass sich solche Selbstwirksamkeitserfahrungen einstellen, ohne dass die Leitung als solche pädagogisch in Aktion treten muss. Bei einer entsprechend sinnvollen Tätigkeit, einer guten Organisation und günstigen Rahmenbedingungen ergibt sich der Effekt kollektiver Selbstwirksamkeitserfahrung wie von selbst. Das führt uns zu der Frage nach den Rahmenbedingungen und organisatorischen Voraussetzungen von Umweltbaustellen.

5 Rahmenbedingungen gelingender Umweltbaustellenarbeit

Bäume umzusägen – wie im zuletzt genannten Beispiel – ist nicht schwer. Vom Grundschulkind bis zum Senior kann das im Prinzip jeder. Man braucht dazu keine kostspielige Technik oder Ausrüstung. Damit die Arbeit von Erfolg gekrönt ist, müssen gleichwohl zahlreiche Voraussetzungen erfüllt sein.

- Eine Umweltbaustelle vorzubereiten, bedarf einer koordinierten Planung und detaillierter Absprachen mit unterschiedlichen Akteuren. Allein schon die Auswahl eines geeigneten Standortes, an dem gearbeitet werden soll, ist keine einfache Angelegenheit. Die zuständigen Naturschutzbehörden, Forstämter und Naturschutzverbände müssen einbezogen, die Grundstückseigentümer um Erlaubnis gefragt werden. Nicht selten dauert die Abstimmung mit Behördenvertretern Wochen oder Monate. Ortsbegehungen müssen durchgeführt und notwendige Arbeiten vereinbart, Termine koordiniert werden. Solche Vorbereitungen sind arbeitsintensiv, häufig trifft man dabei aber auf großes Entgegenkommen bei den zuständigen Behörden und erhält auch tatkräftige Unterstützung von engagierten Mitarbeitern. Hilfreich ist ein persönlicher Kontakt, z. B. zum Revierförster oder zuständigen Biologen beim Landratsamt. Eine einmal gelungene Aktion wird gern wiederholt, und in den Folgejahren wird die Zusammenarbeit immer einfacher, weil man sich kennt und sich gegenseitig vertraut.

- Umweltbaustellen sind fast immer längerfristig angelegt. Der organisatorische Aufwand lohnt sich in der Regel nur, wenn ein solches Projekt über einen längeren Zeitraum geht. Gepflanzte Bäume müssen gepflegt, angelegte Wege ausgebessert werden, standortfremde Vegetation erneut entfernt werden. Die Umweltbaustelle Hangschutz besteht seit 35 Jahren, und es finden sich immer wieder neue Arbeiten, die getan werden müssen.
- Entscheidend für die Motivation der Teilnehmenden ist es, dass die Arbeiten, die ausgeführt werden sollen, sinnvoll erscheinen und fachlich gut erläutert werden. In aller Regel sind ausgebildete Forstwirte, Geoökologen oder Biologen mit vor Ort, die in der Lage sind, die ökologischen Zusammenhänge zu erklären. Eine Umweltbaustelle beinhaltet einen wichtigen Bildungsaspekt für die freiwilligen Helfer. Sie wollen nicht nur etwas tun, sondern gleichzeitig etwas über die Wechselwirkungen zwischen Klima, Standortfaktoren, Fauna und Flora lernen.
- Die Leitung des Arbeitseinsatzes bei einer Umweltbaustelle bedarf aber nicht nur eines gewissen naturschutzfachlichen Wissens, auch pädagogische Erfahrungen im Umgang mit Gruppen sind wichtig. Die Mitarbeitenden sind ja keine bezahlten Arbeitskräfte, sondern in aller Regel Jugendliche oder junge Erwachsene, die sich in ihrer Freizeit freiwillig engagieren. Ihre Motivation speist sich zwar einerseits aus der Sorge um den Naturschutz, aber auch Spaß, Spiel und Gruppenerlebnis sind wesentliche Faktoren, die zu einer gelingenden Projektwoche beitragen.
- Und last but not least gehört zu einer guten Organisation auch eine angenehme Unterkunft, gute Verpflegung mit Essen und Trinken sowie funktionierende Werkzeuge und Arbeitskleidung zum Ausleihen. Es lohnt sich, vor Ort bei Metzgereien, Lebensmittelgeschäften und so weiter nach unentgeltlicher Unterstützung bei der Versorgung einer Jugendgruppe nachzufragen. Regionales Engagement wird unserer Erfahrung nach bereitwillig unterstützt. Ein abschließender Bericht in der lokalen Zeitung oder vielleicht sogar im regionalen Fernsehprogramm sorgt dafür, dass die Sponsoren im nächsten Jahr wieder mit dabei sind.
- Das wirft die Frage nach der Finanzierung einer Umweltbaustelle auf. Um es gleich vorneweg zu sagen: Mit Umweltbaustellen lässt sich kein großes Geld verdienen. Die freiwilligen Helfer zahlen keine oder nur geringe Teilnahmegebühren. Unterkunft, Verpflegung, Transport und Werkzeug kosten aber Geld, und selbst wenn es gelingt, die Kosten durch Sponsoren abzudecken, wird der organisatorische Aufwand für Anträge, Behördengänge, Ortsbesichtigungen,

Presseberichte usw. in der Regel nicht vergütet und beruht auf eigenem, ehrenamtlichem Engagement.

- Teilnehmende zu finden, die bereit sind, sich eine Woche lang für eine sinnvolle Tätigkeit freiwillig zu engagieren, dürfte dagegen kein allzu großes Problem sein. Zum Teil engagieren sich Schulklassen oder Studentengruppen. Arbeitskräfte finden sich aber auch über die Ferienprogramme der Stadt- oder Kreisjugendringe, insbesondere die Jugendorganisationen von Naturschutzverbänden (Naturschutzjugend, LBV-Jugend, Alpenvereins-Jugend) schreiben immer wieder entsprechende Aktivitäten aus.
- Aus meiner Sicht lohnt es sich vor allem für Träger der Jugendhilfe, aber auch für Bildungsanbieter oder Einrichtungen aus dem erlebnispädagogischen Bereich, eine Umweltbaustelle als mittel- oder langfristiges Projekt anzugehen. Durch die kontinuierliche Zusammenarbeit mit Fachleuten aus Ökologie und Naturschutz eignet man sich im Laufe der Zeit nicht nur selbst eine gewisse fachliche Expertise an. Berichte in den lokalen Medien generieren darüber hinaus einen nicht unerheblichen Imagegewinn und ermöglichen es, nicht nur als erlebnispädagogischer, sondern auch als umweltpolitischer Akteur nach außen hin sichtbar zu werden. Nicht zuletzt aber sollte der Effekt für die Natur selbst ausschlaggebend sein. Wie eingangs gesagt, können Umweltbaustellen als *Inseln der Klimaresilienz* verstanden werden. Als solche spielen sie nicht nur eine symbolische Rolle, ihnen kommt tatsächlich eine bedeutsame Funktion zu. Sie sind Orte der Artenvielfalt und leisten einen wichtigen Beitrag zur Widerstandfähigkeit von Ökosystemen gegenüber der zunehmenden Klimaerwärmung.

6 Literatur

Alpe Mitterhaus, https://www.alpemitterhaus.de/ (aufgerufen am 09.06.2020).

Bandura, A. (1997): Self-efficacy: The exercise of control. New York: Freeman.

BUND Naturschutz in Bayern e.V.: Landwirtschaft in den Alpen am Scheideweg. https://www.bund-naturschutz.de/alpen/bergwald-und-landwirtschaft.html (aufgerufen am 09.06.2020).

Bundesamt für Naturschutz (BfN): Ökosystemleistung der Moore,

https://www.bfn.de/themen/biotop-und-landschaftsschutz/moorschutz/oekosystemleistungen.html (aufgerufen am 06.06.2020).

Bundesumweltministerium (BMU) (2020): Bericht zur Lage der Natur, https://www.bmu.de/fileadmin/Daten_BMU/Download_PDF/Naturschutz/bericht_lage_natur_2020_bf.pdf (aufgerufen am 06.06.2020).

Dewald, Wilfried (1992): Umweltbaustellen – das Hangschutzprojekt am Grünten, in: Bedacht/Dewald/Heckmair/Michl/Weis (Hrsg.): Erlebnispädagogik: Mode, Methode oder mehr?, München: Sandmann, S. 161-167.

Dewald, Wilfried (1996): Umweltbaustellen – mit dem Kopf, mit dem Herz und vor allen Dingen mit der Hand, in: Jugend des Deutschen Alpenvereins (Hrsg.): Umweltaktionen mit der Jugendgruppe, München, S. 34-46.

Forschungsanstalt Agroscope, ART-Bericht 769: Artenvielfalt auf verbuschten Alpweiden, https://ec.europa.eu/environment/nature/natura2000/platform/documents/bgr_alpine/art_bericht_769_d_artenvielfalt_auf_verbuschten_alpweiden_de_en.pdf (aufgerufen am 09.06.2020).

Friedel, Michael (1991): Sanierung von Erosionsrinnen im Rahmen einer Umweltbaustelle der Jugend des Deutschen Alpenvereins am Herzogstand/Oberbayern, in: Jahrbuch des Vereins zum Schutz der Bergwelt, 56. Jahrgang, S. 153-164.

Dr. Jakob von Au, Lea Menzi, Dr. Rolf Jucker

Dr. Jakob von Au arbeitet u.a. am Gymnasium Englisches Institut und als SDG-Koordinator am Eine-Welt-Zentrum Heidelberg.

Lea Menzi leitet das nationale Projekt „Draussen unterrichten“ in der Schweiz.

Dr. Rolf Jucker ist Geschäftsleiter der Stiftung SILVIVA, die sich für die Verankerung von Draussenlernen in der Schweiz engagiert.

E-Mails: vau@englisches-institut.eu, lea.menzi@silviva.ch; rolf.jucker@silviva.ch

Websites: www.silviva.ch, http://sdg-heidelberg.de/,
https://englisches-institut.de/paedagogisches-konzept/outdoor-ecducation

„Zeitgemäßes Lernen“: Draußen unterrichten als eine Antwort auf globale Herausforderungen im 21. Jahrhundert

1 Einleitung

Unter „zeitgemäßem Lernen“ verstehen viele in erster Linie einen durch digitale Technologien unterstützten Unterricht in modernen Schulräumen. Aber ist dies die einzig mögliche Antwort auf die großen Herausforderungen des 21. Jahrhunderts? Wir sind überzeugt, dass zeitgemäßes Lernen nach dem Leitbild einer Bildung für nachhaltige Entwicklung (BNE) einerseits auf alle aktuellen globalen Herausforderungen eingehen muss und andererseits möglichst sinn- und wirkungsvolles Lernen sein sollte. Dies lässt sich nicht ausschließlich im Klassenzimmer und eindimensional über digitale Geräte erreichen. In diesem Beitrag wollen wir Draußenunterricht – ausgehend von BNE und der Agenda 2030 – als einen vielversprechenden Ansatz zur Bereicherung von Schulunterricht vorstellen, der Lernen mit allen Sinnen und in unterschiedlichen Dimensionen fördert.

2 Einmischen necessary: Die Agenda 2030 und BNE

„So kann es nicht weitergehen!“. Dieser Satz ist derzeit in Debatten über unsere soziale, ökologische und ökonomische Zukunft immer häufiger zu hören. Die Weltgemeinschaft als Ganzes und jede(r) Einzelne für sich steht vor der Frage, wie eine „große Transformation“ (United Nations Agenda 2030) gelingen kann, um unsere Zukunft *nachhaltig* zu gestalten und die Erde als unverzichtbare Lebensgrundlage zu bewahren. Klar ist: wir alle müssen uns einmischen und bereit sein, uns selbst und unser Zusammenleben zu verändern. Dies kann damit beginnen, tradierte Formen von Schulunterricht zu überdenken und zu transformieren. Was genau könnte das im Kontext der Agenda 2030 und im Kontext von Bildung für nachhaltige Entwicklung (BNE) bedeuten?

2.1 Die Agenda 2030 und die Sustainable Development Goals

Die Agenda 2030 wurde 2015 von den Vereinten Nationen (UN) verabschiedet. Wesentlicher Bestandteil der Agenda 2030 sind 17 globale Nachhaltigkeitsziele, auch als *Sustainable Development Goals (SDGs)* bezeichnet. Die Zielsetzungen der SDGs sollen bis zum Jahr 2030 erreicht werden. So soll z. B. Armut in jeder Form und überall beendet werden (SDG 1), die Ernährungssicherheit soll weltweit garantiert und Hunger beendet werden (SDG 2) und auch der Biodiversitätsverlust soll spätestens bis 2030 gestoppt werden (SDG 15). Diese Formulierungen zeigen, dass die Zielsetzungen der Agenda 2030 durchaus ambitioniert sind.

Welcher Zusammenhang besteht nun zwischen der Agenda 2030 und schulischer Bildung? Den ersten Zusammenhang stellt die Tatsache dar, dass ohne hochwertige Bildung für alle und überall keines der 17 globalen Nachhaltigkeitsziele erreicht werden kann. Wie könnten beispielsweise Armut und Hunger ohne eine Grundbildung als Fundament für ein selbstbestimmtes Leben beendet werden? Wie sollten Gesundheit und Wohlbefinden (SDG 3) ohne gesundheitliches Grundlagenwissen hergestellt werden? Wie könnten gar Geschlechtergleichheit (SDG 5) oder die Reduktion von Ungleichheiten (SDG 10) ohne eine gerechte Bildung für alle erreicht werden?

Den zweiten offensichtlichen Zusammenhang zwischen der Agenda 2030 und schulischer Bildung stellt das SDG 4 dar. Das SDG 4 ist genau wie alle anderen SDGs aus globaler Perspektive formuliert und bezieht sich nicht nur auf schulische Bildung. Die Zielsetzung lautet: „Inklusive, gerechte und hochwertige Bildung gewährleisten und Möglichkeiten des lebenslangen Lernens für alle fördern"[1]. In zehn Unterzielen wird konkretisiert, wie die übergeordnete Zielsetzung erreicht werden soll. Das Unterziel 4.7 bezieht sich explizit auf Bildung für nachhaltige Entwicklung (BNE).

2.2 Bildung für nachhaltige Entwicklung als curriculare Leitperspektive

Das Unterziel 4.7 des SDG 4 „Hochwertige Bildung" lautet:

> „Bis 2030 sicherstellen, dass alle Lernenden die notwendigen Kenntnisse und Qualifikationen zur Förderung nachhaltiger Entwicklung erwerben, unter anderem durch Bildung für nachhaltige Entwicklung und nachhaltige Lebensweisen, Menschenrechte, Geschlechtergleichstellung, eine

[1] Engagement Global (o.J.), S. 1.

> Kultur des Friedens und der Gewaltlosigkeit, Weltbürgerschaft und die Wertschätzung kultureller Vielfalt und des Beitrags der Kultur zu nachhaltiger Entwicklung“.[2]

Dieses Unterziel 4.7 wurde in den letzten Jahren in immer mehr Ländern zum übergeordneten Leitprinzip für jede Form von Schulunterricht. In Baden-Württemberg (Deutschland) zum Beispiel stellt Bildung für nachhaltige Entwicklung die erste von sechs übergeordneten Leitperspektiven für den Unterricht in allen Schulformen dar und soll demnach Bestandteil aller Schulfächer sein.

Die Zielsetzungen an sich sind nichts grundsätzlich Neues. In ihren Formulierungen erinnern einige davon an „epochaltypische Schlüsselprobleme“, die Klafki bereits vor Jahrzehnten formulierte, wie z.B. Umwelt, Frieden und Ungleichheit.[3] Neu ist jedoch, dass diese Schlüsselprobleme oder globalen Herausforderungen in den Bildungsplänen der meisten Länder eine prominentere Verankerung als jemals zuvor erhalten haben.

In puncto Zielsetzung könnte man demnach festhalten: die meisten Länder und Schulen befinden sich auf einem guten Weg in Richtung „großer (Bildungs-) Transformation“, wie sie in der Agenda 2030 angestrebt wird. Betrachtet man die Umsetzung dieser hochgesteckten Ziele, fällt ein Zwischenfazit jedoch dürftig aus. BNE wird in den meisten Fächern und Schulen – wenn überhaupt – nur als Anhängsel unterrichtet. Die „Qualifikation zur Förderung nachhaltiger Entwicklung“ und „nachhaltiger Lebensweisen“ wird oftmals nur abstrakt über Bücher und im Klassenzimmer zu vermitteln versucht. Bei vielen Lernenden entstehen durch *abstrakte* Nachhaltigkeitsbildung diffuse Zukunftsängste („In Zukunft wird alles immer schlechter“), Überforderung („Ich kann nichts dagegen tun“) oder einfach nur Desinteresse („Was hat das alles mit mir zu tun?“). Nur selten wird durch Buchwissen und Klassenzimmerunterricht ein tiefergehendes Verständnis für systemische Zusammenhänge erreicht, welches für BNE jedoch essentiell ist. Wie könnte dies besser gelingen?

2.3 Draußen nachhaltig lernen – die „große Bildungstransformation“?

Aus unserer Sicht sind die Agenda 2030 im Ganzen und die Zielsetzungen der Bildung für nachhaltige Entwicklung an Schulen ein wichtiger erster Schritt hin zu ei-

---

[2] Engagement Global (o.J.), S. 29.

[3] Klafki, 2010.

nem „zeitgemäßen Unterricht". Der zweite Schritt, die Umsetzung der Zielsetzungen an Schulen, ist ungleich schwerer und muss über eine *inhaltliche* Transformation der Bildungspläne hinausgehen. Bildung für nachhaltige Entwicklung an Schulen darf keinesfalls abstrakt bleiben. Sie muss den Lernenden übergeordnete Zusammenhänge be*greif*bar machen und zu Denk- und Handlungsveränderungen motivieren.

Es gibt ermutigende Hinweise darauf, dass Draußenunterricht hier einen zielführenden Beitrag leisten kann. Dies geschieht auf zwei Ebenen, die sich verschränken.

Einerseits ist Draußenlernen eine wirkungsvolle Lernform, wie die Lern- und Hirnforschung der letzten Jahre gezeigt hat. Im Gegensatz zu einer Computer-Harddisk, die irgendwann vollgeschrieben ist, gibt es keine bekannten Grenzen für menschliche Lernkapazität. Im Gegenteil: Je mehr wir lernen und je mehr Verknüpfungen wir zwischen Lerninhalten im Gehirn herstellen, desto grösser und besser wird unsere Fähigkeit, neue Sachverhalte, komplexe Erfahrungen und wichtige Weltkonzepte, wie etwa Einsteins Relativitätstheorie oder Nachhaltigkeit, zu verstehen.[4] Nimmt man diese Erkenntnis zusammen mit der Einsicht, dass dreidimensionale, realweltliche und multisensorielle Erfahrungen eine Vielzahl von Hirnregionen aktivieren, zu vertieften gegenseitigen Verknüpfungen dieser Regionen beitragen und damit die Redundanz fördern,[5] scheint eine Schlussfolgerung unausweichlich, welche auf Draußenlernen ganz besonders zutrifft:

Lernen, welches möglichst viele Sinne aktiviert (Sehen, Tasten, Riechen, Hören, Bewegen…) und in dynamischen, lebendigen Lernräumen stattfindet, welche Selbstaktivierung und Handlungskomplexität stärken, ist lernfördernd. Studien zeigen zudem, dass das Lernen derselben Lerninhalte deutlich besser gelingt und langfristig verfügbar ist, wenn man dabei in Bewegung ist.[6] Wenn Kinder also in Bewegung sind, Dinge anfassen, aus unterschiedlicher Perspektive betrachten, riechen, schmecken, hören können, scheint Lernerfolg verlässlicher. Draußenlernen stärkt, so behaupten wir, situiertes Lernen, das

> „… einen situations- und kontextgebundenen, im Rahmen sozialer Transaktivität (Kooperation und Kommunikation) und Unterstützung (Instruktion und Lernbegleitung) stattfindenden Vorgang dar[stellt]. Wissensinhalte sind immer bis zu einem gewissen Grad an die Kontexte gebunden, in denen sie erworben worden sind. Ausschließlich dekontextualisiert

---

[4] Bjork u.a., 2014, S. 76, 199.

[5] Spitzer, 2015, S. 222-226, 319, 337; Frith, 2007, S. 126-127; Dirnagl und Müller, 2016, S. 260-285; Brown u.a., 2014, S. 167-168, 208-209.

[6] Dirnagl und Müller, 2016, S. 260.

> vermitteltes Wissen läuft fast zwangsläufig Gefahr, «träge» und in Anwendungssituationen schlecht nutzbar zu sein, weil die Kontexte ihres Erwerbs sich stark von jeglichen Anwendungssituationen unterscheiden“.[7]

Kurzum: Lebensnahe und angenehme Lernkontexte, die Möglichkeiten für die Aktivierung vieler Sinne, für Bewegung, Kommunikation und Interaktion eröffnen, bieten die ideale Basis für eindrückliche und erfolgreiche Lernprozesse.

Zu Zeiten von Corona sollte man hier auch die zentrale Erkenntnis von Hattie nicht außer Acht lassen, dass erfolgreiches Lernen vor allem auf einer gelingenden sozialen Interaktion zwischen Lehrenden und Lernenden beruht.[8] Die Forschung zeigt, dass die Herstellung eines solchen gelingenden Arbeitsbündnisses zwischen Lehrpersonen und Schüler*innen draußen besonders gut gelingt.[9] Der Zugewinn an Raum im Freien kann die *soziale Distanz* zwischen Lernenden und Lehrenden offenbar verringern, obwohl zugleich die *räumliche Distanz* und die empfundene „Freiheit“ erhöht werden kann[10].

Die zweite, im Kontext von SDGs und BNE, zentral wichtige Dimension von Draußenlernen besteht aber darin, dass dies eine hervorragende Möglichkeit ist, Naturkontakt, Naturverständnis und nachhaltigkeitsverträgliches Handeln bei Kindern zu fördern.[11] In einer Zeit, wo Lernen und Erfahrung zunehmend auf die audio-visuelle Interaktion im virtuellen Raum reduziert wird, fördert Draußenlernen sowohl eine Wiederherstellung des Naturbezugs als auch erfahrungs- und handlungsbasierte Interaktion mit der Welt. Es ermöglicht uns die Erfahrung, dass wir Teil der Natur sind. Ohne diese erlebte Erfahrung ist kein tiefgehendes Verständnis möglich. Und ohne dieses Verständnis wiederum fehlt meistens die Einsicht und Motivation für eine nachhaltigkeitsorientierte Denk- und Lebensweise.

Draußenlernen kann also Lehrpersonen und Schüler*innen dabei unterstützen, systemisch zu denken, Zusammenhänge zu verstehen, kritisch zu analysieren und nach-

---

[7] Reusser, 2005, S. 162.

[8] Hattie, 2008.

[9] Lindemann-Mathis und Knecht, 2011; Mygind et al., 2019.

[10] Die Möglichkeit einer erweiterten räumlichen Distanz, ohne dabei zugleich die soziale Distanz zu vergrößern (wie es bei digitalem Homeschooling leider meist der Fall ist), erscheint in Zeiten des Coronavirus’ bedeutender denn je.

[11] Kuo und Jordan, 2019.

haltig zu handeln – mithin zentrale BNE-Kompetenzen zu erwerben. Draußenunterricht kann so einen wichtigen Beitrag zu einer „großen Bildungstransformation“ leisten.

3 Draußen unterrichten in der Praxis

Die Stiftung SILVIVA aus der Schweiz hat 2016 damit begonnen, den Draußenunterricht in der Volksschule zu fördern mit dem Ziel, möglichst viele Lehrpersonen dazu zu ermutigen und zu befähigen, wöchentlich und lehrplanbezogen draußen zu unterrichten.

Ihre Expertise im Bereich des Lernens mit der Natur bot die Grundlage, um das Praxishandbuch „Draussen unterrichten. Das Handbuch für alle Fachbereiche“[12] herauszugeben. Die Autorinnen, langjährige SILVIVA-Kursleiterinnen, sammelten und entwickelten über 300 Unterrichtsideen für den Draußenunterricht, die danach von rund 170 Testlehrpersonen praktisch erprobt und überprüft wurden. Darunter sind einfache Ideen im Fach Mathematik, wie z.B. einen „Tausendfüßler bauen“ (s. Abb. 1), zu finden oder komplexere Aufgaben aus dem Fach Natur-Mensch-Gesellschaft (NMG), welche einen fächerübergreifenden Unterricht ermöglichen.

Abbildung 1: Tausendfüßler bauen, SILVIVA, 2018.

[12] SILVIVA, 2018.

Rund um das Thema Orientierung – wenn sich die Kinder in der Natur orientieren, Pläne und Kompasse konstruieren und sich gegenseitig helfen und korrigieren – können Lehrkräfte zum Beispiel wunderbar fächerübergreifend draußen unterrichten. Neben dem Fach NMG eignen sich die Kinder auch Kompetenzen in Mathematik, in Deutsch, im Gestalten und den Fremdsprachen an (s. Abb. 2).

Richtungsanweisungen

Zum Aufwärmen gibt die Lehrperson der Klasse Anweisungen, sich irgendwo hinzubewegen. Dabei verwendet die Lehrperson immer eine Richtungsanweisung wie *vor*, *hinter*, *zwischen*, *links*, *rechts*, *unter*, *auf*. Im 2. Zyklus können die Anweisungen auch auf Französisch oder Englisch erfolgen oder die Himmelsrichtungen mit einbezogen werden, die zuvor gemeinsam bestimmt wurden. Die Kinder versuchen, den Anweisungen möglichst schnell zu folgen.

Einstieg

Material
keines

1.–2. Zyklus
MA.2.A | NMG.8 | BS.1.A | FS.1.A | D.1.A-B

Beispiele >

- > Stellt euch zwischen zwei Bäume.
- > Legt euch unter einen Strauch.
- > Lauft zwanzig Schritte nach Norden.

Nach einigen Durchgängen geben die Kinder die Anweisungen.

Mein geheimer Naturort-Plan

Jedes Kind wischt sich ein Stück Boden frei und erstellt dann mit Naturmaterialien einen Plan des Naturorts. Auf dem Plan zeichnet es seine persönlichen Lieblingsplätze ein, zum Beispiel den Kletterbaum, den Baumstrunk, die Feuerstelle. In Zweiergruppen zeigen und erklären die Kinder einander ihre Pläne. Sie können die Pläne auch fotografieren.

Material
evtl. Handykamera/Fotoapparat

1.–2. Zyklus
NMG.8 | NMG.1 | MA.2.C | BG.2.B-C | MI.1

Variante > Statt einen Plan des Naturorts können die Kinder auch einen Plan zeichnen, der den Weg vom Schulhaus zum Naturort zeigt.

Abbildung 2: Auszug aus dem Thema „Orientierung“ aus SILVIVA, 2018, S. 157

Der abgebildete Auszug aus dem Thema „Orientierung“ zeigt bereits auf, wie vielschichtig Draußenlernen sein kann. Neben dem Unterricht in den jeweiligen Schulfächern gelingt es dadurch, sowohl direkt als auch indirekt, die oben genannten, überfachlichen BNE-Kompetenzen zu fördern.

Allein die Tatsache, draußen im regelmäßigen Kontakt mit der Natur zu sein, schafft eine Grundlage für **systemisches und vernetztes Denken**. Kinder sind draußen meistens sehr aufmerksame Beobachter und Forscher und stellen Fragen nach dem Warum. Auf der Suche nach Antworten stoßen sie unverzüglich auf Zusammenhänge und beginnen damit, sich Systeme in der Natur zu erschließen.

Die Tatsache, dass sie ihre Umgebung besser kennenlernen, wenn sie sich draußen orientieren, ist eine wichtige Basis, um sich an seinem Wohnort zuhause zu fühlen und ein Gefühl von Verantwortung zu entwickeln. Anhand cleverer Aufgabenstellungen können Lehrkräfte die Kinder dazu anregen, ihre Umgebung auf verschiedenen Ebenen **kritisch zu analysieren**. Sie sollen z.B. beschreiben, was sie sehen und wie sich der Ort anfühlt, welche Personen, Pflanzen und Tiere an diesem Ort leben, wie sie diesen Ort nutzen, wem es gut geht, wem weniger gut, was sie sich für diesen Ort wünschen würden, usw. Von dieser kritischen Analyse ausgehend können die Kinder dann eigene Ideen ableiten und ihre Projekte planen. Mit einer angemessenen Unterstützung der Lehrkraft kann damit erreicht werden, dass die Kinder in ihrer Umgebung **nachhaltig zu handeln** beginnen. Der regelmäßige Aufenthalt draußen und die Auseinandersetzung mit dem Ort und seinen Bewohnern bilden eine wichtige Grundlage für die Entwicklung der Kinder hin zu verantwortungsvollen Bürgerinnen und Bürgern.

Der regelmäßige Draußenunterricht nach dem kürzlich eingeführten deutschschweizer „Lehrplan 21“ ist für viele Lehrkräfte neu und teils voller persönlicher oder struktureller Hindernisse. Die Stiftung SILVIVA unterstützt diverse interessierte Akteure (über die Schweiz hinaus) mit ihren Kursangeboten, schriftlichen und digitalen Hilfsmitteln sowie sprachregionalen Netzwerken. Als Organisation ist sie dabei selbst in einem Lernprozess, um den Draußenunterricht zu entwickeln und zu einem Standard in der Volksschule zu machen. Wie beim Draußenunterricht ist es für den Erfolg des Projekts ausschlaggebend, außerhalb der eigenen Bildungsorganisation Kontakte zu suchen, zu kooperieren und ein tragendes, vernetztes System für die Zielerreichung aufzubauen.

www.draussenunterrichten.ch

4 Zusammenfassung und Ausblick

Die Autor*innen sind überzeugt, dass Draußenlernen im Kontext der Bildung für nachhaltige Entwicklung einen wichtigen Teil der zeitgemäßen Antwort auf die globalen Herausforderungen des 21. Jahrhunderts darstellen kann. Natürlich spielt dabei aber nicht nur eine Rolle, *ob* draußen gelernt wird, sondern auch *wie* draußen gelernt wird. Sowohl bei der Frage nach dem Ob als auch nach dem Wie brauchen Lehrkräfte vielfältige Unterstützung. Diese notwendige Unterstützung reicht von strukturellen Hilfestellungen (Unterstützung durch die Bildungspolitik, Freiräume in Lehrplänen...) bis zu organisatorischen Hilfestellungen (Unterstützung durch die Schulleitung, hochwertige Literatur...). Am wichtigsten ist jedoch: Mut! Alle Bildungsakteure brauchen eine Menge Mut und Durchsetzungsvermögen, um Draußenlernen als einen Teil der großen Bildungstransformation zu verwirklichen und Lehren und Lernen im 21. Jahrhundert nachhaltig wirksam zu machen.

5 Literatur

Klafki, Wolfgang (2010): Studien zur Bildungstheorie und Didaktik. Weinheim: BELTZ.

Engagement Global (Hrsg.) (o.J.): Die Ziele für nachhaltige Entwicklung im Unterricht. Bonn/Köln: INPUNCTO.

United Nations (2015): Sustainable Development Goals. https://www.un.org/sustainabledevelopment/sustainable-development-goals/ (Zugriff 29.4.2020)

Kuo, Ming und Jordan, Cathy, eds. (2019): The Natural World as a Resource for Learning and Development: From Schoolyards to Wilderness. Lausanne: Frontiers Media. doi: 10.3389/978-2-88963-138-4.

Lindemann-Matthies, Petra und Knecht, Sarah (2011): 'Swiss elementary school teachers' attitudes toward forest education', The Journal of Environmental Education, 42: 3, 152 – 167. doi: 10.1080/00958964.2010.523737.

Mygind, Lærke, Kjeldsted, Eva, Hartmeyer, Rikke, Mygind, Erik, Bølling, Mads, Bentsen, Peter (2019): 'Mental, physical and social health benefits of immersive nature-experience for children and adolescents: A systematic review and quality assessment of the evidence', Health & Place, Vol. 58, July 2019. doi: https://doi.org/10.1016/j.healthplace.2019.05.014.

Bjork, R. A., Dunlosky, J., Kornell, N. (2013): Self-Regulated Learning: Beliefs, Techniques, and Illusions. In: Annual Review of Psychology, Vol. 64, H.1, S. 417-444.

Brown, P. C., Roediger III, H. L., McDaniel, M. A. (2014): make it stick. The Science of Successful Learning. Cambridge, MA, London: The Belknap Press of Harvard University Press.

Dirnagl, Ulrich, und Müller, Jochen (2016): Ich glaub, mich trifft der Schlag. Warum das Gehirn tut, was es tun soll, oder manchmal auch nicht. München: Droemer.

Frith, Chris (2007): Making up the Mind. How the Brain Creates our Mental World. Oxford: Blackwell.

Hattie, John A. C. (2008): Visible Learning. A synthesis of over 800 meta-analyses relating to achievement. London & New York: Routledge.

SILVIVA (Hrsg.) (2018): Draussen unterrichten. Das Handbuch für alle Fachbereiche. 1. und 2. Zyklus. Bern: Hep-Verlag

Spitzer, Manfred (2015): Cyberkrank! Wie das digitalisierte Leben unsere Gesundheit ruiniert. München: Droemer.

Reusser, Kurt (2005). 'Situiertes Lernen mit Unterrichtsvideos', journal für lehrerInnenbildung, 5 (2), 8-18.

Politik- und Erziehungswissenschaftlicher M. A.

Daniel Merz

Co-Geschäftsführer der Insight Outside GbR für Erlebnispädagogik in Mainz.

Daniel war schon immer gerne draußen unterwegs. Ob in den Bergen, am Meer oder – vielleicht sogar am liebsten – einfach im Wald.

Die Erlebnispädagogik hat er schließlich als *die* Methodik für sich entdeckt, mit und in der er pädagogisch tätig sein möchte. Dabei hat er die Erlebnispädagogik von Anfang an als stark naturbezogene Disziplin wahrgenommen, die Menschen in ihrer Persönlichkeit und in ihren unterschiedlichen Gruppen Entwicklung ermöglicht.

E-Mail: danielmerz@insight-outside.de

Website: www.insight-outside.de

Erlebnispädagogik als Beitrag zur Bildung für nachhaltige Entwicklung (BNE)

1 Einleitung

In den letzten Jahren und Jahrzehnten zeigen sich vielfältige Probleme und Konflikte in den weltweiten Gesellschaften. Krisen verstärken sich; in der (inzwischen dauerpräsenten) medialen Berichterstattung wird eine Welt gezeigt, die nur noch von Krise zu Krise zu taumeln scheint. Selbst wenn hier zur Erlangung von höherer Aufmerksamkeit vieles wahrscheinlich oftmals besonders drastisch dargestellt wird, so sind doch die Schwierigkeiten, in denen sich die Menschheit insgesamt befindet, nicht zu leugnen.

Für die Pädagogik, und mit ihr für die Erlebnispädagogik, gehört es zu ihrem Wesenskern, zu einem verbesserten Gelingen menschlichen (Zusammen-) Lebens beizutragen und genau darauf hinzuarbeiten.

Die von den Vereinten Nationen vor fünf Jahren verabschiedete Nachhaltigkeitsagenda 2030[1], und die in ihr enthaltenen 17 *Sustainable Development Goals (SDGs)* bzw. der aus ihr erwachsenden Forderung nach einer Bildung für nachhaltige Entwicklung ist so umfassend, die sich vor der globalen Gesellschaft auftürmenden Probleme so gewaltig, dass sich ihr auch die Erlebnispädagogik nicht entziehen kann und sollte.

Im vorliegenden Beitrag soll zunächst ein Blick auf den aktuellen Stand rationaler, naturwissenschaftlicher Forschung geworfen werden, um beispielhaft und verstandesgemäß den Ernst der Lage für das Leben auf der Erde zu veranschaulichen und eine Ahnung davon zu vermitteln, weshalb es einer Bildung für nachhaltige Entwicklung überhaupt bedarf. Im nächsten Schritt sollen dann die Kernelemente der Bildung für nachhaltige Entwicklung im Sinne der Vereinten Nationen dargelegt werden. Anschließend soll ein Blick über den Tellerrand westlich geprägten Denkens erfolgen, um ggf. einen anderen Impuls bei der Betrachtungsweise der Welt zu setzen und das Erkennen neuer Wege zur Erreichung der Nachhaltigkeitsziele zu fördern.

Schließlich wird es um die Erlebnispädagogik selbst im Hinblick auf ihre Chancen und Möglichkeiten gehen, mit Sicht auf die Bildung für nachhaltige Entwicklung auf Grundlage der zuvor herausgearbeiteten Zusammenhänge. Damit soll eine Antwort auf die Frage gefunden werden, wie sich die Erlebnispädagogik im Rahmen

---

[1] vgl. https://www.bne-portal.de/de/einstieg/was-ist-bne [Stand 15.06.2020]

ihrer Methodik in die Bildung für nachhaltige Entwicklung, und somit in die vielleicht drängendsten gesellschaftspolitischen Fragen unserer Zeit, einmischen kann und sollte.

2 Bildung für nachhaltige Entwicklung (BNE) – wozu?

Die Forderung nach Nachhaltigkeit in allen Bereichen des Lebens wird mit zunehmendem Nachdruck formuliert. Vielfach hört und liest man immer wieder, dass der Mensch als Spezies auf den seit der Industrialisierung eingeschlagenen Pfaden seines Lebens und Wirtschaftens nicht länger weitergehen kann, ohne sich selbst und das Leben auf diesem Planeten allgemein massiv zu gefährden.

Bevor ein Blick auf die konkreten Forderungen und Inhalte einer Bildung für nachhaltige Entwicklung geworfen wird, sollen an dieser Stelle zunächst ein paar wissenschaftliche Fakten vorgestellt werden, die die Dringlichkeit einer nachhaltigen Lebensweise begründen sollen. Die hier präsentierten Erkenntnisse sind bei weitem nicht vollständig, sondern sollen rein exemplarisch verstanden werden. Jedoch vermögen es bereits diese wenigen Beispiele, die Notwendigkeit von mehr Nachhaltigkeit aus naturwissenschaftlicher Sicht zu verdeutlichen.

Zunächst einmal sollen ein paar Ergebnisse der Forschung zum durch den Menschen beeinflussten Klimawandel betrachtet werden.

Klimawandel

Schaut man sich die Ergebnisse des Sonderberichts des Weltklimarats (IPCC) von 2018 über 1,5° C Erwärmung gegenüber dem vorindustriellen Zeitalter an, so findet man darin die Erkenntnis, dass durch menschliche Einflussnahme in Form von Treibhausgasausstoß bereits heute eine globale Erwärmung von durchschnittlich 1° C erreicht ist.

Bei unverminderter Emissionsrate an Treibhausgasen wird eine entsprechende Erwärmung von 1,5° C voraussichtlich zwischen 2030 und 2052 erreicht sein. Regional fällt dabei der Temperaturanstieg sehr unterschiedlich aus, wobei die arktische Region besonders stark betroffen ist.[2] Bedenkenswert ist, dass die bereits bis heute

[2] vgl. IPCC, 2018: Zusammenfassung für politische Entscheidungsträger. In: 1,5 °C globale Erwärmung. Ein IPCC Sonderbericht über die Folgen einer globalen Erwärmung um 1,5 °C gegenüber vorindustriellem Niveau und die damit verbundenen globalen Treibhausgasemissionspfade im Zusammenhang mit einer Stärkung der weltweiten Reaktion auf die Bedrohung durch den Klimawandel, nachhaltiger Entwicklung und Anstrengungen zur Beseitigung von

durch den Menschen verursachte Erwärmung auf ihre Art eine hohe Nachhaltigkeit aufweist und auch in den kommenden Jahrhunderten (wenn nicht Jahrtausenden) Bestand haben wird. Allerdings verweist der Bericht auch darauf, dass die bis 2018 ausgestoßenen Treibhausgase wahrscheinlich kaum mehr als 0,5° C Erderwärmung verursachen werden, weshalb nachhaltiges, klimaschützendes Agieren nach wie vor absolut sinnvoll ist[3].

Eine Erwärmung um 1,5° C bedeutet eine Erhöhung der klimabedingten Risiken für Biosysteme (zu denen auch der Mensch gehört). Wie hoch diese Risiken ausfallen, hängt von Faktoren wie der Geschwindigkeit der Erwärmung, der jeweiligen geographischen Lage sowie dem gesellschaftlichen Entwicklungsstand (bezogen auf menschliche Systeme) ab. In jedem Fall steigen aber die Risiken durch eine weitere Erhöhung der Temperatur. Daher muss die Erderwärmung insgesamt so niedrig wie möglich gehalten werden. Zu den genannten Risiken gehören Hitzeextreme in den meisten bewohnten Regionen: in den Mittleren Breiten werden heiße Tage bei 1,5° C Erwärmung um 3° C wärmer als in der vorindustriellen Zeit; bei 2° C Erwärmung 4° C wärmer. Generell zeigen die durchgeführten Projektionen, dass allgemein die Zahl der heißen Tage zunehmen wird.

Ein weiteres Risiko ist die prognostizierte Zunahme von Starkniederschlägen in einigen Regionen. Hier zeigen die Prognosen eine insgesamt deutlich höhere Tendenz zu Starkregen bei einer Erwärmung von 2° C als bei einer entsprechenden Erwärmung um 1,5° C.

In manchen Regionen droht auch eine erhöhte Wahrscheinlichkeit von Dürren und Niederschlagsdefiziten. Auch hier gilt: Bei 2° C ist das berechnete Risiko größer als bei 1,5° C Erwärmung. Der Meeresspiegel wird bis weit über das Jahr 2100 hinaus ansteigen. Bei 1,5° C Erwärmung wird der Anstieg bis zur Jahrhundertwende um ca. 0,1 m niedriger ausfallen als bei 2° C Temperaturanstieg. Dies hätte zur Folge, dass etwa 10 Mio. Menschen weniger von den Auswirkungen des Meeresspiegelanstiegs betroffen wären als bei den entsprechenden 10 cm mehr. Die Geschwindigkeit und das Ausmaß des Meeresspiegelanstiegs sind abhängig von der Entwicklung menschlichen Treibhausgasausstoßes. Je niedriger die Geschwindigkeit ist, umso größer werden die Anpassungschancen für Menschen in Küstenregionen. Diesen drohen ein erhöhter Salzwassereintrag (Flussdeltaregionen), Überflutungen und damit verbunden Zerstörung von Infrastruktur. Selbst bei einer Begrenzung auf 1,5° C Erwär-

---

Armut. [V. Masson-Delmotte, u. a. (Hrsg.)]. World Meteorological Organization, Genf, Schweiz. Deutsche Übersetzung auf Basis der Version vom 14.11.2018. Deutsche IPCC Koordinierungsstelle, ProClim/SCNAT, Österreichisches Umweltbundesamt, Bonn/ Bern/ Wien; S. 8.

[3] vgl. ebenda; S. 9.

mung wird sich der Meeresspiegelanstieg lange fortsetzen. Der Verlust des Grönlandeisschildes sowie von großen Teilen des antarktischen Eises könnte einen Anstieg der Meere um mehrere Meter über Jahrhunderte oder Jahrtausende bedeuten[4].

Es bestehen klimabedingte Risiken für die Gesundheit, die Lebensgrundlagen, die Wasserversorgung und Ernährungssicherheit für Menschen. Dies gilt für eine Erwärmung um 1,5° C und umso mehr bei einer Erwärmung um 2° C. Besonders gefährdete Regionen sind in dieser Hinsicht die Arktis, Trockengebiete, kleine Inselländer sowie die am wenigsten entwickelten Länder. Die Wahrscheinlichkeit von klimabedingter Armut und Benachteiligung ließe sich bis zum Jahr 2050 für mehrere hundert Mio. Menschen senken, wenn es gelänge, die Erderwärmung auf 1,5° C zu begrenzen.

Durch eine projizierte Zunahme von Hitzewellen werden hitzebedingte Erkrankungen zunehmen. Mit Hitzewellen ist besonders in urbanen Gebieten zu rechnen. Sollten die für die Ozonbildung relevanten Emissionen hoch bleiben, wird auch die ozonbedingte Sterblichkeit anwachsen. Erkrankungen wie Malaria oder Denguefieber werden mit hoher Wahrscheinlichkeit zunehmen und ihr Verbreitungsgebiet verlagern. Landwirtschaftliche Nettoerträge gehen global durch den menschbeeinflussten Klimawandel zurück. Dies wird laut Projektionen weniger der Fall sein, wenn es gelingt, die Erwärmung auf 1,5° C zu begrenzen. Eine Erwärmung um 1,5 ° C senkt den Anteil der Weltbevölkerung, der Wasserstress[5] ausgesetzt ist, um bis zu 50%[6].

Neben dem Klimawandel gibt es noch weitere Faktoren, die für eine Besinnung des Menschen auf nachhaltige Lebens- und Wirtschaftsformen sprechen. Als zweites Beispiel soll daher auf die Besorgnis erregende Entwicklung der Biodiversität auf unserem Heimatplaneten eingegangen werden.

Aktuelle Entwicklungen im Bereich der Artenvielfalt

Die Lebensweise moderner Gesellschaften hat einen entscheidenden Einfluss auf den Artenreichtum auf der Erde insgesamt. So ist der Wert der landwirtschaftlichen Erträge weltweit seit den 1970er Jahren um das Dreifache gestiegen (2,6 Billionen $ im Jahr 2016). Gleichzeitig ist der Organische Bodenkohlenstoff[7] und die Diversität

[4] vgl. ebenda; S. 11 f.

[5] „Wasserstress bedeutet ein steigendes Risiko für Umweltprobleme und wirtschaftliche Schwierigkeiten." Quelle: https://www.umweltbundesamt.de/tags/wasserstress [Stand:24.05.2020]

[6] vgl. IPCC, 2018: Zusammenfassung für politische Entscheidungsträger, S. 13.

[7] „Mit dem organisch gebundenen Kohlenstoff im Boden sind viele wichtige Ökosystemdienstleistungen des Bodens, wie die Filterung und Speicherung von Wasser, der Aufbau und

unter den Bestäubern zurückgegangen. Vielfach können die Ertragsziele nicht mehr erreicht werden, da wir es inzwischen mit Landverödung bzw. Bodenzerstörung bei 23% der Erdoberfläche zu tun haben. 235 bis 577 Mrd. $ jährlicher Verlust bei der Getreideernte sind auf die Verringerung der Pollenspender zurückzuführen. Ca. 25% der untersuchten Pflanzen- und Tierarten sind in ihrer Existenz bedroht. Etwa 1 Mio. Spezies stehen innerhalb weniger Jahrzehnte vor dem Aussterben (trotz bereits laufender Bemühungen, dem Verlust entgegenzuwirken)[8].

Bzgl. angebauter Pflanzen und gezüchteter Tiere ist zu sagen, dass deren Vielfalt weltweit abnimmt. 2016 waren 559 der ursprünglich 6190 als Nutztiere gehaltenen Säugetiere ausgestorben. Mindestens 1000 weitere dieser Arten sind akut vom Aussterben bedroht. Wilde Verwandte der angebauten Getreidearten werden kaum geschützt, und der Schutz wildlebender Verwandter der üblichen Nutztiere verschlechtert sich. Die Reduktion der Diversität unter landwirtschaftlich genutzten Pflanzen und Vieh sowie ihrer wilden Verwandten bedeutet, dass für die Versorgung der Menschheit relevante Ökosysteme weniger robust gegen Herausforderungen wie Klimawandel, Schädlingsplagen oder Krankheitserreger sind.

Die im Laufe der letzten fünf Dekaden feststellbare Geschwindigkeit und Menge an Veränderungen in der globalen Natur ist ohne Beispiel in der Erdgeschichte. Dies drückt sich aus im Hinblick auf die Nutzung von Land und See, durch stark gestiegene Umweltverschmutzung, durch den Klimawandel und durch die Invasion von Regionen durch fremde Arten und die unmittelbare Ausbeutung von Organismen. Dies sind die direkten Faktoren bzw. die Hauptantriebe, wenn es um eine Erklärung für die rasanten Veränderungen in der Natur geht. Diese Hauptantriebe werden bedingt durch eine Reihe von unterschwelligen Faktoren, die sich wiederum durch gesellschaftliche Werte und Verhaltensweisen begründen.

Für die Ökosysteme an Land und im Süßwasser brachte die Veränderung der Landnutzung die größten Veränderungen. Ein Drittel der Erdoberfläche wird heute landwirtschaftlich genutzt. Die direkte Ausbeutung von Organismen (Pflanzen, Tiere) ist der zweitgrößte Faktor für die genannten Veränderungen. Die Ausbreitung der Landwirtschaft, die Verdoppelung des urbanen Raums seit 1992 und der damit verbundene gewaltige Ausbau an Infrastruktur (alles letztlich bedingt durch das starke Wachstum der Weltbevölkerung) haben dazu geführt, dass Wälder (v. a. der Tropische Regenwald), Sumpfgebiete und Graslandschaften weichen mussten.

Erhalt der Bodenstruktur, die Sicherung der Nährstoffversorgung sowie die Festlegung und der Abbau von Schadstoffen verbunden.“ (Quelle: www.umweltbundesamt.de/themen/organischer-bodenkohlenstoff-als-wichtiger [Stand: 20.05.2020]

[8] vgl. IPBES (2019): Summary for policymakers of the global assessment report on biodiversity and ecosystem services of the Intergovernmental Science-Policy Platform on Biodiversity and Ecosystem Services. S. Díaz, u. a. (eds.) IPBES secretariat, Bonn, Germany; S.11f.

Ebenso hat der Mensch einen starken Einfluss auf die Entwicklung der Meere und Ozeane, sowohl durch direkte Ausbeutung (Überfischung) als auch die Besiedlung der Küstengebiete[9].

Durch den Klimawandel ist in den letzten 50 Jahren die Gefahr für Fluten, Waldbrände, Extremwetterereignisse und Dürren kontinuierlich gewachsen. In den vergangenen 30 Jahren sind die durchschnittlichen globalen Temperaturen in jeder Dekade um 0,2 Grad Celsius gestiegen. Der globale Meeresspiegel hat sich seit dem Jahr 1900 um 16 bis 21 cm im weltweiten Mittel erhöht. All dies hat Auswirkungen im Hinblick auf die Biodiversität in der Welt. Die Umweltverschmutzung entwickelt sich regional unterschiedlich, jedoch kann gesagt werden, dass sie in manchen Regionen zunimmt. Die maritime Verschmutzung mit Plastikmüll hat sich etwa seit 1980 verzehnfacht, mit negativen Auswirkungen auf mindestens 267 Spezies. Beispielsweise sind 86% der Meeresschildkröten, 44% der Seevögel und 43% der Meeressäuger betroffen. Dies hat wiederum auch einen negativen Effekt auf Nahrungsketten des Menschen.

Insgesamt lässt sich sagen, dass die Freisetzung von Treibhausgasen, nicht wieder verwerteter Müll, ausgestoßene Schadstoffe durch Bergbau, Industrie und Landwirtschaft sowie Ölpest und Giftmüllablagerungen die Qualität der Atmosphäre, des Wassers (Süß- wie Meerwasser) und des Bodens stark negativ beeinflussen[10].

Obwohl es eine gewisse Ausdehnung an Naturschutzräumen gibt, decken diese bei weitem nicht genug Räume ab, um einen wirklich effektiven Schutz der Biodiversität zu gewährleisten.

Wie wichtig aber nachhaltig genutzte Flächen für den Erhalt der Biodiversität sind, kann man erkennen, wenn man sich beispielhaft die Situation der Brutvögel in Deutschland ansieht. Der Artenreichtum unter den Brutvogelarten innerhalb der BRD ist im Nordosten Deutschlands am größten. Dort gibt es eine sehr vielfältige Landschaft. Diverse Lebensräume und Standortunterschiede prägen das Bild. Es gibt ein Nebeneinander verschiedener Waldtypen und offener Landschaften. Es existieren Still- und Fließgewässer, Sandlandschaften mit großer Trockenheit und Röhrichte. Dieser Zustand trifft auf eine im bundesweiten Vergleich sehr dünne Besiedlung durch den Menschen. Der an Vogelartenarmut leidende Nordwesten der Bundesrepublik zeichnet sich aus durch einen sehr hohen Anteil an landwirtschaftlicher Nutzfläche und durch die räumliche Konzentration der deutschen Tierproduktion vor Ort. Vormals häufig angetroffene Arten wie die Feldlerche sind hier bereits vollständig verschwunden. In den Agrargebieten des Nordostens finden sich auch heute noch strukturelle Gegebenheiten in der Landschaft, die für viele Vogelarten

---

[9] vgl. ebenda; S. 12.
[10] vgl. ebenda; S. 13.

(und auch Insekten) einen hohen Wert haben. Hierzu zählen nicht gedüngtes Grünland, Brachen und nicht-asphaltierte Feldwege.

Einen ebenfalls hohen Artenreichtum findet man im Alpenvorland sowie am Oberrhein. Hier gibt es ein reichhaltiges Nebeneinander von trockenen und feuchten Gebieten, das für die Vielfalt der Arten verantwortlich ist[11]. Daraus lässt sich der Schluss ziehen, dass eine Artenvielfalt bei Vögeln eine landschaftliche Vielfalt benötigt. Dafür spricht auch, dass es bei den Beständen der Gesamtzahlen an Brutvogelindividuen in Deutschland zwar hoffnungsvolle Zeichen gibt (es sind zwischen 1992 und 2016 14 Mio. Brutvogelindividuen verloren gegangen, jedoch fand der Verlust vor allem in der ersten Hälfte des untersuchten Zeitraums statt), dass aber der Rückgang an Brutvögeln in Agrarlandschaften anhält. Im Wald (plus 3,2 Mio. Individuen) und in den (inzwischen deutlich stärker begrünten) menschlichen Siedlungsräumen (plus 1 Mio. Individuen) findet eine gewisse Erholung statt.[12]

All diese Erkenntnisse müssen zu Überlegungen führen, wie in der Lebens- und Wirtschaftsweise der Menschen ein höherer Einklang mit der Natur erreicht werden kann, um den erwiesenen Problemen zu begegnen und Lebensräume auf lange Sicht zu erhalten. Hierbei kann es keinesfalls nur um Forderungen an politische und gesellschaftliche Eliten gehen. Es muss bei kleinen und kleinsten gesellschaftlichen Einheiten regional und lokal angesetzt werden, um schließlich positive globale Effekte zu erzielen – vor allem auch um eine langfristige Akzeptanz notwendiger Veränderungen zu ermöglichen. Hierbei helfen etwa Investitionen an den richtigen Stellen. Um aber Menschen vor Ort wirklich in nachhaltige Lebensweisen einzubinden und von solchen zu überzeugen, spielt der Bildungsbereich eine entscheidende Rolle. Daher braucht die Menschheit eine starke Bildung für nachhaltige Entwicklung (BNE), deren Grundzüge nun skizziert werden sollen.

---

[11] vgl. Gerlach, B., u. a. (2019): Vögel in Deutschland – Übersichten zur Bestandssituation. DDA, BfN, LAG VSW, Münster; S. 17ff.
[12] vgl. ebenda; S. 20f.

3 Bildung für nachhaltige Entwicklung (BNE) – Ziele

Im Herbst 2015 verabschiedeten die Vereinten Nationen (VN) ihre globale Nachhaltigkeitsagenda, nach deren Maßgabe bis zum Jahr 2030 17 Ziele (die sog. *Sustainable Development Goals [SDGs])* verfolgt und erreicht werden sollen. Um Nachhaltigkeit im Sinne der VN erreichen zu können, wird v. a. auf Bildung gesetzt.

Nachhaltigkeit bedeutet im heutigen Verständnis eine (globale) Lebensweise, die sich durch Ressourcenschonung auszeichnet. Basierend auf der Erkenntnis, dass Umwelt, Gesellschaft und Wirtschaft sich wechselseitig beeinflussende Faktoren sind, wird angenommen, dass es ohne eine gesunde Umwelt weder wirtschaftlichen Fortschritt noch eine gesellschaftliche Lebensgrundlage geben kann. Gleichzeitig stellt es sich als unmöglich dar, einen effektiven Umweltschutz zu gewährleisten, wenn Menschen einen Existenzkampf wirtschaftlicher Art bestreiten müssen.

Dabei hat Nachhaltigkeit sowohl eine räumliche wie eine zeitliche Dimension und soll im Sinne der Vereinten Nationen stets eine soziale Funktion für das Wohlergehen aller Menschen erfüllen. Menschen überall auf der Welt sollen würdig und ohne existenzielle Not leben können. Entwicklung von Staaten und Menschen sollen weiterhin möglich, allerdings nicht grenzenlos sein. Die Grenze für Wachstum verläuft überall dort, wo menschliches Verhalten zum Entzug von Lebensgrundlagen von anderen Staaten und Menschen führt. Selbiges gilt auch in temporärer Hinsicht im Blick auf nachfolgende Generationen.

Bildung soll den Menschen ermöglichen, autonom zu handeln, sich an relevanten gesellschaftlichen Entscheidungsprozessen zu beteiligen, vorausschauend zu denken und einen Zugang zu universellem Wissen zu erlangen. Besonders wird angemahnt, partizipative Methoden zu verwenden, um die 17 ehrgeizigen Ziele der internationalen Staatengemeinschaft zu erreichen.[13]

An dieser Stelle sei ausdrücklich erwähnt, dass zu den erwähnten *Sustainable Development Goals (SDGs)*, die mithilfe der Bildung für nachhaltige Entwicklung erreicht werden sollen, ganz klar nicht nur Themen des Naturschutzes gehören, sondern auch andere Dinge, die zur allgemeinen Teilhabe und für die Fähigkeit zu autonomem Handeln unerlässlich sind. Hierzu gehören auch klassische Ziele sozialpä-

[13] vgl. https://www.bne-portal.de/de/einstieg/was-ist-bne#paragraph-type-paragraph-section-12 [Stand:12.06.2020]

dagogischen Handelns, wie z. B. Bekämpfung von Armut, hochwertige Bildungschancen, Gleichstellung von Frau und Mann hinsichtlich ihrer Wertigkeit und allgemein der Abbau von Ungleichheiten.[14]

Gestaltungskompetenz als Voraussetzung für nachhaltige Entwicklung

Zentral für die Bildung für nachhaltige Entwicklung ist der Begriff der Gestaltungskompetenz. Gestaltungskompetenz wird von jungen Menschen in erster Linie erworben, um in der Folge eine nachhaltige Entwicklung der Menschheit, sowie damit verbunden der ganzen Welt, gewährleisten zu können.

Das Modell der Gestaltungskompetenz nach Harenberg und de Haan gliedert sich in zwölf Teilkompetenzen auf[15]. In aller Kürze zusammengefasst, lässt sich sagen, dass zu den in den Teilkompetenzen geforderten Fähigkeiten v. a. folgende gehören:

- **Fähigkeit zum Perspektivwechsel:**
  Menschen mit dieser Fähigkeit sind in der Lage, sich in andere Menschen hineinzuversetzen. Sie beleuchten Dinge von unterschiedlichen Seiten, beziehen verschiedene (teils konträre) Haltungen in ihre Entscheidungen ein und bedenken die Folgen für unterschiedliche Akteure.

- **Fähigkeit zur Antizipation:**
  Jene Menschen denken und handeln vorausschauend. Sie sind in der Lage, die Folgen ihrer Entscheidungen und ihres Handelns (sozial, ökologisch) abzusehen und einzuschätzen.

- **Fähigkeit zur Verknüpfung:**
  Jene Menschen sind in der Lage, einen breitgefächerten Blick auf die Folgen ihrer Entscheidungen und ihres Handelns zu werfen. Es wird nicht länger nur im eigenen Interesse und fokussiert auf eine bestimmte Fragestellung gehandelt, sondern unter Berücksichtigung globaler Zusammenhänge und interdisziplinärer Aspekte.

---

[14] vgl. https://www.un.org/development/desa/disabilities/envision2030.html [Stand: 12.06.2020]

[15] vgl. www.transfer-21.de/indexb4c1.html?p=222 [Stand 12.06.2020]

- **Risikobewusstsein:**
  Jene Menschen sind sich über Risiken ihrer Entscheidungen und ihres Handelns im Klaren, sowohl im gesellschaftlich-sozialen Kontext als auch im Hinblick auf die Ressourcen des Lebens auf der Erde.

- **Kooperations- und Teamfähigkeit:**
  Jene Menschen sind in der Lage, zusammen zu arbeiten und Teams zu bilden. Nicht das Ego des Individuums bzw. Vorteile für einzelne Akteure stehen im Vordergrund, sondern das allgemeine Wohl und die sich daraus ergebende Chancengleichheit.

- **Reflexionsfähigkeit:**
  Jene Menschen können ihre Entscheidungen und ihr Handeln betrachten und sind in der Lage, das Beobachtete kritisch im Hinblick auf soziale und allgemein globale Zusammenhänge zu bewerten.

- **Fähigkeit zu eigenständigem Handeln:**
  Jene Menschen sind in der Lage, sich über die wichtigen Themen der Zeit zu informieren, sich ein eigenes Bild zu machen, Entscheidungen zu treffen und diese selbst gemeinsam mit anderen Menschen umzusetzen.

- **Fähigkeit zu Mitgefühl:**
  Jene Menschen erleben sich als Teil einer Gemeinschaft. Andere Menschen werden als gleichgestellte Mitmenschen angesehen, um deren Wohlergehen sich alle kümmern. Damit einher geht auch der verantwortliche Umgang mit der Natur und den natürlichen Ressourcen bezogen auf die ganze Erde.

Die Teilkompetenzen und somit die Gestaltungskompetenz insgesamt können nicht allein durch die theoretische Beschäftigung mit ihren Themen erworben werden. Es bedarf vielmehr der Konfrontation mit Problemen in der realen Welt und dem tatsächlich geübten Umgang mit diesen. Störungen verschiedener Art in den Mensch-Umwelt-Beziehungen können insbesondere durch eigenes Handeln erfahren sowie gemeinsame Problemlösungen erarbeitet, durchgesetzt und erfolgreich angewandt werden[16].

---

[16] vgl. Reuschenbach, Monika, u. a. (11/ 2011): „Bildung für Nachhaltige Entwicklung – Leitbilder für den Geographieunterricht" in: Reuschenbach, Monika u. a. (Hrsg.): *Geographie heute – Themen, Modelle, Materialien für die Unterrichtspraxis der Sekundarstufe*; Heft 295; Verlag Friedrich in Velber/ Klett; S. 8.

4 Eine andere, *unmoderne* Weltwahrnehmung

Die 17 Nachhaltigkeitsziele enthalten nicht nur *ökologisch* motivierte Natur-/ Umweltschutzthemen, sondern auch Themen eines gelingenden *sozialen* Miteinanders aller Menschen. Durch die Gestaltungskompetenz sollen Menschen die Fähigkeit erlangen, die Notwendigkeit beider Themenkomplexe im Kontext der Nachhaltigkeit zu erkennen und entsprechend verknüpft umzusetzen.

In der westlich geprägten, aufgeklärten Betrachtungsweise ist der Mensch das *Subjekt*, die Natur bzw. die Umwelt sind degradiert zu beobachteten bzw. zu bearbeitenden *Objekten*. Artifizielle Trennung ist das Fundament dieser Sichtweise.

Es braucht eine Beziehung Mensch-Natur, nicht nur auf Augenhöhe, nicht nur gleichwertig, sondern sich selbst verstehend als Teil voneinander. Nur auf der Basis einer solchen Selbst- bzw. Weltwahrnehmung lassen sich die UN-Ziele für Nachhaltigkeit umfassend verfolgen.

Der Biologe und Philosoph Andreas Weber, der sich auch bereits pädagogisch geäußert hat[17], entwickelt für mich exemplarisch in seinen Veröffentlichungen eine Denkweise bezüglich des Lebens bzw. aller in der Welt vorkommenden Dinge, die stets von Beziehungen und der Subjekthaftigkeit allen Seins ausgeht. Insbesondere zu nennen ist hier *Lebendigkeit – Eine erotische Ökologie*[18] aus dem Jahr 2014.

Die Welt als subjekthafter Raum lebendiger Verbundenheit

Nach Andreas Webers Ansatz sind die Welt und die in ihr ablaufenden Prozesse ein immerwährendes Beziehungsgeflecht. Energie, die sich zu Atomen verdichtet, Atome, die sich zu Molekülen verbinden, aus denen wiederum Zellen und letztlich Lebewesen entstehen, die eine hohe Komplexität aufweisen. Allem Leben wohne ein tiefes, unerschütterliches Streben nach Dasein inne, das auch der Mensch als Mitgeschöpf empfinden und nachfühlen kann.

---

[17] Weber, Andreas mit Emma und Max (2013): *Das Quatsch-Matsch-Buch*; Kösel-Verlag München

[18] Weber, Andreas (2014): *Lebendigkeit – Eine erotische Ökologie*; 3. Auflage; Kösel-Verlag München

„Nicht einsame, autonome, souveräne Wesenheiten bevölkern diese Welt. Vielmehr besteht diese aus einem beständig oszillierenden Netz von dynamischen Interaktionen, in denen sich eins durch das andere verwandelt. Die Beziehung zählt, nicht die Substanz. Und um diese Beziehung zu ermöglichen, ist es nötig, dass ihre beiden Pole sich berühren, sich aneinanderschmiegen, sich durchdringen und gegenseitig abschleifen. ‘[19]

Besonders illustrativ finde ich Webers Beispiel von Stein und Wasser. In diesem wird der Stein durch seine Beziehung zum Bach (Wasser) allmählich zum Kiesel. Dies geschieht, weil er sich auf die Weichheit des Wassers einlässt. Diese Weichheit schenkt ihm seine Form und gibt ihm erst seinen Namen. Umgekehrt wird das Wasser sehr hart, wenn es am unteren Ende eines Wasserfalls auf Felsblöcke trifft und sprudelt und spritzt. So bekommt der Wasserfall erst durch sein Einlassen auf den Stein seinen eigenen Charakter[20].

Jedoch pflegen aus der Weber‘schen Sichtweise heraus nicht nur Entitäten untereinander stets Beziehungen, sondern auch Lebewesen basieren in sich selbst immer auf Beziehungen: Ein Organismus ist nichts anderes als ein Ökosystem in sich. Dieses Ökosystem organisiert sich wiederum in Beziehung zu anderen Ökosystemen. Andreas Weber regt an, die Natur nicht immer nur sachlich zu analysieren. Er fordert bspw. all jene Menschen auf, die die Natur als Schlachtfeld von Einzelkämpfern verstehen, einmal in einer Sommernacht an eine Wiese zu gehen. Hier könne sich beispielhaft das Zusammenspiel von Gewächsen, Mikroorganismen und Tieren nicht nur beobachten, sondern – *erleben* - lassen[21].

Das hier angesprochene Konzept von *Lebendigkeit* versteht sich nach seinem Schöpfer ausdrücklich nicht als rein geistiger Denkansatz. Als Biologe verweist Andreas Weber darauf, dass man etwa beim Erforschen des Erdbodens auf eine Vielzahl von Organismen und deren Spuren trifft. Das Konzept der Lebendigkeit, des Verstehens allen Seins als gewaltiges und unbeschreiblich fein verästeltes Beziehungsgeflecht soll also als naturwissenschaftlicher Ansatz verstanden werden. Er verweist interessanterweise auch u. a. darauf, dass es gewisse Ähnlichkeiten zwischen den Verbindungen im Boden mit den Verästelungen der Nervenbahnen zwischen den Zentren des menschlichen Gehirns gebe.[22]

Neben dieser durch und durch lebendigen *Verbundenheit* allen Seins kommt als weiterer wichtiger Aspekt die *Subjekthaftigkeit* allen Seins hinzu.

---

[19] s. ebenda; S. 36.
[20] vgl. ebenda S. 37.
[21] vgl. ebenda S. 50ff.
[22] vgl. ebenda S. 61.

Während Weber dieses *all-eine*, subjekthafte Beziehungsgeflecht aus der naturwissenschaftlichen Tradition heraus erkennt, findet sich eine indigene Entsprechung bspw. bei den Coaches Steven Foster und Meredith Little, Begründer der *School Of Lost Borders* (Kalifornien), die seit Jahrzehnten spirituelle Visionssuchen durchführt. Als Grundlage für ihr gesamtes Wirken haben sie eine Einstellung herausgearbeitet, die sie folgendermaßen charakterisieren:

„Die Grundannahme lautete ungefähr so: Sie und ich sind Selbst-So. All die Tiere, Pflanzen, Vögel, Insekten sind Selbst-So. Der Himmel, der Wind, der Regen, der Schnee, die Berge, das Meer, der Blitz, der Donner, die Schatten, die Nacht sind Selbst-So. Die Sonne, der Mond und die Sterne sind Selbst-So. Alles ist Selbst-So. Weil wir alle denselben Vater und dieselbe Mutter haben, bestehen wir alle aus demselben Selbst-So. Wir alle teilen die grundlegende Natur unserer Mutter und unseres Vaters."[23]

Die Visionssuche arbeitet auf Basis der Haltung, dass *alles* Existierende in dieser Welt Subjekt ist, wie sie sich aus den Überlieferungen indigener Kulturen ableitet.

Es geht in dieser *Haltung* darum, als Mensch das christlich geprägte Selbstverständnis des aufgeklärten, westlich zivilisierten Menschen als vermeintliche Krone der Schöpfung hinter sich zu lassen, und sich daran zu erinnern, dass alles Sein in Beziehung zueinandersteht, aneinanderwächst, gedeiht und schließlich auch vergeht.

Andreas Weber wiederum spricht in einem Wortspiel von *„Indigenialität":*

„Indigenialität heißt, sich selbst als aktiven Teil eines sinnvollen Ganzen zu verstehen und so zu handeln, dass die eigene Lebensqualität die des Ganzen steigert."[24]

Dies ist eine Aufforderung, sich allem anderen gegenüber so zu verhalten, wie man selbst gerne behandelt werden möchte. Aber eben nicht nur anderen Menschen gegenüber, sondern gegenüber *allem*, was *ist* in der Welt. So steigert sich die (Lebens-) Qualität des Ganzen und damit auch die eigene Lebensqualität, da der Mensch selbst auf das Engste mit dem Ganzen verbunden ist.

Einem solchen Paradigma steht laut Weber der *Narzissmus*[25] der aufgeklärten westlichen Welt entgegen. Er kritisiert die Sicht der Hobbes'schen Staatstheorie, dass die Welt im sog. Naturzustand grausam sei und erst ein Gesellschaftsvertrag, der die Unterwerfung der Mehrheit unter eine Minderheit (Obrigkeit), die für sie Gesetze

---

[23] s. Foster, Steven, u. a. (2010): *Die Vier Schilde – Initiationen durch die Jahreszeiten der menschlichen Natur*; 3. Aufl. Arun-Verlag Uhlstädt-Kirchhasel; S. 20.

[24] s. Weber, Andreas (2019): *Indigenialität*; Nicolai Publishing & Intelligence GmbH, 3. Aufl. Berlin; S. 9.

[25] vgl. ebenda; „Erster Teil – Jenseits des Narzissmus"; S. 19-44.

aufstellt, zu einem lebenswerten Leben führe.[26] Weber geht im Gegensatz dazu davon aus, dass der indigene Mensch seit Jahrmillionen in einem Zustand der vorhandenen natürlichen Wirklichkeit lebt. Ein Zustand, der auf Gegenseitigkeit, Austausch und Durchdringung durch diese natürliche Wirklichkeit beruht.[27] In der indigenen Wahrnehmung zeigt sich die Wirklichkeit nicht in messbaren Fakten, nicht in der Ratio, sondern im Fühlen und in der Intuition. Es geht hierbei nicht darum, zur Sache zu kommen, sondern zum *Selbst*. Die Welt findet ihre Zusammensetzung nicht in Subjekten und Objekten, sondern setzt sich *ausschließlich* aus Subjekten zusammen.[28]

„Indigen werden heißt, unserem Fühlen zu glauben. Es heißt nicht nur, intellektuell zu wissen, dass wir empfindende Wesen in einer Welt voll von solchen Wesen sind, sondern es bedeutet, sich diesen Empfindungen ganz an die Hand zu geben.“[29]

Sich auf eine indigene Haltung einzulassen, bedeutet einen Bruch mit dem abendländischen Natur-Kultur-Dualismus, und in Folge eine Veränderung der gesellschaftlichen wie individuellen Lebensgewohnheiten der modernen westlichen Kultur. Im Sinne einer nachhaltigen Entwicklung ist dies Grundvoraussetzung. Nur so entsteht eine Gesellschaft, deren nachhaltige Lebensweise sich durch wechselseitigen achtsamen Respekt und freudige Verbundenheit auszeichnet.

Die aktuelle BNE am Prüfstein des Weber'schen Weltbildes

Die heutige BNE erkennt bereits die Verflechtung zwischen diversen Bereichen des Seins (Umwelt-Gesellschaft-Wirtschaft). So besteht jetzt schon in der BNE ein gewisses Bewusstsein darüber, dass die genannten Bereiche Teile eines größeren Beziehungsgeflechtes sind.

Weber geht in seiner Naturphilosophie aber entscheidend weiter und tiefer. Webers Ansatz an die BNE angelegt, vertieft deren Verständnis dieser Interdependenz der Beziehungen. Denn mehr noch, als dass sie interdependent sind, bedingen, formen, ja und re-flektieren die real existierenden Subjekte (die ja auch die oben genannten Bereiche der BNE besetzen), die Materie auf diesem Planeten und einander. Lässt

---

[26] Penguin Books (2017): *Thomas Hobbes Leviathan - with an Introduction and Notes of Christopher Brooks*, England, first published by Hobbes, Thomas (1651): *Leviathan Or The Matter, Forme And Power Of A Commonwealth Ecclesiastical And Civil* Penguin Classics, England

[27] vgl. Weber, Andreas (2019); S. 24ff.

[28] vgl. ebenda S. 59.

[29] s. ebenda S. 92.

sich die BNE auf Webers Ansatz und das Wissen indigener Kulturen ein, so stellt sich schnell die Frage, ob das bisherige Konzept der Gestaltungskompetenz der BNE nicht etwas trennend ist.

Bisher hat die BNE das Konzept der Gestaltungskompetenz exklusiv auf das Subjekt Mensch kapriziert. Vor dem Hintergrund der Weber'schen Naturphilosophie ist das zu kurz gedacht. Wir erinnern uns an dieser Stelle an das Beispiel von Stein und Wasser. Als Subjekte formen Wasser und Stein einander – ja viel mehr noch – sie gestalten einander. Gestaltungskompetenz muss daher allem, was ist in dieser Welt, zugestanden werden.

Bisher fokussierte die BNE sich ausschließlich darauf, die Werkzeuge der Gestaltungskompetenz zu vermitteln. Sie macht dabei – unbewusst – den zweiten Schritt vor dem ersten: Bevor Menschen im vielstimmigen Chor der gestaltungskompetenten Entitäten (mit-)gestalten können, ist es notwendig, dass sie zunächst ein Bewusstsein bzgl. sowohl ihrer eigenen Subjekthaftigkeit erlangen als auch die Subjekthaftigkeit allen anderen Seins erkennen. In dieser Wahrnehmung können sie sodann ihren Platz bzw. ihre Rolle innerhalb des selbstreflektorischen, lebendigen Beziehungsgeflechtes identifizieren.

Nach meinem Verständnis muss der Mensch mithilfe der BNE erst einmal „anbindungskompetent“ werden. Unter Nutzung der BNE muss also zunächst zur Erlangung von Gestaltungskompetenz eine ihr vorgeschaltete Fähigkeit ausgebildet werden, für die ich hier den Begriff „Anbindungskompetenz“ prägen will.

„Anbindungskompetenz“ in diesem Sinne bedeutet, sich darauf zu verstehen, sich mit der mannigfaltigen Menge an umgebenden Subjekten zu verbinden, sie zu (er-)fühlen, zu erleben, die eigene Interdependenz mit ihnen zu spüren, sich in Einklang mit ihnen zu bringen, daraus Erkenntnisse zu gewinnen und Schlüsse für das eigene Verhalten in dieser Welt zu ziehen. Hierdurch erwächst in Folge eine lebendige, indigeniale Gestaltungskompetenz im Weber'schen Sinne.

Heruntergebrochen auf die Praxisebene, zu der wir gleich kommen, unterstützt die Erlebnispädagogik genau dies beispielsweise, wenn sie mit natürlichen Gegenständen Aufstellungen durchführt.

Die Erlebnispädagogik als pädagogische Disziplin, die sich bewusst auf das Subjekt *Mensch* fokussiert, nutzt das beschriebene Resonanzfeld, um menschliche Anbindungskompetenz durch Konfrontation mit der realen Welt und eigenes Tun zu erwerben. Somit erweist sich die Erlebnispädagogik als ausgesprochen geeignet, um einen Beitrag zur Bildung für nachhaltige Entwicklung zu leisten.

5 Lernen mit Herz, Hand und Verstand – Erlebnispädagogik zur Vermittlung von Anbindungskompetenz

Erlebnispädagogik

Die im Rahmen der BNE formulierten Ziele von Inklusion, der Gleichstellung von Frau und Mann sowie der Abbau von sozialer Ungleichheit sind ohnehin Grundlagen der Erlebnispädagogik.

Ich möchte an dieser Stelle noch einmal feststellen, dass die Erlebnispädagogik sich durch ihre Handlungsorientierung und ihre methodische Nähe zu natürlichen Settings auszeichnet. In der Erlebnispädagogik geht es darum, selbst zu tun, selbst zu erleben und daraus wertvolle Erkenntnisse für das eigene Leben bzw. für die eigene Gruppe zu gewinnen und diese (in einem angemessenen Rahmen) zu reflektieren.

Dieser Lernansatz (formuliert von Werner Michl)

„[...] will möglichst alle Sinne bedienen, stellt das Learning by Doing in den Mittelpunkt, nimmt die Gruppe ernst, unterstützt die Selbststeuerung, bietet Ernstsituationen, sucht nach den Stärken und Ressourcen der Lernenden, findet in offenen Situationen statt und bietet nicht immer eindeutige Lösungen an“[30].

Schaut man sich verschiedene Definitionen von Erlebnispädagogik an, so geben auch diese immer wieder Hinweise auf eine hohe Eignung derselben zur Vermittlung bzw. Ausbildung von Anbindungskompetenz und in der Folge Gestaltungskompetenz. So sagt etwa Jörg Ziegenspeck:

„Unmittelbares Lernen mit Herz, Hand und Verstand in Ernstsituationen und mit kreativen Problemlösungsansätzen und sozialem Aufforderungscharakter bildet den Anspruchsrahmen erzieherisch definierter, verantwortbarer und auf eine praktische Umsetzung ausgerichteter Überlegungen, die auf individuelle und gruppenbezogene Veränderungen von Haltungen und Wertmaßstäben ausgerichtet sind und durch sie veranlasst und begründet werden.“[31]

---

[30] s. Michl, Werner (2011): *Erlebnispädagogik*; Ernst Reinhardt GmbH & Co KG München; 2. Aufl.; S. 38.

[31] Baig-Schneider, Rainald (2012): *Die moderne Erlebnispädagogik – Geschichte, Merkmale und Methodik eines pädagogischen Gegenkonzepts*; ZIEL-Verlag Augsburg; S. 14.

Dabei kommt es vorwiegend nicht darauf an, im Außen möglichst spektakuläre Aktionen durchzuführen, sondern im Innern der eigenen Persönlichkeit bzw. der eigenen Gruppe kleine und große Sensationen zu erleben. Beispiele für solche selbständig generierten Erfolgserlebnisse können sein:

Ja, ich kann eine Nacht allein im Wald verbringen, mir eine behelfsmäßige Unterkunft bauen und gut überleben, auch wenn es einmal kalt wird! oder auch: *Um diesen Fluss zu überqueren, mussten wir uns alle ganz schön anstrengen, und es hat der Fähigkeiten eines jeden Einzelnen in der Gruppe bedurft. Aber zusammen haben wir das gepackt!*

Die Erlebnispädagogik beinhaltet und adaptiert bereits teilweise Haltungen und Methoden aus anderen Bereichen, wie z. B. der Wildnispädagogik, des Naturerlebens oder etwa der Visionssuche indigener Kulturen, um ihre Ziele der Persönlichkeits- und Gruppenentwicklung zu erreichen.

Eine solche Öffnung zu benachbarten Disziplinen findet bereits statt, so etwa bei der einwöchigen Fachtagung *Into The Wild* im Jahr 2015 der Arbeitsgemeinschaft Jugendfreizeitstätten Sachsen e. V. (AGJF Sachsen). Die Fachtagung brachte, unter dem Motto *Methoden und Formate der Prozessbegleitung im Entwicklerbad,* Akteure aus den Bereichen Erlebnispädagogik, Wildnispädagogik und Visionssuche zusammen und in einen regen Austausch miteinander.[32]

Dies geschieht aber bisher noch in viel zu geringem Maße.

Doch wie können nun ein erlebnispädagogisches Setting, entsprechende Impulse bzw. Aufgabenstellungen aussehen, die Menschen das lebendige Angebundensein an die Welt in ihren subjekthaften Ausprägungen erleben lassen? Wie können Menschen sich selbst als angebundene Subjekte wahrnehmen und so Schritte zu mehr Nachhaltigkeit auf der Basis von ebenso *angebundener* Gestaltungskompetenz gegangen werden?

Erlebnispädagogik im Durchdringungsfeld der Subjekte

In individuell für die Gruppe oder den Einzelnen designten Settings erleben die Teilnehmenden eine intensive Zeit, gestalten ihre Tagesabläufe auf Grundlage der vorgefundenen Gegebenheiten und gehen verschiedenartige Aufgaben an (sowohl in der Gruppe als auch einzeln). In ausführlichen Reflexionsrunden teilen die Menschen ihre Erlebnisse miteinander, erkennen sich selbst und andere und ermöglichen sich so gegenseitig Wachstum. Auf diese Weise fördert die Erlebnispädagogik Wertschätzung zwischen Menschen und offenbart kooperatives Miteinander als Quell von Lebensqualität, Freude und Erfolg. So wiederum wird das Selbstvertrauen sowie

---

[32] vgl. https://www.agjf-sachsen.de/into-the-wild.html [Stand 13.06.2020]

das Vertrauen in andere Menschen bei den Teilnehmenden gespeist. Die Erlebnispädagogik setzt sehr stark auf eine Förderung der Verbundenheit zwischen den Menschen. Man sieht schon hieran, dass die bisherige Erlebnispädagogik die *Anbindung* zwischen den Menschen untereinander als eigenständige Subjekte zum Ziel hat. Schon allein dies ist ein Schritt in die richtige Richtung im Weber'schen Sinn.

Aber auch die Erlebnispädagogik verharrt hier – unabsichtlich – immer noch viel zu sehr im tradierten westlichen Menschen- bzw. Weltbild. Das bekannte Gegensatzpaar Subjekt-Objekt zwischen Menschen auf der einen und allem umgebenden Sein auf der anderen Seite muss in noch viel höherem Maße in der aktuellen Erlebnispädagogik aufgelöst werden. Ziel nach meiner Auffassung muss es sein, alle Daseinsformen in ihrer Subjekthaftigkeit in die erlebnispädagogische Methodik zu integrieren.

Die Natur ist oft das bevorzugte Medium der Erlebnispädagogik, durch das sich die angestrebten Erlebnisse einstellen. *Menschen treten also durch die Erlebnispädagogik in unmittelbaren Kontakt mit der sie umgebenden, natürlichen Welt.* Dadurch wird Anbindung an alles, was dort draußen existiert, ermöglicht und somit bieten sich vielerlei Chancen auf Selbsterlebnis sowohl dieser Anbindung, als auch der Subjekthaftigkeit der vorgefundenen Entitäten im indigenen sowie Weber'schen Sinn.

Ein Beispiel:

Eine Gruppe in einem erlebnispädagogischen Setting, die im Gelände von einem Gewitter überrascht wird, wird die eigene Anbindung (Interdependenz) an diese Naturerscheinung in Form der subjekthaften Eigenschaften der Wesenheit *Blitz* schnell entdecken. Es wird die Menschen in dieser Gruppe nicht unberührt lassen. Alle sind an das Gewitter angebunden. Aus dieser Situation heraus können die Menschen dann wiederum *gestaltungskompetent* nach einem Unterschlupf (etwa einer Höhle) suchen, an deren subjekthafte Eigenschaften (geschlossener, gewittersicherer Raum) sich die Menschen sodann wieder stark angebunden fühlen. Im Nachgang können schließlich die Erlebnisse einer solchen Zeit in einer Reflexionsrunde geordnet und klar benannt werden, um die Menschen bei der Bewusstwerdung der eigenen Anbindungskompetenz zu unterstützen, um in der Folge Gestaltungskompetenz zu erwerben.

6 Von der „Umwelt" zur „Mitwelt"

Die oben angesprochenen Settings in der Natur sind der Schlüssel zu einem intensiven Erleben der Teilnehmenden. Nach meiner Auffassung liegt hierin der Hauptbeitrag der Erlebnispädagogik zur Bildung für nachhaltige Entwicklung. Menschen in mehrtägigen erlebnispädagogischen Settings haben die Möglichkeit, den Posten des Beobachtenden zu verlassen und die Erfahrung zu machen, dass sie selbstständig handelnde Teile der Natur/ Umwelt *sind*.

Hier lässt sich ein direkter Bezug zur Wahrnehmung der Welt auf eine indigene bzw. Weber'sche Weise erkennen. Menschen erleben *Anbindung* untereinander, und – dieser Punkt ist ebenso wichtig wie wertvoll – sie erleben Anbindung an die sie umgebende Natur/ Umwelt. Diese Umgebung bzw. die in ihr vorkommenden Lebewesen, aber auch Dinge wie Steine, Berghänge, sprudelndes Wasser, Wolken am Himmel oder die oben benannten Gewitter und Höhle usw. begegnen dem Menschen als mit ihm kommunizierende Subjekte. In dieser Kommunikation kann der Mensch sich selbst, und seine (Lebens-) Themen erkennen.

Ein weiteres Beispiel:

Wenn ein Mensch eine autobiographische Aufstellung in der Natur mithilfe von vor Ort vorgefundenen (belebten und unbelebten) natürlichen Materialien vornimmt, so treten der Ort und die vorhandenen Dinge mit dem Menschen in Resonanz. Sie stehen nun für den Menschen bzw. für bestimmte Aspekte seines Lebens.

Ein vorgefundener schwerer Stein mag in einer solchen Aufstellung vielleicht für ein besonders schwerwiegendes Ereignis im Leben des Teilnehmenden stehen. Der Mensch verspürt aufgrund der ihn prägenden Erinnerung an dieses Ereignis eine lebendige Verbindung zu dem Stein, er tritt zu ihm in Beziehung. Dies ist aber erst dadurch möglich, dass der Stein in seiner Subjekthaftigkeit das Attribut der Schwere in sich trägt und dadurch in Resonanz mit dem Menschen tritt. Es mag allein in diesem Beispiel noch weitere Aspekte geben, die das Beziehungsgeflecht zwischen Mensch und Stein weiter festigen. Eventuell war das Ereignis, an das der Mensch denkt, sehr bedrückend und finster. Es könnte daher sein, dass auch der ausgewählte Stein von dunkler Farbe ist. Auch hier gilt wieder das gleiche Muster: Der Mensch denkt im Sinne einer Farbsymbolik an ein dunkles Ereignis in seinem Leben und wählt entsprechend ein Subjekt (den Stein) der natürlichen Welt zum Ausdruck dieses Ereignisses aus, das in seiner subjekthaften Beschaffenheit selbst dunkel ist (selbiges funktioniert auch umgekehrt mit einem lichten Lebensereignis und entsprechend einem hellen Stein).

Hier nutzt die Erlebnispädagogik wiederum die Subjekthaftigkeit aller Dinge. Der Stein aus dem Beispiel ist aus sich selbst heraus schwer und von Gewicht. Genauso hat er aus sich selbst heraus eine dunkle Färbung. Der Mensch kann das Subjekt heben und so das Gewicht spüren. Er kann sich das Subjekt ansehen und das Dunkle erkennen. Auf diese Weise erwächst dem Menschen aufgrund der greifbaren und durch menschliches Reflektieren unveränderbaren Eigenschaften des Steins (Selbst-) Sicherheit, da er sein Selbst im Spiegel eines wahrhaftigen Gegenübers betrachten kann, an das er sich durch die erlebnispädagogische Aufgabenstellung angebunden und somit seine Anbindungskompetenz gefördert hat. Dies zu erkennen und ab sofort auch für andere Situationen nutzbar zu machen, geschieht wiederum durch eine folgende Ausdeutung und Reflexion der gemachten Erfahrungen im Sinne Webers.

Oder ein anderes Beispiel: Eine Trauergruppe, die im Rahmen einer erlebnispädagogischen Begleitung einen Berg erklimmt, diesen im wörtlichen wie im metaphorisch-übertragenen Sinne überwindet, kann auf diese Weise das Ende des Trauerprozesses symbolisch projizieren. Der Projektion liegt aber auch hier eine subjekthafte Wahrhaftigkeit zugrunde, die eine lebendige Anbindung mit den Trauernden eingegangen ist. Die Gruppe ist in der greifbaren Wirklichkeit über einen faktisch vorhandenen Berg gekommen. Auch hier gilt wieder eine doppelte Erkenntnis: Die Gruppe ist in einer Bildsprache im Sinne ihres Trauerprozesses *über den Berg gekommen.* Die Teilnehmenden können aber eben auch mit eigenen Augen zurückblicken und die mit dem eigenen Thema aufgeladene Überwindung des Berges sehr deutlich in der Wirklichkeit hinter sich sehen. Hieraus erwächst wiederum (Selbst-) Sicherheit und Anbindungskompetenz analog zum ersten Beispiel.

> *Diesen und vielen anderen solcher Beispiele gleich ist, dass die Daseinsformen aus der natürlichen Welt in ihrer Subjekthaftigkeit entsprechend pädagogisch genutzt werden.*
>
> *Die Natur wird während solcher Erlebnisse und durch anschließende Reflexion als integraler Bestandteil des eigenen Seins wahrgenommen. Im Menschen kann so die Erkenntnis reifen, dass die Umwelt in Wahrheit eine Mit-Welt ist. Eine Mitwelt, inmitten derer sich der Mensch in seiner Existenz befindet. Diese Mitwelt steht in ständigem Austausch mit dem Menschen und durchdringt ihn somit.*
>
> *Die Erlebnispädagogik erlaubt es Menschen, aufgrund der ihr eigenen Handlungsorientierung von diesen Dingen nicht nur zu hören oder zu lesen, sondern sie selbst zu (er-) leben.*

Ein Mensch, der solche Dinge erlebt hat, wird mit hoher Wahrscheinlichkeit wesentlich achtsamer mit der Natur/ Mitwelt und ihren Ressourcen umgehen als zuvor. Denn er hat ein persönliches, intensives Bewusstsein für seine eigene Anbindung zu seiner Mitwelt erlangt. Diese Mitwelt kann er (mit-)gestalten, wobei auch alle anderen vorkommenden Subjekte gestalterisch auf die Welt und somit auf ihn selbst einwirken.

Und genau das hat der Mensch erkannt. Natur-/ Umweltschutz ist für ihn zum bewussten *Selbstschutz* geworden durch die Methodik professioneller, erlebnispädagogischer Prozessbegleitung. Dieser Selbstschutz gilt wiederum im doppelten Sinne. Zum einen hat der Mensch erlebt und erfahren, dass er selbst Teil der Welt und der Natur ist. Zum anderen kann er durch eine entsprechende erlebnispädagogische Begleitung erkennen, dass es sich auch bei genutzten Materialien bzw. bei dem gesamten Setting um ein feingliedriges Gewebe von miteinander verbundenen Subjekten handelt. Diese Subjekte haben die gleichen Themen von Freude und Leiden, von Werden und Vergehen, von Gedeih und Verderb wie der aufgeklärte Mensch inmitten dieses Gewebes.

Nachhaltigkeitsthemen verlieren so ihren Objektcharakter. Sie werden zu subjektiven Themen. Nachhaltigkeitsziele werden zu persönlichen Zielen von Individuen, Gruppen und (mit Optimismus gedacht) Gesellschaften. Die Erlebnispädagogik hilft dabei, Menschen lokal zunächst anbindungskompetent und im nächsten Schritt gestaltungskompetent zu machen. Sie hat das Potential, mittels Methoden benachbarter Disziplinen die historisch bedingte artifizielle Trennung von Themenkomplexen (soziale Ziele und Naturschutzziele) innerhalb der *Sustainable Development Goals* aufzulösen, und diese in ihrer Gesamtheit als sich auf das Engste durchdringendes Gewebe erlebbar und erkennbar zu machen.

Erlebnispädagogik als Beitrag zur BNE – Einmischen necessary!

Die Erlebnispädagogik trägt in sich die besten Voraussetzungen, um eine gewichtige Rolle im Rahmen einer Bildung für nachhaltige Entwicklung zu spielen. Wie aufgezeigt wurde, taugt sie als Instrument zur Vermittlung von Anbindungs- und Gestaltungskompetenz. Durch eine verstärkte Offenheit für andere naturbezogene pädagogische Ansätze sowie für indigene Einflüsse, hat sie ferner das Potential, Menschen in bewusste Beziehungen zur sie umgebenden Welt treten zu lassen.

Durch die Möglichkeit, (sich) auszuprobieren und zu handeln, kann der Mensch in erlebnispädagogischen Settings sein umfassendes Beziehungsgeflecht erleben und daher auch die Notwendigkeit einer umfassenden nachhaltigen Entwicklung nicht nur verstehen, sondern buchstäblich an sich, mit sich sowie mit der Vielzahl der ihn umgebenden belebten und unbelebten Subjekte be-„greifen".

Der aktuelle Stand naturwissenschaftlicher Forschung in Bezug auf Auswirkungen menschlicher Verhaltensweisen auf die Natur/ Umwelt macht klar, dass die eingeschlagenen Wege in eine Sackgasse für das Leben auf der Erde (inkl. der Menschen) führen. Es bedarf dringend neuer Verhaltensweisen, die nur von anbindungs- und gestaltungskompetenten Menschen im harmonischen Zusammenspiel mit den ungezählten anderen Subjekten auf der Erde etabliert werden können. Es muss um Ziele gehen, die das Fortbestehen und das Wohlergehen der gesamten Gemeinschaft anpeilen, ohne dabei die Subjekthaftigkeit und damit verbunden die Freiheit anderer Menschen, Lebewesen und Dinge zu unterminieren.

Gelingt die Erreichung solcher Ziele, so könnte sich herausstellen, dass all die unheilverkündenden Zahlen und Prognosen aus den eingangs aufgezeigten wissenschaftlichen Studien nur noch objekthafte Schreckensbilder einer dann überholten Vergangenheit sind, die durch eine neue, im Bewusstsein von Anbindung harmonisch gestaltete und gestaltende Gegenwart der Subjekte (inkl. des westlichen Menschen) abgelöst ist.

7 Literatur

Online-Quellen

https://www.bne-portal.de/de/einstieg/was-ist-bne
[Stand: 15.06.2020]

https://www.umweltbundesamt.de/tags/wasserstress
[Stand:24.05.2020]

www.umweltbundesamt.de/themen/organischer-bodenkohlenstoff-als-wichtiger
[Stand: 20.05.2020]

https://www.bne-portal.de/de/einstieg/was-ist-bne#paragraph-type-paragraph-section-12
[Stand:12.06.2020]

https://www.un.org/development/desa/disabilities/envision2030.html
[Stand: 12.06.2020]

www.transfer-21.de/indexb4c1.html?p=222
[Stand 12.06.2020]

https://www.agjf-sachsen.de/into-the-wild.html
[Stand 13.06.2020]

Berichte

IPCC, 2018: Zusammenfassung für politische Entscheidungsträger. In: 1,5 °C globale Erwärmung. Ein IPCC Sonderbericht über die Folgen einer globalen Erwärmung um 1,5 °C gegenüber vorindustriellem Niveau und die damit verbundenen globalen Treibhausgasemissionspfade im Zusammenhang mit einer Stärkung der weltweiten Reaktion auf die Bedrohung durch den Klimawandel, nachhaltiger Entwicklung und Anstrengungen zur Beseitigung von Armut. [V. Masson-Delmotte, u. a. (Hrsg.)]. World Meteorological Organization, Genf, Schweiz. Deutsche Übersetzung auf Basis der Version vom 14.11.2018. Deutsche IPCC Koordinierungsstelle, ProClim/SCNAT, Österreichisches Umweltbundesamt, Bonn/ Bern/ Wien

IPBES (2019): Summary for policymakers of the global assessment report on biodiversity and ecosystem services of the Intergovernmental Science-Policy Platform on Biodiversity and Ecosystem Services. S. Díaz, u. a. (eds.) IPBES secretariat, Bonn, Germany

Gerlach, B., u. a. (2019): Vögel in Deutschland – Übersichten zur Bestandssituation. DDA, BfN, LAG VSW, Münster

Bücher, Zeitschriften und Aufsätze und Aufsätze

Reuschenbach, Monika, u. a. (11/ 2011): „Bildung für Nachhaltige Entwicklung – Leitbilder für den Geographieunterricht" in: Reuschenbach, Monika u. a. (Hrsg.): Geographie heute – Themen, Modelle, Materialien für die Unterrichtspraxis der Sekundarstufe; Heft 295; Verlag Friedrich in Velber/ Klett

Weber, Andreas mit Emma und Max (2013): Das Quatsch-Matsch-Buch; Kösel-Verlag München

Weber, Andreas (2014): Lebendigkeit – Eine erotische Ökologie; 3. Auflage; Kösel-Verlag München

Foster, Steven, u. a. (2010): Die Vier Schilde – Initiationen durch die Jahreszeiten der menschlichen Natur; 3. Aufl. Arun-Verlag Uhlstädt-Kirchhasel

Weber, Andreas (2019): Indigenialität; Nicolai Publishing & Intelligence GmbH, 3. Aufl. Berlin

Penguin Books (2017): Thomas Hobbes Leviathan - with an Introduction and Notes of Christopher Brooks, England, first published by Hobbes, Thomas (1651): Leviathan Or The Matter, Forme And Power Of A Commonwealth Ecclesiastical And Civil Penguin Classics, England

Michl, Werner (2011): Erlebnispädagogik; Ernst Reinhardt GmbH & Co KG München; 2. Aufl.

Baig-Schneider, Rainald (2012): Die moderne Erlebnispädagogik – Geschichte, Merkmale und Methodik eines pädagogischen Gegenkonzepts; ZIEL-Verlag Augsburg

Rahel Drüen

Abenteuer- und Erlebnispädagogin M.A., Wissenschaftliche Mitarbeiterin und Doktorandin im Arbeitsbereich Soziologie der Bewegung und des Sports an der Philipps-Universität Marburg, Forschungsschwerpunkt: Rückzugsraum Natur, Resonanzräume in der Abenteuer- und Erlebnispädagogik. Mitarbeiterin beim bsj Marburg e.V., Arbeitsschwerpunkt: Frühe Bildung und Familienbildung in der Natur.

E-Mail: rahel.drueen@uni-marburg.de
Website: www.uni-marburg.de/de/fb21/sportwissenschaft-motologie

Dr. Thorsten Späker

Dipl.-Sportlehrer, Motologe M.A. und Naturpädagoge, Wissenschaftlicher Mitarbeiter im Arbeitsbereich Motologie & Psychomotorik an der Philipps-Universität Marburg. Arbeits- und Forschungsschwerpunkt im Bereich Naturerfahrungen und ihre Bedeutung für die menschliche Entwicklung und Gesundheit. Mitbegründer eines Waldkindergartens, Fortbildner in naturpädagogischen und -therapeutischen Themenbereichen und Natur-Prozessbegleiter.

E-Mail: thorsten.spaeker@staff.uni-marburg.de
Website: www.uni-marburg.de/de/fb21/sportwissenschaft-motologie

Die Natur als Resonanzraum zur Nachhaltigkeit in der Abenteuer- und Erlebnispädagogik

1 Einleitung

Die Abenteuer- und Erlebnispädagogik kann auf unterschiedliche Weise einen bedeutsamen Beitrag zur nachhaltigen Entwicklung leisten. Hier seien vier wesentliche Anknüpfungspunkte benannt: Erstens kann auf der Ebene der *Organisation und Durchführung* abenteuer- und erlebnispädagogischer Aktivitäten auf ökologische Aspekte bei der Vorbereitung, Durchführung und Nachbereitung geachtet werden. Hier wird ein verantwortungsbewusstes Handeln nach ökologischer Verträglichkeit im pädagogischen Alltag integriert. Dazu gehören z.B. nachhaltiges Reisen, Müllvermeidung, ressourcenschonender Umgang mit Wasser, ökologische Ernährung, Schutz von Pflanzen und Tieren etc.[1] Zweitens können auf der Ebene der *inhaltlichen Auseinandersetzung* konkrete nachhaltig ausgelegte Aktionen und Projekte unter Berücksichtigung ökologischer, ökonomischer und sozialer Aspekte als abenteuer- und erlebnispädagogische Maßnahmen umgesetzt werden, z.B. in Form von Umweltbaustellen, Baumpflanzungen, Fahrradwerkstätten, solidarischen Hilfsaktionen etc. Dies würde im weitesten Sinne dem „Dienst“ entsprechen, der schon in Kurt Hahn‘s Erlebnistherapie Einzug gefunden hat und als pädagogisches Ziel die Förderung gesellschaftlichen Engagements verfolgt.[2] Drittens könnte auf der pädagogischen Ebene eine Förderung der „Gestaltungskompetenz“ im Sinne einer Bildung für nachhaltige Entwicklung (BNE) in den Alltag integriert werden. Die vor allem von de Haan[3] postulierten BNE-Gestaltungskompetenzen, wie z.B. vorausschauend zu denken, interdisziplinär zu arbeiten, an Entscheidungsprozessen teilhaben zu können, sich und andere motivieren zu können oder die Fähigkeit zu Empathie, Mitleid und Solidarität etc., sind nach wie vor zentral und werden im Standardrepertoire der Abenteuer- und Erlebnispädagogik hinlänglich berücksichtigt. Möglicherweise benötigen die in der Abenteuer- und Erlebnispädagogik verwendeten Konzepte nur an der ein oder anderen Stelle eine konsequente Übersetzung in die Sprache der Gestaltungskompetenzen.

---

[1] vgl. Heckmair/Michl 2018, S. 250ff

[2] Vgl. Heckmaier/Michl 2018, S. 34

[3] De Haan 2012, S. 13ff

Die vierte Ebene bezieht sich ergänzend auf die Verbindung zwischen Mensch und Natur, indem direkte *Naturerfahrungen* in der Erlebnispädagogik ermöglicht werden, was in diesem Beitrag in den Fokus gestellt wird.[4] Mit dem hier gewählten Schwerpunkt der Naturerfahrungen als oftmals integrierter Bestandteil erlebnis- und abenteuerpädagogischer Interventionen, sollen die Fragen aufgeworfen werden, inwiefern Naturerfahrungen Voraussetzung für nachhaltiges Handeln sind (Kap. 2), ob Naturräume als Resonanzräume die innere Einstellung und die Verbundenheit zur Mitwelt als Ausgangsbasis für nachhaltiges Handeln verändern (Kap. 3) und wie Naturerfahrungen ggf. gestaltet sein müssen, damit sie innere Werte und Verbundenheitsgefühle verändern (Kap. 4).

2 Naturerfahrungen und nachhaltiges Handeln

Wenn wir heute von *Naturerfahrungen* reden, müssen wir uns am Anfang immer wieder verdeutlichen, dass dies oftmals im Rahmen eines romantischen Naturzugangs geschieht, in dem die Natur sehr positiv konnotiert ist und einer allgemein gefühlten Naturentfremdung als Kontrast- und Heilmittel erscheint. Die Natur ist zumindest als pädagogischer Erfahrungsraum soweit kultiviert, dass die Gefahren überschaubar sind und sie als pädagogisches Medium bedenkenlos einsetzbar ist. War es vor wenigen hundert Jahren noch eine wirkliche Herausforderung durch unbezwungene Wildnis und Naturräume zu ziehen, haben wir uns die Natur mittlerweile soweit ungefährlich gestaltet und sie angepasst oder uns technisch ausgestattet, dass wir sie als überwiegend positiv bewerten und als „Co-Pädagogin" einsetzen können. Gleichzeitig hat unsere technisch-kulturelle Distanz in der heutigen Zeit und in unserem Gesellschaftskreis dazu geführt, dass wir oftmals eine Sehnsucht nach Natur verspüren. Wir mussten uns also zunächst die Natur Untertan machen, um sie jetzt wieder als begehrlich zu erleben, sozusagen eine Annäherung aus der Distanz. Damit zielen auch die folgenden Überlegungen auf „gemäßigte" Naturerfahrungen in Form von „Besuchen" in Wäldern, in den Bergen, an Flüssen oder Meeren, von Wiesen, in Parks, Gärten o.ä. Schauen wir von diesem Ausgangspunkt daher zunächst mal aus zwei Blickwinkeln auf den Zusammenhang von Naturerfahrungen und nachhaltigem Handeln. Zuerst rückblickend: Degenhardt (2007) ist der Frage nachgegangen, was erwachsene Menschen so beeinflusst hat, dass sie als „Pioniere der Nachhaltigkeit" schon sehr früh und konsequent mit ausgesprochenem persönlichem Engagement einen nachhaltigen Lebensstil eingeschlagen haben. In seinen Interviews mit 22 Personen stellt sich heraus, dass es immer eine Vielfalt an Faktoren

---

[4] vgl. auch Späker 2017 u. Späker 2018

gibt, welche diesen Weg begünstigen, u.a. familiäre Vorbilder, Bildungshintergründe, eine hohe Selbstreflexion, die Grundhaltung eines pessimistischen Optimismus, eine starke emotionale Betroffenheit in Bezug auf nachhaltigkeitsbezogene persönliche Erfahrungen (positiv wie negativ) etc. Wichtig in unserem Zusammenhang waren aber auch bedeutende Naturerfahrungen:

> *„Intensive Naturerfahrungen haben einen förderlichen Einfluss für die spätere Ausübung eines nachhaltigen Lebensstils der untersuchten Lebensstilpioniere. Durch unmittelbare Naturerfahrungen wird ein personaler Bezug zur Umwelt im eigenen Erleben hergestellt. Einen Einfluss haben diese Naturerfahrungen offenbar insbesondere dann, wenn sie in der Kindheit und Jugend erlebt werden.“*[5]

Daher schließen wir den zweiten Blickwinkel vorausschauend an, aus Perspektive der Umweltbewusstseinsstudien bei Kindern und Jugendlichen. Das *Umweltbewusstsein* setzt sich nach Meske[6] aus drei Faktoren zusammen: Dem *Umweltwissen*, der *Umwelteinstellung* und dem *Umweltverhalten*. Das *Umweltwissen* bezeichnet die Kenntnis und den Informationsstand über Natur, Umwelt und Ökologie. Das *Umweltwissen* ist am leichtesten zu beeinflussen, es ist aber mittlerweile hinlänglich bekannt, dass der Einfluss auf die *Umwelteinstellung* und damit auf das *Umweltverhalten* im Sinne eines nachhaltigen Handelns vergleichsweise gering ist. Dies betrifft insbesondere die Vermittlung reinen Faktenwissens, was zugunsten der Vermittlung des effektiveren Handlungswissens, Systemwissens („Zusammenhänge erkennen“) und Selbstwirksamkeitswissens zu vernachlässigen ist. Die *Umwelteinstellung* umfasst hingegen die persönliche Meinung, Überzeugung oder Grundhaltung gegenüber dem Umweltschutz; dazu gehört auch die emotionale Anteilnahme an der Umweltzerstörung, z.B. in Form von Mitgefühl, Ängsten, Wut etc. Wiederum entscheidend ist also auch hier der Einbezug von Gefühlen. Das *Umweltverhalten* meint zu guter Letzt die konkrete Umsetzung des Wissens und der Einstellung im Alltag, z.B. beim Energiesparen oder bewussten Konsum, bei der Müllentsorgung, einem suffizienten Lebensstil o.ä.[7] Die Motivation für ein selbstverantwortliches, umweltfreundliches Handeln hängt stark von der *Umwelteinstellung* ab und ist eng mit dem eigenen Normen- und Wertesystem verknüpft, welches u.a. durch die sozialen Bezugssysteme vermittelt wird. Aber auch Naturerfahrungen fördern ein umweltfreundliches Handeln bei Kindern und Jugendlichen im Alltag.

---

[5] Degenhardt 2007, S. 165

[6] Meske 2011

[7] Meske 2011, S. 40

So konnte Bögeholz[8] nachweisen, dass insbesondere individuell ausgerichtete Naturerfahrungen um ein Vielfaches effektiver sind, als die alleinige Vermittlung von *Umweltwissen*. Besonders wirksam sind dabei das Erforschen von Tieren und Pflanzen (erkundende Naturerfahrungen), längerfristig verantwortliche naturschützerische Aktivitäten (ökologische Naturerfahrung) und die intensive Erfahrung von Schönheit und Eigenart der Natur mit allen Sinnen (ästhetische Naturerfahrung). Die entscheidenden Wirkfaktoren für eine Naturverbundenheit, die nachhaltiges Handeln begünstigt, liegen also sowohl in den sozialen Beziehungen (Familie, Freunde, Pädagog*in) als auch in den Beziehungen zu den Naturphänomenen (Tiere, Pflanzen, Landschaft etc.) in selbstbestimmten Naturerfahrungen. Dabei ist bedeutsam, dass im Bildungsprozess dem Einbezug von Emotionen eine entscheidende Rolle zukommt, also nicht nur über den Kopf gelernt wird, sondern über tiefergehende, mit Gefühlen korrespondierende Naturerfahrungen in sozialen Beziehungen eine nachhaltige Naturverbindung aufgebaut werden kann.[9]

Norbert Jung hat diese Zusammenhänge in einem Schaubild (Abb. 1) dargestellt:

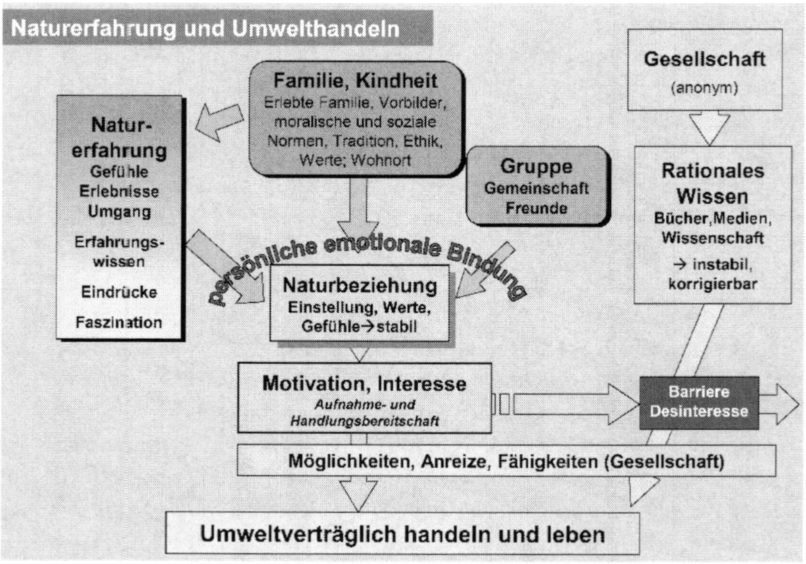

Abb.1: Entstehung von Naturbeziehung, -werten, Motivationen und das Verhältnis zum Umwelthandeln (nach Jung 2012, 131)

---

[8] Bögelholz 2000

[9] vgl. Raith/Lude 2014, S. 45ff

3 Naturräume als Resonanzräume

Denken wir an das Bild eines einsamen Menschen am Strand mit Blick auf herantosende, am Riff brechenden Wellen oder an das Bild eines wandernden Menschen, der im Morgengrauen endlich auf den auftauchenden Gipfel blicken kann und die dazugehörige Aussicht erahnt. Was in solchen Momenten zwischen Mensch und dem Naturausschnitt passiert, legt die Behauptung nahe, dass man mit der Natur in Resonanz treten kann. Doch widmen wir uns zunächst den Kriterien von Resonanzerfahrungen, um anschließend die Fragen zu klären, ob und inwiefern Naturräume als Resonanzräume tatsächlich auftreten können und ob es einen fördernden Zusammenhang von Resonanzerfahrungen (mit der Natur) und nachhaltigem Handeln gibt.

(1) Resonanzverhältnis

Rosa[10] versteht unter einem *Resonanzverhältnis* eine bestimmte Art des In-Beziehung-Tretens zwischen Subjekt und Welt. Dabei sind mit Welt andere Subjekte, Objekte, aber auch der eigene Körper oder wahrgenommene Ganzheiten wie die Natur oder das Leben gemeint. Dieses Verhältnis lässt sich anhand von vier Kernelementen eindeutig bestimmen: Essentiell für eine Resonanzbeziehung ist zunächst eine Affizierung des Subjektes im Sinne eines *Berührtwerdens durch ein Anderes*. Dabei geht es nicht um ein Gerührt-Sein, wie man es beispielsweise beim Anschauen eines traurigen Hollywood-Filmes empfinden kann. Vielmehr ist man im Sinne eines Resonanzverhältnisses berührt, wenn das, was man sieht, fühlt und/oder hört, zu einem spricht, einen ergreift, einen angeht oder einem etwas im gewissen Sinne „zu sagen" hat. Dies schließt mit ein, dass das Andere irritiert und etwas beinhaltet, was man nicht gänzlich einfangen kann. Gleichzeitig bedarf es für ein resonantes In-die-Welt-Gestelltsein nicht nur des Berührtseins von der Welt, sondern auch einer *Antwort* des Subjektes auf die Welt. Sie lässt sich in Form einer leiblichen Reaktion wie beispielsweise einer Gänsehaut oder dem veränderten Hautwiderstand messen. Zu ihr gehört aber auch das Bewusstsein des Subjektes, aktiv auf den Weltausschnitt reagieren zu können und gleichsam etwas zu bewirken. Mit anderen Worten braucht es für das resonante Antwortverhältnis eine gewisse Selbstwirksamkeitserwartung, ebenfalls berühren zu können, ohne dabei über das Andere zu verfügen. Spaziere ich beispielsweise durch den Wald und erahne im Gestrüpp eine Bewegung, bleibe ich stehen, werde leise und halte meinen Atem an, in der Hoffnung, das vermutete Tier noch zu sehen. Der Wald veranlasst mich also, meine Bewegungen zu stoppen, aber

---

[10] Rosa 2016

auch ich mache etwas mit dem Wald, indem die Eichhörnchen anschließend ebenfalls verharren, die Vögel ihren Warnruf abgeben und ich Spuren hinterlasse. Das dritte Kernelement von Resonanz ist die *Transformation*, die etwas gemeinsames Neues, vorher nicht Planbares entstehen lässt. Subjekt und Weltausschnitt verwandeln sich und verändern die Art und Weise, wie sie in Beziehung zueinanderstehen. Dabei ist das Ergebnis jederzeit offen, was uns zu dem letzten Kernelement, der *Unverfügbarkeit des Anderen*, führt. In einem Resonanzverhältnis wird es dem Subjekt nie gelingen (und wird auch nicht Ziel sein), das Gegenüber vollständig zu beherrschen, zu kontrollieren und die Wirkungen aus der gemeinsamen Beziehung zueinander vorherzusagen. Denn dann gäbe es auch kein beidseitiges Antwortverhältnis mehr, da die Beherrschung oder Übermacht einer Seite zwangsläufig zum Verstummen der anderen Seite führen würde. Das heißt aber auch, dass sich Resonanzbeziehungen nie planbar herbeiführen lassen oder erzwingen lassen. Gleichwohl gibt es aber resonanzhindernde und -fördernde Aspekte. So hängt das Entstehen von Resonanzerfahrungen also nicht nur von der Beschaffenheit und Haltung der am Resonanzverhältnis Beteiligten ab, sondern auch von der Beschaffenheit eines entgegenkommenden Resonanzraumes.[11]

(2) Naturraum als Resonanzraum

Schauen wir nun auf die *Natur und ihre Qualitäten als Resonanzraum*. Eindeutig ist zunächst, dass Naturräume von uns nicht gänzlich kontrolliert werden können. Sicherlich kann beispielsweise durch Pflanzung und Abholzung von Bäumen, durch Flussbegradigungen oder deren Rückgängigmachen, durch Tunnelbau in Bergen oder Jagen in Steppen die Natur maßgeblich bearbeitet bzw. beherrscht werden. Dennoch hat die Natur ihren eigenen Rhythmus mit einem Tag- und Nacht- sowie Jahreszeitenturnus, und es gibt zum Beispiel Vulkanausbrüche und Tsunamis, denen wir als Subjekte ausgeliefert sind. Insofern besitzen Naturräume qua ihrer Konstitution schon an sich einen *Moment des Unverfügbaren*. Auch liefern die Natur bzw. die Art und Weise, wie die Natur in modernen Lebensweisen aufgesucht wird, häufig Situationen, denen man sich gar nicht so schnell entziehen kann. Ein Gespräch zwischen zwei Personen kann im Regelfall von einer Seite von jetzt auf gleich beendet werden, ein laufender Fernseher abgeschaltet und ein Spielzeug weggelegt werden. Sind wir aber gerade bei unserem Spaziergang in der Mittagspause von der Kälte oder dem Sonnenschein im Gesicht oder dem Besuch eines Mückenschwarms überrascht worden, müssen wir zu den Begebenheiten zumindest solange Stellung

[11] vgl. Rosa 2017, S. 316; Beljan 2017, S. 348ff

beziehen, bis der Weg zurück ins Büro geschafft oder der Mückenschwarm von sich aus wieder abgezogen ist. Insofern besitzt die Natur einen *Aufforderungscharakter zu ihr Stellung zu beziehen.* Sie erfordert in vielerlei Hinsicht von uns eine Auseinandersetzung, eine Art Antwort, die über die einfache Ablehnung bzw. Beendigung des Verhältnisses hinausgeht. Auch bringt der anfangs erwähnte romantische Naturzugang heutzutage mit sich, dass Naturorte häufig mit einem gewissen *Zeitspielraum* und eben gerade nicht mit einem Gefühl des Abhetzens aufgesucht werden. Wir werden wohl nur selten bei dem Besuch eines botanischen Gartens oder dem Ausflug am Wochenende im Nationalpark minutiös planen, wann wir wieder zurück sind. Anders als beim Einkaufen auf dem Nachhauseweg, auf dem wir womöglich noch nebenher einen Anruf entgegennehmen, den Arztbesuch für die nächste Woche planen, in Gedanken die To-Do-Liste durchgehen und anschließend beim nächsten Termin erwartet werden, werden Naturräume nicht selten aufgesucht, um sich Zeit zu nehmen, abzuschalten oder zur Ruhe zu kommen. Auch, wenn dies nicht unbedingt eine Eigentümlichkeit der Natur an sich ist, sondern vielmehr mit unserem Umgang mit der Natur zu tun hat, steigt die Wahrscheinlichkeit, sich von dem Rauschen der Blätter im Wind mitreißen, sich von einem Buschwindröschen im Wald ansprechen oder sich anders von der Natur berühren zu lassen. Die Erfüllung einer wesentlichen Voraussetzung für Resonanz, nämlich das Berührtwerden, erhöht sich also proportional mit dem Faktor Zeit.

Auf der anderen Seite unterliegt gerade das positiv konnotierte Bild von der Natur als einer Erholungsoase, in die wir kurzfristig eintreten und die wir in unserem Alltag möglichst schnell und einfach erreichen wollen, der *Gefahr resonanzhindernder Aspekte*[12]. An einem Wasserfall, der mit dem neu gebauten Parkplatz nur wenige Meter entfernt und der asphaltierten Straße dorthin lockt, wird man vermutlich nicht allein sein, sondern im schlimmsten Fall von dem „Geknipse", dem Drohnengeräusch und den vielen Menschen abgelenkt sein, wenngleich man durchaus ein schönes Foto für das eigene Fotoalbum schießt. Nicht nur die potenzielle Ablenkung durch die Massen des Massentourismus scheint hier für ein Resonanzerleben mit dem Naturraum eher hinderlich. Auch die Idee, diesen Raum für alle verfügbar und erreichbar zu machen, das Moment des Unverfügbaren aufzuheben, spricht tendenziell gegen ein Aufkommen von Resonanz mit der Natur. Und zu guter Letzt reicht es für eine Resonanzerfahrung ja gerade nicht aus, von einer schönen Kulisse beeindruckt zu sein. Vielmehr muss dieser Wasserfall in einem etwas bewegen oder einen in dem Sinne adressieren, dass man ein intrinsisches Interesse an der Auseinandersetzung entwickelt, womöglich Ehrfurcht empfindet, sodass in der Tiefe ein

[12] vgl. Behrendt, 2017, S. 235ff

Veränderungsprozess der Art und Weise der Bezugnahme zur Welt in Gang gesetzt wird[13]. Ebenso hinderlich für ein resonantes Naturverhältnis kann es sein, wenn die Naturaufenthalte unter dem Leitgedanken des Konsums, der Instrumentalisierung oder der Kontrolle stehen. Denn alle drei Weisen, Bezug zur Natur zu nehmen, enden in der Regel darin, dass kein wechselseitiges Antwortverhältnis vorliegt, sondern ein Verhältnis, bei dem eine Seite dominiert und vorherrscht und die andere Seite verstummt. Schauen wir uns dazu ein Beispiel an: Ein*e Bergsteiger*in, die*der den Berg „bezwingen" möchte, wird in einem Selbst- und Naturbeherrschungsmodus auf den Berg zugehen bzw. eher über ihn hinweggehen, ohne sich von den Begebenheiten und Details des Weges wie den Unebenheiten oder Blumen und Felsformationen am Wegesrand ansprechen lassen. Es wird deutlich, dass für das Auftreten von Resonanzerfahrungen sowohl die eigene Haltung, wie z.B. eine Offenheit gegenüber Irritationen durch das Andere, als auch die gegebenen äußeren Bedingungen relevant sind. Dabei treten Naturräume auf Grund ihrer Beschaffenheit und ihrer Bedeutung tendenziell resonanzfördernd auf, sofern diese Räume nicht mit dem Fokus auf Optimierungsprozesse, Verfügbarmachen, Kontrolle, Wettkampf oder Beherrschung aufgesucht werden.

(3) Nachhaltiges Handeln durch Resonanzerfahrungen

Schauen wir nun genauer auf den Zusammenhang von Resonanzerfahrungen, insbesondere mit der Natur, und nachhaltigem Handeln. Wie oben erläutert sind Resonanzbeziehungen durch ein wechselseitiges In-Beziehung-Treten gekennzeichnet. Mit Rosas Worten mache ich „die Erfahrung, dass ich etwas bewegen kann und bewegt werde. Dass mein Tun in einem organischen Zusammenhang mit der Umwelt steht und etwas zurückkommt".[14] Weiter sagt er in einem Interview: „Das eigene Wesen öffnet sich, man hat das Gefühl, dass das, was heranbraust, mit dem Inneren in einer engen Beziehung steht".[15] Dieses Wesensmerkmal der Resonanz, die wechselseitige Anverwandelung, erzeugt bzw. stärkt in resonanten Erfahrungen mit Naturausschnitten eine Verbundenheit mit der Natur. Gleichzeitig finden in einem Resonanzverhältnis Transformationsprozesse statt. Das Bild des Menschen, der aus den Bergen zurückkommt und ein anderer sei als der, der in die Berge gegangen ist oder die Erfahrung, dass man sich nach so mancher von Resonanz geprägten Sitzplatzübung dem Wald oder der Natur näher, sich frisch und lebendig oder klar und

---

[13] vgl. Rosa 2019, S. 18f

[14] Schönberger 2013, S. 34

[15] Schönberger 2013, S. 36

besonnen fühlt, zeigt auf, dass in Resonanzerfahrungen Haltungen neu konstituiert werden. Wer sich beispielsweise vom blühenden Enzian ansprechen lässt und in ein Resonanzverhältnis kommt, wird (in sich) hören, was der Enzian einem „zu sagen" hat. Es wird eine gewisse Ehrfurcht vor der Pflanze entstehen. Wer diese Ehrfurcht und ein Interesse an der Beziehung entwickelt hat, wird das Gegenüber, nämlich den Enzian, den es zu einem wechselseitigen, gleichberechtigten Antwortverhältnis braucht, in der Regel nicht zerstören, vermutlich sogar eher noch schützen wollen. So lässt sich in Resonanzbeziehungen auf der Ebene der Umwelteinstellung, die wiederum Einfluss auf das Umweltverhalten hat, durchaus eine Umwelt schätzende und/oder schützende Grundhaltung herstellen, in jedem Falle aber festigen. Auch Bernd Sommer[16] zeigt auf, dass Teile der gegenwärtigen Nachhaltigkeitskrise durchaus als Resonanzkrise, also dem strukturellen und institutionalisiertem Mangel an resonanten Erfahrungen, bezeichnet werden können. Demzufolge führt die Etablierung und Förderung von Resonanzerfahrungen, insbesondere mit Naturräumen, zu einer Stärkung nachhaltigen Handelns.

Wir können also festhalten, dass dem Erleben von Naturräumen als Resonanzräume durchaus Potenzial innewohnt, die innere Einstellung und Verbundenheit zur Mitwelt zu verändern und (somit) zu nachhaltigem Handeln beizutragen.

4 Praxis von resonanten Naturerfahrungen zur Anbahnung von Verbundenheit

Nicht selten werden in erlebnis- und abenteuerpädagogischen Settings Naturräume explizit aufgesucht und somit auch direkte Naturerfahrungen ermöglicht. Damit diese nachhaltig wirken, sollten diese möglichst schon im Kindesalter beginnen sowie langandauernd und regelmäßig stattfinden. Hilfreich ist es, sie in positive Beziehungen einzubetten (Familie, Freunde, Abenteuer- und Erlebnispädagog*in) und möglichst frei und selbstaktiv mit viel sinnlicher Wahrnehmung zu ermöglichen. Wichtig ist, negative wie positive Gefühle aufzunehmen, um die emotionale Verbindung zu fördern. Um diese Erfahrungen zu resonanten Naturerfahrungen zu machen, scheint sich die Abenteuer- und Erlebnispädagogik mit ihrem handlungsorientierten Ansatz in besonderem Maße zu eignen, wenn die Natur nicht nur als Kulisse aufgesucht wird.[17] Denn bei Rosa heißt es: „Resonanzbeziehungen zur Natur etablieren sich nicht über kognitive Lernprozesse und rationale Einsichten, sondern

---

[16] Sommer 2019

[17] vgl. Späker 2018, S. 122ff

sie resultieren aus praktisch-tätigen und emotional bedeutsamen Erfahrungen".[18] In diesem Zusammenhang gilt es zu beachten, dass Resonanzerfahrungen nicht direkt konstruierbar oder erzwingbar sind. Dies findet sich als Grundannahme ja schon im abenteuer- und erlebnispädagogischen Ansatz wieder: Abenteuer, Erlebnisse und Erfahrungen können eben nicht geplant werden, es kann lediglich ein Rahmen gestaltet werden, der einlädt, eine derartige Erfahrung zu machen. Um dabei auch Resonanzerfahrungen anzuregen, ist es sinnvoll, ein Augenmerk auf begünstigende Bedingungen zu legen, die, schematisch betrachtet, sowohl innerlich wie äußerlich zu verorten sind, wohlwissend, dass sie immer in wechselseitiger Beziehung stehen. Schauen wir uns zunächst die *begünstigenden inneren Bedingungen* an, die in einem abenteuer- und erlebnispädagogischen Setting unterstützt werden können: Es kann zunächst hilfreich sein, eine prinzipielle Offenheit gegenüber dem Anderen bzw. Andersartigen, eine innere Vorstellungskraft zur Erzeugung von Bildern und Emotionen und eine schon bestehende Naturverbundenheit zu stärken. Daher kann es u.a. Sinn machen, am Anfang einer Maßnahme in Erfahrung zu bringen, welchen Naturbezug die Teilnehmenden (TN) haben. Nutzen sie Natur eher zur Entspannung, sind sie im Naturschutz aktiv, haben sie eher einen ästhetischen Bezug zur Natur etc.? Darauf aufbauend können wir durch achtsamkeitsfördernde Programmelemente (Wahrnehmungsaufgaben, Entschleunigungsübungen, Gestaltungsarbeit, Solo-Zeiten etc.) eine hörende und entgegenkommende Grundhaltung anbahnen und die Bereitschaft fördern, die Aufmerksamkeit auf innere Prozesse, Gefühlslagen, leibliche Empfindungen und Bewusstseinszustände zu richten. Damit wird die Fähigkeit zur Achtsamkeit als akzeptierendes Wahrnehmen des Moments unterstützt. In den Reflexionsphasen kann dann gezielt u.a. auf die emotionale Beziehung und die resonierenden Emotionen im Naturraum eingegangen werden. Demgegenüber stehen *begünstigende äußere Bedingungen*. Hier ist zunächst die hohe Bedeutung eines sicheren, haltgebenden Rahmens zu erwähnen, indem durch eine emotional sichere Beziehung zur Anleitung und einer gefühlt sicheren Umgebung in der Gruppe und im Natursetting überhaupt erst ein Nährboden für innere Transformationsprozesse gelegt wird. Bei den Maßnahmen ist es dann förderlich, Situationen des „Innehaltens" anzubieten: Dies beinhaltet die Aspekte „Ruhe und Stille", „Alleinsein ohne Ablenkungen" und „Zeitlosigkeit", die im Idealfall an „erhabenen" Naturorten stattfinden, welche die Empfindungen von Ehrfurcht und Staunen auslösen können (Größe, Masse, Weite, Zeitgestalten etc.). Die Abenteuer- und ErlebnispädagogIn muss also die Zeit und den Raum zur Verfügung stellen, um die Begegnung mit Lebendigkeit, Funktionslosigkeit, Unberechenbarkeit, Ästhetik etc. als Kontrast zu rationalem Denken und Vernunft zu ermöglichen. Hier können die TN dann gerade

---

[18] Rosa, 2016, S. 461

in der Natur, durch ihre Unkontrollierbarkeit und Eigendynamik, mit Irritationen durch z.B. Wetter und Tierbegegnungen konfrontiert sein, die zu einer Veränderung alter Denk- und Handlungsmuster anregen. Beispielhaft sei abschließend die Übung „Sitzplatz“[19] aufgeführt, um das Vorangegangene zu konkretisieren und weil sie prinzipiell in jeder abenteuer- und erlebnispädagogischen Maßnahme Anwendung finden kann. Der Sitzplatz zeichnet sich dadurch aus, dass die TN sich für eine gewisse Zeit alleine an einen besonderen Platz in der Natur in Stille i.d.R. ohne spezielle Aufgabe begeben, als Soloformat erlebbar in der Spanne von 15 Minuten im Kindesalter, bis zu mehreren Tagen im Erwachsenenalter. Die resonanzbegünstigenden Aspekte Stille, Alleinsein und Zeitlosigkeit sind also schon grundlegender Bestandteil der Übung, wobei bestenfalls erhabene Naturorte aufgesucht werden. Im Vorgang ist es nun wichtig, eine innere Bereitschaft anzubahnen, was z.B. durch kleine hinführende und achtsamkeitsfördernde Aufgaben zum Hören, Sehen oder Fühlen geschehen kann. Ein sicherer Rahmen wird gewährleistet durch klare Zeit- und Raumvorgaben und dadurch, dass die Anleitung jederzeit zur Verfügung steht. In der anschließenden Nachbesprechung können dann altersangemessen die entstandenen innere Prozesse, Gefühlslagen, leiblichen Empfindungen und Bewusstseinszustände reflektiert werden. Das beinhaltet sowohl die positiven Befindlichkeiten wie Freude, Staunen, Entspannung etc. als auch die negativen Eindrücke wie Langeweile, Ärger, Trauer etc. Im besten Fall wird der Sitzplatz immer wieder und zu jeder Tages- und Jahreszeit aufgesucht, um einen wirklichen Bezug zum Ort aufzunehmen und vielleicht sogar ein Verständnis für die Routinen an diesem Platz (Pflanzenwachstum, Tiergewohnheiten etc.) zu entwickeln. Damit kann im besten Fall eine resonante tiefere Beziehung und Verbundenheit zu den erfahrenen Naturphänomenen aufgebaut und vertieft werden, welche die innere Haltung und Umwelteinstellung verändern kann und damit ein nachhaltiges Handeln zumindest wahrscheinlicher macht. Zusammenfassend lohnt es sich also, Naturerfahrungen in der Abenteuer- und Erlebnispädagogik auch als Resonanzerfahrungen zu betrachten, in denen nachhaltiges Handeln durch echte Mensch-Natur Begegnungen angestoßen werden kann.

[19] vgl. Späker 2019, S. 19f

5 Literatur

Behrendt, G. (2017): Die ›wahre‹ Natur des vertikalen Resonanzversprechens. In: Peters, C. H. & Schulz, P. (Hrsg.): Resonanzen und Dissonanzen. Hartmut Rosas kritische Theorie in der Diskussion. Bielefeld: transcript Verlag, 233 - 248.

Beljan, J. (2017): Schule als Resonanzraum und Entfremdungszone. Eine neue Perspektive auf Bildung. Weinheim Basel: Beltz Juventa.

Bögeholz, S. (2000): Natur erleben und gestalten. In: ZS Politische Ökologie (Sonderheft 12), 17-18.

Degenhardt, L. (2006): Pioniere nachhaltiger Lebensstile. Analyse einer positiven Extremgruppe mit bereichsübergreifender Kongruenz zwischen hohem nachhaltigen Problembewusstsein und ausgeprägtem nachhaltigen Handeln. Dissertation Lüneburg. Kassel: University Press.

De Haan, G. (2002): Die Kernthemen der Bildung für eine nachhaltige Entwicklung. In: ZS für Internationale Bildungsforschung und Entwicklungspädagogik 25 (1), 13-20.

Heckmair, B./ Michl, W. (2012): Erleben und Lernen. Einführung in die Erlebnispädagogik (7., überarb. Aufl.). München: Ernst Reinhardt Verlag.

Jung, N. (2012): Natur und Entstehung von Werten. In: Jung, N./ Molitor, H./ Schilling, A. (Hrsg.): Auf dem Weg zu gutem Leben. Die Bedeutung der Natur für seelische Gesundheit und Werteentwicklung. Opladen: Budrich, 113-136.

Meske, M. (2011): Natur ist für mich die Welt. Lebensweltlich geprägte Naturbilder von Kindern. Verlag für Sozialwissenschaften: Wiesbaden.

Raith, A./ Lude, A. (2014): Startkapital Natur. Wie Naturerfahrung die kindliche Entwicklung fördert. München: Oekom Verlag.

Rosa, H. (2016): Resonanz. Eine Soziologie der Weltbeziehung. Berlin: Suhrkamp Verlag.

Rosa, H. (2017): Für eine affirmative Revolution. Eine Antwort auf meine Kritiker_innen. In: Peters, C. H. & Schulz, P. (Hrsg.): Resonanzen und Dissonanzen. Hartmut Rosas kritische Theorie in der Diskussion. Bielefeld: transcript Verlag, 311-329.

Rosa H. (2019): Resonanz als Schlüsselbegriff der Sozialtheorie. In: Wils, J.-P. (Hrsg.): Im interdisziplinären Gespräch mit Hartmut Rosa. Baden-Baden: Nomos Verlagsgesellschaft, 11 - 30.

Schönberger, B. (2013): Eine Art von Begehren nach Welt. Hartmut Rosa im Gespräch. In: Psychologie heute 40 (1), 34–38.

Sommer, B. (2019): Resonanz und Nachhaltigkeit: Zum Verhältnis zweier Schlüsselbegriffe zeitgenössischer Gesellschaftskritik. In: Wils, J.-P. (Hrsg.): Im interdisziplinären Gespräch mit Hartmut Rosa. Baden-Baden: Nomos Verlagsgesellschaft, 151 - 163.

Späker, T. (2017): Natur - Entwicklung und Gesundheit. Handbuch für Naturerfahrungen in pädagogischen und therapeutischen Handlungsfeldern. Baltmannsweiler: Schneider Verlag Hohengehren.

Späker, T. (2018): Die Natur als Kulisse? Naturerfahrungen in der Erlebnispädagogik. In: Schettgen, P./ Ferstl, A. / Bous, B. (Hrsg.): Einmischen possible. Die gesellschaftliche Dimension der Erlebnispädagogik. Augsburg: ZIEL-Verlag, 122-133.

Späker, T. (2019): Naturerfahrung der Stille – Der 'Sitzplatz'. In: e&l – erleben und lernen, Heft 6/2019. Augsburg: ZIEL-Verlag, 19-20.

Dr. Hanna Beißert

Hanna Beißert ist Entwicklungspsychologin am DIPF | Leibniz-Institut für Bildungsforschung und Bildungsinformation in Frankfurt am Main. Ihr Forschungsschwerpunkt ist die sozio-moralische Entwicklung von Kindern und Jugendlichen mit einem starken Fokus auf soziale Ausgrenzung und Intergruppenprozesse. Darüber hinaus arbeitet sie nebenberuflich in verschiedenen sozialpädagogischen Kontexten und ist seit 2003 im Bereich der Zirkuspädagogik tätig.

E-Mail: beissert@dipf.de

Website: www.dipf.de/de/institut/personen/beissert-hanna

Erlebnispädagogik meets Moralpsychologie

1 Wo ist die Moral geblieben?

Korruption und Amtsmissbrauch bei Funktionären der FIFA, Autohersteller manipulieren ihre Fahrzeuge, um Grenzwerte für Autoabgase zu umgehen, Präsidenten westlicher Großmächte verbreiten fragwürdige Informationen, um verlorene Wahlen anfechten zu können, Politiker großer deutscher Volksparteien nutzen ihre Machtposition, um beim Verkauf von Atemschutzmasken immense Provisionen zu kassieren. Die letzten Jahre waren geprägt von zahlreichen gesellschaftlichen Skandalen und immer lauter werdenden Stimmen, die von Werteverfall oder Morallosigkeit in der Gesellschaft sprechen. Aber ist das wirklich so? Gibt es nicht auch zahlreiche Beispiele für ausgesprochen moralisches Verhalten in unserer Gesellschaft? Kinder und Jugendliche kämpfen jeden Freitag für einen besseren Umgang mit unserer Erde, im Mittelmeer retten Seenothelfer Schiffbrüchige und riskieren dafür, selbst bestraft zu werden. Menschen – jung und alt – engagieren sich ehrenamtlich in der Flüchtlingshilfe. Und es ließen sich noch viele weitere ähnlich altruistische Aktivitäten aufzählen. Offensichtlich sind wir doch nicht alle so unmoralisch. Nun stellt sich die Frage, wie es kommt, dass manche Menschen solch höchst moralisches Verhalten zeigen, während andere eher durch moralische Verfehlungen auffallen? Und wie können wir dazu beitragen, dass Kinder und Jugendliche sich für den richtigen Weg entscheiden und zu moralisch kompetenten Individuen heranwachsen, die selbstbewusst für ihre moralischen Werte eintreten und mit Zivilcourage versuchen, die Welt zu einem besseren Ort zu machen? Auch wenn es hierfür natürlich kein universelles Rezept gibt, da viele Faktoren eine Rolle spielen, möchte ich in diesem Kapitel Ideen aufzeigen, wie wir als Erlebnispädagoginnen und Erlebnispädagogen unseren Beitrag leisten können. Zunächst möchte ich einige Hintergründe zum Verständnis von Moral skizzieren und anschließend ein paar Aspekte der Entwicklung moralischer Kompetenzen erläutern, um anschließend deutlich zu machen, welch großes Potenzial die Erlebnispädagogik bietet, um die Moralentwicklung von Kindern und Jugendlichen voranzutreiben und ihre moralischen Kompetenzen zu fördern.

2 Was ist eigentlich Moral und wo kommt sie her?

Seit der Antike beschäftigt sich die Wissenschaft mit der Moral. Allen voran die Philosophie mit berühmten Vertretern wie Plato oder Aristoteles in der Antike oder Kant in der Zeit der Aufklärung. Aber auch Soziologie, Biologie und besonders die Psychologie interessieren sich seit langer Zeit für die Natur der Moral sowie ihrer Entwicklung. Während das Ziel der Moralphilosophie vor allem darin besteht festzulegen, was aus moralischer Perspektive als richtig oder falsch, als gut oder böse anzusehen ist, interessiert sich die Moralpsychologie stärker dafür, wie Moral eigentlich entsteht, wie moralisches Denken organisiert ist und unter welchen Bedingungen Menschen sich moralisch verhalten oder eben auch nicht.[1] Über die Jahre hinweg haben in allen Disziplinen Wissenschaftler und Wissenschaftlerinnen mit ganz unterschiedlichen methodischen und theoretischen Ansätzen zu unserem heutigen Verständnis von Moral und Moralentwicklung beigetragen (vgl. Abschnitt 2.2 Moraldefinitionen). Im Folgenden soll die Entwicklung moralischer Kompetenzen aus psychologischer Perspektive näher beleuchtet werden.

2.1 Die Psychologie der Moralentwicklung

Die Ersten, die sich aus entwicklungspsychologischer Perspektive mit der Moral beschäftigten, waren in den 1930er Jahren der bekannte Psychoanalytiker Sigmund Freud sowie der Schweizer Psychologe Jean Piaget. Während Freuds psychoanalytische Moraltheorie vor allem auf den sozio-emotionalen Aspekten der Eltern-Kind-Beziehung basierte und die Entwicklung des Gewissens und moralische Emotionen wie Schuld und Scham fokussierte, betonte Piaget im Gegensatz dazu die Wichtigkeit von Peerbeziehungen für die Moralentwicklung und fokussierte stärker die moralischen Kognitionen und Gerechtigkeitsvorstellungen. Obwohl die beiden nur wenige konkrete Befunde lieferten und ihr Beitrag vor allem in umfassender Theoriebildung bestand, haben die beiden bedeutende Pionierarbeit auf dem Feld der Moralpsychologie geleistet.

Nach diesen frühen Arbeiten von Piaget und Freud, wurde die Moralforschung ab den 1960er Jahren lange Zeit von Kohlbergs kognitiver Moraltheorie[2] dominiert. Anknüpfend an Piagets Vorarbeiten stellt die Theorie von Kohlberg einen stark kognitiven Ansatz dar, der – wie auch schon Piagets Arbeiten – den Schwerpunkt auf die Entwicklung von Gerechtigkeitsvorstellungen legte. Die grundlegende Annahme bestand darin, dass die Entwicklung der Moral analog der kognitiven Entwicklung

---

[1] Montada 2002.

[2] Kohlberg 1969.

voranschreite und sich mit komplexerem Denkvermögen jeweils höhere Stufen moralischen Denkens ergeben. Demnach entwickelt sich das Moralbewusstsein beim Menschen stufenweise in immer derselben Reihenfolge, wobei nicht alle Menschen die höchsten Stufen des Moralbewusstseins erreichen. Die Unterschiede zwischen den Stufen des moralischen Urteils bestehen dabei weniger in zunehmendem Wissen um moralische Normen, sondern liegen in qualitativ anderen Denkweisen über moralische Probleme. Dabei findet ein Wandel statt von einer egozentrischen, an Vermeidung von Strafe orientierten Perspektive hin zu einer Orientierung an universellen ethischen Prinzipien. Die Ideen von Piaget und die Weiterentwicklung seiner Ideen durch Kohlberg prägten die nachfolgende Forschung für viele Jahre.

Parallel zu diesen Entwicklungen in der psychoanalytischen und kognitivistischen Tradition postulierten Forschende aus der behavioristischen und lerntheoretischen Lehre, dass moralisches Verhalten – genau wie jedes andere Verhalten auch – durch Belohnung und Strafe (B.F. Skinner) sowie durch Beobachtung und Nachahmung (Albert Bandura) erlernt wird. [3]

Wieder andere wie zum Beispiel Nancy Eisenberg oder Martin L. Hoffman, nahmen die emotionale Seite von Moral in den Blick und verstanden moralische Emotionen wie Mitgefühl oder Scham und Schuld als treibende Kraft der Moral.[4]

Die Moral und ihre Entwicklung wurden also aus den verschiedensten psychologischen Perspektiven und mit unterschiedlichsten Ansätzen untersucht. All diese Traditionen haben einen entscheidenden Beitrag zu unserem heutigen Verständnis beigetragen, dass Moralentwicklung sowohl kognitive, emotionale als auch behaviorale Lernprozesse beinhaltet. Doch was genau ist denn diese Moral nun eigentlich?

2.2 Moraldefinitionen

Auch wenn es Unterschiede zwischen verschiedenen Moraldefinitionen gibt, beinhalten die allermeisten, dass Moral etwas mit Regeln und Normen zu tun hat – mit den Regeln in einer Gesellschaft. So definiert beispielsweise der Duden Moral als die „Gesamtheit von ethisch-sittlichen Normen, Grundsätzen, Werten, die das zwischenmenschliche Verhalten einer Gesellschaft regulieren, die von ihr als verbindlich akzeptiert werden". Und auch schon Jean Piaget[5] schreibt in seinem klassischen Werk zur kindlichen Moralentwicklung „All morality consists in a system of rules." und präsentiert damit den Kern der allermeisten Moraldefinitionen. Genauer gesagt

---

[3] Killen/Smetana 2015.

[4] Killen/Smetana 2015.

[5] Piaget 1932, S. 1.

umfasst Moral präskriptive Regeln, das heißt Regeln, die uns sagen, wie wir Menschen miteinander umgehen *sollen*.

Aber nicht alle Regeln in einer Gesellschaft sind moralische Regeln. Manche Regeln helfen zwar das Miteinander in einer Gesellschaft zu regulieren, haben aber nicht den normativen und verpflichtenden Charakter moralischer Regeln. Deshalb ist es wichtig zu spezifizieren, was moralische Regeln sind und was nicht.

In Einklang mit der Theorie der sozialen Bereiche (engl. Social Domain Theory) [6] lassen sich drei Arten von sozialen Regeln unterscheiden: Zunächst einmal gibt es *persönliche* Regeln. Hierbei handelt es sich um Regeln, die sich auf den privaten Bereich beziehen, also auf Aspekte, bei denen persönliche Entscheidungsfreiheit besteht (z. B.: „in meiner Wohnung werden die Schuhe ausgezogen“). Als nächstes gibt es *konventionelle* Regeln, bei denen es sich um Übereinkünfte handelt, die in einem bestimmten Setting, beispielsweise in einer bestimmten Gesellschaft, gelten (z. B. „fremde Erwachsene werden gesiezt“ oder „wir gehen nicht im Schlafanzug zur Arbeit oder in die Schule“). Konventionelle Regeln sind als gemeinschaftlicher Konsens zu verstehen. Um zu wissen, was richtig oder falsch ist, muss man die jeweiligen kultur-, gesellschafts- oder gruppenspezifischen Regeln kennen. Somit stellen persönliche Regeln eine private Entscheidung und konventionelle Regeln eine Art „Vereinbarung“ dar und sind damit grundsätzlich änderbar. Schließlich gibt es *moralische* Regeln. Im Gegensatz zu konventionellen oder persönlichen Regeln sind moralische Regeln unveränderbar und universell gültig. Sie können nicht durch Mehrheitsbeschlüsse oder Autoritäten aufgehoben werden. Sie sind verpflichtend, unabhängig von Autoritäten, institutionellen Vorschriften, Gesetzen oder Etikette und gelten gleichermaßen überall und für alle Menschen. Moralische Regeln beziehen sich auf Aspekte wie das psychische und physische Wohlbefinden von Menschen, Fairness, Gleichheit und Gerechtigkeit (z. B.: „man darf andere Menschen nicht verletzen“ oder „Menschen in Not muss man helfen“).

2.3 Wissen vs. Verhalten

Bereits Kinder im Vorschulalter nehmen diese Unterscheidungen vor. So geben bereits Vierjährige an, es wäre in Ordnung, wenn Eltern oder Lehrerinnen erlaubten, dass man Erwachsene duzen oder im Schlafanzug zur Schule gehen dürfe. Dass man andere Kinder schlägt oder anderen etwas wegnimmt, ist aber keinesfalls in Ordnung, selbst wenn Erwachsene es erlauben würden.

---

[6] Turiel 1993; Smetana 2006.

Das heißt, Kinder haben schon früh in ihrer Entwicklung ein gewisses Verständnis von der Allgemeingültigkeit moralischer Regeln. Zudem kennen Kinder gewöhnlich die meisten moralischen Regeln bereits im Vorschulalter und halten diese spätestens im Grundschulalter auch grundsätzlich für richtig und wichtig. Allerdings heißt das noch lange nicht, dass sie sich auch immer an diese Regeln halten. Denn oft stehen moralische Regeln oder Normen im Widerspruch zu den eigenen Interessen oder Bedürfnissen. Einerseits weiß der Vierjährige, dass man nicht stehlen darf; andererseits sind die Gummibärchen, die er seinem Freund aus der Tasche „mopsen" könnte, doch so lecker. Und natürlich weiß auch die Fünfjährige schon, dass man nicht schubsen darf. Aber sie wollte jetzt doch einfach auch so gerne mal auf die Schaukel.

Obwohl Kinder schon früh wissen, was richtig und was falsch ist, zeigt sich dies nicht immer in ihrem Verhalten (Zeichnung: Marcus Rauschenbach).

Und dieser Konflikt zwischen moralischen Prinzipien und egoistischen Interessen bleibt unser Leben lang bestehen – womit wir wieder bei den verschiedenen moralischen Fehltritten zu Beginn des Kapitels wären. Es ist davon auszugehen, dass die verschiedenen Akteure hinter den Skandalen nicht unbedingt rundum unmoralische Monster sind. Vielmehr haben sie es an verschiedenen Stellen schlichtweg nicht geschafft, der Versuchung zu widerstehen und sind ihren egoistischen Interessen auf Kosten anderer nachgegangen. Wie schaffen wir es nun, dass wir uns gegen diese Versuchungen durchsetzen und auch dann nach moralischen Regeln handeln, wenn dies unseren persönlichen Wünschen und Interessen zuwider läuft oder sogar mit Kosten verbunden ist?

Verschiedene Moraltheorien erklären dies mit unterschiedlichen Konzepten[7]. Die einen sprechen von einer moralischen Identität, die es zu entwickeln gilt, die anderen sprechen vom moralischen Selbst. Und wieder andere sprechen von moralischer Motivation – der Motivation entsprechend moralischer Regeln zu handeln, selbst wenn diese in Konflikt mit unseren persönlichen Wünschen oder Interessen stehen. Doch trotz der unterschiedlichen Namen ist der Kerngedanke immer derselbe: *Es geht darum, dass wir die moralischen Normen so stark verinnerlichen, dass wir sie als bindend empfinden und sie für uns handlungsleitend werden.* Das heißt, wir müssen die Normen für so wichtig halten und ihnen in unserem Wertesystem eine so große Bedeutung zumessen, dass wir eine Bereitschaft herausbilden, uns an moralische Prinzipien zu halten, selbst wenn diese in Konflikt zu unseren eigenen Bedürfnissen stehen oder sogar Kosten damit verbunden sind.

Aber wie kommen wir dort hin? Wie können wir erreichen, dass Kinder und Jugendliche sich entsprechend der moralischen Regeln verhalten, die sie ja grundsätzlich bereits früh für richtig halten. Experimente mit Säuglingen und Menschenaffen deuten darauf hin, dass uns eine grundlegende Tendenz zu prosozialem Verhalten sowie ein gewisser Sinn für Gerechtigkeit in die Wiege gelegt sind.[8] Aber wie schaffen wir es nun, diese rudimentären Tendenzen weiter auszuprägen und Heranwachsende zu moralisch kompetenten Akteurinnen und Akteuren in unserer Gesellschaft zu machen? Und wo können wir dabei ansetzen?

3 Voraussetzungen für moralisches Verhalten

Grundsätzlich gibt es viele verschiedene Dinge, die hier eine Rolle spielen. Ich möchte im Folgenden drei besonders zentrale Aspekte herausgreifen.

3.1 Erkennen des moralischen Gehalts einer Situation

Zunächst einmal ist es wichtig, überhaupt zu erkennen, dass in einer bestimmten Situation ein moralisches Problem besteht. Wir müssen eine Sensibilität dafür entwickeln, Situationen im Hinblick auf moralische Prinzipien wahrzunehmen und zu bewerten, selbst wenn diese nicht immer gleich offensichtlich sind. Denn wenn wir

---

[7] Killen/Smetana 2015.

[8] Killen/Smetana 2015.

gar nicht realisieren, dass eine moralische Regel betroffen ist, kann diese auch nicht unser Verhalten leiten.

So zeigt die Forschung beispielsweise, dass viele Kinder das „Spicken" in der Schule nicht als moralisches, sondern eher als ein konventionelles Problem sehen.[9] Doch durch das Mogeln verschafft man sich nicht nur selbst einen Vorteil, sondern allen anderen, die nicht „spicken", automatisch einen Nachteil. Somit befinden wir uns im Bereich von Gerechtigkeit und fairen Chancen, was ganz klar in den moralischen Bereich fällt. An diesem Beispiel wird deutlich: *oft muss man, um den moralischen Charakter einer Situation erkennen zu können, die eigene Perspektive verlassen und den Standpunkt von anderen einnehmen.* Und das bringt uns zum nächsten Aspekt.

3.2 Perspektivenübernahme und Empathie

Die Fähigkeit zur Perspektivenübernahme ist nötig, um die Lage der anderen überhaupt verstehen zu können. Man muss sich in andere hineinversetzen können, um zu verstehen, worin eine Ungerechtigkeit besteht oder weshalb eine Person traurig oder betroffen ist. Dieses Verständnis für die Lage des anderen begünstigt prosoziales Verhalten und ebnet den Weg zu moralischem Handeln. Über die kognitive Fähigkeit, sich in andere hineinzuversetzen, hinaus braucht es Empathie, also die Fähigkeit, das erfahrene Leid oder die erlebte Ungerechtigkeit der anderen nachzuempfinden bzw. mitzufühlen. Wer das Leid des anderen wie sein eigenes fühlen kann, wird eher so handeln, wie er oder sie selbst behandelt werden möchte – moralisch richtig. Empathie stellt zudem die affektive Grundlage für moralische Emotionen wie Schuld oder Scham dar, die als wichtiger Motor moralischer Motivation zu verstehen sind.

3.3 Ich-Stärke und Selbstwirksamkeit

Ein weiterer wichtiger Aspekt betrifft die Folgen unserer Handlungen. Denn häufig stehen die moralischen Prinzipien nicht nur im Konflikt mit unseren eigenen Wünschen oder Interessen, sondern oft gehen mit der Entscheidung für die Moral auch gewisse externe Konsequenzen einher. Wenn ich mich beispielsweise für jemanden einsetze, der von anderen bedrängt wird, laufe ich Gefahr, selbst zum Ziel der Angriffe zu werden. In diesem Kontext sind die sogenannten Selbstwirksamkeitserwartungen von besonderer Bedeutung. Nur wenn ich daran glaube, dass ich mit meinem Handeln etwas bewegen kann, „lohnt" es sich so zu handeln. Darüber hinaus bedarf

[9] Murdock/Stephens 2007.

es großer Ich-Stärke, sich solchen inneren Konflikten und äußeren Einflüssen zu entziehen und den eigenen moralischen Grundsätzen zu folgen.

4 Moralerziehung und Erlebnispädagogik

Nun stellt sich die Frage: Wie können wir erreichen, dass Kinder und Jugendliche Situationen im Hinblick auf ihren moralischen Charakter reflektieren, sich in andere hineinversetzen, empathisch sind und für ihre moralischen Werte einstehen? Wie können wir Kinder in ihrer Entwicklung zu moralisch motivierten Individuen unterstützen? Und was kann die Erlebnispädagogik dabei tun?

4.1 Förderung moralischer Kompetenzen

Wie oben beschrieben, beinhaltet Moralkompetenz kognitive, affektive und behaviorale Komponenten und Lernprozesse. An all diesen Komponenten kann Moralerziehung nun ansetzen. Dabei ist zunächst *direkte Unterweisung* nötig. Eltern, ErzieherInnen, Lehrkräfte und weitere Bezugspersonen erklären Kindern von früh auf, was richtig und was falsch, was erlaubt und was verboten ist. Sie regen zu Perspektivenübernahme und Empathie an, wenn sie erklären, dass ein anderes Kind traurig ist, wenn man ihm sein Spielzeug wegnimmt, oder sie weisen auf die Folgen des kindlichen Handelns hin.

Aber über diese direkte Unterweisung hinaus sind *Erfahrungen* äußerst wichtig für den Erwerb moralischer Kompetenzen. Wie bei vielen anderen Lerninhalten auch, entwickelt sich ein vertieftes Verständnis für moralische Aspekte in der Auseinandersetzung mit relevanten, praktischen Problemen. Kinder müssen lernen, welchen Stellenwert Fairness oder Gerechtigkeit haben bzw. was es bedeutet, ungerecht behandelt zu werden, wie es sich anfühlt und was man dagegen tun kann.

Von besonders großer Bedeutung sind hier die Erfahrungen mit Gleichaltrigen. Interaktionen in symmetrischen Beziehungen mit Kommunikation auf Augenhöhe sind sehr wichtige und notwendige Erfahrungen bei der Entwicklung eines umfassenden Moralverständnisses und einer ausgeprägten Moralkompetenz. Wichtig ist dabei auch ein gewisses Ausmaß an Autonomie und Entscheidungsspielraum sowie die Möglichkeit zur Verantwortungsübernahme. Kinder und Jugendliche müssen den Freiraum haben, selbstständig ihre Regeln aushandeln zu können, die Folgen ihres Handelns und ihrer Entscheidungen zu erfahren und dafür Verantwortung zu übernehmen. In der Diskussion und Auseinandersetzung mit sensiblen Themen entwickelt sich das moralische Denken weiter, so dass eine Einsicht in den Wert moralischer Normen unabhängig von Regeln der Autoritäten entsteht.

Verantwortungsübernahme ist hierbei äußerst wichtig, denn Verantwortung bedeutet, für die Konsequenzen des eigenen Handelns gerade zu stehen und deshalb weitsichtig und überlegt zu agieren und die Folgen für alle möglichen anderen Beteiligten in die Planung des eigenen Handelns miteinzubeziehen.

Und wenn es um die Folgen geht, dann natürlich auch um die Folgen für die eigene Person. Wie oben erwähnt, braucht es Selbstwirksamkeit und Ich-Stärke, um sich gegen innere Konflikte und äußere Einflüsse durchzusetzen sowie Empathie um die Lage der anderen zu verstehen. Wer Kinder zu moralischen Handlungen führen möchte, sollte ihre Empathie und Ich-Stärke fördern, damit sie sich zu einfühlsamen, selbstwirksamen und zivilcouragierten Individuen entwickeln können.

4.2 Chancen der Erlebnispädagogik, moralische Kompetenzen zu fördern

Die Erlebnispädagogik bietet große Chancen und vielfältige Gelegenheiten, die Entwicklung und Festigung moralischer Kompetenzen voranzubringen. Alle zuvor genannten Ansatzpunkte lassen sich in der Erlebnispädagogik wiederfinden. Im Folgenden möchte ich exemplarisch einige dieser Möglichkeiten aufzeigen.

4.2.1 Förderung des moralischen Bewusstseins

Wie zuvor beschrieben, spielen die Interaktionen mit Gleichaltrigen eine besondere Rolle für die Entwicklung moralischer Kompetenzen. Erlebnispädagogische Aktivitäten bieten zahlreiche Gelegenheiten für intensive Peerinteraktionen. Sei es beim Bauen eines Baumhauses, bei City Bound, bei der Planung eines Zirkusauftritts, beim Geocachen, bei Sportprojekten – Peerinteraktionen auf Augenhöhe fördern das Verständnis von Gerechtigkeit und Gleichberechtigung, denn sie bieten Heranwachsenden die Möglichkeit, die Sinnhaftigkeit und den Wert moralischer Regeln zu erfahren, ohne dass diese ihnen von oben auferlegt werden. Vielmehr können sie in der Interaktion „am eigenen Leib" erleben, dass moralische Regeln und Normen das Miteinander steuern und für ein respektvolles und gerechtes Miteinander sorgen. So fördern erlebnispädagogische Aktivitäten ganz nebenbei das Bewusstsein für moralische Fragen.

Darüber hinaus haben Erlebnispädagoginnen und -pädagogen die Möglichkeit, bei der Reflexion des Erlebten das Augenmerk ganz explizit auf die moralischen Aspekte zu lenken, die bei den erlebten Aktivitäten eine Rolle spielen, und können die Kinder und Jugendlichen dafür sensibilisieren, den moralischen Gehalt einer Situation zu erkennen.

Planung eines Auftritts im Kinderzirkus – Gemeinsame Aktivitäten auf Augenhöhe mit ausreichend Entscheidungsfreiräumen bieten wichtige Lerngelegenheiten für die Entwicklung moralischer Kompetenzen (Foto: Hanna Beißert).

4.2.2 Förderung von Empathie und Perspektivenübernahme

Die Erlebnispädagogik bietet vielfältige Gelegenheiten, emotionale Kompetenzen wie Empathie und Perspektivenübernahme zu fördern. Gerade Abenteuersituationen oder Grenzerfahrungen eröffnen ausgezeichnete Möglichkeiten, um über die eigenen Emotionen und den Umgang damit zu sprechen, ebenfalls kann ein Raum für das Gespräch über Erfahrungen und Gefühle gestaltet werden. Gespräche über das Erlebte bieten hier die Chance zu thematisieren, dass nicht alle Menschen gleich reagieren oder empfinden müssen: nicht jede oder jeder hat die gleichen Ängste, findet das Gleiche aufregend oder abstoßend. Dadurch wird auch deutlich, dass manche Dinge für die einen eine größere Herausforderung darstellen als für andere, dass manches, was dem einen Spaß macht, dem anderen vielleicht Grauen bereitet – häufige Gründe für Missverständnisse und Streitigkeiten in Gruppen. Typisch in der Erlebnispädagogik ist es darüber hinaus, Neues zu erfahren. Über den Tellerrand zu blicken führt dazu, die eigenen Sichtweisen und Handlungsmuster zu hinterfragen und ggf. anzupassen. So lassen sich emotionale Kompetenz, Empathie und Perspektivenübernahme ganz nebenbei fördern.

Weiterhin ist auch das Rollenspiel als ein klassisches Instrument der Erlebnispädagogik ein bewährtes Mittel zur Förderung moralischer Kompetenzen. Das Hineinversetzen in die Sicht von anderen schult die Fähigkeit zur Perspektivenübernahme und Empathie und hilft, eine Situation mit den Augen der anderen zu sehen. Somit üben Heranwachsende, verschiedene Perspektiven zu koordinieren und in einer bestimmten Situation unterschiedliche Sichtweisen miteinzubeziehen.

4.2.3 Förderung von Selbstwirksamkeit und Ich-Stärke

Mut aufbringen, sich über-winden lernen und erfahrungsintensive herausfordernde Situationen meistern – all dies sind typische Bestandteile der Erlebnispädagogik, die dabei helfen, Kinder und Jugendliche stark und selbstbewusst zu machen. Erlebnispädagogische Erfahrungen fördern die Selbstwirksamkeit und die Ich-Stärke der Heranwachsenden.

In den unterschiedlichsten erlebnispädagogischen Settings können Kinder und Jugendliche in authentischen Situationen autonom und selbstwirksam handeln. Sie stehen vor realen Problemstellungen und entscheiden und handeln mit fassbaren Konsequenzen. Kooperation und Abstimmung sind nötig, und alle müssen an einem Strang ziehen, um das gemeinsame Ziel zu erreichen – egal wie dieses auch aussehen mag. Erlebnispädagogische Erfahrungsräume bieten den Heranwachsenden die Möglichkeit, Konflikte selbst auszuhandeln und verantwortungsbewusste Entscheidungen zu treffen.

4.2.4 Die Rolle der Erlebnispädagoginnen und -pädagogen

Wichtig sind bei all diesen Dingen die Reflexion und der geschützte Rahmen. Die Kinder und Jugendlichen können in erlebnispädagogischen Settings autonom handeln, erhalten aber wenn nötig jederzeit Anleitung und Unterstützung und haben die Chance, angeleitet über das Erlebte zu reflektieren. Die Erlebnispädagoginnen und -pädagogen helfen, das Erlebte einzuordnen und regen an, sich mit den Eindrücken, Gedanken und Gefühlen auseinanderzusetzen. Dabei haben sie die Möglichkeit, ganz gezielt die moralische Dimension in die Reflexion miteinzubeziehen und beispielsweise auf die verschiedenen Perspektiven oder die Gefühle der anderen hinzuweisen.

Und schließlich spielen Vorbilder eine überaus wichtige Rolle bei der Förderung moralischer Kompetenzen. Unser Verhalten prägt die Kinder und Jugendlichen, mit denen wir interagieren. Die Erlebnispädagogik bietet uns zahlreiche Gelegenheiten, Vorbild zu sein und faires, gerechtes und respektvolles Verhalten vorzuleben.

5 Die Moral von der Geschichte: Einmischen necessary!

Die Erlebnispädagogik bietet eine Vielzahl an Möglichkeiten, die moralische Entwicklung von Kindern und Jugendlichen voranzutreiben. Diese sollten wir nicht ungenutzt lassen. Denn auch wenn Kinder bereits früh Wissen über die verschiedenen moralischen Regeln haben, ist es dennoch kein Selbstläufer, dass sie sich auch entsprechend dieser Regeln verhalten. Nun ist es unsere Pflicht als Pädagoginnen und Pädagogen, erlebnispädagogische Erfahrungsräume zu schaffen, die Heranwachsende dabei unterstützen, ihre moralischen Fähigkeiten weiter auszubauen und zu selbstbewussten, moralisch motivierten Individuen zu werden.

6 Literatur

Killen, Melanie/ Smetana, Judith (2015): Origins and development of morality. In E. M. Lamb (Hrsg.), Handbook of Child Psychology and Developmental Science Vol. 3 (S. 701–749). New York: Wiley-Blackwell.

Kohlberg, Lawrence (1969): Stage and sequence: The cognitive-developmental approach to socialization. In D. Goslin (Hrsg.), Handbook of Socialization Theory and Research (S. 347–480). Chicago: Rand McNally.

Montada, L. (2002): Moralische Entwicklung und moralische Sozialisation. In R. Oerter & L. Montada (Hrsg.), Entwicklungspsychologie. (S. 619–647). Weinheim: Beltz PVU.

Murdock, Tamara B. / Stephens, Jason M. (2007): Is cheating wrong? Students' reasoning about academic dishonesty. In E.M. Anderman & T.B. Murdock (Hrsg.), *Psychology of Academic Cheating* (S. 229-251). Elsevier Academic Press.

Piaget, Jean (1932): The Moral Judgment of the Child. London: Routledge and Kegan Paul.

Smetana, Judith (2006): Social-cognitive domain theory: Consistencies and variations in children's moral and social judgments. In M. Killen & J.G. Smetana (Hrsg.), Handbook of Moral Development (S. 119–154). Mahwah: Erlbaum Associates.

Turiel, Elliot (1983): The Development of Social Knowledge: Morality and Convention. Cambridge: Cambridge University Press.

Mag. Dieter Gremel

Dr. Paul Rameder, MSc

Mag.a Julia Rappich

Dieter Gremel ist Psychologe, Psychotherapeut, Trainer und Mediator mit inhaltlicher Schwerpunktsetzung im Bereich Sozialpsychologie, Diversität, Teamentwicklung und Gruppenprozesse. Trainer beim Verein ZARA und Stv. Leiter der Beratungsstelle Extremismus. Seit 2018 Vorstandsmitglied der Initiative Outdoor Aktivitäten® (IOA), Gründungsmitglied von nhbe – Netzwerk für handlungsorientierte Beratung und Entwicklung.

Paul Rameder ist Sozial- und Wirtschaftswissenschaftler (WU Wien), Sportwissenschaftler (Universität Wien), selbständiger Trainer und Berater nach dem handlungsorientierten Ansatz der Integrativen Outdoor-Aktivitäten®. Seit 2018 Vorstandsmitglied der Initiative Outdoor Aktivitäten (IOA) und Gründungsmitglied von nhbe – Netzwerk für handlungsorientierte Beratung und Entwicklung.

Julia Rappich ist Pädagogin (Psychoanalytische Pädagogik, Heil- und Integrativpädagogik), selbstständige Trainerin und Gründungsmitglied von nhbe – Netzwerk für handlungsorientierte Beratung und Entwicklung, seit 2018 Vorstandsmitglied der Initiative Outdoor Aktivitäten (IOA), Gruppendynamikerin (ÖAGG).

E-Mail: dieter.gremel@nhbe.at, julia.rappich@nhbe.at, paul.rameder@nhbe.at

Website: www.ioa.at, www.nhbe.at, www.zara.or.at

Outdoor-Training Zivilcourage: Hinschauen und einmischen

1 Einleitung

Zivilcourage wird in der Alltagssprache vielfach als Synonym für mutiges, auf die Demokratie hin gerichtetes Handeln verstanden. Zivilcourage gehört zum fixen Handlungsrepertoire einer demokratischen Gesellschaft. Medien berichten von zivilcouragierten Menschen und erzählen begeistert vom Mut Einzelner im Einsatz für das Gute. Diese Taten und deren Erzählungen versteht jede und jeder, und doch ist gerade Jugendlichen Zivilcourage als Begriff wenig vertraut. Wenn wir im Rahmen von Zivilcourage-Trainings Jugendliche zu ihren Assoziationen zum Begriff „Zivilcourage" befragen, zeigen sich meist ähnliche Antwortmuster: z.B. *„dass es wichtig sei zu helfen"*, *„man sich nicht überall einmische"* oder *„Gewalt ist, wenn man zuschlägt"*. Geht es um die Frage, was unternommen werden kann, wenn man etwas als unfair einschätzt, dann ist meist die erste Idee *dazwischen zu gehen*, sich physisch mit Kraft einzumischen, oder gar nichts zu tun, weil es einen nicht berührt, man sich nicht zuständig oder ohnmächtig fühlt. Zivilcourage wird in der medialen Berichterstattung oftmals mit dem Bild einer Heldin oder eines Helden verbunden. Diese Beschreibung erscheint aus Praktiker*innensicht überhöht, weil dies suggerieren kann, dass nur „Ausnahmepersonen" so handeln können. Jedoch bedeutet Zivilcourage, dass jede und jeder Mut beweisen kann, um sich für eine demokratische Grundordnung einzusetzen, Haltung zu zeigen und für Werte, die einem wichtig sind, initiativ zu werden. Das bedeutet auch seine Werte sichtbar und sich dadurch angreifbar zu machen. Noch mehr bedeutet es sich in eine Auseinandersetzung zu begeben mit anderen und mit sich selbst und damit einen Beitrag für ein funktionierendes Zusammenleben zu leisten. Zivilcourageworkshops nehmen sich dieses Themas an, beschäftigen sich mit Werten und Formen von Gewalt und in weiterer Folge mit Handlungsmöglichkeiten, um Einschreiten zu können.

Der Verein ZARA – Zivilcourage und Antirassismusarbeit – setzt sich seit 20 Jahren für Betroffene von Rassismus und Diskriminierung ein, führt Trainings zu diesen Themen durch und beschäftigt sich mit dem Erlernen von zivilcouragiertem Handeln. Betroffene von Rassismus und Diskriminierung finden sich in schulischen, beruflichen und familiären Kontexten. Wir erleben Ausgrenzung von einzelnen z.B. in Schulen und Klassenverbänden. Herkunft, Geschlecht, Alter, körperliche Behinderung, sexuelle Orientierung sind nur einige (auch gesetzlich festgehaltene) Unterscheidungsdimensionen über die Benachteiligung und Abwertung erlebt und/oder vorgenommen werden. Kinder und Jugendliche kennen diese Ausgrenzungserfahrungen, sei es, dass sie sie selbst erfahren über negative Zuschreibungen, wie „du bist ja nur ein Ausländer", oder „du Schwabo"[1] und haben in der Regel ein Bild davon wie sich diese Art der Ausgrenzung anfühlt. Doch nicht immer ist es thematisierbar, nicht immer gelingt es sich zu wehren und oft steht nicht die Unterstützung von anderen zur Verfügung, die man sich in diesen Situationen wünschen würde. Dazu trägt auch eine einseitige Gewaltvorstellung bei, die sich „nur" auf physische Gewalt bezieht.

Ziel dieser Trainings ist es,

1) in einem ersten Schritt für unterschiedliche Formen von Gewalt zu sensibilisieren,
2) darauf aufbauend neue Strategien zu erlernen und einzuüben um in Situationen von Rassismus und Diskriminierung ein größeres Handlungsrepertoire zur Verfügung zu haben,
3) um gleichzeitig den Selbstschutz in diesen Situationen zu erhöhen und die Schwelle aktiv einzugreifen zu senken.

Die Workshops sind in ihrer Konzeptionierung das Ergebnis aus Theorie zu Zivilcourage und dem Erfahrungswissen aus einer Vielzahl von ZARA-Trainer*innen. Die Workshops sind handlungsorientiert konzipiert und beinhalten Theorie und Reflexionsräume zum Thema Gewalt sowie Praxiselemente, die das Ziel verfolgen, aktives, zivilcouragiertes Handeln unter der Bedingung von Selbstschutz einzuüben/zu trainieren .

Den methodischen Rahmen dieses Outdoor-Zivilcourageworkshops bildet das Konzept der IOA – Integrativen Outdoor Aktivitäten® – dessen handlungsorientierter Ansatz und Herangehensweisen in Kapitel 5 kurz skizziert wird.

---

[1] Abwertende Bezeichnung für eine Person, die in Österreich oder Deutschland geboren ist und als Österreicher*in oder Deutsche*r gesehen wird.

2 Definition Zivilcourage

Für eine erste Annäherung an den Begriff „Zivilcourage" sind die beiden Wortbestandteile „zivil" und „Courage" hilfreich. „Zivil" bedeutet „nicht militärisch" und war – historisch betrachtet – an Bürgerinnen und Bürger zu Zeiten des Fürsten von Bismarck gerichtet. Dieser forderte den Mut der Bevölkerung, im Gegensatz zum militärischen Mut.[2] Somit kann „zivil" auch mit „bürgerlich" übersetzt werden. Courage bedeutet im Französischen „Mut" (und steht sinngemäß auch für beherztes Handeln). Damit kann eine erste Definition von Zivilcourage im Sinne von „Bürger-Mut" oder „Bürgerinnen-Mut" gegeben werden. Mut alleine definiert allerdings noch nicht Zivilcourage. Es werden unterschiedliche Faktoren benannt, die zivilcouragiertes Handeln ausmachen: Zivilgesellschaftliche Belange und der Einsatz für Andere oder das Gesamte, persönlicher Mut, Öffentlichkeit und der Einsatz für demokratische Werte[3] sowie der Aspekt, Nachteile für dieses Handeln in Kauf zu nehmen: wie z. B. sich öffentlich lächerlich zu machen oder den eigenen Job zu gefährden, in dem man sich für einen Kollegen, der in der Firma gemobbt wird, einsetzt.

> *„Zivilcourage beginnt mit Wahrnehmung und Verantwortungsgefühl und mündet in zivilcouragiertem Handeln. Dies bedeutet den Mut zu haben, sich für jemanden, dem Unrecht geschieht einzusetzen. Dies kann das Risiko eigener Nachteile beinhalten und unter Umständen den gesellschaftlichen und staatlichen Regeln oder Tendenzen zuwiderlaufen."*[4]

3 Zivilcourage und ihre Aspekte

Eine zivilcouragierte Handlung lässt sich in vier Schritte gliedern.[5]

- *Wahrnehmen:* Ich nehme ein Geschehen wahr. Ein Beobachter, eine Beobachterin, wird nur zur solchen, wenn er oder sie hinschaut.
- *Bewerten:* Auf Basis meiner gesellschaftlich, familiär, durch Peers und Erfahrungen geprägten Werte nehme ich eine Bewertung der Situation vor, die ich beobachte.

---

[2] Meyer 2004

[3] ebd.

[4] ZARA 2020

[5] Meyer 2004

- *Entscheiden:* Faktoren wie Eindeutigkeit der Situation, die Kosten zivilcouragierten Eingreifens, die öffentliche Meinung, wie auch das Vorhandensein von Vorbildern für Zivilcourage haben einen Einfluss auf die Entscheidung, ob gehandelt wird oder nicht.
- *Handeln:* Nach der Wahrnehmung, Bewertung und Entscheidung kommt es zu einer Handlung. Auch das Nicht-Einschreiten ist eine Handlung. Wie ich handle, hängt von Faktoren wie meinem Handlungswissen und Verhaltensroutinen, Persönlichkeitsmerkmalen und der Anwesenheit anderer Personen ab.

Diese Faktoren können auch in situative und persönliche Faktoren Unterschieden werden, wie sie Brandstätter, Frey und Scheider (2006) in einer Grafik darstellen:[6]

Persönliche Faktoren	Situative Faktoren
Werthaltungen Persönlichkeitsmerkmale Wissen darüber, was man tun soll und was nicht Verhaltensroutinen (promptes Reagieren in kritischen Situationen)	Eindeutigkeit der Situation die Anwesenheit anderer Personen die Kosten zivilcouragierten Eingreifens die öffentliche Meinung Vorbilder für Zivilcourage

Situationen, die zivilcouragiertes Handeln verlangen, sind meist Momente der Anspannung und von Stress, da damit persönliche Kosten bis hin zur Gefahr für Leib und Leben verbunden sein können. So ist es auch nicht verwunderlich, wenn wir Abwehrmechanismen entwickeln, um einer solchen Situation zu entgehen. Schwarz & Howard[7] beschreiben, dass Personen dazu neigen, eine Notlage zu verneinen, indem die Eindeutigkeit der Notlage heruntergespielt wird, wenn diese drastisch und das Einschreiten sehr aufwändig ist. Dann werden effektive Handlungsmöglichkeiten verneint im Sinne von „Da kann man nichts tun“. Wir können uns auch selbst die persönliche Kompetenz absprechen, indem wir z.B. glauben, keine Erste-Hilfe-Kenntnisse zu haben. Ferner führen Schwarz & Howard noch die Verneinung der Verantwortung an[8], die sich auch in Form der sogenannten *Verantwortungsdiffusion* zeigt. Das bedeutet: mehrere Personen sind Zeugen oder Zeuginnen eines Vorfalls

---

[6] Brandstätter, Frey, Schneider 2006, S.5

[7] Schwarz & Howard 1981 zitiert nach: Branstätter, Frey, Schneider 2006

[8] ebd.

und sehen die jeweils anderen als die kompetenteren Hilfeleisterinnen und Hilfeleister an, oder sie spielen die Situation herunter, weil die jeweils anderen Beobachter und Beobachterinnen ebenfalls nicht handeln.

4 Stress in Situationen zivilcouragierten Handelns

Wie können wir uns aber nun doch Situationen, die zivilcouragiertes Handeln benötigen, stellen, ohne in die Vermeidung zu gehen und natürlich auch ohne uns selbst zu gefährden? Ein bewusster Umgang mit Situationen und ein Gewahrwerden von Situationen, die Stress in uns auslösen, sind dabei wichtige Einflussfaktoren.

Aus zahlreichen wissenschaftlichen Studien geht hervor, dass Menschen recht unterschiedlich mit bedrohlichen Ereignissen umgehen und ganz verschiedene Coping- oder Bewältigungsstrategien entwickeln.[9]

Lazarus hat empirisch belegt, dass Stresserleben immer eine komplexe Wechselwirkung zwischen den Anforderungen einer Situation und der kognitiven Bewertung der Situation durch die Person ist. Bewertet werden die Situation selbst und die vorhandenen Bewältigungsressourcen.

- **Primäre Bewertung:** Ist die aktuelle Situation bedrohlich und falls ja, wie stark ist die Bedrohung und in welcher Form wirkt sie auf mich ein?
- **Sekundäre Bewertung:** Welche externen Möglichkeiten und eigene Ressourcen habe ich, mit dieser bedrohlichen Situation umzugehen?

Zwei Bewältigungsstrategien nach Lazarus und Folkman (1984) sind:

- **Problemorientiertes Bewältigen**: Analysieren, Beherrschen und Verändern von den Umständen oder Faktoren, die den Stress ausgelöst haben. Einschließlich der Suche nach Alternativen, des Erlernens neuer Fertigkeiten, des Änderns der eigenen Einstellung.
- **Emotionsorientiertes Bewältigen:** Der Stressauslöser wird nicht verändert, sondern es wird versucht, die stressgeladenen Emotionen zu kontrollieren. Kommt meist zum Einsatz, wenn die stressauslösende Situation als unkontrollierbar und überwältigend wahrgenommen wird.

---

[9] Aspinwall & Taylor 1997, Lazarus & Folkman 1984, Lehman et al 1993, Moos & Holahan 2003, Taylor 2010.

Studien belegen[10], dass das problemorientierte Coping zu einer besseren Bewältigung der Situation führt.

Eine Situation/ein Reiz wird immer dann als Stress wahrgenommen, wenn eine Person das Gefühl hat, bestimmte Situationen nicht kontrollieren zu können, sich selbst nicht unter Kontrolle zu haben, sich selbst nicht entwickeln zu können, nur auf sich selbst gestellt zu sein und keine Hilfe von anderen erwarten zu können.[11]

Aufgrund dieser Informationen aus unterschiedlichen Untersuchungen, halten wir es für sinnvoll, in Workshops das Analysieren, Beherrschen und Verändern von stressgeladenen Situationen zu üben (problemorientiertes Bewältigen) und neue, alternative Handlungsmuster zu erarbeiten. Je mehr Handlungsmöglichkeiten wir als Ressource haben, desto eher werden wir die Kompetenzen entwickeln, uns stressgeladenen Situationen zu stellen und diese zu meistern. Zum Beispiel kann es helfen zu wissen, dass es Sicherheit gibt, sich mit anderen Personen im öffentlichen Verkehrsmittel zu solidarisieren (Verbündete suchen), bevor man/frau überhaupt in eine bedrohlich wirkende diskriminierende Situation eingreift. Handlungsorientierte Aktivitäten und Methoden, indoor wie outdoor, bieten zur Vermittlung dieses Wissens und der erforderlichen Handlungskompetenzen ein ideales Übungs- und Lernfeld.

5 Integrative Outdoor Aktivitäten® als Übungs- und Lernfeld

„Unter Integrativen Outdoor-Aktivitäten® verstehen wir einen handlungsorientierten Ansatz pädagogisch und psychologisch fundierter Gruppenarbeit in der Natur“.[12]

Zentral ist dabei die Grundannahme, „dass sich Menschen durch Handeln entwickeln“ und daher auch „Maßnahmen und Methoden in den Mittelpunkt der Arbeit gerückt [werden], die es den Teilnehmerinnen und Teilnehmern ermöglichen, ihr Tun unter vielfältigen Perspektiven zu gestalten und zu reflektieren“.[13]

Wichtig ist an dieser Stelle, darauf hinzuweisen, dass der Begriff der Integration „nicht ‚beliebige Ganzheitlichkeit‘ bzw. die Anerkennung des Prinzips, dass alles irgendwie zusammenhängt [bedeutet], sondern vielmehr ein vielfältiges Richten von

---

[10] Billings & Moos, 1984

[11] Reschke & Schröder, S.128

[12] Initiative Outdoor Aktivitäten, 2020

[13] ebd.

Aufmerksamkeit nach reflektierten und transparenten Kriterien unter Nutzung von Methodenvielfalt[14]" umfasst. „Integrativ" meint im Ansatz der Integrativen Outdoor-Aktivitäten IOA® u.a. auch die Integration von „In- und Outdoortätigkeit", von „Körper, Emotion, Kognition und deren sozialer Bedingtheit", von „vorausgehenden und nachfolgenden Bedingungen (Setting)" und auch die fortlaufende „Integration von Aktion und Reflexion".[15]

„Natur erhält als Erfahrungs- und (Er-)Lebensraum eine hohe Bedeutung. Sie bildet den Rahmen und den Hintergrund, der von den Teilnehmerinnen und Teilnehmern mit (symbolischen) Bedeutungen versehen wird"[16].

Neben dem Lernen selbst wird auch der Transfer in den Alltag methodisch gezielt unterstützt, wobei auch hier die Teilnehmenden situativ passende Transferformen selbst erarbeiten müssen: „Ein zentrales Ziel ist es, Lernen so zu gestalten und zu reflektieren, dass TeilnehmerInnen [...] in die Lage versetzt werden, geeignete Anwendungsregeln zur Nutzung des neu erworbenen Wissens in Alltags- und Berufssituationen zu erwerben"[17].

Die Interventionsstrategie im Konzept der Integrativen Outdoor-Aktivitäten[18] umfasst neben konkreten Deutungsangeboten (*speaking for the experience*) vor allem vielfältige Reflexionsmethoden zur impliziten wie expliziten kognitiven, emotionalen und somatischen Verarbeitung der Erlebnisse vor, während und nach der Aktivität. Diese umfassen u.a.

1) Methoden des Frontloadings (Briefing, Focus, Framing),

2) die Arbeit mit Metaphern und Isomorphien[19],

3) die Reflexion während der Aktivität (Reflection-in-Action[20])

4) eine reflexive Aufarbeitung im Sinne der klassischen Aktions-Reflexionsmodelle in unterschiedlichen sozialen Settings (z.B. Debriefing, Funneling, Solos).

---

[14] ebd.

[15] Initiative Outdoor-Aktivitäten, 2011, S. 3

[16] Initiative Outdoor Aktivitäten, 2020; siehe auch Schörghuber, 1999

[17] ebd.

[18] Amesberger, 1992

[19] Priest & Gass, 2017

[20] Gilsdorf, 2004

Da konkrete Reflexionsprozesse und -methoden immer auch bestimmte Kompetenzen bei den Teilnehmenden voraussetzen gilt es diese bei der Planung der Interventionen zu berücksichtigen.[21]

6 Zivilcouragiertes Handeln lernen

Wie lässt sich nun ein Workshop gestalten, dessen Ziel es ist, die Handlungsmöglichkeiten in Situationen, in denen ich einschreiten will, zu erweitern und neue Fähigkeiten zu erlernen. Im ersten Schritt geht es darum, einen Reflexionsraum über die eigenen Werte zu eröffnen und damit gleichzeitig einen Raum des Vertrauens unter den Teilnehmern und Teilnehmerinnen herzustellen. Ein einfache Einstiegsfrage kann sein: „Was findest du unfair?“ Hier werden bereits erste Unterschiede sichtbar, aber vor allem wird es möglich, die innere Kraft zu spüren, die bei der Betrachtung von Ungerechtigkeit entsteht.

Des Weiteren werden eigene Werte sichtbar gemacht und erprobt. Eine solche Erprobung kann in Form von Aussagen und Skalierungsübungen vorgenommen werden. Die Teilnehmer und Teilnehmerinnen stellen sich auf einer Skala zwischen 0 und 100 Prozent auf, ob sie eine Handlung, wie z.B. „ein Fußballfan beschimpft einen gegnerischen Fan“ als gewaltvoll empfinden. Hierbei geht es um die individuelle Bewertung einer Situation und darum, unterschiedliche Bewertungen dessen, was Gewalt ist, von den anderen Teilnehmerinnen und Teilnehmern zu hören, um dann über die unterschiedlichen Bewertungen in Austausch zu treten. Damit wird auch sichtbar, dass die eigene Bewertung dessen, was Gewalt ist, von anderen nicht geteilt werden muss. Es wird deutlich, dass Gewalt immer eine Täter- und Täterinnen- und eine Betroffenenperspektive und manchmal auch eine Zeugen- und Zeuginnenperspektive hat. Der Austausch über die Wahrnehmungen und Bewertungen bietet ebenfalls die Möglichkeit, demokratische Praxis zu üben, indem die Bewertungen von Situationen aus verschiedenen Perspektiven sichtbar gemacht und miteinander ausgehandelt werden können. Gleichzeitig ist es allerdings in dieser Übung nicht notwendig zu einer gemeinsamen Sichtweise zu gelangen. Es geht „nur“ darum aufzuzeigen, dass meine eigene Sichtweise und Bewertung ausschlaggebend dafür sind, ob ich eine Handlung setze oder unterlasse. Bezugnehmend auf die oben beschriebenen vier Schritte, wird hier auf den Schritt „Wahrnehmung“ und den Schritt „Bewertung“ eingegangen.

Als nächstes werden konkrete Handlungsstrategien für bestimmte Situationen entwickelt. Hierfür wird mit konkreten Beispielen gearbeitet. Diese können anhand von

---

[21] Rameder, 2020

Beispielvideos vorgegeben werden oder Beispiele, die aus der Gruppe kommen, werden herangezogen. Bei den Beispielen Einzelner aus der Gruppe können auch Situationen geschildert werden, in denen etwas beobachtet wurde man aber keine Handlung gesetzt hat (siehe „Abwehrmechanismen"), oder eben Beispiele in denen konkrete Schritte gesetzt wurden. Bei ersteren geht es darum gemeinsam zu überlegen, welche Möglichkeiten des Einschreitens der Gruppe einfallen, bei letzteren werden alternative Handlungsmöglichkeiten erarbeitet.

Zu Beginn besteht jedoch immer die Frage, was überhaupt das Ziel ist, das ich erreichen möchte. Davon hängt die gewählte Strategie ab: will ich z. B., dass eine Person prinzipiell so nicht mehr handeln soll, oder will ich „einfach" nur, dass die konkrete Handlung abgebrochen oder unterlassen wird. Mit dem zweiten Ziel ergeben sich viel mehr Handlungsmöglichkeiten, die Situation zu verändern und sein Ziel zu erreichen, da es niederschwelliger ist. Es ist leichter jemanden Abzulenken z.B. durch laut sein als in eine Diskussion mit der Person zu treten und diese davon überzeugen zu wollen, dass die Handlung falsch ist und Einsicht zu erwarten. Im Vordergrund steht, die Strategien so zu wählen, dass das eigene Risiko möglichst reduziert wird. So kann z.B. der Fokus auf die betroffene Person gerichtet werden, in dem man sich z.B. neben sie stellt, oder sich zu ihr setzt. Dies ist auch eine sehr wirkungsvolle Intervention, anstatt den Täter oder die Täterin zu konfrontieren.

Da Handlung mit einer Bewegung und einer Haltung des Körpers in Verbindung steht, wird diesem Aspekt Raum gegeben. Wie fühlt es sich z.B. in einer ängstlichen, aggressiven oder selbstbewussten Körperhaltung an, sich im Raum zu bewegen und welche Wirkung hat dies auf mein Gegenüber.

Ebenso werden Körperübungen eingebaut, mit denen die eigene Komfortzone im Verhältnis zur Distanz zu einer anderen Person wahrgenommen werden soll. Die Teilnehmer- und Teilnehmerinnen werden angeleitet in Paaren aufeinander zuzugehen und jeweils mit einem „STOPP" die Person, die auf einen zugeht zum Stehen zu bringen. Dies gelingt dann, wenn das „STOPP" eindeutig und kongruent, mit der Stimme, Mimik und Körperhaltung ist. Mit diesem Üben wird handelnd die Körperwahrnehmung geschärft, das dazugehörige Körpergefühl abgespeichert und damit abrufbar gemacht. Damit wird die wahrgenommene Selbstwirksamkeit im Umgang mit realen Situationen erhöht. Es findet Lernen auf einer körperlichen Ebene statt.

In einem letzten Schritt werden in Form von Rollenspielen die neu erlernten Strategien erprobt. Hier gibt es eine Vielzahl an Methoden, die einen Bezug zu szenischen Arbeiten aufweisen, wie z.B. der Methode von Augusto Boal und dem „Forumtheater" oder der Methode des Statuenstellens, das Schritt für Schritt Szenen erarbeitet und mit Veränderungsinterventionen experimentiert. Es funktionieren aber auch sehr spontan eingebrachte gespielte Szenen, in denen jeweils vorher definierte Teilnehmerinnen und Teilnehmer Interventionen ausprobieren. In all den Übungen ist die Reflexion darüber, was funktioniert hat und warum, ein wesentlicher Bestandteil dafür erworbene Erfahrungen auch auf kognitiver Ebene greifbar und lernbar zu machen.

Ziel ist es, eine Verbindung zwischen Theorie, praktischem Handeln und Körper herzustellen.

Am Ende eines Workshops steht immer auch die Frage, welchen Aspekt der verschiedenen Übungen und Reflexionen für die jeweiligen Teilnehmerinnen und Teilnehmer am interessantesten waren und was sie sich von dem Workshop mitnehmen. Dies dient zum Einem dazu persönliche Reflexionen und Gedanken zu integrieren. Zum Anderem wird mit dem „zur Verfügung stellen" der eigenen Erfahrung und Erkenntnis in der Gruppe diese verfestigt und eine Akzeptanz verschiedener persönlicher Lernerfahrung in einer Gruppe induziert.

7 Literatur

Amesberger, G. (1992). Persönlichkeitsentwicklung durch Outdoor-Aktivitäten? Untersuchung zur Persönlichkeitsentwicklung und Realitätsbewältigung bei sozial Benachteiligten. Frankfurt am Main: Afra-Verlag.

Brandstätter, V., Frei, D., & Schneider, G. (2006). Zivilcourage in Theorie und Training als Beitrag zu Werteverwirklichung und Demokratieverständnis. Berlin - BLK Beiträge zur Demokratiepädagogik.

Gilsdorf, R. (2004). Von der Erlebnispädagogik zur Erlebnistherapie. Bergisch Gladbach: EHP - Edition Humanistische Psychologie.

Initiative Outdoor-Aktivitäten (2011). Arbeitsunterlage zum: Modul M2 - Theorie handlungsorientierter Ansätze Skriptum: Universitätslehrgang Integrative Outdoor-Aktivitäten® ULG 5: Initiative Outdoor Aktivitäten.

Initiative Outdoor Aktivitäten (2020). Konzept: https://www.ioa.at/konzept/ [Zugriff am 02.06.2020]

Meyer, G. (2004). Was heißt mit Zivilcourage handeln? in: Meyer, G., Landeszentrale für Politische Bildung Baden-Württemberg, & Bundeszentrale für Politische Bildung (Hrsg.). (2004). Zivilcourage lernen: Analysen - Modelle - Arbeitshilfen (1. Aufl). BPB, S. 23 – 41.

Priest, S., Gass, M. (2017). Effective Leadership in Adventure Programming, 3E, Illinois: Human Kinetics.

Rameder, Paul. (2020). Wirkung von Debriefing- und Reflexionsmethoden in handlungsorientierten Lernprozessen – Stand der Forschung und empirische Befunde. In Barbara Bous, Jule Hildmann & Martin Scholz (Hrsg.), Draußen Lernen: Handlungsorientierte Bildungsprojekte. Forschung rund um die Erlebnispädagogik. Augsburg: ZIEL. S. 74 – 95

Schörghuber, K. (1999). Zum Pädagogischen des Natürlichen –Entwicklungslinien für pädagogische und psychologische Outdoorkonzepte. Spectrum der Sportwissenschaften, 11(1), S. 28-55.

Schwarz, S.H. & Howard, J.A. (1981) zitiert nach: Brandstätter, V., Frei, D., & Schneider, G. (2006). Zivilcourage in Theorie und Training als Beitrag zu Werteverwirklichung und Demokratieverständnis. Berlin - BLK Beiträge zur Demokratiepädagogik, S. 4.

Oster, P. (2018): Erste Hilfe Outdoor. Fit für Notfälle in freier Natur. 4. Auflage. Augsburg: ZIEL

ZARA (2020). Zivilcourage ...kann man Lernen. ZARA-Training. https://zara.or.at/de/training/detail/fmmpRdWEo [Zugriff am 02.06.2020]

Lazarus, R.S. & Folkman, S. (1984). Stress, Appraisal, and Coping. New York: Springer Publishing Company

Reschke, K. & Schröder, H. (2010). Optimistisch den Stress meistern. Ein Programm für Gesundheitsförderung, Therapie und Rehabilitation. 2 Aufl., Tübingen: Dgvt-Verlag.

Mag.[a] Birgit Martini MEd.

Lehrerin für Bewegung und Sport, Psychologie und Philosophie
Lehrbeauftragte an der Universität Wien
Lehrtrainerin für Integrative Outdoor-Aktivitäten®
Beraterin

E-Mail: birgit.martini@univie.ac.at

Website: www.ioa.at

Warum ist es so schwierig, die Gesellschaft zu verändern?

Handlungsorientierung trifft auf Systemgrenzen

1 Hinführung: Das Gegenteil von gut ist gut gemeint

Als Erlebnispädagoginnen und Erlebnispädagogen, Trainer und Trainerinnen für Integrative Outdoor-Aktivitäten® arbeiten wir in der Natur mit Personen, Teams und Organisationen am übergeordneten Thema der Lebensqualität von Kindern, Jugendlichen und Erwachsenen. Wir lernen sympathische Menschen mit guten Absichten kennen, manche durchaus auch in mächtigen gesellschaftlichen Positionen. Alle geben an, eine gerechtere und demokratischere Gesellschaft zu wollen. Gleichzeitig treffen wir auf eine gesellschaftliche Realität, die z. B. von Populismus, Klimakrise, Chancenungleichheit und Optimierungszwang geprägt ist.

Wir wissen z. B. seit fast 300 Jahren, dass der sozioökonomische Hintergrund von Kindern über ihren Bildungserfolg entscheidet. Das Wissen führt aber nicht dazu, diese Ungleichheit nachhaltig zu ändern. Pädagoginnen und Pädagogen, Führungskräfte, Teams und Organisationen bekennen sich mehrheitlich zur Chancengleichheit der Geschlechter. Die realen Handlungen von Menschen haben aber zur Folge, dass in Führungsetagen nach wie vor wenige Frauen anzutreffen sind.

Geht man davon aus, dass auch gerechte Absichten verwirklicht werden wollen, wirft dies Fragen auf: Wieso kann Wissen nicht einfach in Verhalten umgesetzt werden, und wieso sind die Folgen von Handlungen auf Basis guter Absichten nicht automatisch gut? An den Intentionen alleine – zumindest an jenen, die Menschen angeben, wenn sie danach gefragt werden – kann es nicht liegen. Es müssen Dynamiken am Werk sein, die den Absichten der Personen entgegenwirken. Oft endet die Diskussion an dieser Stelle mit der Feststellung, dass die Verhältnisse eben sehr komplex seien. Wenn wir den Anspruch erheben, uns auch gesellschaftspolitisch einzubringen, stehen wir vor der Herausforderung, uns mit dieser Feststellung nicht zu begnügen, sondern die Auseinandersetzung genau an dieser Stelle zu suchen und neu zu beginnen.

In diesem Beitrag wird mit dem Autopoiesis-Konzept erklärt, wie Handlungen von Personen auf Basis guter Absichten unbeabsichtigte Folgen auf gesellschaftlicher Ebene nach sich ziehen können.[1] Unser Bewusstsein, das Beziehungsgeschehen und

---

1 Vgl. Maturana/Pörksen, 2008; Maturana/Varela, 2012.

Prozesse in Organisationen und gesellschaftlichen Teilbereichen sind nämlich durch eine nicht direkt beeinflussbare Eigendynamik charakterisiert. Die begrenzte Rationalität und der notwendige Rückgriff auf unsere Intuition werden thematisiert, um zu zeigen, wie wir zu suboptimalen Entscheidungen und Urteilen kommen. Die Grenzen unseres Wahrnehmungs- und Erkenntnisvermögens relativieren zunächst unsere Handlungsmacht. Folgen wir jedoch unseren Bedürfnissen nach sozialen Beziehungen und dem Motiv Einfluss auszuüben, wird es möglich, unsere Schwächen in Stärken zu transformieren und Angriffspunkte für Veränderungen zu finden.

2 Ausgangspunkt und Zielsetzung

Der Kongress „erleben und lernen“, zu dem auch diese Publikation veröffentlicht wurde, stand unter dem Motto „Einmischen necessary! Von der Kunst des beherzten Handelns“ und reagiert damit auf aktuelle gesellschaftspolitische Verhältnisse. Welche Möglichkeiten beherzten Handelns man sieht und wie man die Kunst des beherzten Handelns praktiziert, wird von der jeweiligen subjektiven und theoretischen Position bestimmt, auf deren Basis man handelt. Hier wird auf der Grundlage des Ansatzes Integrative Outdoor-Aktivitäten® und des Gruppendynamik-Theoriekonzeptes argumentiert, wie es im Österreichischen Arbeitskreis für Gruppentherapie und Gruppendynamik (ÖAGG) vermittelt wird.[2] Um die Frage zu bearbeiten, welche Handlungsmöglichkeiten man in den Feldern Erlebnispädagogik und Integrative Outdoor-Aktivitäten® hat, um auf gesellschaftliche Verhältnisse einzuwirken, werden handlungstheoretische Grundlagen, gruppendynamische Theorien und systemisch-konstruktivistische Überlegungen fokussiert. Die Ausführungen verfolgen das Ziel, Angriffspunkte für Veränderungen zu finden und zu ermutigen, sich gemeinsam auf den Weg zu begeben.

3 Die Eigendynamik unterschiedlicher Systeme

Wir entwerfen ein Bild einer gerechteren, demokratischeren Gesellschaft, versuchen andere von unseren Ideen zu überzeugen und wundern uns, warum die Lösung der Probleme so schwierig ist. Wir rechnen nicht mit der Eigendynamik anderer Personen, Gruppen, Organisationen und gesellschaftlicher Teilbereiche.

---

2 Vgl. Nitsch, 2000; Amesberger, 2002; Majce-Egger, 1999; Schörghuber & Pfingstner, 2007.

3.1 Die Eigendynamik des Bewusstseins

Das Autopoiesis-Konzept beschreibt auf Basis neurophysiologischer Erkenntnisse, wie wir zu unseren Bildern und Urteilen über andere Personen und gesellschaftlicher Verhältnisse kommen, und stellt unsere Alltagserfahrungen auf den Kopf. Im Alltag handeln wir auf Basis der Annahme, dass wir Informationen aus der Umwelt aufnehmen und unsere inneren Bilder die äußere Welt naturgetreu abbilden. Unser Handeln führen wir dann automatisch ursächlich auf äußere Gegebenheiten zurück, und das Beziehungsgeschehen ist geprägt von Auseinandersetzungen darüber, wer im privilegierten Besitz der Wahrheit ist.[3]

In der Erforschung biologischer Wurzeln des Erkennens kommen Maturana und Varela jedoch zu dem Schluss, dass Lebewesen durch eine autopoietische Organisation charakterisiert sind. Das Kunstwort „Autopoiesis" setzt sich aus den griechischen Wörtern „autos" (=selbst) und „poiein" (=machen) zusammen, es meint so viel wie Selbsterzeugung und Selbsterhaltung.[4] Dieser Gedanke beruht auf der Einsicht in die Geschlossenheit des Nervensystems und hat die Grundannahme zur Folge, dass die Außenwelt keine Möglichkeit besitzt, uns ihre wahre Gestalt mitzuteilen.[5] Dies bedeutet nicht, jegliche Erfahrung als bloß „subjektiv" zurückzuweisen. Aus der Tatsache, dass wir uns nur auf unsere eigene Erfahrung beziehen können, wenn wir ein Bild der Wirklichkeit zeichnen, folgt, das Erleben anderer bedingungslos ernst zu nehmen.[6] Erst die Anerkennung der Art und Weise, wie andere Personen Situationen erleben, kann einen Raum der gemeinsamen Auseinandersetzung eröffnen.

Als Menschen besitzen wir die Fähigkeit zur Reflexion. Wir können uns selbst als Objekt betrachten und uns selbst dabei beobachten, wie wir Meinungen und Urteile bilden. Eine Selbstreflexion ist gelungen, wenn man sich bewusst macht, dass man es selbst ist, der oder die eine ganz bestimmte Unterscheidung gebraucht.[7] Dadurch wird man sich auch bewusst, dass man blinde Flecken erzeugt und dass die Situation auch ganz anders wahrgenommen und beurteilt werden kann. Am Weg durchs Leben lassen wir uns von unseren intuitiven Überzeugungen leiten, und das ist oft gerechtfertigt, aber nicht immer. Eine Situation zu reflektieren, erfordert Mühe und

---

[3] Vgl. Maturana/Pörksen, 2008, Seite 38.

[4] Maturana/Varela, 2012, Seite 51.

[5] Maturana/Varela, 2012, Seite 145.

[6] Amesberger, 2000, Seite 16.

[7] Maturana/Varela, 2012, Seite 264.

mentale Anstrengung.[8] Wenn man jedoch wachsam gegenüber persönlichen Gewissheiten ist und erkennt, wie man selbst ein Weltbild hervorbringt, weckt dies das Interesse an den Weltbildern Andersdenkender. Gespräche mit Andersdenkenden eröffnen die Möglichkeit, blinde Flecken zu erhellen und gemeinsam ein umfassenderes Bild der Wirklichkeit zu zeichnen.

Akzeptiert man die biologischen Möglichkeiten und Grenzen unseres Erkenntnisvermögens, hat dies weitreichende ethische Konsequenzen. Glaubt man an eine Realität, die unabhängig von der eigenen Person existiert, glaubt man auch daran, dass es allgemein gültige Aussagen gibt. Dieser Glaube rechtfertigt die Exklusion all jener, die sich der eigenen Sichtweise nicht unterwerfen.[9] Demokratisches Handeln bedeutet, den Pluralismus in der Demokratie zu respektieren und die Vielfalt an Interessen und Identitäten gleich ernst zu nehmen.[10] Es ist nicht immer einfach, Andersdenkende als gleichberechtigte Gegenüber anzuerkennen und mehr Vielfalt ist nicht automatisch besser, aber ohne den Wert „Gleichheit“ ist Demokratie nicht denkbar.[11]

3.2 Die Eigendynamik des Beziehungsgeschehens

Systemisch formuliert ist unser Bewusstseinssystem also geschlossen, und daher können wir auch keinen unmittelbaren Kontakt zu anderen Bewusstseinssystemen aufnehmen. Es ist somit unmöglich, Gedanken einfach zu teilen bzw. Informationen direkt auszutauschen. Auch mittels Kommunikation können wir nicht in andere Köpfe hineinsehen.[12]

Das bedeutet gerade nicht, dass jeder Mensch einsam in seinem eigenen Universum unabhängig von anderen handelt. Als menschliche Wesen sind wir auf Kontakte angewiesen und herausgefordert, mit anderen in Beziehung zu treten. Sobald dies gelingt, entsteht eine neue Sphäre, ein neues Selbstverständnis des einzelnen und der ganzen Gruppe.[13] Das soziale Beziehungsgeschehen besitzt ebenfalls eine

---

[8] Kahnemann, 2011. Seite 45.

[9] Maturana/Pörksen, 2008, Seite 38.

[10] Müller, 2017, Seite 98.

[11] Müller, 2017, Seite 98.

[12] Kneer/Nassehi, 2000, Seite 72.

[13] Fliedl, 2013, Seite 29.

Eigendynamik und spielt sich auf einer eigenständigen Ebene ab.[14] Jeder hat z.B. schon einmal die Erfahrung gemacht, ein Gespräch zu führen, während gleichzeitig die eigenen Gedanken abschweifen und sich mit etwas anderem beschäftigen.

Soziale Prozesse sind von der psychischen Verfasstheit der beteiligten Personen zwar abhängig, können aber nicht ursächlich damit erklärt werden. Die Beziehungsgeschichte deckt sich nicht mit der Psychodynamik der Personen. Aufgrund der Art und Weise, wie unsere Wahrnehmungs- und Gedächtnisprozesse funktionieren, suchen wir jedoch automatisch nach kausalen Verknüpfungen. Kahnemann nennt diese Neigung unserer Intuition „Kausalitätsillusion".[15] Wenn wir das Beziehungsgeschehen ursächlich auf die Persönlichkeitseigenschaften des Gegenübers zurückführen, konstruieren wir eine plausible Geschichte und befriedigen so unser Bedürfnis nach Stimmigkeit.[16]

Um in einen gemeinsamen Beziehungsraum eintreten zu können, braucht es den richtigen Schlüssel, den Maturana als „strukturelle Kongruenz" bezeichnet.[17] Aus dem bisher Gesagten lassen sich folgende Fähigkeiten ableiten, die das Finden eines passenden Schlüssels ermöglichen, um Beziehungsräume konstruktiv zu gestalten:

- die Anerkennung des eigengesetzlichen Erlebens der anderen
- die Bereitschaft und Fähigkeit, das eigene Erleben und das Beziehungsgeschehen so zu reflektieren, dass sich Perspektiven erweitern
- vom kausalen Ursache-Wirkungsdenken abrücken, zugunsten der Betrachtung von Kontexten[18]
- der Mut, Andersdenkenden zu begegnen und unvertraute Räume zu betreten.

Bleibt man dabei stehen, den Blick auf sich selbst und die jeweiligen Beziehungsdynamiken zu richten, besteht die Gefahr, dass der Reflexionsprozess zum Selbstzweck wird. Bourdieu bezeichnet diesen Rückzug ins Persönliche und Private als „narzißtische Reflexivität".[19] Bourdieu gibt zu bedenken, dass die sozialen Bedingungen der eigenen Erfahrungsmöglichkeit im Dunkeln bleiben, wenn nur die

---

[14] Maturana/Pörksen, 2008, Seite 85.

[15] Kahnemann, 2011, Seite 102.

[16] Diese Urteilstendenz wird als „fundamentaler Attributionsfehler" bezeichnet. Vgl. Ross, 1978, Seite 350. Wie man kausale Zusammenhänge konstruiert und Objekten Absichten zuschreibt, untersuchten Heider & Simmel bereits 1944.

[17] Maturana/Pörksen, 2008, Seite 91.

[18] Sparrer, 2016, Seite 40.

[19] Bourdieu, 1995, Seite 365.

erlebten Erfahrungen beleuchtet werden. Persönliches Handeln kann auf gesellschaftlicher Ebene wirksam werden, wenn die Abhängigkeit der Perspektive der Personen von Organisationsstrukturen und gesellschaftlichen Verhältnissen thematisiert wird.[20] Im Konzept Integrative Outdoor-Aktivitäten® und in der Gruppendynamik wird daher davon ausgegangen, dass persönliches Handeln und Gruppenprozesse nur in Bezug auf den organisationalen und gesellschaftlichen Kontext verstanden werden können.[21] Wollen wir die Gesellschaft in unserem Sinne verändern, braucht es auch ein Verständnis für die Komplexität und die Eigendynamik von Organisationen und gesellschaftlichen Teilbereichen.

3.3 Die Eigendynamik unterschiedlicher gesellschaftlicher Bereiche

Wir leben in komplexen Beziehungen und in einer komplexen Gesellschaft. In Anlehnung an Luhmann bedeutet Komplexität, dass es nicht möglich ist, alle Informationen zu erfassen, um sich selbst, soziale Beziehungen und gesellschaftliche Verhältnisse vollständig verstehen zu können.[22] Um in sozialen Situationen handlungsfähig zu bleiben, gehen wir von eigenen Erfahrungen aus und wählen bestimmte Bedeutungen und Sinnmomente. Diese Selektion reduziert Komplexität.[23]

Damit das gesellschaftliche Leben nicht aufhört zu existieren, wird Komplexität reduziert, indem sich die Gesellschaft in unterschiedliche Teilsysteme differenziert: Politik, Wirtschaft, Wissenschaft, Recht, Bildung, etc.[24] Diese Teilbereiche differenzieren sich wiederum in Organisationen, die unser Leben maßgeblich bestimmen. Die Funktionssysteme erzeugen ihre Welt nicht mit Themen wie Wohlstand, Gemeinwohl, Gerechtigkeit, Bildung, sondern über zweiwertige Unterscheidungen. Die Politik operiert mit der Unterscheidung Macht/Ohnmacht, die Wirtschaft mit zahlen/nicht zahlen, das Recht mit Recht/Unrecht, die Wissenschaft mit

---

[20] Vgl. Bourdieu, 1995, Seiten 365-374.

[21] Amesberger u.a. 2006; Majce-Egger, 2014.

[22] Luhmann, 1987, Seite 80. Weitere zentrale Arbeiten Luhmanns zu den vorliegenden systemtheoretischen Ausführungen: 1964, 1973, 1997.

[23] Kneer/Nassehi, Seite 77.

[24] Kneer/Nassehi, Seite 131.

wahr/unwahr, die Bildung mit lernen/nicht lernen. Jeder Bereich produziert dabei seine systemtypischen blinden Flecken.[25]

Systemisch betrachtet, gilt für Organisationen und gesellschaftliche Teilbereiche das Gleiche wie für das menschliche Bewusstsein und zwischenmenschliche Beziehungen. Sie sind zwar auf Einflüsse aus anderen Bereichen angewiesen, reagieren darauf jedoch gemäß der eigenen inneren Logik. Die Politik kann auf wissenschaftliche Erkenntnisse nur politisch reagieren, indem sie damit ihr Programm rechtfertigt, um die Entscheidungsmacht zu behalten oder zu bekommen. Umgekehrt kann die Wissenschaft die Gültigkeit ihrer Erkenntnisse nicht mit politischen Machtverhältnissen belegen, sondern nur mit Theorien und Ergebnissen empirischer Untersuchungen. Jedes System bildet nur einen Teil der Gesellschaft ab, gleichzeitig müssen die jeweiligen Vertreter und Vertreterinnen behaupten, das Ganze zu repräsentieren, um eigene Interessen durchzusetzen und das eigene System am Laufen zu halten.[26]

In unserer Gesellschaft existieren also zeitgleich unterschiedliche Bereiche nebeneinander, die systemisch betrachtet unterschiedliche Interessen vertreten und unterschiedliche Ziele verfolgen. Interessen und Ziele sind zum Teil widersprüchlich, paradox und unvereinbar; das gilt es auszuhalten. Will man auf gesellschaftliche Verhältnisse einwirken, macht es also keinen Sinn, andere Logiken zu bekämpfen oder ihren Vertretern und Vertreterinnen die Legitimation abzusprechen – etwa, mit der Begründung, sie seien amoralisch oder bösartig. Um diese Perspektivendifferenz für eigene Zwecke konstruktiv nutzen zu können, braucht es aufbauend auf die im vorigen Abschnitt aufgelisteten Fähigkeiten noch Folgendes:

- ein Verständnis für die inneren Logiken gesellschaftlicher Teilbereiche
- ein Bewusstsein darüber, aus welcher Position andere Personen handeln, welcher Organisation sie angehören und welcher Logik diese Organisation folgt.

So wie es auf der persönlichen Ebene keinen privilegierten Ort objektiven Handelns gibt, gibt es auf gesellschaftlicher Ebene keinen externen Ort, der die unterschiedlichen Interessen harmonisch integrieren könnte. Auf gesellschaftlicher Ebene übernimmt der liberale Rechtsstaat die Funktion, unterschiedliche Logiken gegeneinander abzuwägen und entsprechende Entscheidungen zu treffen. Wenn man nicht an eine zentrale göttliche Instanz glaubt, ist es daher von Vorteil, in einem Land zu leben, dessen Rechtsstaatlichkeit vertrauenswürdig genug ist: Das heißt in einem Rechtsstaat, der den öffentlichen Diskurs unterschiedlicher Perspektiven fördert.

---

[25] Kneer/Nassehi, 2000, Seite 132.

[26] Kneer/Nassehi, 2000, Seite 138.

4 Der Umgang mit Perspektivenvielfalt

Um die Logiken unterschiedlicher Subsysteme und deren Eigendynamik besser verstehen zu können, braucht es also Lernräume, in denen der Umgang mit Perspektivenvielfalt trainiert werden kann. Erlebnispädagogik und Integrative Outdoor-Aktivitäten® können solche Lernräume zur Verfügung stellen. Zum Abschluss wird diskutiert, welche Konsequenzen sich aus den bisher formulierten Gedanken für die praktische Arbeit mit Konzepten der Erlebnispädagogik und der Integrativen Outdoor-Aktivitäten® ergeben. Es geht darum, Bedingungen zu konkretisieren, unter denen Handlungen mehr soziale Gerechtigkeit auf gesellschaftlicher Ebene bewirken können.

Auf persönlicher Ebene stellen bestimmte Fähigkeiten die Bedingungen dafür da, die Gesellschaft nicht gegen ihre Eigendynamik, sondern mit ihrer Struktur zu verändern. Damit Interventionen nicht verpuffen oder unbeabsichtigte Wirkungen erzeugen, braucht es die Fähigkeit, sich der Eigendynamiken von Personen, Gruppen und Organisationen bewusst zu werden. Dies eröffnet den Blick auf wirksame Hebel für Beeinflussung und Veränderung. Handlungstheoretisch gesprochen ist die Entwicklung bestimmter Kompetenzen das Ziel, die auf den Zweck gerichtet sind, etwas Gutes in der Gesellschaft bewirken zu können, um die Sinnperspektive „Gerechtigkeit“ zu eröffnen.[27] Aus systemisch-konstruktivistischen und gruppendynamischen Annahmen wurden in den Abschnitten 3.2 und 3.3 Fähigkeiten abgeleitet, die das Anerkennen anderer Perspektiven als gleichrangig und ein besseres Verstehen anderer Logiken ermöglichen. Es geht darum, folgende Kompetenzen zu verfeinern:

- das eigengesetzliche Erleben der anderen anerkennen
- das eigene Erleben und das Beziehungsgeschehen so reflektieren können, dass sich Perspektiven erweitern
- vom kausalen Ursache-Wirkungsdenken abrücken, um den Kontext näher zu betrachten
- bereit sein, Andersdenkenden zu begegnen und unvertraute Räume zu betreten
- ein Verständnis für die inneren Logiken gesellschaftlicher Teilbereiche entwickeln
- ein Bewusstsein entwickeln, aus welcher Position andere handeln, welcher Organisation sie angehören und welcher Logik diese Organisation folgt.

---

[27]Zu Sinn-, Ziel- und Zweckbezügen menschlichen Handelns vgl. Nitsch, 2000; Gabler, 2000, präzisiert die Zweckdimension.

Als Basis für eine konstruktive Auseinandersetzung lässt sich eine Ethik formulieren, die sich der biologischen und sozialen Verfasstheit des Menschen bewusst ist und die Reflexionsfähigkeit in den Mittelpunkt stellt.[28] Die einzige Möglichkeit für ein demokratischeres Zusammenleben ist die Suche nach einem umfassenderen Bereich, in dem sich widersprüchliche Positionen begegnen. Die Begegnung mit etwas Fremden kann eine neue Erfahrung ermöglichen und das eigene Blickfeld erweitern. Dies eröffnet einen Raum, in dem alle Beteiligten Meinungen und (Vor-) Urteile kritisch überprüfen können, denn man ist herausgefordert, persönliche Erlebnisse, Beziehungsdynamiken, Organisationsstrukturen und gesellschaftliche Verhältnisse genauer wahrzunehmen und differenzierter zu beurteilen.

Im Konzept der Integrativen Outdoor-Aktivitäten® wird der Begleitung und Verarbeitung von Erlebnissen, bis hin zur Reflexion von Erfahrungen, eine zentrale Stellung eingeräumt, damit Lernen auch auf einer Tiefenebene wirksam werden kann.[29] Es geht um die Entwicklung der Kompetenz, andere Personen und soziale Systeme in ihren zugrundeliegenden Logiken und Funktionsweisen besser verstehen zu können, um im Sinne einer verantwortlichen Mit-Gestaltung handlungsfähiger zu werden. Dennoch sollen diese Ausführungen nicht als Plädoyer für ein Mehr an Reflexion missverstanden werden. Das Gegenteil ist der Fall. Bourdieu spricht von einer „Epidemie wilder Reflexivität"[30] im Wissenschaftsbetrieb. Ähnliches lässt sich auch in Aus- und Weiterbildungen in pädagogischen und psychologischen Feldern ausmachen. Die Herausforderung für die Leitung von Projekten und Seminaren in den Bereichen Erlebnispädagogik und Integrative Outdoor-Aktivitäten® besteht darin, Reflexionsprozesse so zu gestalten, dass als Ergebnis etwas Neues wahrgenommen werden kann und ein fruchtbarer Lernprozess entsteht, der nicht in langwierige Gruppendiskussionen mündet. Beim Lernen des Umgangs mit Vielfalt, kann dies durch ein zielorientiertes Richten von Aufmerksamkeit ermöglicht werden, welches die Perspektivität der jeweiligen Perspektive zum Thema hat.[31]

Wenn es um die Frage geht, wie man das gesellschaftliche Problem sozialer Ungleichheit am besten löst, kann die Weisheit der Gruppe genutzt werden, denn Gruppen kommen unter bestimmte Bedingungen zu verlässlicheren Ergebnissen als Einzelpersonen. Intuitiv überschätzen wir jedoch systematisch den Wert eigener

---

[28] Maturana/Varela, 2012, Seite 263-269.

[29] Amesberger, 2000, Seite 15. Im Konzept der Integrativen Outdoor-Aktivitäten® bezieht man sich dabei u.a. auf lerntheoretische Untersuchungen von Bateson, 1980 und Glasersfeld, 1997.

[30] Bourdieu, 1995, Seite 365.

[31] Zum lernrelevanten Richten von Aufmerksamkeiten vgl. Schörghuber, 2007.

Überlegungen im Vergleich zum Potenzial eines sozialen Austausches und auch im Vergleich zu wissenschaftlichen Expertisen.[32] Diese Schwäche kann im Gruppensetting Vorteile bringen, wenn mehrere Mitglieder ihre unterschiedlichen Standpunkte genau deshalb intensiv verteidigen. Vorausgesetzt, die Personen sind gut darin, Gegenargumente zu entkräften und alternative Erklärungen zu finden.[33] Um die Ergebnisse auf eine gesellschaftliche Ebene zu transformieren, braucht es neben einer guten Argumentationsfähigkeit auch eine Gruppe, die in ihren anfänglichen Meinungen hinreichend divers ist. Dadurch kann das Risiko einer systematischen Verzerrung der Ergebnisse reduziert und dem Entstehen extremer Ansichten entgegengewirkt werden.[34] Als charismatisch wahrgenommene Führungsfiguren haben indes den Effekt, dass abweichende Meinungen eher nicht geäußert werden und den Diskurs somit nicht bereichern können.[35] Berücksichtigt man die angeführten Ergebnisse wissenschaftlicher Untersuchungen zu Meinungsbildungsprozessen in Gruppen bei der Frage, unter welchen Bedingungen das Problem sozialer Ungleichheit am besten gelöst werden kann, rücken Faktoren wie Gruppenzusammensetzung, Argumentationsfähigkeit und Führungsverständnis in den Vordergrund und die jeweiligen guten Absichten der Personen in den Hintergrund.

In Integrativen Outdoor-Aktivitäten® und in der Erlebnispädagogik nutzen wir Elemente wie Natur, Erlebnis, Wagnis, Körperlichkeit und Gruppe, um auf gesellschaftliche Verhältnisse einzuwirken. Hinter diesen Begriffen verbergen sich einerseits Ideologien, Mythen, Klischees und so viele unterschiedliche Bilder und Zugänge, wie es Personen gibt. Andererseits ist in der Pandemie-Situation vielen Menschen bewusster geworden, welche Bedeutung Körperlichkeit, gelingende zwischenmenschliche Beziehungen und das Bewegen in der Natur für sie hat. Für Integrative Outdoor-Aktivitäten® und Erlebnispädagogik stellt sich daher die Frage, wie diese Bedingungen genutzt werden können, um bedeutsame Erlebnisse und Erfahrungen im Sinne dieser Ausführungen zu ermöglichen.[36] Für Pädagoginnen und Pädagogen,

---

[32] In sechs empirischen Studien belegen Mercier u.a., 2015, dass sowohl Experten und Expertinnen als auch Laien die eigene Fähigkeit, Probleme zu lösen, systematisch überschätzen und die Leistung einer Gruppendiskussion unterschätzen. Levy, 2017, wertet die Ergebnisse zahlreicher empirischer Untersuchungen aus und kommt zu dem Schluss, dass man bei politisch brisanten Themen die Verlässlichkeit des wissenschaftlichen Diskurses systematisch unterschätzt und jenen Personen glaubt, denen man Kompetenz und Wohlwollen zuschreibt.

[33] Paulo, 2018, Seite 59.

[34] Vgl. Levy, 2017, Seite 317.

[35] Levy, 2017, Seite 317.

[36] Vgl. Amesberger, 2000, Seite 11.

Trainer und Trainerinnen bedeutet dies, den Fokus der Aufmerksamkeit weg von den eigenen guten Absichten hin zum gemeinsamen Erforschen des unmittelbaren Erlebens zu lenken.

Die Gesellschaft entzieht sich der Absicht, sie nach dem eigenen Bild zu formen. Um dennoch wirksam und sinnvoll eingreifen zu können, gilt es, Komplexität und Ohnmachtserfahrungen auszuhalten und sich seiner Verantwortung für das Ganze bewusst zu sein, um handlungsfähig zu bleiben. Demokratisch gesinnte Menschen respektieren die Prinzipien der liberalen Demokratie, trainieren ihren Umgang mit Perspektivenvielfalt und lernen, die Aussagekraft wissenschaftlicher Erkenntnisse zu beurteilen.

5 Literatur

Amesberger, Günter (2000): Erlebnis – Erziehung. Spannende Wechselwirkungen im Feld Bewegung und Sport? In: Spectrum der Sportwissenschaften 12 (Suppl.), S. 7-19.

Amesberger, Günter; Pfingstner, Reinhold; Schörghuber, Karl & Amesberger, Brigitte. (2006): Universitätslehrgang Training und Beratung nach dem handlungsorientierten Ansatz der Integrativen Outdoor-Aktivitäten®. In Torsten Fischer (Hrsg.), Hochschule und Erlebnispädagogik. Hochschuldidaktische Bausteine einer handlungs- und erlebnisorientierten Pädagogik (S. 86-102). Hohengehren: Schneider.

Bateson, Gregory (1980): Ökologie des Geistes: anthropologische, psychologische, biologische und epistemologische Perspektiven. Frankfurt am Main: Suhrkamp.

Bourdieu, Pierre (1995): Narzißtische Reflexivität und wissenschaftliche Reflexivität. In: Eberhard Berg & Martin Fuchs (Hrsg.). Kultur, soziale Praxis, Text (S. 365-374). Frankfurt am Main: Suhrkamp.

Fliedl, Rainer (2013): Gruppenpsychotherapie und Innovation – was sonst. In: Katharina Warta & Karin Zajek (Hrsg.), Innovation! Was kann die Gruppe dafür? (29-37). Wien: Krammer.

Gabler, Hartmut (2000): Motivationale Aspekte sportlicher Handlungen. In: Hartmut Gabler, Jürgen R. Nitsch & Roland Singer (Hrsg.), Einführung in die Sportpsychologie. Teil 1: Grundthemen (S. 197-246). Schorndorf: Hofmann.

Heider, Fritz & Simmel, Marianne (1944): An experimental study of apparent behavior. In: American Journal of Psychology 13, S. 243-259.

Kahnemann, Daniel (2012): Schnelles Denken, Langsames Denken. München: Penguin.

Kneer, Georg & Nassehi, Armin (2000): Niklas Luhmanns Theorie sozialer Systeme. Paderborn: Wilhelm Fink.

Kühl, Stefan (2011): Organisationen. Eine sehr kurze Einführung. Wiesbaden: VS Verlag für Sozialwissenschaften.

Levy, Neil (2017): Due deference to denialism: explaining ordinary people´s rejecton of established scientific findings. In: Synthese, 1-15. https://doi.org/10.1007/s11229-017-1477-x.

Luhmann, Niklas (1964): Funktionen und Folgen formaler Organisation. Berlin: Duncker & Humblot.

Luhmann, Niklas (1973): Zweckbegriff und Systemrationalität. Über die Funktion von Zwecken in sozialen Systemen. Frankfurt am Main: Suhrkamp.

Luhmann, Niklas (1987): Soziale Systeme. Grundriß einer allgemeinen Theorie. Frankfurt am Main: Fischer.

Luhmann, Niklas (1997): Die Gesellschaft der Gesellschaft. Frankfurt am Main: Suhrkamp.

Mercier, Hugo; Trouche, Emmanuel; Yama, Hiroshi; Heintz, Christopher & Girotto, Vittorio (2015): Experts and laymen grossly underestimate the benefits of argumentation for reasoning. In: Thinking & Reasoning 21, 342-355.

Majce-Egger, Maria (1999): Gruppentherapie und Gruppendynamik – Dynamische Gruppenpsychotherapie. Theoretische Grundlagen, Entwicklungen und Methoden. Wien: Facultas.

Majce-Egger, Maria (2014): Gruppendynamik. https://www.gddg.at/gddg/methode/gruppendynamik. [Zugriff am 14.3.2021].

Maturana, Humberto R. & Varela, Francisco (2012): Der Baum der Erkenntnis. Die biologischen Wurzeln menschlichen Erkennens. Frankfurt am Main: Fischer.

Maturana, Humberto R. & Pörksen, Bernhard (2008): Vom Sein zum Tun. Die Ursprünge der Biologie des Erkennens. Heidelberg: Carl Auer Systeme.

Müller, Jan-Werner (2017): Was ist Populismus? Berlin: Suhrkamp.

Nitsch, Jürgen, R. (2000): Handlungstheoretische Grundlagen der Sportpsychologie. In: Hartmut Gabler, Jürgen R. Nitsch & Roland Singer (Hrsg.), Einführung in die Sportpsychologie. Teil 1: Grundthemen (S. 43-164). Schorndorf: Hofmann.

Paulo, Norbert (2018): Die Rationalität postfaktischen Denkens. In: BEHEMOTH – A Journal on Civilisation, 11(2), S. 55-73.

Raster, Romy & Lanius, David (2019): Die Wahrheit schafft sich ab. Wie Fake News Politik machen. Stuttgart: Reclam.

Ross, Lee (1978): The intuitive psychologist and his shortcomings: distortions in the attribution process. In: Leonard Berkowitz (Hrsg.), Cognitive Theories in Social Psychology (337-384). New York, San Francisco, London: Academic Press.

Sparrer, Insa (2016): Systemische Strukturaufstellungen. Theorie und Praxis. Heidelberg: Carl-Auer-Systeme.

Schörghuber, Karl (2007). Problem- und Prozessorientierung als Fokus der Handlungsorientierung. Zur Fachdidaktik „Schulpraktische Studien 4“. In: Konrad Kleiner (Hrsg.), Inszenieren, Differenzieren, Reflektieren. Wege sportdidaktischer Kompetenz (S. 103-123). Wien: Hollinek.

Schörghuber, Karl & Pfingstner, Reinhold (2007): Integrative Outdoor-Aktivitäten und Erlebnispädagogik. Grundannahmen und Impulse. In: Konrad Kleiner (Hrsg.), Inszenieren, Differenzieren, Reflektieren. Wege sportdidaktischer Kompetenz (S. 187-208). Wien: Hollinek.

Von Glasersfeld, Ernst (1997). Radikaler Konstruktivismus. Ideen, Ergebnisse, Probleme. Frankfurt am Main: Suhrkamp.

Teil II: Einmischung – Empirische Evidenz und Erfahrungsberichte

Dr. phil. Jule Hildmann

Jule Hildmann (Dr. phil.) ist Senior Research Fellow für Outdoor Environmental Education an der University of Edinburgh, Schottland, und befasst sich mit der Förderung sozialer und personaler Kompetenzen durch Outdoor- und Erlebnispädagogik. Sie hat das Edinburgh-Modell mitentwickelt und ist leitende Wissenschaftlerin im internationalen Projekt ‚From Outdoors to Labour Market', in dem das Modell in mehreren Regionen Europas eingesetzt wird. Jule hält Vorträge, publiziert im In- und Ausland und ist Lehrtrainerin am Centrum für Erlebnispädagogik e.V.

E-Mail: jule.hildmann@ed.ac.uk; Website: www.ed.ac.uk/profile/jule-hildmann

Simon White

Simon White ist Operations Manager bei Venture Trust, einer wohltätigen Organisation, die intensive Lern- und Entwicklungsprogramme in der Wildnis Schottlands anbietet. Er ist seit über 20 Jahren im Bereich Outdoor- und Erlebnispädagogik tätig und hat in dieser Zeit auf fünf Kontinenten gearbeitet. Simon hat sich auf mehrtägige Outdoortouren und die Förderung personaler Kompetenzen für gesellschaftliche Randgruppen spezialisiert und in den letzten zehn Jahren diese beiden Bereiche stärker miteinander verknüpft, um Menschen darin zu unterstützen, ihr volles Potenzial auszuschöpfen. Simon ist Mitbegründer des Edinburgh Modells.

E-Mail: simon@venturetrust.org.uk; Website: venturetrust.org.uk

Joanna Bochniarz

Joanna Bochniarz ist Vorsitzende des Center for Innovative Education und Mitbegründerin des New Education Forum, einem europaweiten Bildungsnetzwerk zur Förderung innovativer Bildungsansätze, insbesondere Outdoor Learning. Sie ist Absolventin der Universität Warschau und der ESADE Business School und war von 1994 bis 2009 als Wirtschaftsjuristin tätig. Seit 2004 entwickelt und leitet Joanna Bildungsprogramme für Schulen, Gemeinden, Firmen, regionale und nationale Regierungen. Sie leitet das internationale Projekt ‚From Outdoors to Labour Market' zur Reduktion von Jugendarbeitslosigkeit in Europa durch Outdoor Learning.

E-Mail: jbochniarz@ciedu.eu; Website: www.ciedu.eu

Empowerment und transformative Kompetenzen durch Outdoortouren – das Edinburgh-Modell

1 Einleitung

Mehrtägige Outdoortouren sind eine klassische Programmform der Erlebnispädagogik (Heckmair & Michl, 2018) und können laut verschiedener Studien persönliche und soziale Transformationen bewirken (Allison & Von Wald, 2010; Lloyd, 2018). ‚Transformation' – im Sinne transformierenden Lernens (nach Mezirow, 1978) – bedeutet, dass ein fundamentaler persönlicher Wandel vollzogen wird, speziell eine Weiterentwicklung von Überzeugungen, Einstellungen und Perspektiven (Merriam, 2018), die als Referenzrahmen für unser Denken, Fühlen und Handeln dienen (Mezirow, 2018). Transformatives Lernen ist ein Konzept aus der Erwachsenenbildung. Es besagt, dass (und wie) entscheidende Erlebnisse dazu führen können, dass wir unsere bisherigen Referenzrahmen hinterfragen und durch dialektische Bedeutungsfindung im Austausch mit unserer Umwelt aktualisieren und erweitern (Merriam, 2018; Mezirow, 2018 ; MacKeracher, 2012). Solch ein Perspektivenwandel hat eine emanzipatorische und gesellschaftspolitische Komponente, da laut Fenwick (2003) und Lange (2012) die Transformation nicht allein im Individuum stattfindet, sondern in und durch die systemischen Beziehungen und Interaktionen sowie deren ‚verstörende' (i.S.v. Wachstum begünstigende) Wirkung auf das gesellschaftliche System und dessen Subsysteme (Lange, 2012, 202).

1.1 Transformative Kompetenzen

In den formalen Bildungskontext übertragen, hat die OECD (2019a) hierzu drei *Transformative Kompetenzen* (TK) formuliert, die (junge) Menschen befähigen, die sozialen und ökologischen Herausforderungen des 21. Jahrhunderts zu meistern, unsere Gesellschaft zu transformieren und eine nachhaltige und ‚bessere Zukunft' zu gestalten (OECD, 2019a, 2). Die drei TK sind:

- Neuen Wert schaffen
- Spannungen und Dilemmas lösen
- Verantwortung übernehmen

Sie sind eine Weiterentwicklung früherer ‚Schlüsselkompetenzen' (OECD, 2005) und als übergeordnete, komplexe Kompetenzen zu verstehen, die in vielseitigen Situationen, für alle Gesellschaftsgruppen und über die gesamte Lebensspanne nützlich sind (OECD, 2019a; Rychen & Salganik, 2003). Daher werden sie als weit transferierbar angesehen (ibid.; ibid.), und die UNESCO (2015) stellt eine verwandte Liste an Kompetenzen unter der Bezeichnung ‚transversale Kompetenzen‘ vor.

Die internationale Forschung, die der Bestimmung der Schlüssel- und transformativen Kompetenzen zugrunde liegt (siehe DeSeCo Projekt), betont dabei ausdrücklich, dass die gesuchten Kompetenzen nicht nur individuelle Bedeutung haben – „für ein erfolgreiches Leben“ (OECD, 2005, 4; Rychen & Salganik, 2003) gekennzeichnet z.B. durch wirtschaftliche Ressourcen, politische Rechte und Einflussnahme, Gesundheit, soziale Netzwerke und persönliche Zufriedenheit und Werteorientierung (Gilomen, 2003) – sondern auch „für eine wohl funktionierende Gesellschaft“ (OECD, 2005, 4; Gilomen, 2003, 128; Rychen & Salganik, 2003), die sich u.a. durch wirtschaftliche Produktivität, demokratische Prozesse, Solidarität und Menschenrechte auszeichnet (Gilomen, 2003). Als dritte Bedeutungsebene der Kompetenzen wird ökologische Nachhaltigkeit betont, ebenso wie die Interdependenzen der drei Ebenen (ibid.).

Im Detail beinhalten die drei transformativen Kompetenzen eine Reihe konkreterer Komponenten, wie z.B.

- Das eigene Handeln und die eigene Haltung kritisch hinterfragen
- Mit anderen zusammen arbeiten
- Die kurz- und langfristigen Auswirkungen des eigenen Handelns bedenken und Verantwortung für das eigene Handeln übernehmen
- Persönliche, ethische und gesellschaftliche Ziele abwägen
- Spannungen und Gegensätze aushalten können, und diese mit Empathie und Respekt zu lösen suchen
- Neue Einsichten praktisch umsetzen
- Unseren Planeten respektieren

(Zusammengestellt aus OECD, 2019a).

Das hier vorgestellte Modell nutzt einschlägige Erkenntnisse aus der Forschung in Outdoor- und Erlebnispädagogik, um die aufgelisteten Elemente transformativer Kompetenzen durch didaktisch gestaltete Outdoortouren zu fördern.

2 Empowerment / Ermächtigung

Empowerment – oder, weniger üblich in deutscher Sprache: Ermächtigung – spielt in der modernen gesellschaftspolitischen Bildung eine zentrale Rolle. Dabei kann es sowohl als Bildungs*ziel* wie auch als Bildungs*ansatz* verstanden werden – und in beiden Bedeutungen taucht es im Edinburgh-Modell auf.

2.1 Empowerment als Ziel

Als Person ‚ermächtigt' zu sein, bedeutet, dass man (a) das Gefühl hat, soziale, politische, wirtschaftliche und sonstige Veränderungen der eigenen Situation und Umwelt herbeiführen zu können (Broom, 2015, 80; Cattaneo & Chapman, 2010), und (b) man auch Schritte ergreift, um solche Einflussnahmen zu praktizieren (Cattaneo & Chapman, 2010). Ohne explizit auf transformative Kompetenzen zu verweisen, nennt Broom (2015, 81) mehrere der unter 1.1 aufgelisteten Komponenten in ihrer Definition von ermächtigten Personen. Sie bestätigt, dass Empowerment sowohl für Individuen wie auch die Gesellschaft von großer Bedeutung ist und betont, dass ermächtigt zu sein und sich aktiv in die eigene Welt einzubringen (d.h. gesellschaftliche Teilhabe auszuüben), gleichzeitig Bürgerrecht und -pflicht ist und nichts weniger als „die Kernessenz von Demokratie" (ibid.).

Das übergeordnete Lern- bzw. Bildungsziel des Edinburgh-Modells ist die Aneignung und Ausübung transformativer Kompetenzen von Programmteilnehmern zum Erreichen ihrer persönlichen Ziele wie auch zur vermehrten gesellschaftlichen Teilhabe. Mehrere sozio-emotionale Faktoren werden dabei als Grundlage für transformative Kompetenzen (z. B. Rickinson et al. 2004; Cason & Gillis, 1994; Wilson & Lipsey, 2000) und den nach außen gerichteten Ausdruck von Empowerment im Sinne gesellschaftlicher Teilhabe angesehen (Shellman, 2014). Die damit verbundenen Ziele sind in erster Linie:

- Ein gesundes Selbstbild und Selbstwertgefühl (Baumeister et al. 2003; Allison & Von Wald, 2010)
- Gefühl von Selbstwirksamkeit (Bandura, 1997; Chen, Gully & Eden, 2004)
- handlungsorientierte Komponenten (d.h. Verhaltensmuster, Fertigkeiten und Fähigkeiten) transformativer Kompetenzen (s. 1.1)

Abhängig von der Zielgruppe und der konkreten Veranstaltung können diese komplementiert werden durch

- Fachspezifisches Wissen und technische Fertigkeiten, z.B. für den Arbeitsmarkt oder lebenspraktische Fertigkeiten.

2.2 Empowerment als Prozess

Empowerment wird als zyklischer Interaktionsprozess mit unserer sozialen und ökologischen Umwelt verstanden, der zur Ausbildung der genannten Kompetenzen führt (Cattaneo & Chapman, 2010). In diesem Sinne verwendet das Edinburgh-Modell Empowerment auch als philosophischen und pädagogischen Ansatz. Shellman (2014) folgerte aus einer Auswertung von Empowerment-Literatur im Zusammenhang mit Outdoor- und Erlebnispädagogik, dass erlebnisorientiertes Lernen „die effektivste Weise zu sein scheint, wie Lernende ein Gefühl der Ermächtigung entwickeln“ (ebd., 19, Ü JH). Auch der Bundesverband Individual- und Erlebnispädagogik betont das besondere gesellschaftspolitische Potenzial von Erlebnispädagogik und die daraus erfolgende Verantwortung für Erlebnispädagogen (be, 2020).

Konkret und im Edinburgh-Modell heißt dies, dass die Pädagogen die Lernprozesse derart gestalten, dass Verantwortungsübernahme, kritisches Denken und Eigeninitiative der Lernenden kontinuierlich gefordert und gefördert werden. Das Verhalten der Pädagogen wirkt dabei entweder direkt, in Form von aktiven Inputs und Interaktionen, oder indirekt durch Verhaltensweisen und Grundprinzipien, die einen Nährboden für Wachstum schaffen (siehe Abschnitt 3.2). Die konkreten didaktischen Maßnahmen hierzu sind im Modell strukturell verankert.

3 Struktur des Modells

Programme, die dem Edinburgh-Modell folgen, bestehen aus (mindestens) drei Phasen mit jeweils spezifischen Wirkungsfaktoren. Übergreifende Grundprinzipien verweben die Phasen zu einem kontinuierlichen Prozess (Abb. 1).

Abb. 1 Zentrale Faktoren des Edinburgh-Modells

3.1 Die drei Phasen mit ihren Wirkungsfaktoren

3.1.1 Phase 1 – Vorbereitung

In Phase 1 liegt der Schwerpunkt auf der Beziehungs- und Vertrauensbildung zwischen Teilnehmern und Trainern, die eines der Grundprinzipien des Modells darstellt (s. Abschnitt 3.2). Darüber hinaus werden die Teilnehmer angeleitet, über ihre persönlichen Bedürfnisse und Zukunftspläne nachzudenken und individuelle Ziele zu formulieren, die sie durch ihre Teilnahme am Programm erreichen möchten. Es wird darauf hingearbeitet, dass die Teilnehmer ein klares Verständnis davon haben, was von der Outdoortour zu erwarten ist und was ihr Anteil und ihre Verantwortung dafür sein werden (z. B. Grundregeln und Grenzen) – und dass sie bereit sind, diesen Erwartungen zu entsprechen. All dies sind wesentliche Grundlagen für Lernen und persönliches Wachstum in den Phasen 2 und 3.

3.1.2 Phase 2 – Outdoortour

Die Hauptphase des Modells besteht aus einer mehrtägigen Outdoortour, zu Fuß, mit dem Kanu, Fahrrad, Pferd o.ä. oder in einem Basislager. Ziele sind die Erfahrung zahlreicher praktischer Lerneinheiten mit sofortiger Anwendbarkeit und Übertragbarkeit, welche die Autonomie und Wirkmächtigkeit des Einzelnen erweitern. Dies wird erreicht durch:

- Erfolgserlebnisse durch Bewältigung physischer und sozio-emotionaler Herausforderungen
- Erfahrung individueller Stärken und Wertigkeit
- Das Erleben der Auswirkungen eigener Entscheidungen und des eigenen Verhaltens sowie des Feedbacks der anderen darauf
- Ein starkes Zugehörigkeitsgefühl in der Gruppe
- Selbstreflexion, Erstellung eines Zukunftsplans mit konkreten Veränderungsschritten zu dessen Erfüllung.

Alle diese Komponenten stehen in direktem Zusammenhang mit transformativen Kompetenzen und Empowerment.

Drei Wirkungsfaktoren stehen in Phase 2 im Vordergrund:

Naturerfahrung. Die positiven Auswirkungen von Naturerfahrungen auf körperliche und geistige Gesundheit sowie subjektives Wohlbefinden und Sozialverhalten sind weitreichend belegt (Capaldi et al., 2014; WHO, 2016). Diese Effekte werden erreicht, indem Teilnehmer reichlich Gelegenheit bekommen, sich mit ihrer unmittelbaren natürlichen Umgebung auseinanderzusetzen, z. B. durch Karte lesen, im Freien übernachten, Nahrung suchen, kontemplative Übungen oder Gruppensitzungen am Lagerfeuer.

Abgeschiedenheit. Der Abstand zu Annehmlichkeiten und Ablenkungen der gewohnten Umgebung (z. B. soziale Medien, ungesunde Beziehungs- und Verhaltensmuster, Süchte, Mangel an Schlaf, Mahlzeiten oder Hygiene) setzt Ressourcen für Selbstreflexion und Verhaltensänderungen frei, die tiefgreifendes persönliches Wachstum begünstigen.

Die Tour oder ‚Reise'. Die *Reise* der Teilnehmer ist in erster Linie eine Metapher ihrer Entwicklung im Laufe des Programms. Stationäre Programme haben durchaus ihre Vorzüge (Scrutton, 2020; Learning Away, o.J.), allerdings verstärkt die körperliche Fortbewegung durch die Landschaft und die vielen greifbaren Belege für Veränderung – die Aussicht, das eigene Fitnessniveau, die Beherrschung von Outdoor-Fähigkeiten, usw. – die Metapher der persönlichen Reise im Sinne eines persönlichen Entwicklungswegs.

3.1.3 Phase 3 – (Re-)Integration

Naturerlebnisse an und für sich können bereits persönliches Wachstum bewirken. Eine bewusste Verarbeitung und Auswertung zentraler Erlebnisse kann jedoch entscheidend dazu beitragen, transferierbare Erkenntnisse und Kompetenzen zu entwickeln (Seaman & Rheingold, 2013; Ewert & Sibthorp, 2014). Die Einzel- und Gruppensitzungen der dritten Phase helfen, die aus der Outdoortour gewonnenen Einsichten und Verhaltensmuster zu konsolidieren und individuell zu erweitern. Studien haben gezeigt, dass gezielte Unterstützung und Integrationsmaßnahmen im Alltag die Langzeitwirkung von Lerneffekten erlebnispädagogischer Veranstaltungen deutlich erhöhen können (z.B. Furman & Sipthorp, 2013; Leberman & Martin, 2004). Konkrete Schritte dazu sind z. B.: (a) Erfolge feiern, die Selbstwertgefühl, Stolz und Motivation zum Weitermachen vermitteln, (b) die Entscheidungsfreiheit und Eigenverantwortung der Teilnehmer aufzeigen, und (c) realistische Zukunftspläne (z. B. einen Praktikumsplatz finden, eine Beziehung beenden) mit den Etappen dorthin formulieren.

Mit oft mehreren Monaten ist Phase 3 mit Abstand die längste im Edinburgh-Modell.

3.2 Phasenübergreifende Grundprinzipien

Die Phasen sind durch pädagogische Prinzipien miteinander verbunden, die Entscheidungen im Programmablauf und der Prozessbegleitung bestimmen. Zu diesen Grundprinzipien gehören:

Zielorientierung. Die allgemeine Planung sowie situative Entscheidungen der Pädagogen richten sich nach klar vereinbarten Kurs- und individuellen Lernzielen, da eine deutliche Zielorientierung als wesentlicher Katalysator für Lernen in schulischer und außerschulischer Bildung gesehen wird (Hattie, 2009). Die Route, Aktivitäten und Wahl der Themeneinheiten werden somit flexibel an die Teilnehmer angepasst.

Kontinuität. Je mehr Teilnehmer das Programm als einen durchgängigen Prozess statt drei separater Kurse erleben, umso mehr wird auch die Wirkung der Phasen optimiert. Daher werden z. B. frühere Themen und Erlebnisse wieder aufgegriffen und Lernen im Rahmen der individuellen Reise durch das Programm und mit einem klaren Zukunftsauftrag darüber hinaus verstanden.

Tägliche Themen und Lerneinheiten. Jeder Tag wird unter ein bestimmtes Thema gestellt, zu dem theoretische und praktische Inputs und Übungseinheiten durchgeführt werden, die den Teilnehmern Tipps und Handwerkszeug vermitteln, die sie eigenständig, d.h. ohne Abhängigkeit von den Trainern, anwenden können. Häufig verwendete Themen sind: Beziehungen gestalten, Ziele setzen und erreichen, Wahltheorie nach Glasser (1998) und Selbstmanagement.

Situatives Mikrolernen. Viele Outdoor-Aktivitäten erfordern kleine, jedoch wertvolle übertragbare Fertigkeiten. Um z. B. ein Lagerfeuer zu machen, müssen die Teilnehmer ihre Handlungsschritte planen, eine Risikoanalyse vornehmen, ihren Arbeitsbereich und das erforderliche Material herrichten und ggf. Ausdauer zeigen. Diese Fähigkeiten und Fertigkeiten werden ebenso im Arbeitsalltag und anderen Kontexten benötigt. In ähnlicher Weise werden unzählige Mikrosituationen im Outdooralltag genutzt und auf die Übertragbarkeit und die ihr zugrunde liegenden Prozesse hingewiesen.

Kombination von Einzel- und Gruppenarbeit. Wie in der Erlebnispädagogik üblich, wird ein Gruppensetting verwendet, um individuelles sozio-emotionales Lernen zu fördern. Die Gruppenmitglieder bieten einen Resonanzboden, direktes Feedback, eine geschützte Umgebung und Zugehörigkeitsgefühl. Die Einzelarbeit dagegen findet mit jeweils einem Teilnehmer und einem Mitarbeiter statt. Sie konzentriert sich auf persönliche Erfahrungen, Schwierigkeiten und Ressourcen, und es werden konkrete Handlungspläne für Veränderungen erarbeitet. Die Kombination von individuellen und Gruppenkonstellationen nutzt die Vorteile beider, und die Erfahrung zeigt, dass sie ihre Wirkung gegenseitig verstärken.

Die Beziehung zwischen Teilnehmern und Trainern. Eine Arbeitsbeziehung, die Vertrauen schafft, ist für den Erfolg des gesamten Programms von zentraler Bedeutung, da sie die Teilnehmer anregt, sich zu öffnen und zu reflektieren, Feedback anzunehmen und Vereinbarungen einzuhalten. Wertvolle Anteile für eine solch vertrauensvolle Beziehung ist (a) eine wohlwollende Offenheit und nicht wertende Haltung gegenüber jedem einzelnen Teilnehmer (vgl. *Bedingungslose Wertschätzung* nach Rogers, 1951; Bozarth & Wilkins, 2001) sowie (b) dass Trainer und Teilnehmer die Höhen und Tiefen der Outdoortour gemeinsam durchleben: vom Schleppen der Ausrüstung über das Schlafen und Kochen im Freien bis hin zum Aushalten von Wetterkapriolen, etc.

Ein sicherer Rahmen / geschützter Raum. Die Teilnehmer sollen sich nicht nur körperlich, sondern auch sozio-emotional sicher und geborgen fühlen, um Selbstreflexion und das Wagnis zu neuen Verhaltensweisen zu erleichtern (Davis-Berman & Berman, 2002; Leberman & Martin, 2003). Ein sicherer Rahmen oder geschützter Raum (engl. ‚safe space') basiert auf einer Vereinbarung der Gruppenteilnehmer und Trainer und kann das sozio-emotionale Wachstum des Einzelnen und der Gruppe deutlich fördern (Hildmann, in review).

4 Forschungsergebnisse

Das Edinburgh-Modell baut bewusst auf Elemente, deren Effektivität in der Förderung transformativer Kompetenzen nachgewiesen wurde. Mehrere Studien haben zudem speziell nach dem Edinburgh-Modell konzipierte Programme untersucht. Die vier von Venture Trust angebotenen Programme folgen alle dem Edinburgh-Modell, laufen seit mehreren Jahr(zehnt)en und wurden wiederholt evaluiert. Die internen Evaluationsberichte wie auch wissenschaftlich durchgeführte Studien zeigen durchwegs hohe Erfolgszahlen, z. B. in der beruflichen oder gesellschaftlichen Integration oder bei der Senkung von Delikten oder Suchtverhalten (Between The Lines, 2019; Gap Communications, 2018; SMCI Associates, 2018). Qualitative Erkenntnisse haben die Programme und das Modell kontinuierlich verbessert. Das seit 2018 laufende europäische Projekt *From Outdoors to Labour Market* (gefördert durch die EEA & Norway Grants for Youth Employment) setzt das Modell in mehreren Regionen Spaniens, Irlands und Polens ein. Vorläufige Ergebnisse der Begleitstudie zeigen eine erfolgreiche Vermittlung von rund 80% (je nach Region) der Teilnehmer in Arbeitsmarkt, Ausbildung oder Training sowie einen signifikanten Anstieg in den unter 1.1 aufgelisteten Komponenten transformativer Kompetenzen (FOLM Konsortium, in Vorbereitung).

5 Schlussfolgerungen

Das Edinburgh-Modell basiert auf breiter interdisziplinärer Forschung. Es wurde über viele Jahre hinweg entwickelt, bei Tausenden von Teilnehmern angewendet und dabei kontinuierlich evaluiert und weiterentwickelt. Seine Wirksamkeit ist anhand messbarer Erfolgskriterien in mehreren Studien belegt. Die Autoren hoffen, dass das Bekanntwerden dieses Modells den Praktikern und Einrichtungen ermöglicht, Elemente davon in bestehende Programme zu integrieren oder das Modell als Ganzes zu übernehmen, um Lernerfahrungen in und mit der Natur so zu gestalten, dass transformative Kompetenzen und Empowerment bzw. Ermächtigung zu gesellschaftlicher Verantwortung und Teilhabe intensiv und nachhaltig gefördert werden.

Dieser Beitrag ist eine gekürzte und angepasste Version des Artikels ‚Empowerment and socio-emotional learning towards transformative competencies through facilitated wilderness experience – the Edinburgh Model‘ (Hildmann et al., in review).

6 Quellen

Allison, P., & Von Wald, K. (2010). Exploring values in the wilderness: Personal and social development on educational expeditions. Pastoral Care in Education, 28(3), 219–232. Doi: 10.1080/02643944.2010.504222

Bandura, A. (1997). Self-efficacy: The Exercise of Control. New York: Freeman & Co.

Baumeister, R.F., Campbell, J.D., Krueger, J.I., & Vohs, K.D. (2003). Does high self-esteem cause better performance, interpersonal success, happiness, or healthier lifestyles? Psychological Science in the Public Interest, 4, 1-44.

be / Bundesverband Individual- und Erlebnispädagogik (2020). Positionspapier zur gesellschaftspolitischen Dimension der Erlebnispädagogik. https://www.bundesverband-erlebnispaedagogik.de/fileadmin/user_upload/be-ep.de/Dateien/Pdf/Downloads/20-05-27_position_gesell.polit_dimension_erlebnispaedagogik.pdf [Zugriff am 15.05.2021]

Between The Lines (2019). Venture Trust: Inspiring Young Futures Programme Evaluation 2016-2019. Third Year Report. Unveröffentlichter Bericht.

Bozarth, J. & Wilkins, P. (2001). Roger's Therapeutic Conditions: Evolution, Theory and Practice. Unconditional Positive Regard. Vol. 3 Monmouth, UK: PCCS Books.

Broom, C. (2015). Empowering students: Pedagogy that benefits educators and learners. Citizenship, Social and Economics Education, 14(2), 79-86. DOI: 10.1177/2047173415597142
Capaldi, C.A., Dopko, R.L., & Zelenski, J.M. (2014). The relationship between nature connectedness and happiness. A meta-analysis. Frontiers in Psychology, 5. Doi: 10.3389/fpsyg.2014.00976

Cason, D., & Gillis, H.L. (1994). A meta-analysis of outdoor adventure programming with adolescents. Journal of Experiential Education, 17(1), 40-47.

Cattaneo, L. B., & Chapman, A. R. (2010). The process of empowerment: A model for use in research and practice. American Psychologist, 65, 646-659.

Chen, G., Gully, S.M., & Eden, D. (2004). General self-efficacy and self-esteem: Toward theoretical and empirical distinction between correlated self-evaluations. Journal of Organizational Behaviour, 25, 375-395. Doi: 10.1002/job.251

Davis-Berman, J. & Berman, D. (2002). Risk and anxiety in adventure programming. Journal of Experiential Education, 25(2), 305-310. Doi: 10.1177/105382590202500209

Ewert, A.W., & Sibthorp, J. (2014). Outdoor Adventure Education. Foundations, Theory, and Research. Champaign, IL: Human Kinetics.

Fenwick, T. (2003). Reclaiming and re-embodying experiential learning through complexity science. Studies in the Education of Adults, 35(2), 123-141. FOLM Konsortium (in Vorbereitung). Daten und Erkenntnisse der Begleitstudie zum Projekt ‚From Outdoors to Labour Market'.

Furman, N., & Sipthorp, J. (2013). Leveraging experiential learning techniques for learning. New Directions for Adult and Continuing Education, 137, 17-26.

Gap Communications (2018). Evaluation of the 'Positive Futures' Programme 2016-2018 for veterans struggling with civilian life. https://50ca3b8f-d6ee-4332-91cf-0330d1510970.filesusr.com/ugd/9df89b_eb558abca15f4c869337e40e3a59ec30.pdf [Zugriff am 15.05.2021]

Glasser, W. (1998). Choice theory: A New Psychology of Personal Freedom. Harper Perennial.

Hattie, J. A. C. (2009). Visible Learning: A Synthesis of over 800 Meta-analyses Relating to Achievement. Routledge. https://doi.org/10.4324/9780203887332

Heckmair, B., & Michl, W. (2018). Erleben und Lernen. Einführung in die Erlebnispädagogik. 8. Auflage. München: Ernst Reinhardt.

Hildmann, J., Higgins, P., Strang, M., White, S., & Hardie, A. (in review). Empowerment and socio-emotional learning towards transformative competencies through facilitated wilderness experience – the Edinburgh Model. Eingereicht beim Journal of Experiential Education.

Hildmann, J. (in review). Creating and maintaining a 'safe space' for personal growth in group settings. Eingereicht beim Journal of Experiential Education.

Lange, E.A. (2012). Transforming transformative learning through sustainability and the new science. In E.W. Taylor & P. Cranton (Hrsg.), The Handbook of Transformative Learning. Theory, Research, and Practice, Kap. 12, S. 195-211. San Francisco, CA: Josseybass.

Learning Away (o.J.). What makes a brilliant residential? http://learningaway.org.uk/ the-campaign/what-makes-a-brilliant-residential/ [Zugriff am 15.05.2021]

Leberman, S.I. & Martin, A.J. (2004). Enhancing transfer of learning through post-course reflection. Journal of Adventure Education and Outdoor Learning, 4(2), 173-184.

Leberman, S.I. & Martin, A.J. (2003). Does pushing comfort zones produce peak learning experiences? Australian Journal of Outdoor Education, 7(1), 10-19.

Lloyd, J. A. (2018). Evaluation of the Positive Futures programme 2016–2018. Venture Trust.

Mezirow, J. (2018). Transformative learning theory. In K. Illeris (Hrsg.), Contemporary Theories of Learning. Learning Theorists… in their own Words. 2. Ausgabe, Kap. 8, S. 114-128. Abingdon & New York: Routledge.

Mezirow, J. (1978). Education for perspective transformation: Women's re-entry programs in community colleges. New York: Columbia University, Teachers College, Centre for Adult Education, (ERIC Reproduction Document ED 166 367).

OECD / Organisation for Economic Co-operation and Development (2005). The definition and selection of key competencies: Executive summary. URL: http://www.oecd.org/pisa/35070367.pdf [Zugriff am 15.05.2021]

OECD (2019a). OECD Future of Education and Skills 2030. Conceptual learning framework. Transformative competencies for 2030. URL: https://www.oecd.org/education/2030-project/teaching-and-learning/learning/transformative-competencies/Transformative_Competencies_for_2030_concept_note.pdf [Zugriff am 15.05.2021]

OECD (2019b). OECD Future of Education and Skills 2030: Thought Leader written statement. URL: http://www.oecd.org/education/2030-project/teaching-and-learning/learning/

transformative-competencies/Thought_leader_written_statement_Rychen.pdf. [Zugriff am 15.05.2021]

Rickinson, M., Dillon, J., Teamey, K., Morris, M., Choi, M.Y., Sanders, D., & Benefield, P. (2004). A review of research on outdoor learning. Published by the National Foundation for Educational Research and King's College London.

Rogers, C.R. (1951). Client-centred Therapy. Its Current Practice, Implications, and Theory. Boston, MA: Houghton Mifflin.

Rychen, D.S. & Salganik, L.H. (Hrsg.) (2003). Key Competencies - for a Successful Life and a Well-functioning Society. Göttingen & Cambridge, MA: Hogrefe & Huber.

Scrutton, R. (2020). Investigating the process of learning for school pupils on residential outdoor education courses. Journal of Outdoor and Environmental Education 23, 39–56. Doi: 10.1007/s42322-019-00044-4

Seaman, J. & Rheingold, A. (2013). Circle talks as situated experiential learning: Context, identity, and knowledgeability in 'Learning from Reflection'. Journal of Experiential Education, 36(2), 155-174. Doi: 10.1177/1053825913487887

Shellman, A. (2014). Empowerment and experiential education: A state of knowledge paper. Journal of Experiential Education, 37(1), 18-30.

SMCI Associates (2018). 'Next Steps' Programme evaluation 2014-2017. Report to Venture Trust. https://50ca3b8f-d6ee-4332-91cf-0330d1510970.filesusr.com/ugd/9df89b9ee7b6a647024d209121be39f1a70223.pdf [Zugriff am 15.05.2021]

UNESCO (2015). Transversal competencies in education policy and practice. Regional synthesis report, Phase I. URL: https://transversalcompetencies.weebly.com/uploads/2/8/4/2/28422343/transversal.pdf [Zugriff am 15.05.2021]

WHO (2016).Urban Green Spaces and Health. A Review of Evidence. WHO Regional Office for Europe, Copenhagen, Denmark.

Wilson, S.J., Lipsey, M.W. (2000). Wilderness challenge programs for delinquent youth: A meta-analysis of outcome evaluations. Evaluation and Program Planning, 23, 1-12.

Quelle Abb. 1: Hildmann, J., Higgins, P., Strang, M., White, S., & Hardie, A. (in review). Empowerment and socio-emotional learning towards transformative competencies through facilitated wilderness experience – the Edinburgh Model. Eingereicht beim Journal of Experiential Education.

Master of Arts

Ramona Schneider

Doktorandin am Promotionszentrum Soziale Arbeit Hessen,
Arbeitstitel des Promotionsprojektes: Doing Gender in der Erlebnispädagogik

Promotionsstipendiatin der Frankfurt University of Applied Sciences

Masterstudium der Erziehungs- und Bildungswissenschaft
mit Schwerpunkt Sozialpädagogik an der Otto-Friedrich-Universität Bamberg

Begeisterte Boulderin und Kletterin

Kontakt: r.schneider.nbg@web.de

Genderkonstruktionen in der erlebnispädagogischen Praxis

1 Die Beobachtung der ‚Herstellung' von Geschlecht beim Bouldern und Klettern

Das Promotionsprojekt mit dem Arbeitstitel „Doing Gender in der Erlebnispädagogik" untersucht erlebnispädagogische Boulder- und Kletterangebote in der ambulanten und stationären Kinder- und Jugendhilfe im Hinblick auf Undoing und Doing Gender[1] Praktiken. Geschlecht wird hier also nicht als ein individuelles Merkmal bzw. als eine feste Eigenschaft einer Person verstanden. Geschlecht bzw. Gender wird als ein Ergebnis von geschlechterbezogenen Darstellungen und Zuschreibungen (Doing Gender) in sozialen Interaktionen betrachtet, welche an den jeweiligen Praxiskontext, die Strukturen des Settings, die Teilnehmenden (Kinder, Jugendliche, Fachkräfte) sowie an die sozialen Interaktionen zwischen den Teilnehmenden des Feldes gebunden sind. So kann Gender beispielsweise durch spezifische Haarstylings- und Kleidungspraxen, soziale Konventionen (z.B. Blick- und Berührungstabus), Umgangsweisen mit dem Körper (z.B. ein Riskieren der körperlichen Unverletztheit in riskanten Praktiken) und/oder explizit sprachliche Benennungen (re-) produziert werden (z.B. eine Feminisierung von Klettern mit Technik und eine Maskulinisierung von Klettern mit Kraft).

Um die situativen Konstruktionen von Geschlecht einfangen zu können, habe ich in einem ethnographischen Forschungsstil[2] an verschiedenen erlebnispädagogischen Boulder- und Kletterangeboten im Kontext der Kinder- und Jugendhilfe beobachtend, aber stellenweise auch als aktives Mitglied der Gruppen, teilgenommen. Das heißt, ich habe überwiegend die Kinder, Jugendlichen und (sozial-)pädagogischen Fachkräfte in ihrem alltäglichen pädagogischen Handeln in den Boulder-/Klettergruppen beobachtet und während meiner Anwesenheit Notizen erstellt. Aus diesen habe ich für jede Boulder- bzw. Klettereinheit ausführliche Beobachtungsprotokolle angefertigt. Die Protokolle bieten nicht nur einen ausführlichen Einblick in die erlebnispädagogische Praxis – auch das Verhalten der Kinder und Jugendlichen auf der ‚Hinterbühne', abseits des pädagogischen Blicks, wird ersichtlich. Zudem führte ich Interviews mit Fachkräften und Kindern und Jugendlichen der Boulder- und Klettergruppen. Sowohl die Beobachtungsprotokolle als auch die verschriftlichten

---

[1] Vgl. West & Zimmermann (1989), Hirschauer (2001)

[2] Vgl. Breidenstein u.a. (2013)

Interviews analysiere ich im Hinblick auf Konstruktionen bzw. Aktualisierungen von Geschlecht durch geschlechterbezogene Darstellungen und Zuschreibungen (Doing Gender). Um die Annahme einer permanenten Relevanzsetzung von Geschlecht zu vermeiden (Reifizierung), untersuche ich ebenfalls, wo und wie Geschlecht als soziale Differenzierungskategorie in den Hintergrund gerät und ggf. durch andere Kategorisierungen (z.B. Alter, Kompetenzstatus) überlagert wird (Undoing Gender). Hierfür stelle ich vielfach (Fall-)Vergleiche, Kontrastierungen, quantitative Bestimmungen sowie theoretische Verortungen von in den Beobachtungsprotokollen dargelegten sozialen Interaktionen und Praxen an. Ziel ist es, die interaktiven (De-)Konstruktionen von Geschlecht empirisch aufzudecken und folglich Reflexionsprozesse zur Veränderung erlebnispädagogischer Praxis hinsichtlich der Forderung nach Geschlechtergerechtigkeit zu ermöglichen.

Im Folgenden werde ich zuerst kurz auf den Hintergrund meiner empirisch angelegten Studie im Kontext der Erlebnispädagogik eingehen. Anschließend werde ich Ausschnitte aus den von mir beobachteten Boulder- und Klettersettings aufführen. Anhand dieser werde ich beispielhaft aufzeigen, welche Rolle Geschlecht als soziales Konstrukt im Feld situativ einnehmen kann und welche Reflexionsprozesse sich sodann daraus für die Gestaltung der erlebnispädagogischen Praxis eröffnen können.

2 Gender in der Erlebnispädagogik

Den vor allem auf Wirksamkeit bezogenen Studien in der Erlebnispädagogik liegt meist ein differenztheoretisches Verständnis von Geschlecht zugrunde. Das heißt, Zuordnungen zu ‚männlich' oder ‚weiblich' gehen unabhängig von den sozialen Situationen und vom Kontext mit je essentialistischen[3] Vorstellungen und Zuschreibungen von geschlechtstypischen Merkmalen und Verhaltensweisen einher. So werden Geschlecht bzw. Geschlechtszugehörigkeit als etwas Unveränderbares und Überdauerndes erachtet[4]. Ausgeblendet wird dabei, dass Geschlecht aber je nach Situation und Kontext mit je unterschiedlichem Bedeutungsgehalt und Relevanz[5] die

[3] Unter dem Begriff „essentialistisch" ist zu verstehen, dass Frauen und Mädchen, Männer und Jungen mit unhinterfragten und (scheinbar) unveränderlichen Verhaltensweisen und Eigenschaften (u.a.) charakterisiert werden, die sie auf Grund ihres ‚natürlichen Wesens' hätten. Sätze wie ‚Jungen seien so (z.B. mutig, stark, wettbewerbsorientiert) und Mädchen seien so (z.B. empathisch, ängstlich)' können demnach als essentialistische Zuschreibungen aufgefasst werden.

[4] Vgl. Rose (2015), S. 66

[5] Vgl. Hirschauer (2001), S. 142

erlebnispädagogische Praxis und damit auch die Wirksamkeit der Intervention mitbestimmt resp. mitbestimmen kann. Zur Veranschaulichung ein Beispiel: Die Teilnehmenden einer Klettergruppe werden aufgefordert, sich in zwei Gruppen aufzuteilen. Nun könnten sich die Kinder, Jugendlichen und ihre Bezugsbetreuenden einerseits nach Geschlecht (in eine Mädchen- und eine Jungengruppe) sortieren und damit Geschlecht als soziale Ordnungskategorie aktualisieren. Andererseits könnten sich die Teilnehmenden aber auch nach ihren selbst oder durch andere zugeschriebenen Boulder- und Kletterkompetenzen (z.B. eine ‚starke' und eine ‚schwache' Gruppe, die mehr Unterstützung einfordert) oder nach ihrem Alter (z.B. Kinder hier, Jugendliche dort) aufteilen. Dabei werden jeweils andere soziale Differenzierungs- bzw. Ordnungskategorien in den Vordergrund der erlebnispädagogischen Praxis gerückt, die ebenfalls mit unterschiedlichen Konsequenzen für die Teilnehmenden einhergehen können.

Darüber hinaus wird der Erlebnispädagogik von einigen Autorinnen und Autoren (der differenztheoretischen Vorstellung von Geschlecht folgend) eine ‚männliche' Dominanz bei gleichzeitig ‚weiblicher' Benachteiligung vorgeworfen. Der Vorwurf besteht in der vielfältigen Anwendung von kulturell männlich konnotierten Abenteuer- und Risikosportarten (wie z.B. auch das Bouldern), die sich an scheinbar ‚männlichen' Bedürfnissen (z.B. Risiko, Wagnis, Abenteuer) und Attributen (z.B. stark und mutig sein, sich beweisen wollen) orientieren[6]. Um diesen Vorwurf bestätigen oder ihm entgegentreten zu können, bedarf es empirisch fundierter Reflexionsprozesse der Praxis sowie nach Heckmair und Michl einer geschlechterdifferenzierenden Weiterentwicklung erlebnispädagogischer Angebote[7].

2.1 Der Klettergurt als Ursache von ‚femininer' Körperunzufriedenheit

Mädchen aus einer Mädchenwohngruppe sind zusammen mit ihren Betreuerinnen, Sozialpädagogin und Kletterin Carola sowie Erzieherin Sabrina, alle zwei Wochen in einer öffentlichen Kletterhalle. Zum Zeitpunkt des Besuchs befindet sich ausschließlich die Gruppe aus der Jugendhilfeeinrichtung in der Halle. Bevor zu klettern begonnen wird, suchen sich die Mädchen passende Klettergurte heraus, die in den mitgebrachten Rucksäcken verstaut sind. Im Gegensatz zu Vanessa, die eine schmale und noch kindliche Figur aufweist, sind bei Luisa und Stefanie deutlich Körperrundungen wahrzunehmen.

---

[6] Vgl. hierzu etwa Grill (2010), Göring (2011), Pfeiffer (2014), Weaver-Hightower (2010)

[7] Vgl. Heckmair & Michl (2012), S. 304

> Luisa (16), Stefanie (15) und Vanessa (13) stehen zusammen vor einer der Holzbänke links der Tür in der Kletterhalle. Luisa zerrt an den Beinschlaufen ihres Gurtes. Sie fühle sich mit dem Gurt immer fett. Vanessa erwidert ihr, dass sie das nicht sei. Ihre (Vanessas) Oberschenkel seien im Verhältnis dicker. Luisa lacht kurz und erwidert daraufhin, dass Vanessas Oberschenkel überhaupt nicht dick seien, sie solle sich einmal ansehen. Ihre (Luisas) seien dick. Anschließend höre ich, wie sich die drei Mädchen über ihr Körpergewicht unterhalten. (Auszug aus: Beobachtungsprotokoll Jugendwohngruppen Kampenwand2)

Das Tragen eines Klettergurtes initiiert bei den jugendlichen Mädchen der Klettergruppe die sprachliche Offenbarung einer Unzufriedenheit mit dem eigenen Körper bzw. mit den Oberschenkeln und dem Gesäß als kulturell weiblich markierte Körperformen. Denn diese werden durch den eng am Unterkörper anliegenden Klettergurt exponiert. Beim Klettern in der Halle wird zudem ein spezifischer Blickraum geschaffen, in dem das Publikum die aktiv Kletternden und ihre Körper in ihren Bewegungen fokussiert beobachten kann. Die/Der Kletternde gerät nicht durch schnelle Bewegungen und/oder eine weite Bewegungsstrecke, wie etwa beim Fußball oder Rudern, aus dem Blickfeld. Aufgrund der besonderen Betonung der feminin konnotierten Körpermerkmale durch das Tragen eines Klettergurtes kann das Betrachtet-Werden vom Boden aus also von den Kletternden als unvorteilhaft und unangenehm beurteilt werden. Während des Kletterns können sich die Mädchen nicht vor den Blicken des Publikums auf ihre vermeintlich ‚unpassenden' Körperformen schützen. Zudem können sie deren Blick auch nicht auf andere, durch Schönheitshandeln bearbeitete Teile ihres Körpers (wie zum Beispiel ein geschminktes Gesicht) ‚umlenken' und damit vermeintlich normabweichende Formen des Unterkörpers wettmachen.

In den Kommentierungen ihres Körpers beziehen sich die Mädchen der Klettergruppe auf in der westlichen Kultur dominierende, weiblich konnotierte Schönheits- und Körpernormen. Die Jugendlichen vergleichen ihre Körperformen vor dem Hintergrund eines femininen, schlanken Körperideals und positionieren sich dadurch zugleich als Mädchen in der Gruppe. Weiblichkeit bzw. das weibliche Körperkonzept stehen in enger Assoziation mit körperlicher Attraktivität und Schönheit, die vor allem durch bewertende Blicke Anderer bestimmt werden[8]. Die Konstruktion von (gesellschaftlich anerkannter) Weiblichkeit steht also in Verbindung mit der Darstellung und Zuschreibung von Schönheit und Attraktivität. Insbesondere im Jugendalter besteht die kulturell

[8] Vgl. Meuser (2018), S. 279ff

gesetzte Aufgabe, eine angemessene Darstellung von Geschlechtlichkeit und gesellschaftlicher Geschlechterrollen einzuüben. Folglich ist es gerade für die Heranwachsenden im sozialen Übergang vom Mädchen zur Frau bedeutsam, sich auch im Feld der Erlebnispädagogik als attraktiv (und damit als weiblich) zu inszenieren. Denn eine Markierung als (un-)weiblich steht in enger Verknüpfung zu einer Selbst- bzw. Fremdbeurteilung als (un-)attraktiv[9].

Reflektiert werden könnte vor diesem Hintergrund beispielsweise die Frage nach der Zusammensetzung der erlebnispädagogischen Gruppe. Die hier vorgestellte Gruppe hat ausschließlich gleichgeschlechtliche, weibliche Teilnehmende. Das heißt, die Mädchen unterliegen lediglich dem gleichgeschlechtlichen, nicht einem potenziellen Blick der Jungen, wie es bei einer gemischtgeschlechtlichen Gruppenzusammensetzung der Fall sein könnte. Das gesellschaftlich dominierende Konzept der Heteronormativität ist in diesem Zusammenhang als bedeutsames Schlagwort anzuführen, welches durch Zweigeschlechtlichkeit und Heterosexualität charakterisiert wird. Schönheitshandeln (z.B. Schminken, Körperstählung) und Begehren sind dabei Praxen, die durch den Orientierungsrahmen der Heterosexualität strukturiert werden. Sie sind also jeweils auf das ‚andere' als das ‚eigene' Geschlecht gerichtet[10]. Die Unzufriedenheit oder sogar das Verweigern des Tragens eines Klettergurtes von jugendlichen Mädchen könnte sodann in einer gemischtgeschlechtlichen Gruppenzusammensetzung aufgrund der heteronormativen Ausrichtung von sozialen Interaktionen potenziell verstärkt werden. Denn das Tragen eines Klettergurtes könnte nach Ansicht der Mädchen diese als unattraktiv präsentieren. Andererseits ist aber auch anzudenken, dass solche (scheinbar) geschlechterbezogenen Themen gerade aber auch dann an Relevanz verlieren können, wenn Mädchen und Jungen in einer gemischtgeschlechtlichen Gruppe zusammentreffen. Diskussionen um Attraktivität und Schönheit in der gleichgeschlechtlichen Peergruppe könnten sodann von anderen Themen überlagert werden, die in der gemeinsamen sozialen Interaktion von Mädchen und Jungen hervorgebracht werden.

2.2 ‚Maskuline' Kraft – auch für Mädchen

In einer kommerziellen Kletterhalle, die ebenfalls einen kleinen Boulderraum besitzt, befinden sich die Jugendlichen aus den Wohngruppen der Jugendhilfeeinrichtung Zugspitze. Die Klettergruppe wird alle zwei Wochen mit einer relativ festen

---

[9] Vgl. Meuer (2018)., S. 280f

[10] Vgl. Degele (2004), S. 18f

Gruppenzusammensetzung durchgeführt. An diesem Tag sind sechs Jungen sowie zwei Mädchen im Alter von zwölf bis 17 Jahren anwesend. Begleitet werden sie von einer (kletternden) Psychologin sowie zwei Pädagogen, wobei Sportpädagoge und Kletterer Christoph die Position der Gruppenleitung einnimmt. Ein Teil der Jugendlichen befindet sich im Seilkletterbereich der Halle. Dort versuchen sie sich abwechselnd an einer Kletterroute, die in circa 10 Metern Höhe etwa 70 Grad Neigung aufweist. Bislang hat Lena (14) als einzige der Teilnehmenden die Route bewältigt und möchte ihren Erfolg nun wiederholen. Währenddessen wird sie von Jugendlichen aus der Gruppe beobachtet, wobei immer wieder motivierende Zurufe zu hören sind. Auch Domenico (13) hat sich bereits zweimal an der Route versucht, konnte die Route jedoch (noch) nicht bewältigen. Er liegt nun auf dem Hallenboden und blickt zu Lena an die Wand nach oben.

> Lena schafft die Route ein weiteres Mal und wird von Pädagoge Christoph abgeseilt. Zurück auf dem Boden fragt Domenico Lena, wie sie einen bestimmten Griff packe, an dem er zuvor nicht weitergekommen sei. Lena erläutert ihm, was er zu tun habe. Und dann „wie Herkules dort hochziehen" sehe ich Lena grinsend erklären. „Wie Herkules", wiederholt Domenico betont und grinst. Lena geht aus dem Hallenbereich. (Auszug aus: Beobachtungsprotokoll Jugendwohngruppen Zugspitze7*)*

Lena zeigt sich als kompetente Kletterin, die sowohl über die klettertechnischen Fähigkeiten als auch über die körperlichen Voraussetzungen zur Bewältigung der Route verfügt. Indem Domenico Lena um Rat fragt, erkennt er nicht nur Lena als kompetente Akteurin an, sondern bestätigt sie zugleich in ihrer Position. Dass er sie um Rat fragt, verweist auf ein Gefälle an (theoretischem/praktischem) Kletterwissen zwischen ihm und Lena. Lena zeigt sich demgegenüber freundschaftlich offen und teilt ihr Wissen, wonach sie ihre herausragende Stellung als kompetente Kletterin nicht allein für sich beansprucht. Domenico zieht Lenas Wissensvorsprung für sich heran, um seine eigenen Kletterfähigkeiten zu verbessern.

Der Akt des kraftvollen Hochziehens wird von Lena vermännlicht. In ihrer Beschreibung des notwendigen Kraftaufwandes bezieht sie sich auf eine männliche Heldenfigur („Herkules"), die für ihre Stärke bekannt ist. So ist anzunehmen, dass nur wenige starke, weibliche Heldenfiguren zur Verfügung stehen, auf die sich Lena in ihrer Beschreibung hätte beziehen können. Ihre Aussage verweist darauf, dass Kraft und Stärke kulturell als männlich konnotierte Attribute angesehen werden, welche in naturalisierender Weise vor allem Männern (und Jungen) zugeschrieben werden. Folglich hat sich Lena ‚maskuline' Kraft angeeignet, die sie dazu befähigt, die geneigte Kletterroute bewältigen zu können. Eine differenztheoretische Vorstellung von Geschlecht mit essentialistischen, unveränderbaren Zuschreibungen von Geschlechtsattributen würde hier also zu kurz greifen. Ohne Lenas Namensnennung zur Kategorisierung als Mädchen wäre im Text nur schwer zu erkennen, ob die/der Kletternde und Ratgebende ein Junge oder ein Mädchen wäre. Auf verbaler Ebene wird hingegen ein traditionelles Geschlechterverhältnis des ‚starken Mannes' (Herkules) und der ‚schwachen Frau' (fehlende Beschreibungsfigur) hergestellt und aufrechterhalten.

Ein möglicher Reflexionsprozess könnte vor dem Hintergrund des unter Kapitel 2 aufgeführten Vorwurfs weiblicher Benachteiligung durch Orientierung an ‚männlichen' Sportarten und damit verbundenen Attributen geführt werden. Die oben präsentierte sportliche Überlegenheit jugendlicher Mädchen (auch wenn sie sich diese im Feld meist selbst absprechen) bildet in den von mir beobachteten Klettergruppen keine Ausnahme. Auch Mädchen können sich vermeintlich ‚maskuline' Kraft oder weitere kulturell derart konnotierte Attribute aneignen und in ‚maskulinen' Sportarten glänzen. Hinterfragt werden sollte so beispielsweise, welche (stereotypen) Vorstellungen über vermeintlich geschlechtsspezifische körperliche Konstitutionen das pädagogische Handeln lenken und an die Teilnehmenden (implizit) vermittelt werden. Der Fokus sollte weniger auf die Unterscheidungen zwischen den Geschlechtern, denn auf die Binnendifferenzierung in den Geschlechterkategorien (schwache *und* starke Mädchen und Jungen) gerichtet werden. Eine essentialistische, binäre Vorstellung von ‚starken' Jungen und ‚schwachen' Mädchen kann unterschiedliche Konsequenzen für die Teilnehmenden zur Folge haben, wobei hier nur einige stichpunktartig aufgezählt werden. Für Jungen könnte dies beispielsweise Druck erzeugen, sich entsprechend der kulturellen Erwartungen stark präsentieren zu müssen, um als ‚richtiger' Junge anerkannt zu werden. Für Mädchen könnte eine Zuschreibung von körperlicher Schwäche Lern- und Entwicklungsmöglichkeiten versperren. Aufgrund vermeintlich fehlender Körperkraft könnten ihnen Routen nicht zugetraut werden, von welchen sie sodann ausgeschlossen werden könnten. Derartige Beobachtungen konnte ich für Mädchen im Kindesalter anstellen, auf welche ich jedoch aufgrund der lediglich skizzierten Darstellung meines Forschungsprojektes im Folgenden nicht mehr eingehen werde.

3 ‚Einmischen necessary': Von der Reflexion zur Veränderung der erlebnispädagogischen Praxis

Um den Buchtitel „Einmischen necessary!" aufzugreifen: Ich verstehe hier „Einmischen" als Reflexionsprozess der erlebnispädagogischen Praxis, durch welchen diese wiederum verändert werden kann. Wie in den Protokollausschnitten ersichtlich wird, wird Gender in den kleinen, alltäglichen Handlungen, sozialen Interaktionen und Praktiken relevant, die von den Akteurinnen und Akteuren des Feldes meist nicht (bewusst) wahrgenommen werden. Vor allem von Fachkräften (unreflektiert) ausgehende Genderzuschreibungen können das Lernen mit ‚Kopf, Herz und Hand' der am erlebnispädagogischen Kletterangebot teilnehmenden Kinder und Jugendlichen beeinflussen. So könnten Fachkräfte im Anschluss an erlebnispädagogische Interventionen reflektieren, welche eigenen Annahmen dazu führten, dass sie gegebenenfalls nur ausgewählte Kinder und Jugendliche beim Bouldern und/oder Klettern unterstützten. Denn wie sich in meinen Beobachtungen gezeigt hat, wurden dort beispielsweise ausschließlich Mädchen im Kindesalter am Rücken gestützt, gleichaltrige Jungen hingegen nicht. Hierbei stellt sich die Frage, inwiefern geschlechtliche und altersbezogene Zuschreibungen wie zum Beispiel Ängstlichkeit und körperliche Schwäche an junge Mädchen zu einem beschützenden Verhalten (in Form des körperlichen Unterstützens) von Fachkräften führen. Auf Grundlage dessen wird den jungen gestützten Mädchen im Vergleich zu den gleichaltrigen ungestützten Jungen die Chance verwehrt, gleichermaßen Kraft und Vertrauen in ihre Boulderfähigkeiten zu entwickeln. Derartige Zuschreibungen können also dazu beitragen, potenzielle Lern- und Entwicklungsmöglichkeiten der Kinder und Jugendlichen zu erweitern oder aber auch zu versperren. Nicht nur können traditionelle Geschlechterverhältnisse (re-)produziert und damit verfestigt werden. Zugleich eröffnen sich in den erlebnispädagogischen Interventionen im Setting der Jugendhilfe auch Möglichkeiten, einen Beitrag zur Veränderung der gesellschaftlichen Geschlechterverhältnisse zu leisten. Die Jugendhilfe könnte so im erlebnispädagogischen Feld also eine „Steuerungsfunktion […] für Geschlechtergerechtigkeit für die nachwachsende Generation"[11] übernehmen und zu diesem Ziel beitragen. Gemeinsam mit den Kindern und Jugendlichen kann reflektiert werden, auf welche Vorannahmen sie Kompetenz- bzw. Leistungszuschreibungen und -darstellungen gründen. Das Bewusst-machen und Bewusst-werden von unbewusstem, impliziten Geschlechterwissen kann zu einer Hinterfragung und darüber hinaus zu einer Veränderung desselben beitragen. Geschlechterrollen durchkreuzende Erlebnisse (z.B. dass alle körperlich stark oder schwach sein, gute Kletterleistungen erbringen können – unabhängig vom Geschlecht) können den Kindern und Jugendlichen ansehnlich vermitteln, dass sie sich fernab von traditionellen Geschlechterzuschreibungen und -verhältnissen ‚auf Augenhöhe' begegnen können. Solche Erfahrungen im Kontext der erlebnispädagogischen Angebote können in den Alltag transferiert werden und zu einem geschlechtergerechten Handeln beitragen.

[11] Hartwig & Krieger (2004), S. 10

4 Literatur

Breidenstein, Georg; Hirschauer, Stefan; Kalthoff, Herbert und Nieswand, Boris (2013): Ethnografie. Die Praxis der Feldforschung. Konstanz: UVK Verlag.

Degele, Nina (2004): Ganz schön inszeniert. Überlegungen zu Heteronormativität und Schönheitshandeln. In: Feministische Studien 22 (1), S. 6-21. DOI: 10.1515/fs-2004-0103.

Göring, Arne (2011): Geschlechterpädagogik?! Geschlecht als Kategorie in der Erlebnispädagogik. In: Erleben und Lernen (6), S. 3–6.

Grill, Barbara (Hrsg.) (2010): Abenteuer Rosarot?! Erlebnispädagogik mit Mädchen. 1. Aufl. Augsburg: ZIEL-Verlag.

Hartwig, Luisa und Kriener, Martina (2004): Expertise: Geschlechtergerechte Hilfeplanung (§ 36 KJHG). Deutsches Jugendinstitut e.V. München. Online verfügbar unter: https://www.dji.de/fileadmin/user_upload/bibs/209_2255Geschlecht.pdf, zuletzt geprüft am 17.12.2020.

Heckmair, Bernd und Michl, Werner (2012): Erleben und Lernen. Einführung in die Erlebnispädagogik. 7. aktualisierte Aufl. München, Basel: Ernst Reinhardt Verlag.

Hirschauer, Stefan (2001): Das Vergessen des Geschlechts. Zur Praxeologie einer Kategorie sozialer Ordnung. In: Bettina Heintz (Hrsg.): Geschlechtersoziologie. Wiesbaden: Westdt. - Verlag, S. 208–235.

Meuser, Michael (2018): Frauenkörper-Männerkörper. Somatische Kulturen der Geschlechterdifferenz. In: Markus Schroer (Hrsg.): Soziologie des Körpers. 3. Aufl. Frankfurt am Main: Suhrkamp Verlag, S. 271-294.

Pfeiffer, Zara S. (2014): Wie viel Gender verträgt die Erlebnispädagogik? In: Alex Ferstl, Martin Scholz und Christiane Thiesen (Hrsg.): Erlebnispädagogik: quo vadis? Zwischen Anpassung und Abenteuer. 1. Aufl. Augsburg: ZIEL-Verlag, S. 122–127.

Rose, Lotte (2015): Geschlecht als soziale Unterscheidungskategorie in unserer Lebenswelt. In: Bettina Bretländer, Michaela Köttig und Thomas Kunz (Hrsg.): Vielfalt und Differenz in der sozialen Arbeit. Perspektiven auf Inklusion. 1. Aufl. Stuttgart: Verlag W. Kohlhammer, S. 63–73.

Weaver-Hightower, Marcus B. (2010): Oatmeal facials and sock wrestling. The perils and promises of extra-curricular strategies for 'fixing' boys' education. In: Discourse: Studies in the Cultural Politics of Education 31 (5), S. 683–697. DOI: 10.1080/01596306.2010.516953.

West, Candice und Zimmermann, Don H. (1987): Doing Gender. In: Gender & Society 1 (2), S. 125–151. DOI: 10.1177/0891243287001002002

Dipl. Sozialpädagogin

Heike Lorenz

Ausbildungen zur Erzieherin, Sozialpädagogin, Sozialmanagerin und diverse weitere vielfältige Aus- und Weiterbildungen
25 Jahre Berufstätigkeit im Bereich Hilfen zur Erziehung, zuletzt mehrere Jahre als Koordinatorin individualpädagogischer Hilfen im In- und Ausland
Seit 2013 ehrenamtliche Ombudsfrau bei der Ombudschaft NRW

2000 – 2008 sowie 2014 – 2021 ehrenamtliches Vorstandsmitglied Bundesverband Individual- und Erlebnispädagogik e.V.
Seit 2008 selbständige Personal- und Organisationsentwicklerin in eigener Praxis

E-Mail: info@heike-lorenz.com

Website: www.heike-lorenz.com

Ein Masterplan und seine Folgen

Bericht über eine Einmischung

Der folgende Beitrag nimmt Sie mit in ein aktuelles und spannendes Stück Geschichtsschreibung über das kleine Praxisfeld der individualpädagogischen Hilfen zur Erziehung im In- und Ausland. Wir berichten darüber, in welcher Form sich der Bundesverband Individual- und Erlebnispädagogik e.V. engagiert hat, damit diese Angebotsform auch in der seit dem 11. Juni 2021 gültigen Fassung des Achten Sozialgesetzbuches erhalten bleibt[1].

Wenn von Individualpädagogik oder individualpädagogischen Hilfen die Rede ist, ist heute damit überwiegend die exklusive Unterbringung von Kindern und Jugendlichen in so genannten Projektstellen im In- oder Ausland gemeint. In der Regel ist eine Projektstelle identisch mit dem privaten Lebensumfeld einer pädagogischen Fachkraft. Individualpädagogische Konzepte sind insbesondere ein Angebot für Kinder und Jugendliche, die mit hoch belastenden biografischen Erfahrungen und entsprechenden Folgen (z.B. Bindungsstörungen, Traumatisierungen) leben; die jungen Menschen haben oft bereits eine Vielzahl gescheiterter Hilfen hinter sich.

Die Konzepte setzen auf ein verlässliches, aushaltendes und konsequent individuell zugeschnittenes Bindungs- und Betreuungsangebot. Im Gegensatz zu Betreuungen in einer Heimgruppe wird bewusst auf Schichtdienstmodelle verzichtet. Die vergleichsweise junge Hilfeform entwickelte sich seit Beginn der 1990er Jahre aus dem Bedarf der Praxis heraus: als alternative Betreuungsform für Jugendliche, die durch Angebote in Heimgruppen nicht erreicht werden konnten und in der Folge aus den Einrichtungen wegliefen, versuchte man in den Anfängen neuartige und damit neugierig machende, „reiz-volle“ und herausfordernde erlebnispädagogische Konzepte mit den jungen Menschen umzusetzen. Segeltörns und Reiseprojekte wichen jedoch nach und nach den im Schwerpunkt vor allem individuell ausgerichteten Hilfen, die wir heute unter „Individualpädagogik“ subsummieren. Noch heute spielen jedoch erlebnispädagogische Methoden und Ansätze eine zentrale Rolle in den individuellen Hilfen. Insofern gibt es eine historisch begründete Verbindung der beiden Arbeitsfelder.

---

[1] Auch bekannt als Kinder- und Jugendhilferecht

1 Ausgangslage

Stell dir vor, es ist Gesetzesreform – und du hast ein Anliegen, aber keiner schaut hin oder fragt nach … ungefähr so fühlt sich mein 6. November 2018 in Berlin an. An diesem Tag sitze ich als Vertreterin des Bundesverbands Individual- und Erlebnispädagogik e.V. bei der groß angelegten Eröffnungsveranstaltung des Dialogprozesses „Mitreden – Mitgestalten: Die Zukunft der Kinder- und Jugendhilfe". Das Bundesfamilienministerium (BMFSFJ) lädt Verbände und Offizielle ein, die Weiterentwicklung des Achten Sozialgesetzbuches (SGB) mitzugestalten. Das SGB VIII regelt die Kinder- und Jugendhilfe in Deutschland mit ihren sämtlichen Angeboten.

Zu diesem Dialogprozess hat das BMFSFJ sich entschlossen, weil der Bundesrat der im Jahr 2017 im Bundestag bereits verabschiedeten Reform des SGB VIII („Kinder- und Jugendstärkungsgesetz KJSG") die Zustimmung verwehrte. Vorausgegangen waren monatelange, teils erbitterte Auseinandersetzungen zwischen dem Familienministerium und Fachverbänden um fachliche Inhalte sowie um die Forderung nach einer angemessenen Beteiligung der Fachverbände im Reformprozess. Mit dem Dialogprozess „Mitreden – Mitgestalten" hat das BMFSFJ auf die vehemente Kritik reagiert und in großem Stil eingeladen: „Familientreffen".

Ich sitze also an diesem Tag da, arbeite in einer nachmittäglichen Arbeitsgruppe zu Fragestellungen von Fremdunterbringung mit und wundere mich sehr, dass damit – zumindest aus der Perspektive der Veranstalter – lediglich Hilfe zur Erziehung in Regelgruppen der Heimerziehung oder aber Pflegefamilien gemeint sind. Die Zielgruppe der Kinder und Jugendlichen, die eine individuellere und zeitweilig exklusive Hilfe benötigen, wurde bislang offenkundig überhaupt nicht mitgedacht. Ein unbedingter Anlass für eine Geschichte mit Welchen, die ausziehen, um Laut zu werden – das scheint mir dringend geboten, damit die so wichtigen und erfolgreichen individuellen Hilfen im In- und Ausland weiter gesetzlich legitimiert bleiben und durchgeführt werden dürfen.

2 Wir brauchen einen Plan

Zurück aus Berlin informiere ich umgehend meine damaligen Vorstandskolleg:innen im Bundesverband Individual- und Erlebnispädagogik. Schnell ist allen die Brisanz der Situation klar. Wir beschließen, einen Interventionsplan zu entwickeln, mit dem wir die individualpädagogischen Hilfen in den Fokus rücken können. Wir wollen uns einmischen, präsent sein und für den Erhalt der Hilfeform kämpfen. Besonders die Hilfen, die im europäischen Ausland durchgeführt werden, sind trotz ihrer bemerkenswerten und nachweislichen Erfolge[2] [3] seit Jahren im kritischen Fokus von Öffentlichkeit und Politik. Die Motive dafür sind vielfältig: einerseits schüren reißerisch aufgemachte und nicht sorgsam recherchierte Berichterstattungen in den Medien Neid („Urlaub unter Palmen") und Unverständnis (Auslandsaufenthalte als „Belohnung" für Straftäter?). Ebenso haben in Einzelfällen auch Straftaten deutscher Jugendlicher, die im Ausland betreut wurden, für bilaterale Spannungen zwischen den politischen Partnern in den Gastländern (Deutschland „entsorgt" seine schwierigsten Kinder ins Ausland) und den entsprechenden deutschen Botschaften, Ministerien und Ämtern gesorgt. In der Folge hat es im Laufe der letzten Jahre wiederholt Initiativen im gesetzgebenden Kontext gegeben, die Hilfen im Ausland immer stärker zu reglementieren oder gar ganz zu verbieten. Insofern ist dieser Teil der individualpädagogischen Praxis bei jeder Gesetzesreform des SGB VIII erstens besonders im Fokus und zweitens besonders in seinem Erhalt gefährdet.

Wir machen eine Bedarfsanalyse: Was sollte oder muss der Verband tun, um den Bereich zu erhalten? Wir wollen, dass vor allem Individualpädagogik im Ausland in positiver Weise präsenter wird und sich über „Gesichter" in der öffentlichen Wahrnehmung verankert. Wir wollen verstärkt über Individualpädagogik (im Weiteren abgekürzt mit „IP") sprechen und diese bekannter und „salonfähig" machen – denn die Hilfeform ist trotz kritischer öffentlicher Einschätzungen ein unverzichtbares und fachlich wertvolles Angebot! Wir wollen noch mehr und noch besser erklären, warum die Gesellschaft von diesen Hilfen profitiert (Praxis-Erfolge, Dokumentationen, Studien).

Vor dem Hintergrund dieser Zielsetzungen entwickeln wir unseren „Masterplan". Wir definieren unterschiedliche Aktions- und Interventionsfelder und priorisieren dabei sofort notwendige und langfristig strategische Interventionen.

Umgehend wird klar, dass wir damit ein arbeitsintensives Aufgabenfeld eröffnen. Wenn wir erfolgreich sein wollen und eine mindestens ausreichende Zielerreichung anstreben, wird das weit über das ohnehin schon sehr hohe Maß an ehrenamtlichem Engagement der Vorstände hinausgehen. Das bedeutet, dass wir Möglichkeiten finden müssen, diese zusätzliche Arbeit zu koordinieren und zu finanzieren. Wir kommen schnell zu dem Schluss, diese Aufgaben aufgrund der vorhandenen Expertise aus den eigenen Vorstandsreihen zu besetzen. Ich erkläre mich bereit, das Projekt Masterplan zu koordinieren und voran zu treiben.

---

[2] Klein, Arnold, Macsenaere 2011.

[3] Klein, Arnold, Macsenaere, 2015.

Die Finanzierung der ersten Stufe kann zu einem großen Teil aus den Rücklagen des Verbandes gestemmt werden. Damit dies möglich wird, muss eine vorherige Legitimation durch die Mitgliederversammlung erfolgen. Um die Mitglieder an dieser Stelle entscheidungsfähig zu machen, muss der Vorstand gut informieren und für das Vorhaben werben. In unserem Verband sind überdies nicht nur Träger aus dem Bereich der Individualpädagogik, sondern aus weiteren vielfältigen Arbeitsfeldern der Erlebnispädagogik, Erlebnistherapie sowie der Aus- und Weiterbildung vertreten. Das Geld des Verbandes und damit auch seine Rücklagen gehören allen. Wenn nun also eine Mitgliedsgruppe in besonderer Weise davon profitieren soll, muss der Vorstand alle von der Notwendigkeit sowie der Sinnhaftigkeit des Vorhabens überzeugen können.

In der Mitgliederversammlung 2019 gelingt es, die Dringlichkeit des Anliegens und den Masterplan überzeugend darzustellen.[4] In der Aussprache zum Antrag werden aus allen Bereichen Zustimmung und Verbundenheit signalisiert: „Wir sind ein Verband, wir gehören zusammen. Wir sind füreinander da und tragen uns gegenseitig. Und wenn ihr das jetzt braucht, dann bekommt ihr das!“ Die Versammlung stimmt mit überwältigender Mehrheit für den Antrag, der Weg für die Umsetzung ist endgültig frei. Ein großartiger Startschuss!

Der wichtigste Fokus der Masterplan-Initiative liegt zunächst klar auf der Sicherung und Erhaltung des Arbeitsfeldes im Rahmen der SGB VIII Reform. Daher genießen die folgenden Interventionen oberste Priorität:

- Aktive Mitgestaltung des Dialogprozesses zur SGB VIII Reform
- Kooperation mit der bundespolitischen Verwaltung aufbauen / stärken (Ministerien)
- Fachpolitische Gremien von Bundestag und Regierung aufmerksam machen und informieren
- PR-Arbeit des Verbandes professionalisieren (PR-Strategie entwickeln, Presseverteiler ausbauen)
- Positive Öffentlichkeit herstellen, insbesondere über Mainstream-Medien (TV-Formate, Talkshows, Dokus, Interviews, Printmedien, Radio)
- Juristisches Gutachten zur Bewertung des Konsultationsverfahrens „Brüssel IIa“[5] im Kontext der deutschen Grundlagen über das SGB VIII in Auftrag geben

[4] Bundesverband Individual- und Erlebnispädagogik e.V. 2019.

[5] Das Konsultationsverfahren regelt in der EU die rechtliche Grundlage für eine grenzüberschreitende Hilfe zur Erziehung. Es beinhaltet u. a. den Erlaubnisvorbehalt des aufnehmenden Gastlandes – ohne vorherige Zustimmung darf keine Hilfe begonnen werden.

- Den Dialog mit den internationalen Akteuren der EU in Brüssel sowie mit den Zentralstellen im europäischen Ausland (nach Möglichkeit mit dem Bundesamt für Justiz und dem BMFSFJ) suchen

Rahmen: Was und wen brauchen wir für die Umsetzung?

Um die angesprochenen Zielgruppen für unser Anliegen zu interessieren, brauchen wir geeignete Materialien als „Türöffner“ sowie weitere Informationen, die wir zur Verfügung stellen können. Wir wollen unterschiedliche Formate und Kanäle bedienen (z.B. Facebook, Newsletter, e&l und andere Fachzeitschriften sowie unspezifische Pressekanäle und Produktionsfirmen für TV-Formate).

Wir brauchen ein Team von Expert:innen für die unterschiedlichen Aktionsfelder: Fachleute für IP, PR-Beratung, Juristen / Ökonomen für die Beratung der SGB VIII Themen, Marketing-Experten. Wir brauchen zudem Koordination und Back Office.

Darüber hinaus sind wir auf die zusätzliche Unterstützung unserer Mitglieder angewiesen, die sich mit ihrer Expertise einbringen wollen, ihre Netzwerke und Kontakte sowie zusätzliche Spendenmittel zur Verfügung stellen: die Planung der priorisierten Aktionsfelder ist über die genehmigte Rücklage nämlich nicht komplett gedeckt.

Last but not least: die Projekt-Verantwortung für die Durchführung des Masterplans obliegt in erster Linie den Vorständen aus dem Bereich Hilfen zur Erziehung. Das bedeutet für die Laufzeit der Umsetzung eine spürbare Erhöhung der Anzahl der Treffen: wir verständigen uns zeitnah über unzählige Mails, Telefon-Konferenzen, Zoom-Meetings und, vor der Corona-Pandemie, durch eine erhöhte Anzahl persönlicher Arbeitstreffen.

3 Die Umsetzung

Im Folgenden stelle ich einzelne Aktivitäten aus dem Feld der obersten Priorisierung exemplarisch vor.

Fachpolitische Gremien von Bundestag und Regierung

Wir haben umgehend damit begonnen, unsere Netzwerkarbeit mit den Gremien von Bundestag und Regierung zu intensivieren und weiter auszubauen. So konnten wir im Rahmen der Initiative „International Heart“ unseres Partners IJAB Fachstelle für Internationale Jugendarbeit der Bundesrepublik Deutschland intensive Dialoge mit den familienpolitischen Sprechern von CDU, SPD, Die Linke und Bündnis 90/Die Grünen führen. Die FDP zeigte sich maximal uninteressiert und reagierte nicht. Auf Gespräche mit der AfD haben wir bewusst verzichtet. Mit allen anderen jedoch haben wir in fruchtbaren Dialogen informiert, Fragen beantwortet und auch kritische Rückmeldungen besprochen. Wir haben auf die besonderen Entwicklungschancen durch Auslandserfahrungen aufmerksam gemacht[6] und unsere verbandsinternen Qualitäts-Instrumente – das Qualitätssiegel „beQ“[7] sowie den Kompetenznachweis International KNI[8] für eine professionelle Weiterentwicklung der Hilfen vorgestellt.

.... mit Norbert Müller, Fraktion „Die Linke“

.... mit Katja Dörner, Fraktion „Bündnis 90/Die Grünen“

[6] Klawe (2013).

[7] Bundesverband Individual- und Erlebnispädagogik e.V. (o.J.).

[8] Bundesverband Individual- und Erlebnispädagogik e.V. (2016)

… und Ulrike Bahr, familienpolitische Sprecherin der SPD

Neugierig gemacht haben wir die Bundestagsabgeordneten unter anderem mit den wunderbaren „Erklär-Bär“ Video-Clips zum Thema Individualpädagogik, die uns unser Unterstützer „Individueller Jugendhilfe Service IJS e.V“ zur Verfügung gestellt hat. Die Filme können über die Website des Vereins angesehen werden. Sie sind sehr zu empfehlen, wenn man einen schnellen ersten Überblick über die Hilfeform erhalten möchte.[9]

Eine direkte „Eintrittskarte“ zu den Gesprächen haben wir jeweils über die fachpolitischen Referent:innen der Abgeordneten erhalten. Sie arbeiten im Hintergrund, koordinieren Anfragen, bereiten Informationen auf und unterstützen damit wesentlich die fachliche Expertise und Entscheidungsfindung ihrer Abgeordneten. An ihnen geht „kein Weg vorbei“, wenn man mit Mandats-Träger:innen in Kontakt kommen möchte. Es ist wichtig, Zeit zu investieren und immer wieder das Gespräch zu suchen oder Informationen anzubieten: nur so entwickeln sich fruchtbare und nachhaltige Kontakte, die einen schnellen und direkten Austausch / Zugang zu den Abgeordneten ermöglichen. Zentrale Erkenntnisse aus diesen Gesprächen sind: das Informationsdefizit ist weit größer als angenommen; es gibt erkennbare Unterschiede der einzelnen Fraktionen in den Fragestellungen und Perspektiven zur

[9] www.ijs-ev.de

Individualpädagogik. Aber das Wichtigste ist: es ist bereichernd, spannend und auf jeden Fall lohnend, im Austausch zu sein!

Ganz anders gestaltet sich die Kooperation mit bundespolitischen Verwaltungen wie Ministerien oder Bundesämtern. Hier können wir Minister:innen zwar ansprechen, aber in der Regel nicht mit ihnen direkt kommunizieren. Sämtliche Kommunikation läuft über klar definierte Verwaltungs-Hierarchien. Das wird sehr schnell deutlich, wenn statt des angeschriebenen Ministers oder einer Referatsleitung ein Mensch aus der Sachbearbeitung oder dem Vorzimmer antwortet – oder aber auch mal eine Mail sehr lange oder gar nicht beantwortet wird. Die in Ministerien und Bundesämtern tätigen Menschen scheinen weniger fokussiert auf den direkten Austausch mit Wähler:innen oder Lobbyvertreter:innen – sie arbeiten ungeachtet des Ausgangs einer nächsten Wahl in ihrer Funktion. Sie stellen ihre fachliche Expertise in den Dienst der jeweiligen Regierungsfraktion und damit der Hausleitung und sind für die Organisation der Abläufe eines Hauses verantwortlich. Das mag ein Grund dafür sein, dass die Kommunikation oft förmlicher und sperriger erscheint. Ungeachtet dessen ist auch hier ein möglichst kontinuierlicher Kontakt wichtig. Der Bundesverband hat bereits vor vielen Jahren dafür Sorge getragen, dass mindestens einmal im Jahr ein Austausch zu Individualpädagogik im Ausland über das Bundesfamilienministerium stattfindet. Das BMFSFJ lädt mittlerweile auf unsere Initiative hin weitere Verbände und Organisationen ein und bittet ebenso alle anderen beteiligten Häuser mit an den Tisch (Bundesministerium für Justiz und Verbraucherschutz, Bundesamt für Justiz, Auswärtiges Amt). In diesen Runden werden aktuelle Fragen und Entwicklungen erörtert. In der Regel bleiben sie über den Austausch hinaus jedoch in Bezug auf konkrete Ergebnisse oder Umsetzungen „folgenlos“. Dass es dennoch wichtig ist, miteinander im Gespräch zu sein, wird an anderer Stelle klar: unser Bundesverband ist im Rahmen der SGB VIII Reform als einzige Expertin für Individualpädagogik zu Diskussionsrunden eingeladen worden. Und wenn es irgendwo in einer Auslandsbetreuung „brennt“ und die deutsche Presse darüber berichtet, werden hier durchaus Hintergrundinformationen angefragt.

Presse und Öffentlichkeitsarbeit

Stichwort Presse- und Öffentlichkeitsarbeit: wir sind davon überzeugt, dass eine ausgewogenere Berichterstattung sich positiv gerade auf das Bild individualpädagogischer Hilfen im Ausland auswirken würde. Wir wissen, dass Berichterstattung nicht nur in bundesdeutschen Haushalten oder an Stammtischen landet, diskutiert wird und meinungsbildend wirkt, sondern dass sie auch die Haltungen in der Politik und bei Mandatsträgern beeinflusst. Daher ist dieser Bereich von zentraler Bedeutung. Die Erfahrungen der Zusammenarbeit individualpädagogischer Träger mit der Presse waren über die letzten 15 – 20 Jahre allerdings nicht eben ermutigend. Ein zentraler Grund dafür ist sicherlich im Prinzip „Sex und Katastrophen sells“ zu sehen. Um alle anderen Qualitäten müssen wir intensiv werben. Im Ergebnis hat sich eher eine ängstlich-vermeidende, reaktive und defensive Haltung der Presse gegenüber entwickelt. Zusätzlich erschwerend wirkt der Umstand, dass hier über sehr persönliche Familien-Geschichten und über teils minderjährige junge Menschen berichtet wird, die einerseits eines besonderen Schutzes bedürfen und bei denen andererseits die Berichterstattung nicht ohne umfängliche Erlaubnisse aller beteiligten Erwachsenen und Institutionen möglich ist.

Trotzdem bleibt es notwendig, neue Wege zu finden: wie in der politischen Lobby-Arbeit brauchen wir einen kontinuierlichen Ausbau tragfähiger Kontakte und Netzwerke sowie einen klugen, selbstbewussten, aktiven sowie angstfreien Zugang zu bzw. Umgang mit Pressevertreter:innen.

Wir entwickeln im Rahmen des Masterplans mit Unterstützung eines PR-Fachmannes eine Strategie für unseren Verband. Schnell wird klar, dass wir aktuell (noch) nicht über Mittel und Möglichkeiten verfügen, diese systematisch umzusetzen. Weil Aufgeben nicht gilt, schauen wir stattdessen, was geht: Wir bauen unseren Presseverteiler aus und bieten Informationen an. Wir wollen für die Individualpädagogik interessieren. Wir wissen, dass das nur gelingt, wenn das Thema mit Menschen verbunden wird. Und wer könnte besser über Individualpädagogik berichten als junge Menschen, für die sie ein wichtiger Baustein auf dem Weg zu einem eigenständigen Leben gewesen ist? Mithilfe eines Aufrufes an unsere Mitglieder kommen wir in Kontakt mit einigen „Ehemaligen", die bereit sind, mit Pressevertreter:innen zu sprechen. Wir bereiten mögliche Gespräche und Interviews vor und bemühen uns um Kontakte mit TV-Sendern und Produktionsfirmen, die sich an solchen Themen interessiert zeigen. Wir reisen für Gespräche kreuz und quer durch die Republik. Im Ergebnis finden wir jedoch (noch) keinen Kooperationspartner, der bereit ist, Geschichten mit einem guten Ausgang zu erzählen. Der „Preis" für eine solchermaßen positive Berichterstattung ist häufig, dass ein „schwarzes Schaf" und diesbezügliche Hintergrund-Informationen mitgeliefert werden müssen. Vielleicht haben wir bislang einfach nur Pech gehabt – ich möchte das gern glauben.

Was in diesem Jahr aber wirklich gut gelingt, ist eine jeweils sehr schnelle Reaktion auf Berichterstattungen gleich welcher Art – wir greifen positive wie kritische Meldungen auf, positionieren uns, bieten den Verband als Gesprächspartner und Informationsquelle an. Ich würde meinen: gut gemacht!

Wir entwickeln ein PR Konzept: Jens Dreger, Sven Riegler (Vorstand HzE) mit Uwe Loch, PR Berater und Journalist (von links nach rechts)

SGB VIII Reform und Dialogprozess

Wir bringen uns sehr aktiv im Dialogprozess zur SGB VIII Reform ein. Dank der jahrelangen Kooperationsarbeit mit dem BMFSFJ genießen wir einen Expertenstatus in Sachen Individualpädagogik im In- und Ausland. Dies ebnet den Weg in verschiedene Gremien des Prozesses[10]: wir werden zu wissenschaftlichen Fokusgruppen eingeladen und können dort die IP ins Gespräch bringen. Wir nutzen mit unseren Mitgliedseinrichtungen die Möglichkeit, uns zu jeweils aufgerufenen Themen schriftlich zu äußern. Über die wissenschaftliche Begleitung durch das Institut für Kinder- und Jugendhilfe IKJ in Mainz ist sichergestellt, dass alle Äußerungen gesehen und eingeordnet werden in die Gesamtbewertung des Prozesses.

Außerdem haben wir die Möglichkeit, als Gast mit ausgewiesener Expertise im zentralen Gremium des Dialogprozesses, der so genannten „Großen AG", unsere Positionen zu einzelnen Fragestellungen, insbesondere zum Themenfeld „Individualpädagogische Hilfen im Ausland" zur Verfügung zu stellen und damit in die Debatte einzubringen.

---

[10] Bundesverband Individual- und Erlebnispädagogik e.V. 2018b.

Wir entwickeln Positionspapiere[11] und Stellungnahmen[12], die wir nicht nur verbandsintern veröffentlichen, sondern über unsere Netzwerke in anderen Verbänden zur Verfügung stellen.

Im Ergebnis stellen wir später fest, dass wir selbst große Verbände von einigen unserer Positionen überzeugen und einige Perspektiven im Gesetzentwurf wiederfinden können. Unser zentrales Anliegen, die individualpädagogischen Hilfen als gesetzlich legitimiertes Angebot zu erhalten, ist erreicht!

Juristisches Gutachten zum Konsultationsverfahren „Brüssel IIa“

Wenn ein junger Mensch im Rahmen einer Hilfe zur Erziehung die damit verbundene Leistung / Betreuung zeitweilig im europäischen Ausland erhält, ist zuvor über das so genannte Konsultationsverfahren eine Erlaubnis für den Aufenthalt im Zielland einzuholen. Bislang sind die Verfahren und die Umsetzung in den Zielländern höchst unterschiedlich – so hat Schweden beispielsweise eine der europäischen Verordnung entsprechende Systematik mit klaren Kriterien im eigenen Land geschaffen, auf deren Grundlage transparent und zügig über Unterbringungs-Anfragen entschieden wird. Andere Länder – als bekanntestes Beispiel sei hier Spanien genannt – beantworten seit längerer Zeit keine einzige der an die zuständige Zentralstelle gerichtete Anfragen. Hier gibt es weder Zu- noch Absagen. Ob geeignete Betreuungen und Hilfen im Ausland zustande kommen, hängt allein von der Reaktion des Ziellandes ab. Fachliche Erwägungen spielen dabei in den meisten Fällen eine untergeordnete Rolle. Während die beschriebene Zielgruppe also teils nur unter Überwindung erheblicher bürokratischer Hürden ein passendes Auslandsangebot wahrnehmen darf, gilt dies für Teilnehmer:innen internationaler Jugendaustausche oder für Studierende / Schüler:innen und Auszubildende, die einen Auslandsaufenthalt machen wollen, nicht. Letztere dürfen die Freizügigkeit europäischer Lern- und Bildungsangebote ungehindert genießen. Mit Fug und Recht müssen wir hier konstatieren, dass junge Menschen aus Erziehungshilfekontexten durch das Konsultationsverfahren strukturell benachteiligt sind. Sie werden über die Form des Erlaubnisvorbehalts daran gehindert, an geeigneten persönlichkeitsbildenden, non-formalen Bildungsprozessen teilzunehmen. Leider ist an dieser Stelle auch die Feststellung des Hilfebedarfs durch das auftraggebende deutsche Jugendamt und das Einverständnis des jungen Menschen und seiner Personensorgeberechtigten kein Türöffner: selbst wenn sich alle Beteiligten im Hilfeplanprozess einig sind, darf der dadurch im deutschen Jugendhilferecht begründete Rechtsanspruch auf die geeignete Hilfe nicht

---

[11] Bundesverband Individual- und Erlebnispädagogik e.V. 2018a.

[12] Bundesverband Individual- und Erlebnispädagogik e.V. 2018c.

ohne Erlaubnis des Ziellandes umgesetzt werden. Konkret weist dieser Umstand darauf hin, dass die europäische und die deutsche Gesetzesgrundlage an einigen Stellen empfindlich kollidieren.

Genau diese Fragen haben wir über ein differenziertes juristisches Gutachten von Prof. Dr. Dr. Reinhard Wiesner untersuchen lassen. Auf dieser Grundlage wird im Oktober 2021 eine Publikation erscheinen[13], die nicht nur das Gutachten im Originaltext enthält, sondern Beiträge aus unterschiedlichsten Perspektiven mit einflicht, um das Spannungsfeld, die Chancen, aber auch notwendige Anpassungen der individualpädagogischen Arbeit im internationalen Kontext zu erhellen. Die Publikation bietet aktuelle fachliche Positionierungen an, ist aber vielmehr noch als Einladung zum Dialog an die internationalen Akteur:innen gedacht. Angesprochen werden sollen Politiker:innen auf EU-Ebene, die zentralen Behörden in Europa sowie internationale Dachverbände. Wir wünschen uns, dass das Buch ein Auftakt für hoffentlich viele bilaterale und internationale Diskussionen und eine gemeinsame Weiterentwicklung sein kann. So sind nach Erscheinen der Publikation bereits zahlreiche Veranstaltungen vor allem auf der internationalen / europäischen Bühne in unterschiedlichen Formaten angedacht. Wir konnten bereits prominente Akteur:innen wie z.B. Dr. Katharina Barley, Vizepräsidentin des EU-Parlaments, und Prof. Dr. Dr. Reinhard Wiesner für eine Unterstützung gewinnen. „Stemmen" können wir dieses Projekt durch unsere Kooperation mit der Bundesarbeitsgemeinschaft Individualpädagogik e.V. AIM[14] sowie durch zusätzliches Engagement unserer Mitgliedseinrichtungen in Form von Spenden.

[13] Grenzen Los Erziehen – Erfolgreiche Jugendhilfe in Europa (2021). ZIEL-Verlag (im Druck)

[14] Bundesarbeitsgemeinschaft Individualpädagogik e.V. hieß ursprünglich Arbeitsgemeinschaft Individualpädagogische Maßnahmen (AIM)

Sven Riegler (li), Leiter der Fachgruppe HzE, bedankt sich bei engagierten Mitgliedern; links: Georgios Missionis, Coccius GbR; oben: Eva Felka, Projekt Husky

The time after „Masterplan" – was zu tun bleibt

An dieser Stelle möchte ich erwähnen, dass es Aktionsfelder gibt, die zwar im Masterplan angelegt, aber in diesem Beitrag nicht weiter erörtert werden, da sie auf mittel- und langfristige Perspektiven zielen: Mit Hilfe weiterer Maßnahmen soll der seit mehr als 15 Jahren beobachtbare Trend zur „Ver-Regelung" der individualpädagogischen Hilfen im Ausland unterbrochen werden. Dieser Trend sorgt gewissermaßen für eine zunehmende Ver-Riegelung der Hilfen: die Zugänge werden immer komplizierter und unmöglicher – sowohl durch die deutsche wie auch internationale Gesetzgebung und die entsprechenden Ausführungsbestimmungen. Ein zentrales Motiv dürfte hier der Wunsch sein, die Hilfen gewissermaßen „sicherer" und risikofreier zu machen.[15] Dass die zu diesem Zweck eingerichteten Maßnahmen den Kern der hoch flexiblen und kreativen Hilfeform jedoch geradezu konterkarieren, möchte ich mit einem vergleichenden Bild verdeutlichen: Wenn ich einen Waldkindergarten betreiben möchte, in dem Kinder die Naturräume nah und direkt erleben können, und ich fälle aus Sorge oder Sicherheitsgründen zuvor alle Bäume in der Nähe der spielenden Kinder, beraube ich den Raum (in diesem Falle den Wald) seines Wesenskerns (die Bäume) – der Waldkindergarten kann ohne Wald kein solcher mehr sein und kann die zugedachte Wirkung nicht mehr entfalten. Individualpädagogische Hilfen beziehen ihre hohe Wirksamkeit aus den flexiblen Gestaltungsmöglichkeiten und auch aus der Möglichkeit, etwas zu riskieren, von dem ich im Vorfeld nicht hundertprozentig weiß, ob es funktionieren wird. Den Dialog und die Debatte über diese Aspekte gilt es langfristig mit allen Beteiligten und Partnern neu zu beleben.

---

[15] Vgl. dazu auch Bundesverband Individual- und Erlebnispädagogik e.V. 2020.

Unsere Aufgabe ist es, einen regelmäßigen und verlässlichen Austausch und eine gute Vernetzung mit Verbänden angrenzender Disziplinen herzustellen (z.B. DV Deutscher Verein für Öffentliche und Private Fürsorge, DVJJ Deutsche Vereinigung für Jugendgerichte und Jugendgerichtshilfen e.V., Deutscher Jugendgerichtstag, Deutscher Kinderschutzbund, Therapeutische Verbände). Wir werden perspektivisch (noch) enger mit Wissenschaft und Forschung, mit Hochschulen und Ausbildungsinstitutionen kooperieren, damit die Besonderheiten dieses Erziehungshilfe-Segments nicht im Nirwana verschwinden: nur wenn wir über diese Angebotsform sprechen und informieren, kann es als attraktives Berufsfeld in Curricula sichtbarer und selbstverständlicher verortet werden. Dies ist besonders wichtig, da die erste und zweite Generation individualpädagogischer Gründer:innen und Betreuer:innen sukzessive aus dem aktiven Berufsleben ausscheidet – das Feld braucht engagierten und kompetenten Nachwuchs!

Viel näher „dran sein“ müssen wir auch in Zukunft an den Auftraggeber:innen in Jugendämtern sowie den Mitgliedern der Bundesarbeitsgemeinschaft der Landesjugendämter BAGLJÄ.

4 Resümee

Unser oberstes Ziel, die individualpädagogischen Hilfen im In- und Ausland als Angebot im Kontext unseres Jugendhilfegesetzes zu erhalten, haben wir über unser zusätzliches Engagement erreicht. Wir sind davon überzeugt, dass das Arbeitsfeld ohne diese „Schüppe extra" heute schlechter dastehen würde oder sogar verschwunden wäre. Angesichts der vielen wunderbaren und gelungenen Hilfeverläufe wäre es ein ungeheurer Verlust, wenn diese Möglichkeiten jungen Menschen künftig nicht mehr zur Verfügung stehen würden. Besonders bedeutsam ist für uns dabei auch die Tatsache, dass wir mit diesen Hilfen junge Menschen versorgen können, bei denen eine große Gefahr besteht, dass sie ansonsten ihren Platz im gesellschaftlichen Gefüge nur schwer oder gar nicht finden können. Wir sind davon überzeugt, dass jeder Mensch in kritischen Lebensphasen ein Grundrecht auf angemessene und wirksame Unterstützung hat, wie auch immer diese konzipiert sein muss. In diesem Sinne sind wir zufrieden und froh, der drohenden Gefahr beherzt und engagiert entgegen getreten zu sein. Nicht zuletzt profitieren wir auch selbst von unserem Engagement: es zeigt uns, wie wirksam wir sein können – eine zutiefst befriedigende und beglückende Erfahrung! So vieles kann getan und erreicht werden, wenn man seine Ziele mit einem Plan hinterlegt, mutig vorangeht und sich nicht abschütteln lässt – Einmischen possible and necessary at its best! Darüber hinaus ist sehr deutlich geworden, mit wieviel „Mut zur Lücke" der Bundesverband immer wieder und immer noch versucht, eine qualitativ gute und ernstzunehmende Vertretung für das individualpädagogische Arbeitsfeld zu sein. Das kann auf Dauer nicht allein mit ehrenamtlichen Ressourcen gestemmt werden. Wir brauchen eine kontinuierliche Bearbeitung der relevanten Interventionsfelder. Wir brauchen Menschen, die dieses Arbeitsfeld unerschrocken, beharrlich, qualifiziert und gewinnend vertreten. Um diese Arbeit entlohnen zu können, brauchen wir finanzielle Mittel, die die aktuell vorhandenen Möglichkeiten des Verbandes übersteigen. Und darin liegt die nächste Herausforderung für den Bundesverband: hier ist weitere Kreativität gefragt, um eine „mission impossible" in eine realisierbare Zukunftsvision umzuwandeln.

Beschließen möchte ich diesen Beitrag mit einem ermutigenden Zitat der Kunstfigur Pippi Langstrumpf von Astrid Lindgren:
„Das habe ich noch nie vorher versucht, also bin ich völlig sicher, dass ich es schaffe."

5 Literatur und Quellen

Bundesverband Individual- und Erlebnispädagogik e.V. (2016): Kompetenznachweis International in den Hilfen zur Erziehung. ….und plötzlich ist der Horizont ganz weit 1. Auflage. Dortmund: Eigenverlag

Bundesverband Individual- und Erlebnispädagogik e.V. (2018a): Fachpolitische Position zu europäischer Jugendhilfe. Zum überfälligen Paradigmenwechsel der Hilfen zur Erziehung im Ausland. www.bundesverband-erlebnispaedagogik.de: https://www.bundesverband-erlebnispaedagogik.de/fileadmin/user_upload/be-ep.de/Dateien/Pdf/Downloads/18-04_be_fachpolitische_position_europaeische_jugendhilfe.pdf. Entnommen am 31.05.2021

Bundesverband Individual- und Erlebnispädagogik e.V. (2018b): Synopse SGB VIII Reform. Diskussionsbeitrag. www.bundesverband-erlebnispaedagogik.de: https://www.bundesverband-erlebnispaedagogik.de/fileadmin/user_upload/be-ep.de/Dateien/Pdf/Downloads/Synopse_SGB_VIII_Diskussionsstand_2018_10_08_AIM_BE.pdf. Entnommen am 31.05.2021

Bundesverband Individual- und Erlebnispädagogik e.V. (2018c): § 36c Zulässigkeit von Auslandsmaßnahmen. Positionierung. www.bundesverband-erlebnispaedagogik.de: https://www.bundesverband-erlebnispaedagogik.de/fileadmin/user_upload/be-ep.de/Dateien/Pdf/Downloads/18-04_be_positionierung___36cSGB_VIII_Reform.pdf. Entnommen am 31.05.2021

Bundesverband Individual- und Erlebnispädagogik e.V. (2019): Masterplan „Damit Individualpädagogik bleibt“. Interne Vorlage zur Mitgliederversammlung.

Bundesverband Individual- und Erlebnispädagogik e.V. (2020): Sicherheit, Risiko und Wagnis in der Erlebnispädagogik. Ein Positionspapier. www.bundesverband-erlebnispaedagogik.de: https://www.bundesverband-erlebnispaedagogik.de/fileadmin/user_upload/be-ep.de/Dateien/Pdf/Downloads/20-11-27_be_positionspapier_sicherheit-risiko-wagnis_1.1.pdf. Entnommen am 31.05.2021

Bundesverband Individual- und Erlebnispädagogik e.V. (o.J.): Qualitätssiegel „beQ“. https://www.bundesverband-erlebnispaedagogik.de/qualitaet/beq-qualitaetssiegel.html. Entnommen am 01.06.2021

IJS e.V. (2018 – 2021): Videoclips zur Individualpädagogik. https://www.youtube.com/watch?v=fEveZdaq1ZM&t=31s. Entnommen am 02.06.2021

IJS e.V. (o. J.): https://www.ijs-ev.de. Entnommen am 31.05.2021

Klawe, Willy (2013): Das Ausland als Lebens- und Lernort. Interkulturelles Lernen in der Individualpädagogik.1. Auflage. Dortmund: Comedia oHG Verlag

Klein, Joachim. Arnold, Jens. Macsenaere, Michael (2011): InHaus. Individualpädagogische Hilfen im Ausland: Evaluation, Effektivität, Effizienz. Freiburg: Lambertus

Klein, Joachim. Arnold, Jens. Macsenaere, Michael (2015): InHaus 2.0. Individualpädagogische Hilfen im Ausland und ihre Nachhaltigkeit. Freiburg: Lambertus

Prof. Dr. Manuel Sand

Professor an der Hochschule für angewandtes Management im Bereich Outdoorsport und Adventuremanagement sowie akademischer Leiter am Adventure Campus Treuchtlingen. Er leitet das Studienprogramm Outdoorsport und Adventuremanagement und forscht in den Bereichen Effekte erlebnispädagogischer Programme, Abenteuertourismus, Outdoorsport und Naturschutz, Outdoorsport und Gesundheit.

E-Mail: manuel.sand@fham.de
Website: www.adventure-campus.com

Angela Novotny

Rechtsanwältin und Vorstandsvorsitzende der HERRMANN GUTMANN STIFTUNG.

Die Stiftung fördert wissenschaftliche Zwecke und die Erziehung, Volks- und Berufsbildung, Schwerpunkt ist dabei die Förderung von Schulen. Neben den langjährigen Förderungen rund um das Thema Lernwerkstätten, ist eine weitere operative Tätigkeit das Projekt „MAP Mittelschule-Arbeitswelt-Partnerschaft". Hierbei geht es um Strukturentwicklung an den Schulen, um den Übergang zwischen Schule und Berufsleben zu erleichtern und dauerhafte, gefestigte Verbindungen zwischen den Schulen und der Arbeitswelt der Region zu schaffen. Es ist ein besonderes Anliegen der Stiftung, jungen Menschen dabei zu helfen, ihre besonderen Fähigkeiten zu entdecken und diese dann zu fördern.

E-Mail: info@hermann-gutmann-stiftung.de
Website: www.hermann-gutmann-stiftung.de

„Einmischen“ in der Mittelschule

Wie durch „Einmischen“ zum „Mitmischen“ angeregt wird und dadurch Erlebnisse entstehen, die nicht „verwischen“

1 Einführung

Wie können wir uns in das Leben von Mittelschülern positiv „einmischen“, um diese für den Schulalltag zu motivieren und zu begeistern. Wie können wir sie für den ersten Arbeitsmarkt fit machen und sie politisch, sozial und ökologisch fördern? Diese Fragen stellte sich die HERMANN GUTMANN STIFTUNG im Jahr 2016. Das daraus entstandene Projekt soll hier näher vorgestellt werden und aufzeigen, wie in der Mittelschule „Einmischen possible“ ist. In den Sommerferien 2017 ging das Projekt an den Start, und 21 Schülerinnen und Schüler bekamen erstmals die Möglichkeit zum „Mitmischen“. Dieses Bildungsprojekt erhielt in den ersten drei Jahren (anfänglich) finanzielle Unterstützung als „Leader-Projekt“ der Lokalen Aktionsgemeinschaf Altmühlfranken e.V.

Die MAP Ferienakademie ist ein erlebnispädagogisches Projekt für Mittelschüler, das derzeit auf den Landkreis / Schulamtsbezirk Weißenburg-Gunzenhausen in Bayern begrenzt ist. Es zeichnet sich durch ein langfristiges „Einmischen“ in das Leben von 20 Schülerinnen und Schülern von der 7. Klasse bis zur 9. Klasse (und somit bis zum Abschluss der Mittelschule) aus. MAP steht dabei für Mittelschulen – Arbeitswelt – Partnerschaft, ein Projekt, unter dem die HERMANN GUTMANN STIFTUNG bereits seit über 10 Jahren Schulen und Firmen zusammenbringt. Es geht darum, den Übergang zwischen Schul- und Berufsleben zu erleichtern und zwar durch das Anstoßen von Schulentwicklungsprozessen an den Schulen selbst und durch das Schaffen von dauerhaften und gefestigten Verbindungen zwischen den Schulen und der Arbeitswelt der Region. Bausteine dabei sind praxisorientierte Betriebserkundungen, Zukunftswerkstätten und Zukunftskonferenzen, sowie ein jährlich stattfindender Berufsparcours für alle 7. und 8. Klassen des Schulamtsbezirks. Besonders ist auch eine produzierende Schülerfirma, die mit einem Unternehmen vor Ort zusammenarbeitet und sich seit 10 Jahren jährlich neu organisiert. Ganz wichtig für MAP ist das vierteljährliche Treffen der Akteure aus den Schulen, den Ausbildungsbetrieben, dem Schulamt, dem Bildungsbüro des Landkreises u.a., um die Ausrichtung von MAP immer wieder neu zu hinterfragen und das Netzwerk zu festigen.

2 Hintergründe zum Thema

Im Folgenden wird auf den schulischen und gesellschaftlichen Hintergrund des Projektes eingegangen. Zudem wird das Thema Erlebnispädagogik in der Mittelschule betrachtet.

2.1.1 Gesellschaftliche Auswirkungen schlechter Bildung

Wenn junge Menschen die Schule ohne jeglichen Abschluss verlassen, dann hat das nicht nur persönliche Konsequenzen, sondern auch gesellschaftliche. Zwar ist die Anzahl der jungen Menschen ohne Bildungsabschluss seit den 1970er Jahren (38%) stetig zurückgegangen (auf heute um die 10-15%), jedoch hat die Zahl der Arbeitslosen in dieser Kategorie drastisch zugenommen (Piopiunik, Kugler & Wößmann, 2017). So ist ein Anstieg von 4% im Jahre 1976 auf 19% zu verzeichnen, woran auch der boomende Arbeitsmarkt vergangener Jahre nichts ändern konnte (vgl. Abb. 1). Außerdem liegt das durchschnittliche Einkommen bei Menschen ohne berufsqualifizierenden Abschluss deutlich unter dem der anderen Abschlüsse.

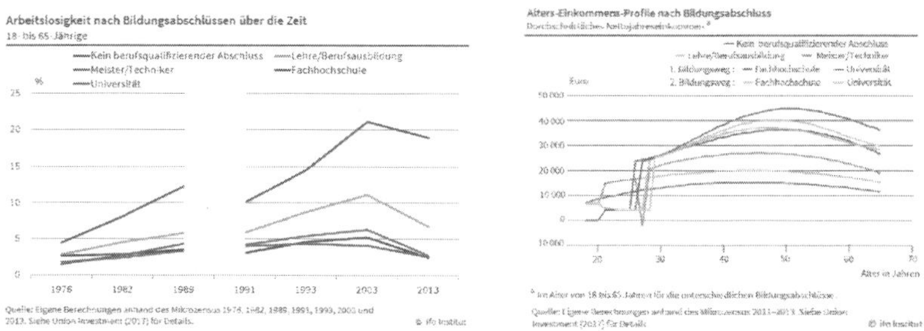

Abb. 1: Arbeitslosigkeit nach Bildungsabschlüssen und Alters-Einkommens-Profile nach Bildungsabschluss (Piopiunik, Kugler & Wößmann, 2017)

Um die Tragweite des Projektes und des konkreten Einmischens in die Lebenswelten der Teilnehmer*innen zu verdeutlichen werden im Folgenden grundlegende Daten vorgestellt. Im Landkreis Weißenburg und Gunzenhausen gibt es insgesamt 9 Mittelschulen, darunter befindet sich mit der Montessorischule Pleinfeld eine private Schule. Im Jahr 2019 besuchten 1.885 Schülerinnen und Schüler die Mittelschulen in der Region (Bayerisches Landesamt für Statistik, 2021). Im Schuljahr 2018/19 blieben in Bayern 3.347 Schülerinnen und Schüler ohne Mittelschulabschluss, davon war der überwiegende Teil (2.199) männlich (Bayerisches Staatsministerium für Unterricht und Kultus, 2019). Insgesamt beendeten 39.717 Schülerinnen und Schüler die 9. Klasse der Mittelschule (mit und ohne Abschluss), somit entspricht der Anteil, der ohne Abschluss bleibt, 8,4%. In Mittelfranken liegt der Wert mit 10,4% sogar noch höher als in Gesamtbayern. Die Zahlen haben sich in den vergangenen vier Jahren nur geringfügig verändert (Bayerisches Staatsministerium für Unterricht und Kultus, 2016; 2017; 2018; 2019).

Im Hinblick auf die künftige Entwicklung wird davon ausgegangen, dass die Anzahl der Mittelschulabsolventen in den kommenden Jahren auf einem gleichbleibenden Niveau bleibt (Bayerisches Staatsministerium für Unterricht und Kultus, 2020). Inwiefern die Corona-Pandemie Auswirkungen auf diese vor der Pandemie getroffene Einschätzung hat, bleibt abzuwarten.

Wer keinen schulischen Abschluss nachweisen kann, der hat in der Folge auch große Schwierigkeiten, einen Ausbildungsplatz oder einen Job zu finden. Personen ohne Schulabschluss sind besonders gefährdet, keinen Berufsabschluss zu erzielen (Berufsbildungsbericht, 2018). Die Ungelerntenquote der 20- bis 34-Jährigen ohne Schulabschluss lag 2016 in dieser Gruppe bei 70,1 % und 2018 bei 70,3% (Berufsbildungsbericht, 2018; Berufsbildungsbericht, 2020).

Wie groß die gesellschaftlichen Auswirkungen von Menschen ohne hinreichende Bildung und mit mangelnder Berufsausbildung sind, zeigt eine Reihe von Studien, welche die Bertelsmann Stiftung in Auftrag gegeben hat. Neben finanziellen Folgen für den Steuerzahler und geringerem Wirtschaftswachstum, macht sich dies auch in der Kriminalitätsstatistik bemerkbar. Entorf und Sieger (2010) konnten einen Zusammengang zwischen mangelnder Bildung und Kriminalität nachweisen. So kommen die Autoren zu dem Ergebnis, dass bereits eine einprozentige Verringerung des Anteils der Jugendlichen ohne Hauptschulabschluss zu einem Rückgang um sieben Prozent der Fälle bei Raub und Erpressung führen könnte. Mord und Totschlag sowie Diebstähle könnten darüber hinaus um vier Prozent verringert werden. Des Weiteren ergeben sich aus der höheren Kriminalität Kosten für die Gesellschaft, Berechnungen zufolge belaufen sich diese auf 1,42 Milliarden Euro pro Jahr (Entorf & Sieger, 2010). In Bayern würde eine Verringerung konkret eine Einsparung von 14,45€ pro Einwohner bedeuten.

Die Folgekosten von Jugendlichen ohne Ausbildungsabschluss belaufen sich bundesweit auf 1,5 Milliarden Euro pro Jahr (Allmendinger, Giesecke & Oberschachtsiek, 2011). Könnten Menschen ohne Ausbildung zu einem Abschluss gebracht werden, so könnten einerseits Mehreinnahmen bei Lohnsteuer und Arbeitslosengeld erzielt und auf der anderen Seite Einsparungen bei Transferkosten und Arbeitslosengeld gemacht werden. Pro bildungsarmem Menschen entgehen dem Staat jährlich rund 22.000 € durch Mindereinnahmen bei Lohnsteuern, Sozialleistungen und Beiträgen zur Arbeitslosenversicherung. Des Weiteren gilt es zu berücksichtigen, dass sich die Kosten jährlich weiter aufsummieren, sofern die betreffenden Personen nicht in Lohn und Brot kommen.

Würde jedem fünften Deutschen mit unzureichender Bildung zu einer besseren Ausbildung verholfen werden, so würde dies das Bruttoinlandsprodukt positiv beeinflussen (Wößmann & Piopiunik, 2009). Wößmann und Piopiunik kommen in ihrer Projektanalyse zu dem Ergebnis, dass 2009 geborene Kinder mit schlechter Bildung das BIP bis 2090 um 2,8 Billionen Euro verringern. Eine gelungene Bildungspolitik zahlt sich also in mehrfacher Hinsicht aus. Darüber hinaus könnten sicher noch weitere Kosten, wie z.B. bei der Krankenversicherung, eingespart werden. Es gibt hinreichende Belege, dass Menschen mit einem geringeren Bildungsstand ungesünder leben und auch eine kürzere Lebenserwartung haben (Mielck et al., 2012). Hier spielt auch das geringere Einkommen eine Rolle (Kroh et al., 2012), aber auch Risikofaktoren wie Rauchen und Bewegungsmangel (Mielck et al., 2012).

Zur Verringerung der Schulabgänger ohne Abschluss empfehlen Entorf und Sieger (2010) gezielte Projekte, eine individuelle Förderung sowie einen attraktiven und ansprechenden Unterricht. Auch wenn daraus zunächst Kosten entstehen, so amortisieren sich diese langfristig. Der finanzielle Aufwand durch gezielte Maßnahmen zahlt sich aus; das gilt konkret für Projekte, die mit weniger als 22.000 € pro Person zu finanzieren sind (Allmendinger, Giesecke & Oberschachtsiek, 2011).

2.1.2 Herausforderungen in der Mittelschule

Spezifische Hilfs- und Unterstützungsangebote werden von bayerischen Mittelschülern (im Vergleich zu anderen Bundesländern) eher weniger angenommen, dafür findet mehr elternfinanzierte Nachhilfe statt (Braun, Lex & Steiner, 2019).

Braun, Lex und Steiner (2019) fragten bayerische Mittelschüler nach deren Problemen bzw. Belastungsmomenten im Hinblick auf Schule und Berufsausbildung. Am meisten beschäftigt die Schülerinnen und Schüler (47%) „Nicht wissen, was später aus mir wird“, noch weit vor Auseinandersetzungen mit den Eltern (26%), Ärger mit Gleichaltrigen (16%) und finanziellen Problemen (16%). Die Schülerinnen und Schüler fühlen sich in sozialer Hinsicht weitestgehend sehr wohl, sowohl innerhalb des Klasse als auch im Elternhaus. Umso verwunderlicher ist die Unsicherheit im Hinblick auf die eigene Zukunft (Braun, Lex & Steiner, 2019). Doch trotz dieser Unsicherheit wissen zum Zeitpunkt der Befragung nur 7% nicht, was sie später machen wollen. Abbildung 2 zeigt, dass die meisten eine Berufsausbildung anstreben (64%), aber auch jede/r Vierte die Schulausbildung fortsetzen möchte. Die große Unentschlossenheit zeigt sich im Hinblick auf die konkrete Berufswahl und darauf, ob diese auch die richtige ist. Über die Hälfte der bayerischen Mittelschüler ist sich da unsicher, obwohl sie sich gut über Berufsmöglichkeiten informiert fühlt (Braun, Lex & Steiner, 2019).

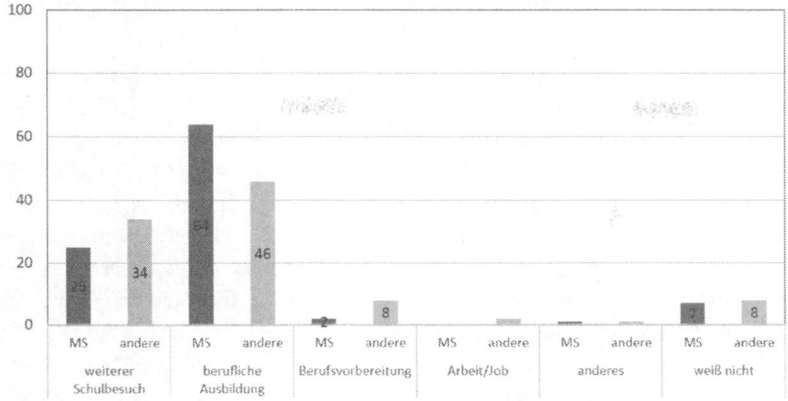

Abb. 2: Pläne von Abgängerinnen und Abgängern der Mittelschulen (Braun, Lex & Steiner, 2019)

2.1.3 Erlebnispädagogik in der Mittelschule

Erlebnispädagogische Projekte wurden umfassend wissenschaftlich untersucht und begleitet (vgl. u.a. Hildmann, 2020; Sand, 2020). Dabei wurden viele positive Auswirkungen nachgewiesen, u.a. auf die Selbstwirksamkeit, das Selbstkonzept und soziale Aspekte (Hattie et al., 1997; McKenzie, 2000). Dabei wurden auch verschiedenste Maßnahmen im schulischen Kontext untersucht, jedoch finden sich in der deutschsprachigen Literatur nur wenige Studien über erlebnispädagogische Projekte in der Mittelschule bzw. mit Mittelschülern. Steffenhagen und Straube (2019) führten mehrere erlebnispädagogische Maßnahmen mit acht Klassen einer Mittelschule in Augsburg durch. Die ersten Rückmeldungen durch die Lehrer und erste Tendenzen der Studie fallen dabei sehr positiv aus. Boeger, Dörfler und Schut-Ansteg (2006) stellten bei einer Kontrollgruppenstudie mit Gesamtschülern fest, dass sich das Selbstkonzept verbesserte, Aggression, Angst und Depressivität abnahmen.

Konkrete Langzeituntersuchungen über erlebnispädagogische Projekte mit Mittelschülern, wie sie in diesem Projekt erfolgen, sind bisher nicht bekannt.

3 Warum „Einmischen"? – Ziele der MAP Ferienakademie

Die Mittelschule scheint, aus eingangs genannten Gründen, ein geeigneter Ort für erlebnispädagogische Maßnahmen zu sein. Denn dort kann ein positiver Einfluss auf Schülerinnen und Schüler genommen werden, so dass diese dabei unterstützt werden, einen Abschluss zu erlangen. Vor diesem Hintergrund wurde das Projekt MAP Ferienakademie ins Leben gerufen. Bis zu 20 Schülerinnen und Schüler ab der 7. Jahrgangsstufe der Mittelschulen aus dem Landkreis Weißenburg-Gunzenhausen können daran teilnehmen. Sie werden über den Zeitraum von drei Jahren hinweg professionell durch Wissenschaftler, Trainer und Studierende gecoached und betreut. Das Projekt soll Schülerinnen und Schüler ansprechen, die in der Schule nicht zu den Stärksten zählen und Gefahr laufen, nicht auf dem ersten Arbeitsmarkt unterzukommen, die aber zugleich motiviert sind, sich zu verbessern. Generell steht das Projekt aber allen Mittelschülerinnen und Mittelschülern des Landkreises offen. Die Schüler müssen aus der Region stammen, eine Durchmischung aus den verschiedenen regionalen Schulen ist dabei wünschenswert.

Der Projektzeitraum der MAP Ferienakademie besteht aus drei zehntägigen Aufenthalten, jeweils in den Sommerferien, am Adventure Campus der Hochschule für angewandtes Management in Treuchtlingen. Um den Zeitraum zwischen den Sommerferien zu verkürzen, wird das Projekt um drei Wochenenden jeweils zum Zeitpunkt der Zwischenzeugnisse ergänzt. Während des Aufenthalts am Adventure Campus finden erlebnispädagogische Maßnahmen statt, die u.a. aus spielerischer Vermittlung von Lernstoff, outdoorsportlichen Herausforderungen, Projektgruppen, Gruppendiskussionen zu aktuellen Themen und dem Kompetenzerwerb bestehen. Durch umweltpolitische Maßnahmen, aber auch durch die Auseinandersetzung mit Menschen und aktuellen Themen, werden die Teilnehmerinnen und Teilnehmer zum Nachdenken und Umdenken angeregt. „Einmischen" in das Projekt und somit „Mitmischen" ist sehr gewünscht und findet durch Erlebnispädagogen und Teilnehmer gleichermaßen statt. So wird das Projekt nicht nur durchgeführt, sondern auch von allen Beteiligten gelebt.

In der Ferienakademie sollen die Schülerinnen und Schüler den Unterrichtsstoff in spielerischen und interaktiven Lernarrangements anschaulich vertiefen und anwenden. Ein großes Augenmerk wird dabei auf das experimentelle Lernen gelegt, also auf das aktive tun und dem Lernen an Beispielen und Erlebnissen. Neben den schulischen Aspekten sollen die Teilnehmer ihre Kompetenzen (u.a. Zeitmanagement, Selbstmanagement, Kommunikation, Konfliktmanagement) schulen und erweitern und damit ihre beruflichen Perspektiven verbessern. Diesen Ansatz soll die Persönlichkeit der Teilnehmer gestärkt werden. Anschauliche Stoffvermittlung, Kompetenztraining und sportliche Herausforderungen greifen ineinander, so dass die

Teilnehmer lernen, ohne dabei das Lernen als eine klassische Unterrichtssituation wahrzunehmen. Das Ziel ist es, alle Teilnehmerinnen und Teilnehmer auf dem Weg zu einem Mittelschulabschluss, oder sogar zu einem qualifizierten Mittelschulabschluss, zu begleiten und zu unterstützen. Zudem soll mit der MAP Ferienakademie der Einstieg in die Prozesse des Berufslebens, die durch das Schulsystem nicht optimal erfasst werden können, erleichtert werden.

Die unmittelbaren Projektziele beschränken sich dabei nicht nur auf die Teilnehmerinnen und Teilnehmer, sondern zielen auch auf eine Stärkung der Region ab. So sollen junge Arbeitskräfte in der Region gehalten werden und auf dem ersten Arbeitsmarkt unterkommen. Darüber hinaus wird auch eine Optimierung der Bildungsstruktur in der Region sowie die Stärkung des Profils als Bildungsregion angestrebt.

4 Wie „Einmischen“? – Inhalte der MAP Ferienakademie

In der Ferienakademie mischen wir uns nicht einmal kurz ein, vielmehr begleiten wir die Teilnehmer über drei Jahre hinweg bis zum Abschluss. Dies ist in dieser Form einzigartig und erlaubt ein kontinuierliches Begleiten, Dranbleiben und „Einmischen“. In den ersten beiden Jahren (Ferienakademie) verbringen die Schülerinnen und Schüler jeweils zehn Tage in den Sommerferien im Projekt mit spielerischem Unterricht, Sport- und Erlebnisprogramm. Auf besonderen Wunsch der ersten Kohorte finden im dritten Jahr nun regelmäßig weitere zehn Tage statt, in denen es um das Thema „Berufsfindung und Bewerbung“ geht (Businessakademie). Während der Ferienakademie werden die Schülerinnen von 3-4 Coaches begleitet, die auch längerfristig als Ansprechpartnerinnen und Ansprechpartner zur Verfügung stehen und Teilnehmerinnen und Teilnehmer auf ihrem Weg begleiten.

4.1 MAP Ferienakademie

Zu Beginn der Ferienakademie wird großer Wert auf das Kennenlernen auf Augenhöhe gelegt. Dabei gilt es auch von Beginn an, Probleme und Themen zu lokalisieren, die im weiteren Verlauf in das Programm integriert werden. Die Agenda der Ferienakademie lässt viel Raum für Ideen der betreuenden Coaches, denn nur so können diese authentisch und begeisternd die Inhalte vermitteln. Feste Bestandteile sind eine längere Wanderung, ein Besuch im Hochseilgarten, eine Kanutour auf der Altmühl, ein Wassersporttag (Kanu, Kajak, SUP, Segeln), Bogenschießen, Bouldern sowie eine Floßbauaktion mit anschließender Fahrt auf der Altmühl. Das Projekt versucht, die schulischen Lerninhalte spielerisch und lernwerkstattorientiert umzusetzen, u.a. durch kreatives Schreiben und Leseabende, das Einüben von

Konfliktmanagement und Teamwork-Fähigkeiten, eine Lernwerkstatt Natur zum Thema Umweltbildung, sowie Aktivitäten rund um das Thema Ernährung, Besuche von Museen in der Region und viele erlebnispädagogische Spiele. Zudem findet sich Zeit für Reflexionsrunden, Freizeit und einen rituellen Campus-Putz. Die Schüler teilen sich während des Projektes in verschiedene Arbeitsgruppen (AGs) auf, die sich mit unterschiedlichen Aspekten befassen. Meistens gibt es eine Medien-AG, die Fotos macht und einen Film über die zehn Tage dreht, eine Theater-AG, die ein Stück einübt und zum Abschluss vorführt, und eine Outdoor-AG, die sich um Lagerfeuer und andere Tätigkeiten draußen kümmert. Um den Schülerinnen und Schülern verschiedene Berufe näher zu bringen, werden verschiedene Berufsbilder vorgestellt und auch Gastreferenten eingeladen. Zudem steht eine Betriebserkundung bei einem regionalen Unternehmen auf dem Programm. Am Ende des Projektes steht eine große Grillfeier an, bei der die vergangenen Tage nochmals reflektiert werden, ehe dann am letzten Tag abschließend eine Vorführung für die Eltern stattfindet. Elterngespräche runden das Projekt ab. Ein interessanter Nebeneffekt der Campustage ist auch die Tatsache, dass den Jugendlichen (vielleicht sogar erstmals) die Schönheit und Vielseitigkeit ihrer Heimat bewusst wird. Dies geht einher mit der Tatsache, dass die Handys (diese können täglich für eine Stunde genutzt werden) stark an Bedeutung verlieren.

4.2 MAP Businessakademie

Auf besonderen Wunsch der ersten Gruppe wurde das Projekt um eine dritte Phase erweitert. Während der zehn Tage in den Sommerferien, direkt vor dem Abschluss der Mittelschule, dreht sich alles um das Thema Bewerbung und Berufseinstieg. Die Teilnehmerinnen und Teilnehmer erstellen eine Bewerbungsmappe, machen Bewerbungsfotos und üben Vorstellungsgespräche. Zusätzlich bekommen sie viele spannende Informationen zu Berufen und Ausbildungsmöglichkeiten, besichtigen zwei Firmen und das Infocenter des Arbeitsamtes. Highlights sind das Unternehmerfrühstück, bei dem Geschäftsführer rund um das Thema Bewerbung und Berufseinstieg Rede und Antwort stehen, und die Probe-Bewerbungsgespräche mit echten Personalern. Natürlich bleibt daneben noch viel Zeit für Projekte, Spiele und sportliche Herausforderungen.

5 Was bringt das „Einmischen“?

Das Projekt wird wissenschaftlich begleitet, um den Erfolg des Projektes im Hinblick auf ausgewählte Aspekte zu messen. Im Folgenden erfolgt ein kurzer Einblick in die ersten Ergebnisse der Untersuchung. Eine ausführliche Darstellung findet sich bei Sand (2020).

5.1 Methodik

Die Studie kombiniert eine quantitative, kontrollierte Fragebogenstudie im quasiexperimentellen Design mit einer qualitativen Befragung. Die quantitative Befragung erfolgt mittels standardisierter Fragebögen zur allgemeinen und zur schulbezogenen Selbstwirksamkeit (Schwarzer/Jerusalem 1999) und dem allgemeinen Selbstkonzept (Schwanzer 2002). Die Befragung erfolgt insgesamt zu neun Messzeitpunkten, jeweils vor und nach der Ferienakademie, sowie zum Halbjahreszeugnis. Mittels Mann-Whitney-U Test und Varianzanalyse werden Veränderungen über die Zeit im Vergleich zur Kontrollgruppe geprüft. Die Interviews werden anhand der qualitativen Inhaltsanalyse nach Mayring (2002) ausgewertet.

Die bisher ausgewertete Stichprobe besteht aus n=21 Teilnehmern, davon sind 10 männlich und 11 weiblich. Das Durchschnittsalter zu Beginn der Studie beträgt 12.2 Jahre (SD=0.7). Die Kontrollgruppe (zwei ausgewählte Schulklassen aus der Region, einmal aus einem städtischen Umfeld und einmal aus einem ländlichen Umfeld, so dass die Zusammensetzung der Versuchsgruppe bestmöglich abgebildet wird) besteht aus n=39 Schülern, davon sind 23 weiblich und 16 männlich. Das Durchschnittsalter ist mit 12.49 (SD=0.7) geringfügig höher als bei der Versuchsgruppe. Das Bildungsniveau der Eltern ist niedrig (meist Mittelschulabschluss oder mittlere Reife) mit ein paar Ausnahmen. Zudem verfügen die Eltern über ein geringes bis mittleres Haushaltsnettoeinkommen, das im Schnitt bei 30.000 € im Jahr liegt.

5.2 Ergebnisse

Zwischen den beiden Gruppen liegen zum Messzeitpunkt T1 (Beginn des Projekts) keine signifikanten Unterschiede vor, somit haben beide ein ähnliches Ausgangsniveau. Die allgemeine Selbstwirksamkeit steigt von T1 zu T2 signifikant an (p=.012), bleibt dann konstant und steigt während der zweiten Ferienakademie erneut leicht an (p=.059). Die Werte der Kontrollgruppe bleiben indes konstant. Die schulbezogene Selbstwirksamkeit steigt ebenfalls signifikant (p=.007) von Beginn der Ferienakademie zu Ende der Ferienakademie und bleibt dann auf einem hohen Niveau. Die

Kontrollgruppe hingegen verschlechtert sich im Vergleich sogar. Die soziale Selbstwirksamkeit steigt höchst signifikant (p=.000) an und fällt dann bis zum Zwischentreffen wieder signifikant (p=.028) ab. Danach steigt sie jedoch erneut signifikant (p=.027) an und bleibt dann konstant. Die Kontrollgruppe erfährt einen leichten, nicht signifikanten Anstieg. Ähnlich verhält es sich beim aktiven, problemorientierten Coping, das einen ähnlichen Verlauf nimmt, sich zu T4 deutlich verbessert, während die Kontrollgruppe sich signifikant verschlechtert (p=.033). Die Zufriedenheit steigt signifikant mit p=.012, fällt dann nach der Ferienakademie aber signifikant (p=.017) ab. Betrachtet man das Selbstkonzept der Schülerinnen und Schüler, dann ergeben sich signifikante Effekte im Hinblick auf die Sprache, das Lösen von Problemen und das eigene Aussehen. Weitere Effekte in den Subkategorien Religion/Spiritualität und Technik/Handwerk können ebenfalls bei der Kontrollgruppe beobachtet werden und sind wohl nicht auf das Projekt zurückzuführen.

Erste Eindrücke aus der qualitativen Befragung sollen ebenfalls dargestellt werden. Viele extrem positive Antworten zu T2 waren auch für die Interviewleiter überraschend, wie z.B.: „Ich konnte mich von drei Fünfern auf einen Fünfer in Englisch verbessern.“, oder „Mir geht es richtig gut, weil ich wieder hier sein darf. Treffe meine Freunde wieder und mir ist nicht mehr langweilig.“ Ein anderer Teilnehmer sagte: „Zuhause hänge ich ständig mit dem Handy ‘rum, weil es mir langweilig ist, das ist hier ganz anders.“ Besonders erfreulich war die Antwort: „Ich bin richtig motiviert seit diesem Schuljahr.“ Generell bekräftigen alle Teilnehmerinnen und Teilnehmer, dass es ihnen zu T2 sehr gut geht. Im Hinblick auf schwierige Situationen geben die meisten an, dass diese besser gelöst werden können: "Ich versuche das mit Miteinanderreden, wenn das nicht klappt, hole ich mir meinen Freund dazu.“ Es bleibt abzuwarten, was eine ausführliche Auswertung der Ergebnisse ergibt, weitere Veröffentlichungen zu diesem Forschungsprojekt sind geplant.

6 Diskussion – Weshalb wir uns weiter „einmischen“ sollten

Die dargestellten Ergebnisse zeigen erste signifikante Effekte im Hinblick auf die Selbstwirksamkeit und auf das Selbstkonzept. Dabei fällt auf, dass die Ergebnisse großteils ein halbes Jahr nach der ersten Ferienakademie deutlich niedriger liegen als zum Ende der Ferienakademie. Somit scheinen diese nicht längerfristig aufrechterhalten werden zu können. Die Werte steigern sich aber zum Beginn der zweiten Ferienakademie wieder und verbessern sich dann teilweise abermals. Es scheint, dass sich die Ergebnisse entweder durch den Impuls ein halbes Jahr später langfristig zu festigen beginnen oder aber die Vorfreude auf die Ferienakademie einen gewissen

Einfluss hat. Dies bekräftigt das Konzept des Projektes und spricht für die *langfristige* Begleitung der Teilnehmerinnen und Teilnehmer. Denn nur wenn junge Menschen kontinuierlich begleitet werden und immer wieder Impulse gesetzt werden, können sich die Erlebnisse und Veränderungen dauerhaft manifestieren.

Ein „Einmischen“ in der Mittelschule, wie es hier vorgestellt wurde, stärkt nicht nur die Persönlichkeiten der Teilnehmerinnen und Teilnehmer, es fördert auch deren schulischen Erfolg und die Berufsaussichten. Aus der ersten Gruppe sind mittlerweile alle am ersten Arbeitsmarkt untergekommen, bis auf die Teilnehmer*innen, die ihre schulische Laufbahn noch fortsetzen. Somit fördert das Projekt nicht nur einzelne Schüler*innen, sondern es leistet auch einen positiven Beitrag für unsere Gesellschaft und das Gemeinwohl aller. Denn durch geringere Abbrecherquoten können nicht nur, wie Eingangs aufgezeigt, Kosten gespart werden, sondern auch nachweislich die Kriminalität gesenkt werden. Gerade in dem jungen Alter, ab dem wir die Schülerinnen und Schüler begleiten, besteht eine große Chance, die Weichen für die Zukunft zu stellen. Durch die langfristige Begleitung setzt das Projekt kontinuierlich Impulse und ermöglicht eine positive Veränderung. So ist es und möglich uns in das Leben von Mittelschülern einzumischen und durch die positive Einflussnahme die unmittelbare, wie auch die schulische und gesellschaftliche Zukunft positiv zu gestalten. Obgleich der Einfluss des Projektes auf den Schulabschluss und den beruflichen Werdegang nur bedingt messbar ist und die gesellschaftlichen Effekte nur indirekt erfasst werden können, so sind die Erlebnisse der Ferienakademie doch prägend und bleiben hoffentlich ein Leben lang in Erinnerung.

7 Fazit

Positives Feedback von Schülern, Eltern, Betreuern und Lehrern zeigt, dass sich die MAP Ferienakademie erfolgreich einmischt. Mehr Bildungsprojekte dieser Art wären wünschenswert, um jungen Menschen eine Perspektive zu geben, aber auch aus gesellschaftlichen Gründen. Denn ein „Einmischen“ lohnt sich. Das erfahren wir nicht nur durch die Begeisterung und Dankbarkeit der Teilnehmer, sondern auch wenn wir sie dabei beobachten dürfen, wie sie Herausforderungen meistern, die sie anfangs für unmöglich gehalten haben. Es ist eine Wohltat miterleben zu dürfen, wie sich junge Menschen positiv entwickeln und ihren selbstbestimmten Weg im Leben einschlagen. Da sich dieses Projekt die Nachhaltigkeit auf die Fahne geschrieben hat, werden wir auch über den 3. Jahreszeitraum hinaus versuchen, Kontakt mit unseren ehemaligen Teilnehmerinnen und Teilnehmern zu halten, um Erkenntnisse darüber zu bekommen, ob es so etwas wie einen Langzeiteffekt gibt.

8 Literatur

Boeger, Annette, Dörfler, Tobias & Schut-Ansteg, Thomas. (2006). Erlebnispädagogik mit Jugendlichen: Einflüsse auf Symptombelastung und Selbstwert. Praxis der Kinderpsychologie und Kinderpsychatrie, 55 (3), S. 181-197.

Braun, Frank, Lex, Tilly & Steiner, Christine (2019). Bayerische Mittelschüler*innen auf dem Weg in die Ausbildung. Eine Expertise im Auftrag des Deutschen Gewerkschaftsbundes (DGB) – Bezirk Bayern. Veröffentlichung DGB Bayern.

Enttorf, Horst & Sieger, Philip (2010). Unzureichende Bildung: Folgekosten durch Kriminalität. Gütersloh: Bertelsmann Stiftung.

Fandrey, Dan (2013). Erlebnispädagogische Settings und Selbstkonzept. Hamburg: Verlag Dr. Kovac.

Hattie, John, Marsh, Herbert W., Neill, James T. & Richards, Garry E. (1997). Adventure Education and Outward Bound: Out-of-class Experiences That Make a Lastig Difference. Review of Educational Research, 67 (1), S. 43-87.

Hildmann, Jule (2020). Forschungsstand und Herausforderungen in der englischsprachigen Fachliteratur der Outdoor- und Erlebnispädagogik, in: B. Bous, J. Hildmann & M. Scholz (Hrsg.): Draußen Lernen: Handlungsorientierte Bildungsprojekte: Forschung rund um die Erlebnispädagogik, S.13-34. Augsburg: ZIEL-Verlag.

Mayring, Philipp (2002). Einführung in die Qualitative Sozialforschung. Weinheim: Beltz.

McKenzie, Marcia D. (2000). How are Adventure Education Program Outcomes Achieved?: A Review of the Literature. Australian Journal of Outdoor Education, 5(1), S. 19-28.

Mielck, Andreas, Lüngen, Markus, Siegel, Martin & Korber, Katharina (2012). Folgen unzureichender Bildung für die Gesundheit. Gütersloh: Bertelsmann Stiftung.

Kroh, Martin, Neiss, Hannes, Kroll, Lars, Lampert, Thomas (2012): Menschen mit hohem Einkommen leben länger, DIW Wochenbericht, ISSN 0012-1304, Deutsches Institut für Wirtschaftsforschung (DIW), Berlin, Vol. 79, Iss. 38, pp. 3-15

Piopiunik, Marc, Kugler, Franziska & Wößmann, Ludger (2017): Einkommenserträge von Bildungsabschlüssen im Lebensverlauf: Aktuelle Berechnungen für Deutschland, ifo Schnelldienst, ISSN 0018-974X, ifo Institut - Leibniz-Institut für Wirtschaftsforschung an der Universität München, München, Vol. 70, Iss. 07, pp. 19-30.

Sand, Manuel (2015). Die Auswirkungen des sechsmonatigen Segelschulprojektes Klassenzimmer unter Segeln auf die Persönlichkeitsentwicklung Jugendlicher. Hamburg: Czwalina.

Sand, Manuel (2020). Erfolg lernen – Wissenschaftliche Begleitung der MAP Ferienakademie mittel Methodenmix, in: B. Bous, J. Hildmann & M. Scholz (Hrsg.): Draußen Lernen: Handlungsorientierte Bildungsprojekte: Forschung rund um die Erlebnispädagogik, S. 96 -107. Augsburg: ZIEL-Verlag.

Schwanzer, Andrea (2002). Entwicklung und Validierung eines deutschsprachigen Instruments zur Erfassung des Selbstkonzepts junger Erwachsener. Berlin: Max-Planck-Institut.

Schwarzer, Ralf & Jerusalem, Matthias (1999). Skalen zur Erfassung von Lehrer- und Schülermerkmalen. Dokumentation der psychometrischen Verfahren im Rahmen der Wissenschaftlichen Begleitung des Modellversuchs Selbstwirksame Schule. Berlin: Eigendruck.

Steffenhagen, Denise & Straube, Elmar (2019). Erlebtes Lernen für Schulklassen, in: B. Bous, T. Eisinger, J. Hildmann & M. Scholz (Hrsg.): Im Erlebnis forschen – durch Erlebnis forschen, S. 137 - 148. Augsburg: ZIEL-Verlag.

Wößmann, Ludger & Piopiunik, Marc (2009). Was unzureichende Bildung kostet. Eine Berechnung der Folgekosten durch entgangenes Wirtschaftswachstum. Gütersloh: Bertelsmann Stiftung.

Organisationskreis der Konferenz *Bildung Macht Zukunft*

Veranstalter*innen und Organisationskreis:

Konzeptwerk Neue Ökonomie; Didaktik der Politischen Bildung an der Universität Kassel; Forum kritische politische Bildung; Attac; Die Kopiloten e.V.; Akademie Solidarische Ökonomie; IASS (Institut für transformative Nachhaltigkeitsforschung); Demokratische Stimme der Jugend; Kassel Postkolonial; Netzwerk N; Kreidestaub; Cusanus Hochschule; BiWiNa (Initiative zur Förderung der Wirtschaftskompetenz im Sinne einer Bildung für nachhaltige Entwicklung e.V.); und Nina Bärnreuther, Sebastian Jacobs, Joana Jung, Jana Kemper, Evelyn Linde, Friederike Preuschen.

Der Organisationskreis der Konferenz Bildung Macht Zukunft bestand aus ca. 20 Personen aus den Bereichen Bildung, Wissenschaft und Schule. Wir sprechen hier somit aus einer bestimmten Position heraus und haben nicht den Anspruch, für andere zu sprechen. Wir verstehen uns als Teil einer Suchbewegung nach politischen und pädagogischen Antworten auf die Herausforderungen unserer Zeit.

Kontakt: Friederike Preuschen, f.preuschen@posteo.de

Bildung Macht Zukunft – Impulse für eine kritische Erlebnispädagogik

1 Lernen für die sozial-ökologische Transformation?

„Einmischen necessary" – das klingt sinnvoll! .... aber was sind eigentlich genau die gesellschaftlichen Verhältnisse, in die wir uns als Erlebnispädagog*innen einmischen sollen/können/müssen? Was liegt den gesellschaftlichen Krisen zugrunde? Und haben wir mit Bildung überhaupt eine Möglichkeit, grundlegend zur Veränderung beizutragen? Wenn ja, welche Rolle spielt Bildung bei einer gesellschaftlichen Transformation? Mit diesen und weiteren wichtigen Fragen, haben sich Anfang 2019 die Teilnehmenden der Konferenz *Bildung Macht Zukunft – Lernen für die sozial-ökologische Transformation?*[1] beschäftigt. Es ging darum, Verbindungen herzustellen zwischen Bildung für Nachhaltige Entwicklung, Globalem Lernen und kritischer politischer Bildung, zwischen schulischem und außerschulischem Lernen, zwischen Praxis und Theorie. Ein Ziel der Konferenz war, machtkritische Bildungsansätze zu stärken, die die Ursachen sozialer und ökologischer Krisen angehen und zur politischen Zukunftsgestaltung einladen.

Für eine kritisch-emanzipatorische Erlebnispädagogik, die sich einmischen will, kann dieser Diskurs einen wertvollen Impuls geben. Deshalb stelle ich im Folgenden den Originaltext des im Anschluss an die Konferenz von uns verfassten Positionspapiers[2] vor und lade alle Interessierten ein, die Inhalte mit uns zu diskutieren.

---

[1] Veranstalter*innen: Konzeptwerk Neue Ökonomie, Fachdidaktik der Politischen Bildung der Universität Kassel, Forum Kritische Politische Bildung. Vorbereitet wurde die Konferenz von einem basisdemokratischen Organisationskreis aus Lehrer*innen, außerschulischen Multiplikator*innen, Wissenschaftler*innen und zivilgesellschaftlichen Akteuren

[2] Einleitung verfasst von Friederike Preuschen, Verfasser*innen des Positionspapiers siehe vorherige Seite. Das Papier darf gerne weiterverbreitet werden. Abrufbar unter https://konzeptwerk-neue-oekonomie.org/wp-content/uploads/2020/09/Positionspapier _BidungMacht-Zukunft-1.pdf

2 Positionspapier der Konferenz *Bildung Macht Zukunft* – Positionen zu einer zukunftsorientierten kritisch-emanzipatorischen Bildung.

2.1 Welche Bildung im Kontext einer sozial-ökologischen Transformation?

Klimakrise, globale Ungleichheit und Ausbeutung, Rechtspopulismus – die politischen Herausforderungen unserer Zeit sind groß und komplex. Es gibt verschiedenste Ansätze, diesen Herausforderungen zu begegnen. Von marktbasierten, technischen Ansätzen bis hin zu herrschaftskritischen Utopien einer sozial-ökologischen Gesellschaft. Oft wird Bildung in diesen Ansätzen als wichtiger Beitrag zur Transformation verstanden. Sie nimmt einen zentralen Stellenwert bei den Pariser Klimazielen oder den Sustainable Development Goals (SDG's) ein. Bildung für Nachhaltige Entwicklung (BNE) und Globales Lernen sind aus der Bildungslandschaft nicht mehr wegzudenken.

In der Diskussion um „transformative Bildung" werden aktuell die Ziele und Ansätze von Bildung im Kontext der sozial-ökologischen Transformation hinterfragt und neu ausgelegt. Viele Ansätze von BNE werden dafür kritisiert, dass sie Menschen insbesondere als Verbraucher*innen in den Blick nehmen und auf Gestaltungskompetenz zur individuellen Anpassung an gesellschaftliche und ökologische Veränderungen setzen. Dabei gehen sie von bestimmten Grundannahmen aus, die aus einer herrschaftskritischen Sicht problematisch sind, z.B. die Alternativlosigkeit von Wirtschaftswachstum, ein Verständnis von Umwelt und Natur als ökonomische Ressource oder bestimmte Vorstellungen von „Entwicklung"[3]. Diese werden gesetzt und sind in der Regel nicht transparent. Hierbei zeigt sich, dass Bildung eben nie neutral, sondern immer in einen gesellschaftlichen Kontext eingebettet und durch Machtstrukturen geprägt ist, sodass bestehende Herrschaftsverhältnisse nicht grundlegend infrage gestellt werden.

Für uns bedeutet Transformation, diese Grundannahmen sowie die Lebens- und Produktionsweisen im Globalen Norden zu hinterfragen und zu verändern. Ziel ist es, die aktuelle „imperiale Lebensweise"[4] durch „solidarische Lebens- und Produktionsweisen" ablösen. Das „gute Leben" weniger Menschen darf nicht länger auf

---

[3] Zusammenfassend macht Hamborg (2017) verschiedene Kritiklinien an BNE und Globalem Lernen aus.

[4] Vgl. „Auf Kosten anderer" - https://aufkostenanderer.org/

Kosten vieler anderer geführt werden. „Ökologisch“ und „solidarisch“ dienen als Kompass, der die Richtung des (angestrebten?) Wandels anzeigt.

Wir plädieren deshalb für eine „transformative Bildung“, die an die Wurzeln globaler Herausforderungen geht. Sie ist an einer kritisch-emanzipatorischen Gesellschaftsgestaltung ausgerichtet und begreift auch das Lernen selbst als kritisch-emanzipatorisch. Das betrifft sowohl unsere Haltung als Bildungsakteur*innen als auch unser Handeln, also die konkrete Ausgestaltung von Lern- und Austauschräumen.

2.2 Unsere Haltung – für eine Bildung, die bewegt

2.2.1 Für eine POLITISCHE Bildung im Kontext sozial-ökologischer Transformation

Wir verstehen „transformative Bildung“ als politische Bildung, die politische und wirtschaftliche Zusammenhänge in ihrer Komplexität analysiert und kritisch betrachtet. Kritische politische Bildung fragt, welche Interessen und Machtverhältnisse mit den aktuellen Krisen und den vorgeschlagenen Lösungen verbunden sind. Sie thematisiert Diskriminierung und Ausbeutung und bringt wenig berücksichtigte Perspektiven in die Diskussion um gesellschaftliche Transformation ein, z.B. postkoloniale oder feministische Perspektiven. Eine so verstandene Bildung nimmt auch politische Antworten auf gegenwärtige Herausforderungen in den Blick. Ein wichtiges Ziel dabei ist, kritisches Hinterfragen als Basis politischer Mündigkeit zu fördern. Dafür brauchen wir Lernräume, in denen Menschen sich austauschen und politische Mitgestaltung lernen und erproben können.

Wie hängen globale Ungleichheit und Naturausbeutung mit kapitalistischem Wirtschaften und Kolonialismus zusammen?

Wie werden Lernende politisch handlungs- und konfliktfähig gegenüber politischen Kräften, die von der imperialen Lebensweise profitieren und an dieser festhalten wollen?

2.2.2 Bildung kann irritieren und inspirieren

Bildung beinhaltet immer eine Auseinandersetzung mit dem eigenen Selbst in der Welt. Kritisch-emanzipatorische Bildung basiert für uns auf Irritation, die zum Hinterfragen bestehender Denkmuster anregt, und Inspiration, die Lust auf Neues macht. Irritation kann auch verunsichern, daher braucht es sichere Lernräume, um sich auf ein Hinterfragen gewohnter Denk- und Handlungsweisen einzulassen. Irritation und Inspiration finden nicht nur im Denken statt, sondern beziehen auch unseren Körper, unser Fühlen und unsere Emotionen mit ein. Angst- und Ohnmachtserfahrungen Raum zu geben, gehört genauso dazu wie die Gestaltung berührender und ermutigender Lernräume.

Es geht dabei einerseits um die Auseinandersetzung mit der eigenen Rolle in der Gesellschaft, um Privilegien, Ungleichheit und Diskriminierung, andererseits um gesellschaftliche Utopien und um zukunftsfähige Vorstellungen eines guten Lebens. Dafür können z.B. soziale Bewegungen und gelebte solidarische Alternativen Inspiration bieten. Eine solche Bildung bietet so auch Orientierungen für persönliche Quellen guten Lebens wie Solidarität, Zeitwohlstand, Teilhabe und Gleichberechtigung.

Wie ermutigen wir Menschen, sich auf „tiefgehende" Reflexionsprozesse einzulassen?

Wie gestalten wir Lernräume, die Mut machen und Alternativen sichtbar und erlebbar machen?

2.2.3 Bildung betrifft alle Beteiligten

Wir halten es für wichtig, die eigene Rolle und die Verantwortung, die wir als Bildungsakteur*innen tragen, kritisch zu reflektieren. Wir selbst sind in gesellschaftliche Verhältnisse eingebunden. Das prägt unsere Arbeit. Es ist ein wichtiger Teil kritisch-emanzipatorischer Bildung, dass wir uns dessen bewusst sind und einen Umgang damit einüben, der sensibel für Diskriminierung ist. Lernsettings sind immer mit Macht verbunden. Dies beinhaltet eine durchaus positive inhaltliche Gestaltungsmacht, aber in der Regel auch eine Hierarchie zwischen Lehrenden und Lernenden. Uns ist es wichtig, von den Bedürfnissen der Lernenden auszugehen und uns selbst immer auch als Lernende zu begreifen. Es geht uns darum, eine kritische Mündigkeit zu fördern anstatt vorbestimmte Verhaltensänderungen zu bewirken.

Wo reproduziere ich selbst gesellschaftliche Ausschlüsse in meiner Bildungsarbeit und wie kann ich dem begegnen?

Wie kann ich das Lehr-Lernverhältnis, in dem ich agiere, überdenken und selbstbestimmtes Lernen fördern?

2.3 Gemeinsam Handeln – Schritte in Richtung Bildungsbewegung?

Um kritisch-emanzipatorische Bildung weiterzuentwickeln und zu stärken, sind uns folgende Aspekte wichtig.

2.3.1 Kollegiale Lern- und Austauschräume und solidarische Vernetzung

Bislang gibt es wenig gemeinsame Handlungsräume kritischer Bildungsakteur*innen. Sie arbeiten häufig vereinzelt und in verschiedenen Bildungsbereichen getrennt voneinander. In Austauschräumen können wir miteinander bestehende Haltungen und Ansätze reflektieren und weiterentwickeln sowie machtkritische Perspektiven zusammenbringen. Vernetzungsstrukturen ermöglichen einen regelmäßigen kollegialen Austausch und einen solidarischen Umgang mit Herausforderungen.

Für besonders wichtig halten wir den Austausch und die Zusammenarbeit zwischen schulischen und außerschulischen Bildungsakteur*innen. Schule ist der bedeutendste Bildungsort und erreicht alle Kinder und Jugendlichen. Sie ist jedoch durch Fächergrenzen, Rahmenlehrpläne, Zeitstrukturen und Räumlichkeiten beschränkt. Außerschulische Bildungsakteur*innen können Impulse für diversere Lernformate geben und Einblicke in bestehende solidarische Alternativen bieten, indem sie diese als Lernräume erschließen und öffnen.

Welche Formate sind geeignet, um uns auszutauschen, Perspektiven zusammenzubringen und uns in unserer Arbeit zu bestärken?

*Wie stärken wir die Zusammenarbeit von Schule mit außerschulischen Akteur*innen und Lernorten?*

2.3.2 Kritisch-emanzipatorische Bildungspraxis heraus aus der Nische

Die Diskussion um Bildung im Kontext einer sozial-ökologischen Transformation und eine kritisch-emanzipatorische Bildungspraxis finden noch in einer Nische statt. Die zunehmende Bedeutung, die Bildung in Transformationsprozessen zugesprochen wird, bietet zwar Chancen für progressive Veränderungen in der Bildungslandschaft, es besteht aber zugleich die Gefahr, dass durch das Mainstreaming „transformativer Bildung" dessen machtkritisches Potential verloren geht.

Um wirkungsvoller zu werden, müssen Perspektiven kritisch-emanzipatorischer Bildung daher in die breiteren gesellschaftlichen Diskussionen um Bildung und gesellschaftliche Veränderung eingebracht werden. Wir halten es für nötig, BNE und Globales Lernen weiterhin mit Ansätzen der kritischen politischen Bildung zusammenzubringen und weiterzuentwickeln. Es geht darum, unterrepräsentierte kritische Perspektiven und Lernkulturen zu stärken und sich an verschiedenen Stellen im Bildungsbereich selbstbewusst einzumischen. Dazu gehört auch, den gesellschaftlichen Wert kritischer politischer Bildung zu betonen und diese gegen Extremismusvorwürfe und -klauseln[5] sowie rigide Gemeinnützigkeitskriterien[6] zu verteidigen.

Eine besondere Rolle bei der Schaffung von Wirkmächtigkeit kommt „Scharnierakteur*innen" zu, die zwischen verschiedenen gesellschaftlichen Bereichen (z.B. sozialen Bewegungen & Schule) vermitteln und Handlungsfenster (zum Beispiel in der Bildungspolitik) erkennen und nutzen.

An welchen Stellen im Bildungsbereich können wir uns wie einmischen und erachten dies für sinnvoll?

Wie stärken wir den gesellschaftlichen Rückhalt einer kritischen politischen Bildung?

2.3.3 Selbstverständnis als emanzipatorische Bildungsbewegung

Kritisch-emanzipatorische Bildung lädt dazu ein, Herrschaft zu erkennen, zu benennen und zu verlernen. Auf individueller Ebene durch eine Veränderung der Selbst- und Weltverhältnisse und auf kollektiver Ebene durch neu geschaffene selbstbestimmte soziale Räume. In Bezug auf notwendige gesellschaftliche Transformationen kann diese Praxis Teil einer emanzipatorischen Bildungsbewegung sein. Wir

---

5 Bezug genommen wird hier auf die 2011 bis 2014 bestehende und sehr umstrittene verpflichtende Unterzeichnung der Extremismusklausel als Bedingung für die Mittelzuweisung an förderungsinteressierte Organisationen bei drei Bundesförderprogrammen und auf eine geplante verschärfte Einführung einer solchen Klausel in Hessen 2017.

6 Bezug genommen wird hier insbesondere auf die aktuelle Aberkennung der Gemeinnützigkeit von Attac.

regen dazu an, sich als solche zu verstehen, um solidarische Austauschräume und ein Einmischen in gesellschaftliche Deutungskämpfe zu fördern.

Bildung ist für uns ein wichtiger Bestandteil sozial-ökologischer Transformation, sie kann aber soziale Kämpfe und den aktiven Aufbau von Alternativen nicht ersetzen. Kritische Bildungs- und andere Transformationsakteur*innen können sich gegenseitig bereichern: In Bildungskontexten können wir solidarisch wirtschaftende Projekte oder soziale Bewegungen sichtbar machen und von ihrer Praxis lernen. Auf der anderen Seite kann das Bewusstsein für Bildungsarbeit als bedeutsames politisches Handeln gestärkt werden.

In Kassel waren Keime einer emanzipatorischen Bildungsbewegung wahrnehmbar. Uns haben die vielen Begegnungen motiviert und inspiriert, in Bewegung zu bleiben und miteinander Herrschaft zu verlernen.

Verstehen wir uns als eine Art „Bildungsbewegung", und was folgt daraus?

*In welchem Verhältnis steht der Bildungsbereich zu anderen gesellschaftlichen Bereichen und Transformationsakteur*innen? Wie können diese verschränkt werden?*

3 Literatur

Konzeptwerk Neue Ökonomie: https://konzeptwerk-neue-oekonomie.org/konferenz-bildung-macht-zukunft/ [Zugriff am: 01.04.2021]

Orgakreis der Konferenz „Bildung Macht Zukunft": Bildung Macht Zukunft. Positionen zu einer zukunftsorientierten kritisch-emanzipatorischen Bildung. In: Eicker, Holfelder, Jacobs, Yume, Konzeptwerk Neue Ökonomie (Hg.) (2020): Bildung Macht Zukunft. Lernen für die sozial-ökologische Transformation. Frankfurt/M.: Wochenschau Verlag

Master of Education

Elmar Straube

Wissenschaftlicher Mitarbeiter am Lehrstuhl für Schulpädagogik, Universität Augsburg seit 2016. Davor Lehramtsstudium, Master of Education und Zertifikat zum Erlebnispädagogen an der Universität Augsburg. Planung und Initiierung des Schulprojekts „Erlebtes Lernen für Schulklassen“ im Rahmen der Promotion.

E-Mail: elmar.straube@phil.uni-augsburg.de

Website: https://www.uni-augsburg.de/de/fakultaet/philsoz/fakultat/schulpadagogik/team/elmar-straube/

Verborgene Schätze: Erlebtes Lernen für Schulklassen

1 Einleitung und Hinführung: Der wahre Wert des Rings

Bevor ich erläutere, warum ich diesen Beitrag im Speziellen Lehrkräften widme, möchte ich mit einer etwas längeren Geschichte mit dem Titel „Der wahre Wert des Rings“ beginnen. Diese Geschichte hat mir selbst schon sehr geholfen und veranschaulicht die Essenz der Erlebnispädagogik. Dies mag für einen Fachbeitrag ungewöhnlich erscheinen, aber nach dem Lesen wird hoffentlich klarer, warum dieser Einstieg so gewählt wurde. Ich empfehle die Geschichte langsam und in Ruhe zu lesen. Sie beginnt so:

> „Ein verzweifelter junger Mann ersuchte einen Weisen um Hilfe. ‚Meister, ich bin gekommen, weil ich mir keinen Rat mehr weiß. Ich fühle mich so wertlos! Die Leute sagen, ich sei ein Taugenichts, ein Tölpel und dumm noch dazu. Selbst wenn ich mich noch so sehr bemühe, kann ich es nie jedem recht machen. Was kann ich tun, um ein besserer Mensch zu werden? Was kann ich tun, damit die Leute eine höhere Meinung von mir bekommen?‘ Der Meister überlegte kurz und zog einen Ring von seinem Finger, gab diesen dem Jungen und sagte: ‚Reite in die Stadt und verkaufe diesen Ring auf dem Markt. Du musst unbedingt den bestmöglichen Preis dafür erzielen und darfst ihn auf keinen Fall für weniger als ein Goldstück verkaufen!‘ Der Junge steckte den Ring in seine Tasche und machte sich sogleich auf den Weg. Kaum am Markt angekommen, pries er ihn den Händlern an. Stets wurde der Ring solange mit großem Interesse begutachtet, bis der Junge den verlangten Preis nannte. Als er das Goldstück ins Spiel brachte, lachten einige, die anderen wandten sich gleich ab, und nur ein einziger alter Mann war höflich genug, ihm zu erklären, dass ein Goldstück viel zu wertvoll sei, um es gegen einen Ring einzutauschen. Entgegenkommend bot ihm jemand ein Silberstück dazu an, dazu einen Kupferbecher, aber der Junge hatte ja die Anweisung, nicht weniger als ein Goldstück zu akzeptieren, und so lehnte er das Angebot ab. Nachdem er das Schmuckstück vergeblich jedem einzelnen Marktbesucher gezeigt hatte, stieg er, niedergeschlagen und traurig von seinem Misserfolg, auf sein Pferd und ritt zum Meister zurück. Wie sehr wünschte sich der Junge, ein Goldstück zu besitzen, um es dem Meister zu überreichen. Er betrat das Zimmer. ‚Meister‘, sagte er, ‚es tut mir leid. Das, worum Sie mich gebeten haben, konnte ich unmöglich leisten. Vielleicht hätte ich zwei oder drei Silberstücke dafür bekommen können, aber es ist mir nicht gelungen, jemanden über den wahren Wert des Ringes

> hinwegzutäuschen'. ,Was du sagst, ist sehr wichtig, mein junger Freund', antwortete der Meister mit einem Lächeln. ,Wir müssen zuerst den wahren Wert des Rings in Erfahrung bringen. Steig wieder auf dein Pferd und reite zum Schmuckhändler. Wer könnte den Wert des Rings besser einschätzen als er? Sag ihm, dass du den Ring verkaufen möchtest, und frag ihn, wie viel er dir dafür geben würde. Aber was immer er dir dafür bietet: Du verkaufst ihn nicht. Kehre mit dem Ring hierher zurück'. Und erneut machte sich der Junge mit seinem Pferd auf den Weg. Der Schmuckhändler untersuchte den Ring im Licht einer Öllampe, er besah ihn durch seine Lupe, wog ihn und sagte: ,Mein Junge, richte deinem Meister aus, wenn er jetzt gleich verkaufen will, kann ich ihm nicht mehr als 58 Goldstücke für seinen Ring geben'. ,58 Goldstücke?' rief der Junge aus. ,Ja', antwortete der Schmuckhändler. ,Ich weiß, dass man mit etwas Geduld sicherlich bis zu 70 Goldstücke dafür bekommen kann, aber wenn es ein Notverkauf ist…'. Aufgewühlt und etwas fassungslos ritt der Junge zum Haus des Meisters zurück und erzählte ihm, was geschehen war. ,Setz dich', sagte der Meister, nachdem er ihn angehört hatte. ,Du selbst bist wie dieser Ring: ebenso wertvoll, kostbar und einzigartig wie ein Schmuckstück. Und genau wie bei diesem Ring kann deinen wahren Wert nur ein Fachmann erkennen. Warum zweifelst du also an dir selbst und erwartest im Gegenzug, dass jeder deinen Wert erkennt?'. Während er zu dem jungen Mann sprach, lächelte er und streifte sich den wertvollen Ring über seinen Finger." (Geschichte nach Jorge Bucay, eigene kleine Abänderungen; vgl. Rieger 2017, S. 9ff.)

Was will uns diese Geschichte sagen – und warum der Einstieg mit dieser Geschichte? Was hat sie mit Erlebnispädagogik und Schule zu tun? Überlegen Sie selbst, aber ein paar Ideen und Anregungen dazu meinerseits: zuerst einmal haben wir es in der Schule mit völlig unterschiedlichen Kindern und Jugendlichen zu tun, die zu Beginn oder mitten in ihrer persönlichen Entwicklung stecken und auch viel mit der Suche nach sich selbst beschäftigt sind. Viele von ihnen tragen verborgene Schätze in sich, die vielleicht im regulären Schulunterricht selten oder gar nicht gesehen werden, da sie im Unterrichtsalltag mit Aufgaben und Inhalten zu tun haben, bei denen diese Stärken kaum zum Ausdruck kommen können. Aus eigener Erfahrung bei der Arbeit mit Schulklassen kann ich sagen, dass Schülerinnen und Schüler, die im Unterricht eher unauffällig oder leistungsschwach sind, oft bei erlebnispädagogischen Übungen geradezu aufblühen, sodass die Lehrpersonen einen ganz anderen Eindruck von ihnen bekommen. Darin liegt das große Potenzial bei der Verbindung von Schulunterricht und Erlebnispädagogik: das Aufdecken dieser verborgenen Schätze. Inwiefern dies auch implizit in der bayerischen Verfassung und im bayerischen LehrplanPLUS gefordert wird, wird in diesem Beitrag kurz angeschnitten. Dazu soll vor allem soziales Lernen in der Schule in den Fokus gerückt werden. Vorher wird das aus diesen Gründen ins Leben gerufene Schulprojekt „Erlebtes Lernen für Schulklassen“ (nach dem auch der Workshop benannt wurde) knapp beschrieben. Der Beitrag schließt schließlich mit Praxistipps für die Schule und weiteren Literaturempfehlungen.

2 Das Schulprojekt „Erlebtes Lernen für Schulklassen“

Das Projekt „Erlebtes Lernen für Schulklassen“ wurde im Schuljahr 2017/2018 in einer Grund- und einer Mittelschule in Augsburg durchgeführt. Es nahmen insgesamt acht Schulklassen teil, je vier pro Schule, von denen jede Klasse sechs erlebnispädagogische Schultage im kompletten Schuljahr bekam, welche sowohl in den Schulen, als auch an außerschulischen Plätzen stattfanden. Zudem bekam jede Schule zwei schulinterne Lehrerfortbildungen. Insgesamt wurden damit 48 erlebnispädagogische Schultage auf das Schuljahr verteilt, geplant und umgesetzt. Die Erlebnisse und Erkenntnisse aus diesem Projekt waren mitunter sehr bereichernd und sollen gezielte Anregungen für den Einsatz im eigenen Unterricht geben (vgl. Steffenhagen und Straube 2018; Straube 2019, 2020a, 2021; noch nicht veröffentlicht).

3 „Beherztes Handeln“ in der Schule: Grundlegende Überlegungen

Verfassung, Bildung und Lehrplan

„Schulen sollen nicht nur Können und Wissen vermitteln, sondern auch Herz und Charakter bilden“ (Artikel 131 der bayerischen Verfassung, BVerfG 1998). „Beherztes Handeln“ ist demnach durchaus schon in der bayerischen Verfassung verankert. In dem eingangs zitierten Art. 131 BV sticht neben „Herz und Charakter“ noch ein Wort deutlich hervor: „bilden“. Betrachtet man den Bildungsbegriff etwas genauer, so stößt man auf ein sehr weitläufiges und komplexes Konstrukt. Eine prägnante Definition beschreibt Bildung folgendermaßen:

> „Bildung ist ein intrapersonaler, lebenslanger Prozess, der den ganzen Menschen als „Leib-Seele-Geist-Einheit“ umfasst und in dem seine Persönlichkeit wesensgemäß und seinsgerecht entfaltet wird. Als Ergebnis bezeichnet sie den so erreichten, vorübergehenden Zustand. Sie ist, auf den kleinsten Nenner gebracht, der Weg zu einem wesensgemäßen und seinsgerechten Leben.“ (Zierer 2016, S. 68)

Demzufolge ist Bildung niemals abgeschlossen, sondern stets Veränderungen ausgesetzt. Wolfgang Klafkis Bildungstheorie beinhaltet bereits seit den 60er Jahren eine Idee der „Allgemeinbildung“, die sich aus einer Trias von „Bildung für alle“, „allseitige Bildung“ und Bildung im Medium des Allgemeinen zusammensetzt. Darauf aufbauend ergeben sich drei Grundfähigkeiten, die es zu erwerben gilt: die „Fähigkeit zur Selbst- und Mitbestimmung“ und die „Solidaritätsfähigkeit“ (vgl. Klafki 1996, S. 51ff.). Weiter beschreibt er sogenannte „epochaltypische Schlüsselprobleme“, anhand derer diese Grundfähigkeiten erworben werden können. Dazu gehören u.a. (vgl. Koch-Priewe 2010, S. 250): Die Frage nach Krieg oder Frieden; Umweltschutz; Soziale Gerechtigkeit; Soziale Chancengleichheit; Partizipationsmöglichkeiten. Alle diese Themen sind heute noch aktuell, stellenweise sogar mehr denn je, betrachtet man z.B. den Umweltschutz. Dafür braucht es viele „gebildetete“ Köpfe und Herzen. Denn noch ein Aspekt scheint für Bildung von zentraler Bedeutung zu sein: das „Erlebnis“ (vgl. u.a. Schenz 2006; Gadamer 2010, S. 61ff.). In Bezug auf Lernen sind „Erlebnisse nicht irgendein Begleiteffekt des Lernens, nicht eine Bei- oder Zugabe, sondern – systematisch gesehen – eine Notwendigkeit. Es ist sogar so, dass sie zu einem Prozess der Auseinandersetzung des Menschen mit der wahrgenommenen Welt geradezu auffordern“ (Schenz 2006, S. 177). Schließlich ist das Erlebnis „für die Beurteilung des zu Erlernenden ebenso wichtig wie die Beurteilung des bereits Erlernten. Am Anfang wie am Ende eines Unterrichts wird die zu lösende bzw. gelöste Lernaufgabe für das Handeln bewertet“ (ebd., S. 185). All dies schreit förmlich nach „beherztem Handeln“ in Schulen, also z.B. durch Implementation von Erlebnispädagogik in der Schule. Denn was genau ist mit „Herz und Charakter“ in Art. 131 BV gemeint? Dass die Kinder geometrische Formen mit Lineal und Geodreieck zeichnen? Dass es eine SMV gibt? Auch dies mögen Teile dieser Herz- und Charakterbildung sein. Im Sinne eines „beherzten Handelns“ in der Schule gibt es deutlich mehr Aspekte, welche mit der Erlebnispädagogik aufgegriffen und initiiert werden können. Grundsätzlich bewegen wir uns bei erlebnispädagogischen Maßnahmen im Bereich des sozialen Lernens bzw. des Erwerbs und der Förderung sozialer Kompetenzen. Nicht umsonst sind diese Bereiche in den obersten Erziehungs- und Bildungszielen verankert. Schließlich bietet der LehrplanPlus der bayerischen Schulen eine Vielzahl von Anknüpfungspunkten zum sozialen Lernen (vgl. u.a. Bayerisches Staatsministerium für Bildung und Kultus, Wissenschaft und Kunst. 2020c, 2020d, 2020e, 2020a, 2020b). Für die bayerischen Grundschulen beispielsweise sind soziale Kompetenzen wie Kommunikation, Kooperation oder Verantwortungsbereitschaft und -übernahme in den fächerspezifischen Kompetenzstrukturmodellen verpflichtend verankert (vgl. u.a. Bayerisches Staatsministerium für Bildung und Kultus, Wissenschaft und Kunst 2020e, 2020d, 2020c, 2020b, 2020a). Selbst der stark auf Empirie und messbare Aspekte in der Schule ausgelegte Wirtschaftsverbund OECD fordert soziale Kompetenzen (vgl. Steffenhagen und Straube 2018, S. 142ff.). In ihrer Erläuterung und Definition der

Schlüsselkompetenzen wird u.a. die Kooperationsfähigkeit explizit als eine der Schlüsselkompetenzen genannt, welche eine Kernkompetenz bei erlebnispädagogischen Übungen darstellt. Soziales Lernen bedeutet in erster Linie das lebenslange Lernen jedes Einzelnen von, mit, in und an einer Gruppe. Dabei entwickelt sich eine Varietät an verschiedensten Kompetenzen und Haltungen, deren Ausprägungen eng mit dem Umfeld, der Kultur und damit auch der Schulzeit zusammenhängen. In der Schule werden demzufolge die Grundlagen geschaffen, um das Zusammenleben so demokratisch, friedlich und konstruktiv wie möglich zu gestalten. Soziales Lernen ist ein sehr komplexer Bereich, sodass eine vertiefte Darstellung an dieser Stelle nicht erfolgen kann und auf weitergehende Literatur verwiesen wird (vgl. u.a. Rekus 1985; Lerchenmüller 1987; Petillon 1993, 2002; Rinck 2004; Boer 2008; Drössler 2010; Kiper 2011; Jurkowski 2011; Dimitrova und Lüdemann 2011; Frey 2014; Dehu 2015; Linßer 2019). Einen Überblick über mögliche Bestandteile, Ziele und Relevanz sozialen Lernens in der Schule soll folgende Graphik vermitteln:

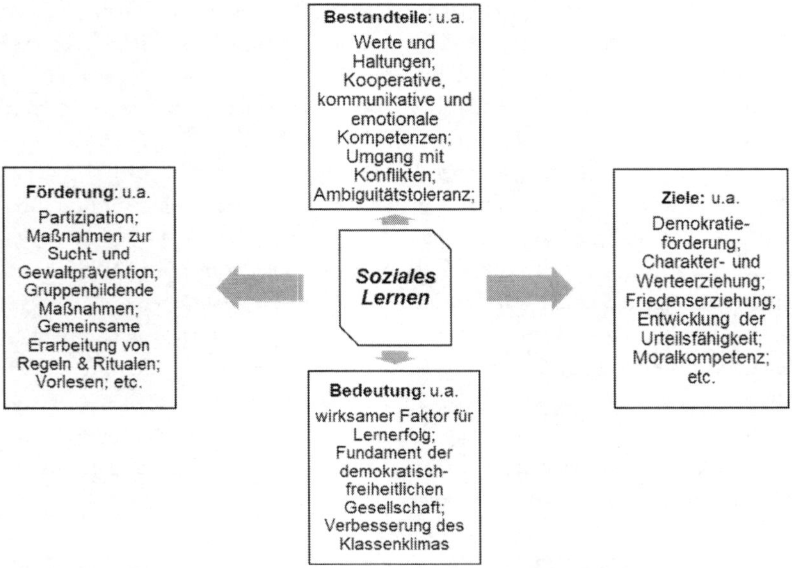

Abb. 1: Übersicht zum sozialen Lernen in der Schule (in: Straube 2021; noch nicht veröffentlicht)

In aktuellen Forschungs- und Bildungsdiskussionen, welche von Strukturdebatten oder dem Thema der Digitalisierung geprägt sind, kann man aber den Eindruck gewinnen, dass ein „beherztes Handeln" vernachlässigt wird oder zumindest oft in den Hintergrund rückt. Die provokante Frage sei an dieser Stelle erlaubt, wie man mit dieser Fokussierung und Einengung von Schule und Unterricht den Herausforderungen unserer Welt entgegentreten will, ohne unseren Heranwachsenden dabei zu helfen, respektvoll miteinander streiten und somit konstruktiv im Team arbeiten zu können (vgl. Straube 2020b, S. 127ff.). Nicht umsonst wird von bedeutenden Bildungswissenschaftlern schon länger eine „Entrümpelung der Lehrpläne" gefordert (vgl. u.a. Nida-Rümelin et al. 2018).

Relevanz sozialen Lernens in der Hattie-Studie

In der groß angelegten Metaanalyse von Hattie et al. seit 2018[1] wurden unter anderem die „Förderung der Sozialkompetenz" und die Erlebnispädagogik als eigene Faktoren unter der Domäne „Curricula" hinsichtlich des Effekts auf den Lernerfolg der Schülerinnen und Schüler erfasst (vgl. u.a. Hattie und Zierer 2018, S. 76f.). Dabei zeigte sich in der Analyse von vier Metaanalysen aus den USA und aus Australien, dass erlebnispädagogische Programme in allen untersuchten Bereichen (von mathematischen bis hin zu sozialen Kompetenzen und Motivation) positive Effekte (Effektstärke d= 0.49) bewirkten. Ein besonders erwähnenswerter Aspekt dabei ist, dass erlebnispädagogische Maßnahmen offenbar einen nachhaltigen Effekt mit sich ziehen, während viele andere Maßnahmen nach einer gewissen Zeit einem „Verwaschungs-Effekt" unterliegen (vgl. ebd.). Diese Befunde bestätigten viele Ergebnisse von vorherigen Metaanalysen und Einzelstudien (vgl. u.a. die Metanalyse von Bowen und Neill 2013). Erlebnispädagogische Maßnahmen könnten wiederrum steigernde Effekte auf weitere wirksame Faktoren wie die Lehrer-Schüler-Beziehung, den Klassenzusammenhalt oder die Klassendiskussionen erzielen. Letztendlich ist die Metaanalyse von Hattie et al. ein wichtiger Bezugspunkt für die Wirksamkeit der Erlebnispädagogik im schulischen Bereich. Allerdings steht hier lediglich der Lernerfolg hinsichtlich der Leistungen von Schülerinnen und Schülern im Mittelpunkt, und die Studie erfasst deshalb nur einen Wirkungsbereich. Wenn man die Faktoren in Hatties Liste betrachtet, so liegt die Vermutung nahe, dass Erlebnispädagogik als einzelner Faktor vielleicht zu eng gegriffen ist und viele weitere erfolgreiche (d >= 0.4) Faktoren mit der Erlebnispädagogik zusammenhängen könnten, wie folgende Tabelle (vgl. Tab. 1) mit einer kleinen Auswahl von Faktoren veranschaulichen soll (vgl. Zierer 2020b, S. 71ff.). Erlebnispädagogik kann also in vielen Bereichen des Unterrichts wirken.

[1] Die Daten werden seit 2008 regelmäßig durch weitere Studien erweitert und folglich neu ausgewertet.

Faktor	Bereich	*d 2017*	*d 2020*
Klassendiskussionen	Unterrichten	0.82	0.82
Kreativitätsförderung	Curricula	0.65	0.65
Kooperatives vs. individuelles Lernen	Unterrichten	0.59	0.62
Kooperatives vs. kompetitives Lernen	Unterrichten	0.54	0.58
Kooperatives Lernen	Unterrichten	0.42	0.47
Förderung der Sozialkompetenz	Curricula	0.39	0.44
Erlebnispädagogik	**Curricula**	**0.49**	**0.49**
Lehrer-Schüler-Beziehung	Lehrperson	0.52	0.61
Klassenzusammenhalt	Klassenraum	0.44	0.58
Charaktererziehung	Curricula	0.34	0.47

Tab. 1: Ausgewählte Faktoren der Hattie-Studie

Relevanz sozialen Lernens aus hermeneutisch-philosophischer Sicht

Eine erste Annäherung an die Klärung der Relevanz sozialen Lernens in der Schule bietet die integrale Philosophie nach *Ken Wilber*, welche im sog. „Quadrantenmodell“ abgebildet wird (vgl. u.a. Wilber 2000, S. 39ff.). Dieser Ansatz fordert im Sinne eines Erkenntnisgewinns die Betrachtungsweise von Phänomenen aus den vier unterschiedlichen Quadranten *subjektiv* (=links oben), *objektiv* (=rechts oben), *intersubjektiv* (= links unten) und *interobjektiv* (= rechts unten). Die *empirische* Perspektive ist dem oberen rechten und somit dem *objektiven* Quadranten zuzuordnen, der „Wahrheit“ für sich in Anspruch nimmt (vgl. u.a. Hattie und Zierer 2018, S. 154). Damit wird ebenfalls ersichtlich: es fehlen die anderen drei Quadranten für die Einordnung des Konstrukts. Im Zentrum *beherzten Handelns* scheint besonders der subjektive Quadrant von großer Bedeutung zu sein. Hierbei geht es um „Bedürfnisse, Interessen und Gefühle“ (ebd.). Darunter fallen in der Schule beispielsweise die Lehrer-Schüler-Beziehungen, die Schüler-Schüler-Beziehungen oder das Schulklima im Allgemeinen. Es geht in der Schule folglich nicht nur um Leistung, sondern ganz besonders auch um *Beziehungen*, geprägt durch *Geborgenheit* und *soziale Anerkennung*.

Abb. 2: Wilbers Quadrantenmodell (nach: Esbjoern-Hargens n.n., S. 3; in: Straube 2021; noch nicht veröffentlicht)

Einen weiteren Anhaltspunkt für die Notwendigkeit *sozialen Lernens* und damit auch „beherzten Handelns“ liefert die Theorie der „multiplen Intelligenzen“ nach *Howard Gardner*. Nach seinen Annahmen ist der Intellekt „der menschliche Geist in seinen kognitiven Aspekten“ (Gardner 2008, S. 110). *Gardner* kritisiert vor allem die weit verbreiteten und verkürzten Vorstellungen und Messverfahren der Intelligenz, die vornehmlich am *IQ* orientiert sind. Weiter kritisiert er zudem die Schulsysteme bzw. die Inhalte in Schulen, die deutlich zu Gunsten sprachlicher und der logisch-mathematischen Intelligenz gestaltet sind (vgl. Popp 2010, S. 85). So identifizierte er im Zuge seiner Theorie zunächst sieben unterschiedliche Intelligenzen: eine „musikalische“ (Intelligenz in Bezug auf Musik), eine „räumliche“ (in Bezug auf Räume), eine „logisch-mathematische“ (in Bezug auf Zahlen), eine „intrapersonale“ Intelligenz (in Bezug zu sich selbst) und „interpersonale“ Intelligenz (in Bezug auf andere), „eine körperlich-kinästhetische“ (in Bezug auf den Körper) und eine „linguistische“ (in Bezug auf Wörter und Sprache) Intelligenz (vgl. Myers et al. 2014, S. 401ff.). Später ergänzte er diese noch mit der „spirituellen“ und „naturalistischen“ (in Bezug zur Natur) Intelligenz (vgl. ebd.). Im Hinblick auf *soziales Lernen* und ein „beherztes Handeln“ erscheinen vor allem die *intrapersonale* und *interpersonale* Intelligenz von Bedeutung: erstere beschreibt den Zugang zu den eigenen Gefühlen, Gedanken und Emotionen. Die zweite entspricht der Fähigkeit, Individuen anhand der Einzigartigkeit eines jeden Menschen voneinander unterscheiden zu können. Dabei ist die personale Intelligenz komplex und vielfältig aufgebaut und zudem stark von Kultur geprägt. Das Wissen um sich selbst entsteht und ergibt sich erst aus den Interaktionen mit anderen, vergleichbar mit Bubers „der Mensch wird am du zum ich“ (vgl. Popp 2010, S. 85). Überlegungen *Piagets* können ergänzend angeführt werden: „Moralische Urteilsfähigkeit, Perspektivübernahme und

Empathie sind eng miteinander verbundene kognitive Fähigkeiten. Die von Piaget entwickelten Erkenntnisse über die Stufen der Kognitionen und Intelligenzentwicklung sind gleichzeitig für die Niveaus der moralischen Urteilsfähigkeit relevant" (ebd.).

Beim Versuch einer Bündelung der bisherigen Ausführungen kann festgehalten werden: die Relevanz *sozialen Lernens* steht eigentlich über allen anderen Inhalten in Lehrplänen oder ähnlichen *Curricula* und außerhalb internationaler Vergleichsstudien. Der Wert „beherzten Handelns" als Bestandteil *sozialen Lernens* lässt sich nur schwer messen; er zeigt sich vielmehr in unserer Gesellschaft, im Umgang miteinander und mit sich selbst. *Soziales Lernen* ist vielleicht das Herzstück in Schulen, aber mit Sicherheit das Fundament unseres demokratisch freiheitlichen und humanistischen Rechtsstaats. So resümiert u.a. *Hüther* (2004):

> „Das Gehirn, so lautet die vielleicht wichtigste Erkenntnis der Hirnforscher, lernt immer, und es lernt das am besten, was einem Heranwachsenden hilft, sich in der Welt, in die er hineinwächst, zurecht zu finden und die Probleme zu lösen, die sich dort und dabei ergeben. Das Gehirn ist also nicht zum Auswendiglernen von Sachverhalten, sondern zum Lösen von Problemen optimiert. Und da fast alles, was ein heranwachsender Mensch lernen kann, innerhalb des sozialen Gefüges und des jeweiligen Kulturkreises direkt oder indirekt von anderen Menschen ‚bezogen wird' und der Gestaltung der Beziehungen zu anderen Menschen ‚dient', wird das Gehirn auch nicht in erster Linie als Denk- sondern als Sozialorgan gebraucht und entsprechend strukturiert." (Hüther 2004, S. 493)

Nachdem nun in aller Kürze versucht wurde, theoretische Perspektiven für die Notwendigkeit „beherzten Handelns" in der Schule darzulegen, wird im Folgenden darauf eingegangen, wie dies im schulischen Unterricht berücksichtigt werden könnte.

4 Schätze offenbaren: Praktische Tipps für ein beherztes Handeln in der Schule

Im Folgenden sollen – sowohl aus den Erfahrungen des Projekts als auch den umfangreichen Erfahrungen aus praktischen Programmen mit anderen Schulklassen und Gruppen wie Lehrerkollegien – Praxistipps und Beispiel-Übungen aufgezeigt werden, die sich bewährt haben, „verborgene Schätze aufzudecken", und die für die meisten Altersstufen (mit etwaigen Variationen und kleinen Änderungen) geeignet sind. Natürlich können die Übungen in diesem Rahmen nur skizziert werden.

4.1 Allgemeine Überlegungen und Tipps

Letztendlich ist für den Einsatz *erlebnispädagogischer* Maßnahmen in der Schule wie für jede Form des Unterrichts immer eine eingehende Analyse und Reflexion entscheidend, um geeignete Übungen auswählen und durchführen zu können. Dafür sind u.a. folgende Fragestellungen hilfreich: *Welche Ziele möchte ich mit dem Einbau erlebnispädagogischer Maßnahmen erreichen? Wie ist das Klassenklima, d.h. die Arbeitsatmosphäre in meiner Klasse? Welche sozialen Kompetenzen sind besonders ausbaufähig? Welches Material habe ich zur Verfügung, und wie sind die sonstigen Rahmenbedingungen (räumlich, zeitlich, personell, etc.)?*

Grundsätzlich ist der Aufbau von *erlebnispädagogischen* Übungen bis auf einige Ausnahmen immer der gleiche. Sie bestehen aus einer Aufgabenstellung, verschiedenen Einschränkungen und dem Umgang mit Regelverstößen. Die Aufgaben können in ihrer Grundstruktur verschiedenen Kategorien zugeordnet werden. Die Gruppe muss dabei (1) von A nach B und z.B. (2) ein Hindernis überwinden oder (3) etwas bergen, (4) etwas transportieren, (5) etwas konstruieren, (6) etwas einsammeln oder (7) sich neu strukturieren. Je nach Ziel oder Gruppenkonstellation können verschiedene Kategorien gewählt werden. Zusätzlich können verschiedene Einschränkungen bei der Aufgabenbewältigung vorgeschrieben werden, z.B. Einschränkungen (1) der Bewegung, (2) der Wahrnehmung, (3) der Kommunikation, (4) der Interaktion, (5) der örtlichen Gegebenheiten und (6) der Zeit. Durch die Wahl der Einschränkungen können die Schwierigkeit der Aufgabe modifiziert und der Fokus auf ein bestimmtes Ziel gelenkt werden (z.B. Kommunikation, Wahrnehmung, Kooperation, usw.).

Ein besonderer Hinweis für alle Lehrkräfte, wenn sie erlebnispädagogische Übungen mit ihrer Klasse durchführen möchten, lautet: „Weniger ist mehr", d.h. eine größere Zurückhaltung als im sonstigen Unterricht ist sehr wichtig für den Lernprozess der Schülerinnen und Schüler. Das Ziel sollte immer prozessorientiertes Lernen sein, d.h. es wird nur eingegriffen, wenn es zwingend erforderlich scheint, auch wenn dies zunächst ungewohnt wirken mag und schwierig umzusetzen ist. Eingreifen ist vor allem dann erforderlich, wenn die Einschränkungen oder Regeln nicht eingehalten werden. Dies steht teilweise in starkem Kontrast zur Arbeit als Lehrkraft, die vor allem durch enge Zeitpläne, Stofffülle und Leistungserhebungen geprägt ist. Aber besonders die spezielle Herangehensweise bei *erlebnispädagogischen* Übungen kann wertvolle Erkenntnisse für den Schulalltag mit sich bringen. Dies wurde von allen teilnehmenden Lehrkräften des Projekts „Erlebtes Lernen für Schulklassen" bestätigt (vgl. Straube 2021; noch nicht veröffentlicht).

Für einen möglichst hohen Ertrag beim Einsatz *erlebnispädagogischer* Übungen ist es wichtig, Konsequenzen festzulegen und durchzusetzen. Diese müssen unbedingt vor Beginn der Übung kommuniziert werden. Mögliche Konsequenzen sind z.B.:

(1) Alle müssen von vorne beginnen; (2) Einzelne müssen von vorne beginnen; (3) Alle bekommen ein zusätzliches Handicap; (4) Einzelne bekommen ein zusätzliches Handicap; (5) Vorhandene Ressourcen (Zeit, Material) werden verringert; (6) Vorhandene Einschränkungen werden erweitert; (7) Pro Regelverstoß kommt es zu Punktabzug. Auch bei der Auswahl der Konsequenzen ist die Zielsetzung zu beachten. Steht der Spaß an der Übung im Vordergrund, sollten die Konsequenzen die Aufgabe nicht stark erschweren. Geht es bspw. um die Rollenverteilung in der Gruppe, können z.B. einzelne Schülerinnen und Schüler in der Kommunikation eingeschränkt werden. Grundsätzlich sollte die Übung trotz der Konsequenzen noch zu schaffen sein, allerdings kann auch das bewusste Herbeiführen des Scheiterns zu einem Lerneffekt führen. Darauf muss jedoch anschließend in der Reflexion geachtet und eingegangen werden. Außerdem bietet es sich an, einer Gruppe danach noch die Chance zu geben, sich zu verbessern und eine neue Aufgabe zu meistern.

4.2 Ausgewählte Übungen

Zunächst werden einige Übungen aufgezählt, die sich für den Einsatz in der Schule aus Sicht des Autors bewährt haben, bevor drei ausgewählte Beispiele erläutert und illustriert werden. Die Namen der erwähnten Übungen können, wie in der Erlebnispädagogik üblich, je nach Literatur und Autor variieren und damit von den Bezeichnungen in diesem Beitrag abweichen:

- „Tor in/ aus den/m Tag"; „Schwingseil" (vgl. u.a. Reiners 2016, S. 100)
- „Bullring" (vgl. u.a. Reiners 2014, S. 161)
- „Säureteich" (vgl. u.a. Reiners 2016, S. 127)
- „Spinnennetz" (vgl. u.a. Reiners 2016, S. 116)
- „Finde meinen Baum" (vgl. u.a. Gilsdorf 2015, S. 84)
- „Flussüberquerung" (vgl. u.a. Reiners 2016, S. 114f.)

4.2.1 Pipeline/Flottes Rohr

Die Schülerinnen und Schüler müssen mithilfe von Holzrohren o.ä. eine Kugel von einem Punkt zum anderen bringen (ZIEL n.n.). Die Anzahl der Rohre kann entweder gleich der Anzahl der Teilnehmenden sein, sodass jeder Teilnehmende eines bekommt, oder der Hälfte entsprechen (weniger ist nicht sinnvoll) (vgl. bspw. https://www.ziel-tools.de/produkt/kanalflitzer/). Folgende Regeln gelten hierbei:

- Die Kugel darf weder rückwärts laufen noch stillstehen.
- Die Kugel darf nicht mit den Händen oder anderen Körperteilen berührt werden.
- Die Hände müssen stets an den Rohren sein (außer beim Positionswechsel).

- Die eigene Position darf nicht verlassen werden, sobald die Kugel in der eigenen Röhre ist.
- Wenn die Kugel auf den Boden fällt oder rückwärtsläuft oder ein anderer Regelverstoß begangen wird, muss wieder vom Startpunkt begonnen werden.

Abb. 3: Pipeline

Didaktischer Kommentar und Hinweise:

- Die Schülerinnen und Schüler bestimmen entweder selbst das Ziel und geben sich ein Zeitlimit, oder die Leitung gibt ein Zeitlimit vor.
- Die Klasse wird in 2 Gruppen geteilt. Ziel: Alle Teilnehmenden müssen gleichzeitig am Ziel ankommen – oder: welche Gruppe schafft es schneller?
- Bei langen Routen kann ein Zwischenziel (Checkpoint) gesetzt werden, von dem aus bei Regelverstoß erneut gestartet werden kann, wenn das Zwischenziel zuvor schon erreicht wurde.
- Das Ziel wird von der Leitung bestimmt, und die Schülerinnen und Schüler schätzen die Zeit ein, die sie brauchen werden.

4.2.2 Blindformen/ Blinder Mathematiker

Die Schülerinnen und Schüler müssen blind mithilfe eines Spielseiles vorgegebene geometrische Formen bilden. Dabei muss die gesamte Länge des Seiles genutzt werden. Zuerst haben die Teilnehmenden Zeit, sich sehend zu beraten, ohne das Seil zu berühren. Anschließend stehen alle Schülerinnen und Schüler im Kreis, und allen werden die Augen verbunden. Ab diesem Zeitpunkt sollten beide Hände, mindestens aber eine Hand pro Person, am Seil sein. Die Leitung gibt dann eine Form vor, die es mit dem Seil zu bilden gilt. Die Schülerinnen und Schüler legen das Seil ab, sobald sie denken, dass sie die gewünschte Form geschafft haben. Beispiele: Dreieck, Viereck, Rechteck, Quadrat, gleichschenkliges Dreieck, gleichseitiges Dreieck, Fünfeck, Kreis, Sechseck (vgl. u.a. Gilsdorf und Kistner 2018, S. 111).

Abb. 4: Blindformen

Didaktischer Kommentar und Hinweise:

- Die Leitung kann z. B. eingreifen, indem sie eine Person für kurze Zeit sehen lässt (nicht mehr als 10 Sekunden). Bietet sich besonders für stille und schüchterne Personen an.
- Die Übung erfordert viel Kommunikation, so dass es empfehlenswert ist, mit einfacheren Formen anzufangen.
- Große Gruppen können geteilt werden.
- Durch Zeitvorgaben kann die Übung stark variiert werden, z. B. durch Vorgabe einer Gesamtzeit, einer genauen Planungs- und Durchführungszeit oder kompletter Selbsteinschätzung der benötigten Zeit durch die Gruppe.

4.2.3 Codeknacker

Die Schülerinnen und Schüler müssen einen Zahlencode aufdecken, z. B. die Zahlen von 1-30 fortlaufend. Dieser Code wird durch Zahlenkärtchen symbolisiert, jedes Kärtchen stellt einen Teil (eine Ziffer) des Codes dar. Dieser befindet sich in einem gesonderten Raum (auch vor der Türe denkbar oder im Freien – entscheidend: Teilnehmende dürfen die Plättchen nicht sehen können!). Mithilfe eines Seils kann dem Code ein Platz zugewiesen und die ausgelegte Fläche begrenzt werden: so kann man z. B. einen großen Kreis mit dem Seil legen und darin den Code verteilen. Dabei liegen die Kärtchen umgedreht (die Zahlen sind also verdeckt) in beliebiger Reihenfolge und beliebiger Anordnung (durcheinander, in Reihen, kreisförmig, etc.). Es gibt einen Besprechungsort (z. B. das Klassenzimmer), an dem geredet werden darf, und einen Code-Ort (z. B. im Flur vor dem Klassenzimmer), an dem nicht geredet werden darf. Zunächst darf eine Person den Besprechungsraum verlassen und sich die „Situation" am Code-Ort anschauen, ohne dabei ein Kärtchen umzudrehen; diese Person hat dann z. B. eine Minute Zeit, sich alles einzuprägen. Am Besprechungsort wird die Situation vom Beobachter geschildert. Die Gruppe muss sich nun eine Taktik überlegen, wie sie vorgehen wird, um den Code zu knacken – und kann sich dafür auch eine Zeit vorgeben. Es darf immer nur eine Person zum Code-Ort und auch nur ein Kärtchen kurz umdrehen und ansehen, dann wird es wieder entsprechend der Ursprungsposition platziert. Sobald die Gruppe meint, den Code knacken zu können, bzw. die Zeit abgelaufen ist, muss die ganze Gruppe zum Code-Ort und die Kärtchen in der richtigen Reihenfolge (z. B. von 1-30 aufsteigend) aufdecken, ohne dabei zu sprechen (vgl. u.a. Reiners 2014, S. 163f.).

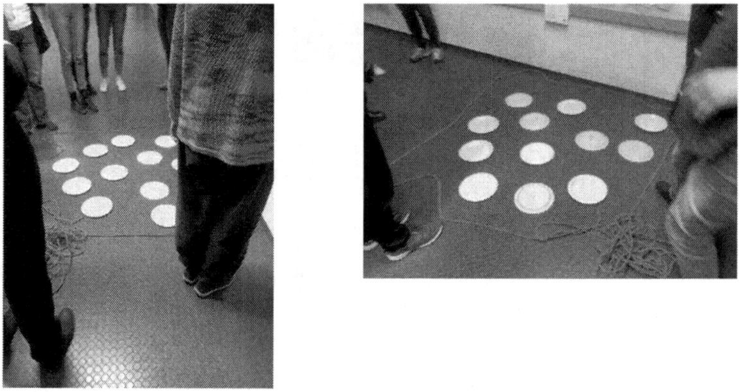

Abb. 5: Codeknacker

Didaktischer Kommentar und Hinweise:

- Die Leitung kann z. B. eingreifen, indem sie eine Person oder auch mehrere Personen öfter aus dem Besprechungsraum herausgehen lässt. Diese Vorgehensweise bietet sich besonders für stille und schüchterne Personen an. Man kann die Personen, die herausgehen, aber auch von der Gruppe selbst bestimmen lassen. Hier hat man als Pädagoge/Pädagogin viele Möglichkeiten, steuernd einzuwirken.
- Die Übung erfordert viel Kommunikation, so dass es angeraten erscheint, lieber mit einfacheren „Formen" und Anordnungen der Codes anzufangen.
- Durch Zeitvorgaben kann die Übung stark variiert werden, z. B. durch Vorgabe einer Gesamtzeit, einer genauen Planungs- und Durchführungszeit oder kompletter Selbsteinschätzung und Kontrolle der Zeit durch die Gruppe.
- Man kann statt Zahlen auch Buchstaben für den Code nehmen (z. B. beim Lernen des Alphabets). Auch andere Formen oder Bilder sind denkbar.
- Man kann bestimmte Zahlen/Buchstaben gesondert markieren, mit deren Kombination sich ein tatsächliches, echtes Schloss öffnen lässt.
- Man kann der Übung mit einer Geschichte einen bestimmten Rahmen geben, so z. B. zu Weihnachten: Alle Geschenke wurden gestohlen und in einem Raum mit einem Code versteckt – wir müssen dem Weihnachtsmann helfen, den Code zu knacken.
- Es können Hilfsmittel zur Verfügung gestellt werden, z. B. Papier und Stifte, um die Situation aufzumalen. Oder: man markiert am Code-Ort einen Standpunkt, auf den sich alle stellen, um dieselbe Perspektive auf den Code zu haben.
- Es können mehrere Versuche zum Aufdecken gegeben werden.
- Die Codeplättchen können beliebig variiert werden.

5 Fazit

Der kurze Theorieeinblick und die eben genannten Praxisbeispiele spiegeln nur eine sehr kleine Auswahl der tatsächlich vorhandenen Möglichkeiten, *verborgene Schätze* in Form von bisher vielleicht unbekannten Talenten und Fähigkeiten der Schülerinnen und Schüler zu offenbaren. Es gilt, Schule und Bildung „neu zu denken" (vgl. u.a. Volkert 2010; Zierer 2020a). Das Arbeiten mit *erlebnispädagogischen* Übungen kann dabei ein hilfreicher Weg sein, die Lernenden aus anderen Perspektiven kennenzulernen. Gleiches gilt auch für die Schülerinnen und Schüler untereinander. Ich hoffe, diese Ausführungen regen zur Neugier, Reflexion und Intensivierung „beherzten Handelns" in Schule und Unterricht an. Besonders soziales

Lernen in der Schule wird aufgrund der Pandemie-Maßnahmen künftig wichtiger denn je werden. Schließlich war seit März 2020 Schulunterricht entweder nur in rein digitaler Form erlaubt oder in Präsenz so stark eingeschränkt, dass kooperatives Lernen oder ähnliche Methoden gänzlich verboten wurden. Diese aus pädagogischer Sicht durchaus fragwürdigen Entscheidungen werden vorhandene Defizite sozialer Kompetenzen deutlich verstärkt haben. Daher wird es große Anstrengungen benötigen, um die Schülerinnen und Schüler wieder aufzufangen und ihr Selbstwertgefühl und gegenseitiges Vertrauen zu stärken. „Beherztes Handeln" wird wahrscheinlich stärker als je zuvor vonnöten sein, will man diesen Missstand beheben. *Erlebnispädagogik* und Schule können sich hierbei ideal ergänzen und weisen ein großes Synergiepotenzial auf. Mit einem passenden und zielgerichteten Einsatz können so manche *verborgenen Schätze* unserer Schülerinnen und Schüler aufgedeckt werden. Ist das nicht ein lohnendes Ziel?

Literaturverzeichnis

Bayerisches Staatsministerium für Bildung und Kultus, Wissenschaft und Kunst. (2020a): LehrplanPLUS - Grundschule - Leitlinien. Hg. v. Bayerisches Staatsministerium für Bildung und Kultus, Wissenschaft und Kunst. Bayerisches Staatsministerium für Bildung und Kultus, Wissenschaft und Kunst. München. Online verfügbar unter https://www.lehrplanplus.bayern.de/leitlinien/grundschule, zuletzt aktualisiert am 30.12.2020, zuletzt geprüft am 30.12.2020.

Bayerisches Staatsministerium für Bildung und Kultus, Wissenschaft und Kunst. (2020b): LehrplanPLUS - Grundschule - Bildungs- und Erziehungsauftrag. Hg. v. Bayerisches Staatsministerium für Bildung und Kultus, Wissenschaft und Kunst. Bayerisches Staatsministerium für Bildung und Kultus, Wissenschaft und Kunst. München. Online verfügbar unter https://www.lehrplanplus.bayern.de/bildungs-und-erziehungsauftrag/grundschule, zuletzt aktualisiert am 30.12.2020, zuletzt geprüft am 30.12.2020.

Bayerisches Staatsministerium für Bildung und Kultus, Wissenschaft und Kunst. (2020c): LehrplanPLUS - Mittelschule - Bildungs- und Erziehungsauftrag. Hg. v. Bayerisches Staatsministerium für Bildung und Kultus, Wissenschaft und Kunst. Bayerisches Staatsministerium für Bildung und Kultus, Wissenschaft und Kunst. München. Online verfügbar unter https://www.lehrplanplus.bayern.de/bildungs-und-erziehungsauftrag/mittelschule, zuletzt aktualisiert am 30.12.2020, zuletzt geprüft am 30.12.2020.

Bayerisches Staatsministerium für Bildung und Kultus, Wissenschaft und Kunst. (2020d): LehrplanPLUS - Mittelschule - Übergreifende Bildungs- und Erziehungsziele. Hg. v. Bayerisches Staatsministerium für Bildung und Kultus, Wissenschaft und Kunst. Bayerisches Staatsministerium für Bildung und Kultus, Wissenschaft und Kunst. München. Online verfügbar unter https://www.lehrplanplus.bayern.de/uebergreifende-ziele/mittelschule, zuletzt aktualisiert am 30.12.2020, zuletzt geprüft am 30.12.2020.

Bayerisches Staatsministerium für Bildung und Kultus, Wissenschaft und Kunst. (2020e): LehrplanPLUS - Mittelschule - Fachprofile. Online verfügbar unter https://www.lehrplanplus.

bayern.de/schulart/mittelschule/inhalt/fachprofile, zuletzt aktualisiert am 30.12.2020, zuletzt geprüft am 30.12.2020.

Boer, Heike de (2008): Bildung sozialer, emotionaler und kommunikativer Kompetenzen: ein komplexer Prozess. In: Carsten Rohlfs, Marius Harring und Christian Palentien (Hg.): Kompetenz-Bildung. Soziale, emotionale und kommunikative Kompetenzen von Kindern und Jugendlichen. Wiesbaden: VS Verlag für Sozialwissenschaften, S. 19 – 34.

Bowen, Daniel J.; Neill, James T. (2013): A Meta-Analysis of Adventure Therapy Outcomes and Moderators. In: TOPSYJ 6 (1), S. 28–53. DOI: 10.2174/1874350120130802001.

Dehu, Roswitha (2015): Soziale Kompetenz bei Kindern und Jugendlichen. Wiesbaden: Springer.

Dimitrova, Vasilena; Lüdemann, Mike (2011): Die Entwicklung sozial-emotionaler Kompetenzen. In: Maria Limbourg und Gisela Steins (Hg.): Sozialerziehung in der Schule. 1. Auflage. Wiesbaden: VS Verlag für Sozialwissenschaften, S. 115 - 130.

Drössler, Stephanie (2010): Förderung sozialer Kompetenzen im Unterricht. Dissertationsschrift. Humboldt-Universität Zu Berlin, Berlin.

Esbjoern-Hargens, Sean (n.n.): Eine Übersicht integraler Theorie: Ein allumfassendes Bezugssystem für das 21. Jahrhundert. Hg. v. Integrales Forum e.V. Integrales Forum e.V. Lilienthal. Online verfügbar unter https://www.integralesforum.org/attachments/Integrale_Theorie_-_S._Esbjoern-Hargens.pdf.

Frey, Karin (2014): Soziales Lernen, Disziplin und Schulkultur. In: Carina Tillack, Natalie Fischer und Diana Raufelder (Hg.): Beziehungen in Schule und Unterricht. Teil 2: Soziokulturelle und schulische Einflüsse auf pädagogische Beziehungen. 1. Auflage. Teil 2. Immenhausen bei Kassel: Prolog Verlag, S. 35 - 48.

Gadamer, Hans G. (2010): Gesammelte Werke. Band 1: Hermeneutik I: Wahrheit und Methode: Grundzüge einer philosophischen Hermeneutik. 7., überarbeitete Auflage. Tübingen: Mohr Siebeck.

Gardner, Howard (2008): Intelligenzen. Die Vielfalt des menschlichen Geistes. Unter Mitarbeit von Ute Spengler. 3. Auflage. Stuttgart: Klett-Cotta.

Gilsdorf, Rüdiger (2015): Kooperative Abenteuerspiele 3. 3. Auflage. Seelze: Kallmeyer.

Gilsdorf, Rüdiger; Kistner, Günter (2018): Kooperative Abenteuerspiele. Eine Praxishilfe für Schule, Jugendarbeit und Erwachsenenbildung. Unter Mitarbeit von Katharina Becker. 24. Auflage. Seelze: Klett | Kallmeyer.

Hattie, John; Zierer, Klaus (2018): Visible Learning. Auf den Punkt gebracht. 1. Auflage. Baltmannsweiler: Schneider Verlag Hohengehren.

Hüther, Gerald (2004): Die Bedeutung sozialer Erfahrungen für die Strukturierung des menschlichen Gehirns. Welche sozialen Beziehungen brauchen Schüler und Lehrer? In: Zeitschrift für Pädagogik 50 (4), S. 487 - 495.

Jurkowski, Susanne (2011): Soziale Kompetenzen und Lernerfolg beim kooperativen Lernen. Dissertationsschrift. Universität Kassel, Kassel.

Kiper, Hanna (2011): Soziales Lernen, soziale Kompetenz, Sozialerziehung - Versuch einer begrifflichen Klärung. In: Maria Limbourg und Gisela Steins (Hg.): Sozialerziehung in der Schule. 1. Auflage. Wiesbaden: VS Verlag für Sozialwissenschaften, S.31 – 54.

Klafki, Wolfgang (1996): Neue Studien zur Bildungstheorie und Didaktik. Zeitgemässe Allgemeinbildung und kritisch-konstruktive Didaktik. 5., unveränderte Auflage. Weinheim u.a.: Beltz.

Koch-Priewe, Barbara (2010): Wolfgang Klafki. In: Klaus Zierer, Wolf-Thorsten Saalfrank (Hg.): Zeitgemäße Klassiker der Pädagogik. Leben - Werk - Wirken. 1. Auflage. Paderborn u.a: Schöningh, S. 246 - 257.

Lerchenmüller, Hedwig (1987): Soziales Lernen in der Schule. Zur Prävention sozial-auffälligen Verhaltens: ein Unterrichtsprogramm für die Sekundarstufe I. Bochum: Brockmeyer.

Linßer, Janine (2019): Möglichkeiten der Förderung einzelner Dimensionen sozialer Kompetenzen im Kontext von Schule. Dissertationsschrift. Universität Münster, Münster.

Myers, David G.: Hoppe-Graff, Siegfried; Keller, Barbara (2014): Psychologie. 3., vollständig überarbeitete und erweiterte Auflage. Berlin: Springer (Springer-Lehrbuch).

Nida-Rümelin, Julian; Prenzel, Manfred; Zierer, Klaus (2018): Bildungsexperten fordern Reformen: Unsere Kinder müssen viel zu viel lernen! In: DER SPIEGEL 2018, 29.06.2018. Online verfügbar unter https://www.spiegel.de/panorama/ueberforderte-lehrer-und-schueler-entruempelt-die-lehrplaene-a-00000000-0002-0001-0000-000158147643, zuletzt geprüft am 08.05.2021.

Petillon, Hanns (1993): Soziales Lernen in der Grundschule. Anspruch und Wirklichkeit. 1. Auflage. Frankfurt am Main: Diesterweg (Themen der Pädagogik).

Petillon, Hanns (Hg.) (2002): Individuelles und soziales Lernen in der Grundschule. Kindperspektive und pädagogische Konzepte. Wiesbaden: VS Verlag für Sozialwissenschaften (Jahrbuch Grundschulforschung, 5).

Popp, Ulrike (2010): Vielfältig fördern und fordern durch soziales Lernen. In: Stefan Appel, Harald Ludwig & Ulrich Rother (Hg.): Vielseitig fördern., Jahrbuch Ganztagsschule; 2010. Schwalbach, Taunus: Wochenschau Verlag.

Reiners, Annette (2014): Praktische Erlebnispädagogik 2: Neue Sammlung handlungsorientierter Übungen für Seminar und Training. Unter Mitarbeit von Oliver Eger. 2. überarbeitete Auflage 2007, Nachdruck 2014. Augsburg: ZIEL.

Reiners, Annette (2016): Praktische Erlebnispädagogik 1: Bewährte Sammlung motivierender Interaktionsspiele. Unter Mitarbeit von Wolfgang Schmieder. 9. überarbeitete Auflage 2013, Nachdruck 2016. Augsburg: ZIEL.

Rekus, Jürgen (1985): Soziales Lernen- vom Konflikt zur Sozialverpflichtung. Legitimationskritische und prinzipienwissenschaftliche Untersuchungen. Hildesheim, New York: Olms (Hildesheimer Beiträge zu den Erziehungs- und Sozialwissenschaften, Bd. 23).

Rieger, Gisela (2017): Sinn-volle Geschichten 3. 99 Weisheiten, Erzählungen und Zitate, die berühren und inspirieren. 2. überarbeitete Auflage. Augsburg, Bay: ZIEL.

Rinck, Margit (2004): Emotionale Kommunikation und soziales Lernen. Unter Mitarbeit von Uwe Seemann. Rostock: Koch Verlag.

Schenz, Axel (2006): Erlebnis und Bildung. Die Bedeutung des Erlebens und des Erlebnisses in Unterrichts- und Erziehungsprozessen; eine problemgeschichtlich-systematische Untersuchung. Dissertationsschrift. Universität Karlsruhe, Karlsruhe.

Steffenhagen, Denise; Straube, Elmar (2018): Erlebtes Lernen für Schulklassen. In: Barbara Bous, Thomas Eisinger, Jule Hildmann und Martin Scholz (Hg.): Im Erlebnis forschen - durch Erlebnis forschen. Erlebnispädagogik in Wissenschaft und Forschung. 1. Auflage. Augsburg: ZIEL, S. 142–155.

Straube, Elmar (2019): Projekt "Erlebtes Lernen für Schulklassen". In: Die Schulleitung 46. (Heft 2), S. 4 - 12.

Straube, Elmar (2020a): Erlebtes Lernen für Schulklassen II - Rückblick, Einblick und Ausblick über das Forschungs- und Entwicklungsprojekt. In: Barbara Bous, Jule Hildmann & Martin Scholz (Hg.): Draußen Lernen: Handlungsorientierte Bildungsprojekte. Forschung rund um die Erlebnispädagogik. 1. Auflage. Augsburg: ZIEL, S. 108 - 123.

Straube, Elmar (2020b): Nachhaltiges Lernen. In: Jonas Tögel & Klaus Zierer (Hg.): Nachhaltigkeit ins Zentrum rücken. Ein interdisziplinärer Zugang zu den wichtigsten Fragen unserer Zeit. 1. Auflage mit zahlreichen farbigen Abbildungen. Baltmannsweiler: Schneider Verlag Hohengehren, S. 106 - 137.

Straube, Elmar (2021; noch nicht veröffentlicht): Projekt „Erlebtes Lernen für Schulklassen“: Konzipierung, Durchführung und Evaluation des erlebnispädagogischen Schulprojekts „Erlebtes Lernen für Schulkassen“ hinsichtlich möglicher Effekte auf das Klassenklima, soziale Kompetenzen der Schülerinnen und Schüler sowie die Haltungen der teilnehmenden Lehrkräfte. Dissertationsschrift. Universität Augsburg, Augsburg. Lehrstuhl für Schulpädagogik.

Volkert, Kathi (2010): „Die Schule neu denken“ – ein perspektivisches Nachwort. In: Rüdiger Gilsdorf & Kathi Volkert (Hg.): Abenteuer Schule. 2., überarbeitet Auflage, Nachdruck. Augsburg: ZIEL - Zentrum für interdisziplinäres erfahrungsorientiertes Lernen, S. 436 - 439.

Wilber, Ken (2000): Das Wahre, Schöne, Gute. Geist und Kultur im 3. Jahrtausend. 2. Auflage. Frankfurt am Main: Krüger.

ZIEL (n.n.): Kanalflitzer – ZIEL Tools – Seminarmaterial für handlungsorientiertes Lernen. Hg. v. ZIEL - Zentrum für interdisziplinäres erfahrungsorientieres Lernen. Augsburg. Online verfügbar unter https://www.ziel-tools.de/produkt/kanalflitzer/, zuletzt aktualisiert am 27.02.2021, zuletzt geprüft am 27.02.2021.

Zierer, Klaus (2016): Conditio Humana. Eine Einführung in pädagogisches Denken und Handeln. 4. Auflage. Baltmannsweiler: Schneider Verlag Hohengehren.

Zierer, Klaus (2020a): Bildung: jetzt! Warum Bildung wichtiger denn je ist und was wir tun müssen. In: Jonas Tögel & Klaus Zierer (Hg.): Nachhaltigkeit ins Zentrum rücken. Ein interdisziplinärer Zugang zu den wichtigsten Fragen unserer Zeit. 1. Auflage mit zahlreichen farbigen Abbildungen. Baltmannsweiler: Schneider Verlag Hohengehren, S. 164 - 189.

Zierer, Klaus (2020b): Visible Learning 2020: Zur Weiterentwicklung und Aktualität der Forschungen von John Hattie. Hg. v. Konrad-Adenauer-Stiftung. Konrad-Adenauer-Stiftung. Berlin. Online verfügbar unter https://www.kas.de/de/einzeltitel/-/content/visible-learning-2020, zuletzt aktualisiert am 04.11.2020, zuletzt geprüft am 17.02.2021.

Bertram Böhm

Rechtsanwalt seit 1995

1992 Gründung der GBI Gesellschaft für innovative Bildungsplanung mbH und Verlagsleiter der Zeitschrift e&l – erleben und lernen
seit 1988 Mitglied der GFE/Erlebnistage, Einbindung in die Aufbauarbeit bis 1995
seit 2014 Mitglied im Bundesvorstand von Mehr Demokratie
seit 2008 bis 2020 Gemeinderat der Gemeinde Eching SPD/Echinger Mitte, verschiedene Ämter im SPD-Orts-, Kreis- und Bundeswahlkreisvorstand
10 Jahre Ortsvereinsvorstand der Arbeiterwohlfahrt, Organisation von Schülerbetreuungen

E-Mail: RA.Boehm@t-online.de

Website: www.boehm-Collegen.de

Foto: Horst Triebstein

Wie Erlebnisse Politik machen

Oder: Der von *Mehr Demokratie* initiierte „Bürgerrat“ als wertschätzendes Erlebnis und Aktion des Einmischens

1 Die Arbeit von *Mehr Demokratie*

Mehr Demokratie, die Organisation für die ich seit 2014 ehrenamtlich arbeite, wurde 1988 u. a. von den Grünen-Politikern Lukas Beckmann und Gerald Häfner sowie von den parteilosen Thomas Mayer, Daniel Schily (heute CDU; Sohn von Konrad Schily), Angela von Bandemer, Andreas Möbius, Susanna Kümmell und Wolfram Retter (geb. Hintz) in Bonn gegründet und hieß zunächst *„IDEE (Initiative Demokratie Entwickeln)“*.[1] Vorläufer waren der „Achberger Kreis“[2] sowie die Organisation für direkte Demokratie durch Volksabstimmung und die Aktion Bürgerentscheid. Josef Beuys hat mit seinem erweiterten Kunstbegriff die Gründer inspiriert: „Ohne Kunst keine Demokratie“.[3]

Inzwischen ist die Arbeit von *Mehr Demokratie* sehr weit gefächert. Wichtige Punkte des „Einmischen necessary“ in den vergangenen Jahren sind Aktivitäten zur Umsetzung des bundesweiten Volksentscheids und europaweite Kampagnen, u.a. zum TTIP (Transatlantisches Handelsabkommen EU-USA) sowie aktuell der Bürgerrat zu „Deutschlands Rolle in der Welt“ unter der Schirmherrschaft des Bundestagspräsidenten Dr. Wolfgang Schäuble.

Was uns bewegt und verbindet

Es drängt mich, die gesellschaftspolitische Bedeutung der Erlebnispädagogik zu verstärken und als Grundlage allen menschlichen Handelns in unser Leben einzubinden, vorrangig in den Schulalltag. „Einmischen necessary“ ist hierbei ein entscheidendes Merkmal. „Der letzte Kongress „erleben und lernen“ betonte die gesellschaftspolitische Dimension der Erlebnispädagogik. Dadurch wurde das Bewusstsein für die aktuellen krisenhaften Entwicklungen in Gesellschaft, Wirtschaft, Politik und Umwelt geschärft. Es wurde auch klar: Erlebnispädagoginnen und

---

[1] https://www.mehr-demokratie.de/

[2] http://www.stiftung-gw3.de/dokumentation/achberg-kreis-in-den-gruenen

[3] https://de.wikipedia.org/wiki/Mehr_Demokratie

Erlebnispädagogen sehen es als ihre Aufgabe an, sich gesellschaftspolitisch einzumischen."[4]

Das ist auch unser Thema von *Mehr Demokratie*: mehr Bürgerbeteiligung fördern, fordern und die Demokratie weiterentwickeln. Das geht am besten, wenn wir Menschen bilden und ausbilden, die „Einmischen" und Beteiligung als Selbstverständnis in ihrer Rolle als Bürgerinnen und Bürger verstehen. Verantwortung zu übernehmen für sein eigenes Leben bedeutet nicht nur die Sorge für die eigene Familie, die Kinder, die Eltern, sondern auch für die Gesellschaft – für alle Fragen unserer Gesellschaft. Umgekehrt darf die Politik auch mehr und mehr auf ihre Bürger vertrauen und ihnen die Handlungshoheit über ihr eigenes Leben wieder vollständig zurückgeben. Für die Ziele dieser Emanzipation, Partizipation und Solidarität bietet sich besonders im schulischen Lernen die handlungs- und erlebnisorientierte Methode an.

Damit zeigt sich eine Parallele von *Mehr Demokratie* zu den im Mittelpunkt stehenden Fragen des „erleben und lernen" Kongresses 2021: „Wie kann die Erlebnispädagogik, wenn sie gesellschaftspolitisch etwas verändern will, von der Erkenntnis zum notwendigen Handeln gelangen? Wie können Erlebnispädagoginnen und Erlebnispädagogen sich selbst und anderen Mut machen, selbst zu denken, ihre Selbstwirksamkeit zu erkennen und umzusetzen, Verantwortung zu übernehmen und auf der Grundlage eines humanistischen Welt- und Menschenbildes initiativ zu werden?"[5]

Rückblickend motivierte schon Kurt Hahn die Idee, junge Menschen dazu zu befähigen, Verantwortung zu übernehmen – für sich selbst, für andere, im Beruf, für die Gesellschaft. Diese Forderung erscheint auch heute noch hochaktuell – vielleicht sogar aktueller denn je. Deshalb möchte ich nochmals zum Ankündigungstext des Kongresses zurückkehren: „Wir müssen uns ein Herz fassen, um etwas zu bewegen. Damit sich auf die Gemeinschaft bezogenes Handeln nicht in blindem Aktionismus verliert, braucht es die Qualität des Herzens und die damit verbundene Kunst, dieses einzubringen. Beherztes Handeln ist echt, entschlossen, eindeutig und kraftvoll – aber auch mitfühlend, wertschätzend und respektvoll gegenüber anderen."[6]

Dieses „beherzte" Handeln, das in wahrhafte Beziehung zum Anderen führt, löst in vielen Organisationen einen gewissen „Spirit" aus, von dem alle träumen. Dieser „Geist", der beim miteinander Erleben ausgelöst wird, stößt bei den Betroffenen

---

[4] https://www.erleben-lernen.de/kongress/

[5] https://www.erleben-lernen.de/kongress

[6] https://www.erleben-lernen.de/kongress

bisher unbekannte innere Haltungen und Prozesse an, die effizienter als alle bisher bekannten Führungsmodelle von Beratungsunternehmen funktionieren.

Wie lassen sich diese inneren „beherzten" Prozesse für die politische Bildung nutzen? Als *Mehr Demokratie e.V.* haben wir mit den Erkenntnissen um die Funktionsweise dieser inneren Prozesse ein unmittelbares Interesse an den Multiplikatoren, die als Ausbilder, Lehrer und Professoren genau daran arbeiten. Mit Menschen, die diese inneren Prozesse durchgemacht haben, lässt sich wirkliche Demokratie erlebbar machen und umsetzen. Wir wünschen uns, dass diese praktizierten Handlungsoptionen der Erlebnispädagogik zu mehr Selbsterfahrung und -erkenntnis weitervermittelt werden im Sinne einer lebendigen Demokratie mit der Beteiligung aller Bürgerinnen und Bürger. Handlungsorientiertes Lernen ist damit der Schlüssel zum aktiven Verständnis der Demokratie und schafft die Basis zur Weiterentwicklung der Demokratie selbst. Das ist die Schnittmenge von Erlebnispädagogik und *Mehr Demokratie*.

Uns verbindet, dass wir etwas bewegen wollen. Wir die Sache, die Erlebnispädagogik die Menschen zu und in Selbsterfahrungsprozessen. Wir gehören zusammen – denn das eine geht oder wirkt nicht ohne das andere.

2 Start mit der inneren Bewegung

Wie kommt es überhaupt dazu, dass sich jemand engagiert oder in die Politik gehen will? Was ist der Auslöser?

I. Es beginnt meistens mit einer **„inneren Bewegung".** Diese kann ausgelöst werden durch ein eigenes Erlebnis oder ein sozusagen „gestelltes Erlebnis". Die erlebnispädagogische Arbeit steckt voller Interventionen und „gestellter Initialerlebnisse", die wir bislang so noch nicht bezeichnet oder gesehen und deren Wirkung unterschätzt haben. Wirkungsanalysen betrachten allgemeine Veränderungen der Persönlichkeit. Eine Nachtwanderung als „Solo" führt den Betroffenen z.B. an eigene Ängste, die er so „frei" oder in diesem Zusammenhang noch nicht erlebt hat, oder aber diese Ängste korrelieren mit Verhaltensmustern aus dem eigenen Leben. Dazu gehört auch das Kistenklettern in mehr oder weniger schwindelnden Höhen, verbunden mit der Angst des ungesicherten Absturzes in die Tiefe – gleichwohl kann das dem üblicherweise „übersicherten" Übenden gar nicht passieren. Ein gutes Pendant dazu ist: „Wer sich nicht bewegt, spürt seine Fesseln nicht". Erst das Erlebnis führt den „Erlebenden" an die vermeintliche Grenze oder das Gefühl der persönlichen Betroffenheit an einem bestimmten Punkt (seiner Seele oder seiner bisherigen Erfahrungshorizonte). Die Erfahrung des sich Überwindens führt zur Lösung des Verhaltensmusters oder zur allgemeinen Erfahrung, dass man eigentlich mehr kann als man selbst bisher glaubte. Ein Initialerlebnis auf dem Weg zu einem selbstbewussten Menschen.

Beispielhaft nehme ich meine eigene politische und gesellschaftliche „Karriere“. Ein Initialerlebnis erscheint mir hier immer wieder: Ich bin in Coburg aufgewachsen, zur Schule gegangen und habe dort auch mein Abitur gemacht. Nach dem Abitur hatte ich im Jahre 1980 begonnen, an der neu gegründeten Universität Bayreuth Jura zum Wirtschaftsjuristen zu studieren. Parallel dazu war ich immer in meinem Herzen verbunden mit dem Schwimmverein Coburg, habe regelmäßig auch Schwimmtrainings gegeben und Jugendgruppen geleitet. Meine ersten Schwimmversuche erlebte ich in Coburgs Alexandrinen-Volksbad – ein Jugendstil-Hallenbad, das es so nur dreimal in Bayern gab. Das bekannteste davon in München ist das Müllersche Volksbad. Irgendwann im Jahre 1977 wurde das denkmalgeschützte Alexandrinen-Volksbad abgerissen. Niemand weiß, wer die Abrissgenehmigung erteilte. Als ich nach den Schulferien, die ich vollständig am oder auf dem Main in Hausen bei Lichtenfels verbrachte, nach Hause zurückkam, traute ich meinen Augen nicht: Das Gebäude lag in Trümmern – Tränen stiegen mir in die Augen. Mein Herz war eng mit diesem Schwimmbad, mit meinen Erinnerungen daran, verbunden.

Ich liebte dieses Gebäude, das jetzt bis auf das Eingangsportal abgerissen war. Unvorstellbar, wie so etwas „ohne mich zu fragen“ passieren konnte. Auf meinem Schulweg kam ich jeden Tag vorbei, und ich nahm mir fest vor: Das darf nie wieder passieren! Irgendwie muss es ein Korrektiv geben, das diese „Selbstbedienung“ verhindert.

Ich war schon vor diesem „Initialerlebnis“ auch immer politisch interessiert, arbeitete nun aber spontan bei einer gerade sich bildenden „grünen“ bayerischen Gruppierung mit, die noch einige Zeit vor dem Gründungsparteitag der Grünen im Jahr 1980 in Karlsruhe lag. Meine politische „Karriere“ nahm mit der Gründung der „Bundes“-Grünen Fahrt auf: Zum Gründungsparteitag 1980 war ich Delegierter in Karlsruhe. Dann hieß es nur noch „Die Grünen“ in den Bundestag, was 1983 gelang. Die Verwirklichung von Selbstwirksamkeit in Reinform.

Was bedeutet dies nun im Kontext der Erlebnispädagogik? Erlebnisse können absichtlich initiiert werden, was in den weiteren Ausführungen an Beispielen veranschaulicht wird. Am Beispiel „Unterlegene Mehrheit“ soll die Thematik des Abrisses veranschaulicht werden. Die Ohnmacht, die ich selbst erlebt habe und jeder von uns immer wieder erlebt, soll als Initialmoment dienen. Gefühlt fanden die BürgerInnen in Coburg den Abriss des Alexandrinenbades mehrheitlich als einen Missbrauch von Macht, ihrer eigenen Macht:

> Art. 20 GG
> (2) Alle Staatsgewalt geht vom Volke aus. Sie wird vom Volke in Wahlen und Abstimmungen und durch besondere Organe der Gesetzgebung, der vollziehenden Gewalt und der Rechtsprechung ausgeübt.

Diese „Macht" („Alle Staatsgewalt geht vom Volke aus") hatten die Bürgerinnen und Bürger treuhänderisch an den Coburger Stadtrat delegiert. Das Problem: Diese in unserer vorhandenen so organisierten Demokratie delegierte Macht ist kurzfristig nicht rückholbar. So kam es, wie es kam: Abriss.

II. Die Übung **„Unterlegene Mehrheit"** zeigt diese Missverhältnisse anhand eines Mehrheitswahlsystems auf. Dieses Beispiel kann mit nur wenigen Schülern umgesetzt werden:

Die Entscheidung einer politischen Frage, einer Wahl, steht an. 14 von 25 Schülern, eine 56/44 %-Mehrheit, wünschen sich die Partei A als regierende Partei. An sich eine deutliche Mehrheit. Es könnte aber auch um die Bundestagswahl gehen. Wir wünschen uns gemeinhin, dass die von uns allen am meisten favorisierte Partei auch die Regierung stellt. Das ist, je nach Wahlsystem, nicht möglich. Nehmen wir an, es gäbe fünf Wahlkreise mit je fünf Wählern, die die Schüler darstellen.

1. Mehrheitswahlsystem

Ergebnis je Wahlkreis bei zwei angenommenen Parteien:

Wahlkreise	1.	2.	3.	4.	5.	gesamt
Partei A/B	4/1	4/1	2/3	2/3	2/3	14/11
Gewonnen A	ja	ja				2 Wahlkreise
Gewonnen B			ja	ja	ja	3 Wahlkreise

Zusammensetzung im Parlament wäre bei 100 Sitzen

Partei A	40 Sitze
Partei B	60 Sitze

Die Partei B hat eine komfortable Mehrheit errungen, obwohl diese insgesamt bei der Wahl nur 44 % der Stimmen absolut erhalten hat. Mit diesem entsprechenden

Wahlsystem der Wahlmänner wurde Donald Trump als amerikanischer Präsident gewählt. Die meisten Stimmen hatte tatsächlich Hillary Clinton errungen.[7]

2. Verhältniswahlsystem

Ergebnis je Wahlkreis bei zwei angenommenen Parteien:

Wahlkreise	1.	2.	3.	4.	5.	gesamt
Partei A/B	4/1	4/1	2/3	2/3	2/3	14/11
Gewonnen A	ja	ja				2 Wahlkreise
Gewonnen B			ja	ja	ja	3 Wahlkreise

In Deutschland haben wir das Verhältniswahlsystem, das die gewählten Abgeordneten sicher im Parlament „sitzen“ lässt, aber zusätzliche Parlamentssitze (Überhangmandate) schafft, bis das tatsächliche Verhältnis der tatsächlich abgegebenen Stimmen der einzelnen Wähler ausgeglichen ist. Zusammensetzung im Parlament wäre bei 100 Sitzen wie folgt. Partei B dürfte die gewonnen Sitze (60) behalten. Die Partei A, die tatsächlich mehr Stimmen bekommen hat, würde bis zum Verhältnis 14/11 entsprechend Sitze dazu bekommen:

Partei A	76 Sitze ca. 56 %
Partei B	60 Sitze ca. 44 %

Die Partei A hat damit die Mehrheit im Parlament, die auch die tatsächliche Wählerschaft abbildet. Trump wäre damit verhindert worden.

Wenn diese Thematik als Übung mit Schülerinnen und Schülern in Form von Rollenspielen und entsprechenden Konflikten durchgeführt wird, so kann man gut erkennen, was gerechte Wahlsysteme auszeichnet und, dass Demokratie nicht gleich Demokratie ist. Nicht in jedem Parlament ist das Verhältnis der Volksstimmen

---

[7] https://www.fr.de/politik/us-wahl-2016-donald-trump-hillary-clinton-wahlkampf-wahlsieg-90056550.html:
„Obwohl **Hillary Clinton** mit 65.853.516 Wahlstimmen 48,18 % der Stimmen erhielt, bekam sie nur 227 Wahlleute. **Donald Trump** hatte unter anderem in bevölkerungsarmen Bundesstaaten 62.984.825 Wahlstimmen (46,09 %) erhalten und bekam 304 Wahlleute zugeteilt. So kam es, dass **Donald Trump** trotz einer Minderheit an Volksstimmen von einem Wahlkollegium zum **Präsidenten** von **Amerika** gewählt wurde.“ (Hervorhebungen im Original)

abgebildet und schon gar nicht der Volkswille, der Wille des eigentlichen Souveräns in irgendeiner Weise durch Volksabstimmungen dokumentier- oder ausdrückbar.

III. Eine weitere Übung wäre die **„Volksabstimmung“**. Diese kann z.B. über Klimaziele oder über die Begrenzung von Löhnen oder Vermögen gestellt werden. Hier ergeben sich oft nach vorab durchgeführter Diskussion klare Mehrheiten. Alle Teilnehmer gehen zu oder in den mit der jeweiligen Antwort gezeichneten Kreis oder ein Feld, um so ihre Meinung zu äußern. Was tun mit der Mehrheitsmeinung, die sich nun zeigt? Kann diese überhaupt und, wenn ja, wie wirksam werden? Will ich hier als Bürgerin oder Bürger meine „Selbstwirksamkeit“ sehen? Können sich diejenigen, die sich in der Mindermeinung befinden, mit der Entscheidung abfinden? Wie fühlt sich das an, unterlegen zu sein? Kann die „Mindermeinung“ mit in eine Umsetzung der Mehrheitsmeinung eingebunden werden? Alle Beteiligten diskutieren Wege zur Umsetzung der gefundenen Abstimmungslösung. Gibt es in der vorhandenen aktuellen vorhandenen demokratischen Struktur Möglichkeiten der Umsetzung? Nur über die vorhandene Verwaltung, oder: Wo kann ich in der aktuellen Demokratie Veränderungsprozesse anstoßen?

An dieser Stelle kommen die Schülerinnen und Schüler schnell an ihre und die tatsächlichen Grenzen des Machbaren und erleben eine nicht nur gefühlte Einschränkung. Diese „Initialerlebnisse“ führen zum „Verstehen“ der noch nicht umgesetzten Notwendigkeiten unserer Demokratie.

IV. Die Übung **„Bürgerrat“** kann ebenfalls in einer Klasse umgesetzt werden. Die Vorbereitung, vielleicht sogar in allen Klassen einer Schule, mit einer Diskussion zu bestimmten gesellschaftlichen Themen, kann gleich einem Bürgerrat auf Bundesebene stattfinden. Die Klasse wird in der Übung „Bürgerrat“ in einzelne Gruppen aufgeteilt, die sich selbstgewählten wichtigen Themen zuwenden, diese debattieren, auswerten und Ziele zur Umsetzung von Lösungen gemeinsam vorstellen. Bei dieser Arbeit entsteht das Gefühl des „Gehörtwerdens“ und der aktiven Teilhabe an politischen Prozessen.

Die Auswertung führt an die Grenzen der Selbstwirksamkeit in unserer Demokratie, aber auch dahin, soweit es sich um schulisch umsetzbare Themen handelt, dass man selbst durch das Einbringen seiner Ideen und Vorstellungen etwas bewirken kann. Gefühlte und erlebte Selbstwirksamkeit ist der Wind in der politischen Seele, die die Gesellschaft in guter Weise voranbringt.

Der Bürgerrat auf Bundesebene, als ebenso erlebter innovativer Baustein aktueller Demokratieentwicklung, hat dieses Problem des „Nichtgehörtwerdens“ (insbesondere bei der AfD-Wählerschaft) aufgegriffen und umgesetzt. Insbesondere Dr. Wolfgang Schäuble, dem Bundestagspräsidenten, ist es zu verdanken, , dass das von Mehr Demokratie vorgetragene Projekt „Bürgerrat“ gemeinsam mit dem Bundestag und „M/mehr“ Demokratie umgesetzt worden ist.[8] 152 BürgerInnen wurden zufällig beim letzten Bürgerrat ausgewählt, um das Thema „Deutschlands Rolle in der Welt“ zu bearbeiten. Am Ende standen Empfehlungen an den Deutschen Bundestag, der diese Empfehlungen am 18. März 2021 über den Bundestagspräsidenten Dr. Wolfgang Schäuble entgegengenommen hat. Die Ergebnisse werden zunächst im Ältestenrat und später im Bundestag diskutiert.

Alle teilnehmenden Bürgerinnen und Bürger waren zunächst überrascht, dass sie überhaupt an diesem neuen Willensbildungsprozess teilhaben konnten. Gleichzeitig war es ihnen aber auch wichtig, dass das Erarbeitete nicht wieder in einer Schublade verschwindet, sondern auch in der politischen Arbeit Verwendung findet. Mit dem Zulassen weiterer konkreter Einflussmöglichkeiten des Bürgers öffnet sich erstmalig eine Tür des Zuhörens und möglichen Mitentscheidens. Der Prozess führt zu mehr Akzeptanz bei der Umsetzung schwieriger politischer Themen, aber auch zu mehr innerem Frieden in den Herzen der „Angehörten“. Je mehr echte Souveränität wieder zum Souverän zurückgegeben wird, umso mehr innere Zufriedenheit kehrt bei den Menschen ein. Um nicht zu sagen „politische Glückseligkeit“? Nein, das wäre zu viel. Wir haben ja immer noch die persönlichen Probleme jedes Einzelnen, die die Gruppenerfahrung überlagern. Mit dem Bürgerrat ist aber der Kern politischer Achtsamkeit bei jedem Einzelnen von uns angekommen, auch, wenn wir selbst nicht dabei waren. Und Achtsamkeit ist ein zentraler Punkt erlebnispädagogischer Arbeit. Auf jeder Ebene. Es wurde Zeit, dass der Bundestag hier die Arbeit in einen politischen Veränderungsprozess aufgenommen hat, von dem unsere Gesellschaft als Ganzes profitieren kann.

3 Umsetzung der Erkenntnis ins „Leben“

I. Die Erkenntnis des gemeinsamen Erlebens und Handelns und die daraus resultierende Veränderung stärken das Gefühl der Selbstwirksamkeit. Das Ergebnis der Selbstwirksamkeit war für mich im konkreten Fall der Einzug der Grünen in den Coburger Stadtrat bzw. in den Deutschen Bundestag. Nicht jeder Mensch hat das Glück, Menschen zu treffen, die ihm den richtigen Impuls geben, das Richtige zu tun, möglicherweise auch in Wechselwirkung der beteiligten Akteure, quasi sich gegenseitig „impulsierend“.

Diese positive Erfahrung der Überwindung des scheinbar Unmöglichen in ein reales Erlebnis setzte bei mir noch mehr Energie frei. Dazu kam natürlich das

---

[8] https://deutschlands-rolle.buergerrat.de und https://www.sueddeutsche.de/politik/buergerrat-demokratie-bundestag-1.5239497

Gruppenerlebnis, einer relativ kleinen Gruppe in einem großen Kontext, das stark machte und an der gemeinsamen Idee der Veränderung wuchs.

Meine Erkenntnis war: Es hilft nur Bildung! Dazu die Fügung der Begegnung mit Manfred Dittmann in meinem Studentenwohnheim in Göttingen (wohnte im selben Flur direkt gegenüber), der von Prof. Dr. Michael Jagenlauf und dem Studiendirektor Hartmut Winter angeworben war, erster Teamer der Erlebnistage (damals noch mit Outward Bound verbandelt) in Hohegeiß im Haus Lietzenhöh.

Es entstand etwas, was mit „solchen" Menschen, die ein Projekt selbst mit eigenen Händen umsetzen, entstehen muss: Nähe und tiefer menschlicher Austausch, der seines Gleichen sucht.

Die sich ergebende menschliche Offenheit, das Öffnen des eigenen Herzens über nahezu alle Schwächen des Anderen hinweg, Annahme des Anderen als gleichwertigen und ebenbürtigen Menschen: diesen Spirit haben wir als „Wahlfamilie" in der „Lietze" erlebt (Man könnte es noch tiefgreifender bezeichnen). Das anfängliche Initialerlebnis ist der Impuls für zahlreiche weitere Handlungen auf der Basis erlebter humanistischer Grundwerte hin zum selbstbestimmten Teil der Gesellschaft, Verantwortung spürend und übernehmend. Das Ergebnis realer ermöglichter – auch durch die Erlebnispädagogik möglicher – „erzeugter" Initialerlebnisse.

II. Die Schülerinnen und Schüler, die sich immer wieder solchen „Initialerlebnissen", mit der Erlebnispädagogik als Transmitter, aussetzen, nehmen diese Erlebnisse und Erfahrungen mit nach Hause. Lehrerinnen und Lehrer, die Gelegenheit haben, diese einfachen Übungen zu „erleben", sollten diese auch im Unterricht umsetzen. Das gemeinsame Erleben in der Natur ist zwar die bessere „Umgebungsvariante" zum Nachspüren in der Gruppe. Letztlich kommt es aber darauf an, möglichst junge Menschen mit diesen Initialerlebnissen in Berührung zu bringen: sei es mit der Übung „Unterlegene Mehrheit", „Volksabstimmung" oder dem „Bürgerrat". Es geht darum, die Erfahrungen aus diesen erlebnispädagogischen Übungen zu reflektieren und einen nachhaltigen Transfer für demokratisches Bewusstsein zu schaffen.

*

Aus einem Kalenderblatt:

„Die Menschen, die verrückt genug sind zu denken, sie würden die Welt verändern, sind diejenigen, die es tun werden."

„Menschen wachsen an dem Vertrauen, das in sie gesetzt wird".

Teil III: Einmischung – Praxisbezogene Perspektiven

Religionspädagoge (B.A.), Erlebnispädagoge (BVkE)

Christian Mende

Kreisreferent für die Arbeit mit Kindern, Jugendlichen und Familien
im Ev.-Luth. Kirchenkreis Greiz

E-Mail: christian.mende@ekmd.de

Der EP-Log als Reflexionsmethode

1 Was uns Menschen ausmacht

Der Mensch ist einmalig und diese Einmaligkeit ist begründet durch verschiedene Merkmale. Dabei ist für mich nicht das Erschaffen und Nutzen von Werkzeugen oder die Herausbildung von Kultur, im künstlerischen, philosophischen oder der Form des Zusammenlebens, existenziell, sondern die Schritte, die vor alldem stehen. Für mich ist das Reden, das Erzählen, das Gespräch, das, was den Menschen zum Menschen macht – und vor dem Erschaffen von Werkzeugen steht. Das gemeinsame Gespräch untereinander über die verschiedensten Momente im Leben und Sein erschafft erst Kultur. „Der Mensch wird am Du zum Ich" (Martin Buber) durch das miteinander reden. Der Mensch ist mehr als die Summe der Likes und mehr als empfundenes inneres Glück, der Adrenalinschub oder körperliche Ekstase. Das, was den Menschen ausmacht und von allen anderen Lebewesen unterscheidet, ist das Gespräch. Gerhard Begrich übersetzt den bekannten biblischen Text der Schöpfung von Mann und Frau: „… und sie werden sein ein Fleisch und ein Gespräch."[1]

In diesem Sinne, im Gespräch zu sein, kann auch die Erlebnispädagogik ihren Teil beitragen. Die Erlebnispädagogik kann Menschen zum Interagieren zusammenbringen und so zum Reden über sich selbst, über meinen Mitmenschen, über das gemeinsame Erlebnis und über uns als Erlebnisgemeinschaft, bringen.

Nicht erst mit SARS-CoV-2, sondern auch ohne, nahm die Tiefe und Weite von Gesprächen zwischen Menschen meiner Empfindung nach ab. Kurz- oder Sprachnachrichten ohne ein direktes menschliches Gegenüber ist fast schon ein Reden mit sich selbst. Mit SARS-CoV-2 verkümmert unser Reden weiter und wird in manchen Situationen zur niederdrückenden Argumentation oder zu populistischer Selbstverherrlichung der eigenen Gedanken und wiedergegebenen Meinungen. Gemeinsame Erlebnisse, über die es sich lohnt ins Gespräch zu gekommen, sind rar.

Erlebnispädagogik hat eine gesellschaftspolitische Dimension, indem sie Menschen egal welcher Merkmale und Einstellungen zusammenbringt und sie zum miteinander reden bringt und vielleicht auch zwingt.

---

[1] Begrich 2014, S. 11

2 Der EP-Log als Reflexionsmethode

Reflexionen sind ein wichtiger Baustein innerhalb eines erlebnispädagogischen Settings. Dabei gibt es eine Vielzahl verschiedener methodischer Möglichkeiten der Reflexion. Mart Rutkowski stellt 50 Reflexionsmethoden mit Verweis auf den Einsatz der Methode, damit verbundene Stolpersteine und mögliche Varianten in seinem Buch „Der Blick in den See – Reflexion in Theorie und Praxis“[2] vor.

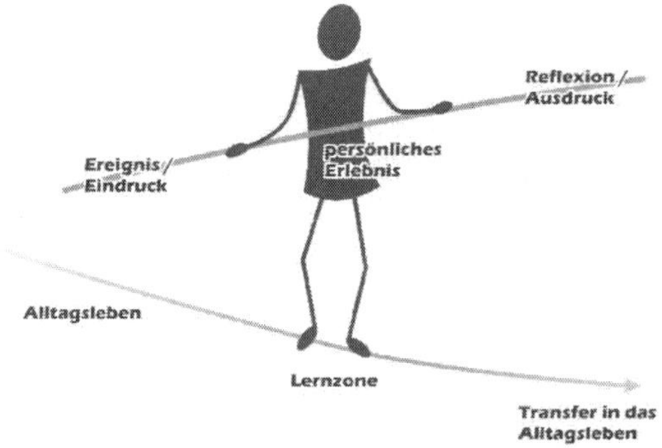

Bei allen verschiedenen Möglichkeiten wird klar, dass Erlebnispädagogik am handelnden Subjekt orientiert ist und versucht, durch Reflexionen die Diskrepanz zwischen dem Handeln und der gesetzten Erwartung zu beseitigen.[3] Sinnbildlich kann dieser Prozess mit der Waage der Erlebnispädagogik oder einem Seiltanz verglichen werden. Erlebnis und Eindruck einerseits halten zusammen mit der Reflexion und dem Ausdruck andererseits die sich in der Lernzone befindende Person im Gleichgewicht.

Im Folgenden wird eine neue Reflexionsmethode vorgestellt: der EP-Log. Der erlebnispädagogischen (EP) Aktion folgt das Gespräch. Diese Wortschöpfung beinhaltet dabei zum einen das Wort „Epilog“ als Nachwort, aber auch den griechischen Begriff „Logos“. Das Verbsubstantiv „Logos“ hat dabei ein ausgesprochen weites Bedeutungsspektrum wie Rede, Erzählung, außerdem Gesagtes, Erklärung, Verhältnis, sammeln, etc.[4] Der EP-Log soll als Methode das weite Spektrum einer erlebnispädagogischen Aktion aufnehmen und die Teilnehmenden sollen direkt, aber auch mittelbar, zur Sprache über das Erlebte befähigt werden.

---

[2] Rutkowski 2015

[3] Friebe 2012, S. 21

[4] Hentschel 2015

2.1 Erstes Element: Das Erzählen

Das Erzählen spielt in dem EP-Log eine zentrale Rolle. Jeder Mensch kann mit dem Begriff des „Erzählens“ etwas verbinden. Dabei verhält es sich mit dem Begriff „Erzählen“ ähnlich wie bei der Bildsprache, die als Archetypen sofort Emotionen und Assoziationen hervorrufen. Als Einstimmung soll hier keine fachwissenschaftliche Abhandlung über das „Erzählen“ erfolgen; stattdessen sollen drei Zitate die Weite des Erzählens deutlich machen:

> Das Erzählen ist ein „grundlegendes Verfahren des Menschen, der Welt und dem eigenen Dasein Sinn abzugewinnen, indem Ereignisse in zeitliche und kausale Zusammenhänge eingebunden werden und so Kohärenz erzeugt wird.“[5]

> „Der Erzähler nimmt, was er erzählt, aus der Erfahrung, aus der eigenen oder der berichteten. Und er macht es wieder zur Erfahrung derer, die seiner Geschichte zuhören.“[6]

> „Reines Erleben ist Aktionismus, reines Erinnern ist ein Gefängnis, in dem viele alte Menschen sind, reines Erzählen wird zum Geschwätz. Erst wenn ein Erlebnis erinnert und erzählt und damit wiederbelebt wird, kann sich die Spirale zu einer neuen Schleife ausschwingen.“[7]

2.2 Zweites Element: Die Methode des Bibliologs als Grundlage der EP-Logs

Für die Reflexionsmethode des EP-Logs wird der methodische Verlauf des Bibliologs zugrunde gelegt. Der Bibliolog wurde Mitte der 1980er Jahre von Peter und Susan Pitzele entwickelt und ist vor allem von der rabbinischen Hermeneutik, als einer Lehre von der Auslegung und Erklärung von Texten, geprägt. Er befindet sich im Spannungsfeld von klassischer bibeldidaktischer Exegese, Subjektorientierung und Texttreue. Das Ziel ist ein vertieftes Verständnis eines biblischen Textes. Hierzu werden die Erfahrungen der teilnehmenden Personen einbezogen. Unabhängig von Vorkenntnissen entsteht zwischen dem Text und persönlichen Erfahrungen eine Korrespondenz[8]. Durch diese Korrespondenz lodert das „weiße Feuer“, als das nicht explizit Gesagte, eines Bibeltextes auf. Die Buchstaben, das „schwarze Feuer“,

---

[5] Heinen 2007

[6] Rank 1995, S.105

[7] Michl 2018, S.17

[8] Pohl-Patalong 2018, S.567f

treten dabei zurück, und es entsteht ein Raum für die Assoziationen der Teilnehmenden. Die biblische Geschichte und die Lebensgeschichte der Teilnehmenden werden miteinander verwoben und legen sich gegenseitig aus.[9]

Das methodische Vorgehen bei einem Bibliolog ist stringent gegliedert[10]:

(1) Prolog – Einführung in den Zugang des Bibliologs

(2) Hinführung – Einführung der Leitung in die Situation einer biblischen Geschichte

(3) „Enroling“ – Lesung einer Textpassage und das Stellen einer offenen Frage dazu

(4) „Echoing“ – Das Gesagte wird von der Leitung wiederholend geäußert, dabei besteht die Möglichkeit des „Interviewing“, d.h. das Nachfragen der Leitung

(5) Erneutes „Echoing“ und mögliches „Interviewing“ bis zum Ende des ausgewählten Textes

(6) „Deroling“ – Abschluss durch die Leitung und Zurückholen der Teilnehmenden in die Gegenwart

(7) Epilog – Möglichkeit von überleitenden Worten in die Gegenwart.

2.3 Ablauf des EP-Log als Reflexionsmethode im erlebnispädagogischen Kontext

Der EP-Log verknüpft die Reflexion eines erlebnispädagogischen Settings mit der Methode des Bibliologs.

Der Ablauf gestaltet sich, im Vergleich zum Bibliolog, wie folgt:

(1) Einleitung – Einführung in die Methode des EP-Logs und Hinführung zur zeitnah erlebten Situation im erlebnispädagogischen Kontext

(2) Entfaltung – Erzählung des erlebten Settings und das Stellen von offenen Fragen

(3) Echo – die Antworten der Teilnehmenden werden wiederholend geäußert, und ggf. werden emotionale Gehalte besonders hervorgehoben

---

[9] Pohl-Patalong 2013, S.26f und S. 36

[10] Pohl-Patalong 2018, S. 569f

(4) Exploration – mögliches Interview der Leitung bzgl. des Gesagten

(5) Erneute Entfaltung und Echo bis zum Ende der Erzählung

(6) Epilog – Abschluss durch die Leitung.

Bei der Benennung der einzelnen Abschnitte des EP-Logs wurden bewusst ausschließlich Begriffe gewählt, die sich in die von Werner Michl[11] geprägte E-Kette eingliedern lassen. Als Darstellung der einzelnen Schritte des EP-Logs soll dabei ein Sicherungsgerät dienen, welches in die E-Kette mit „eingehängt" werden kann. Entfaltung und Echo sind, wie oben dargestellt, mehrfach möglich.

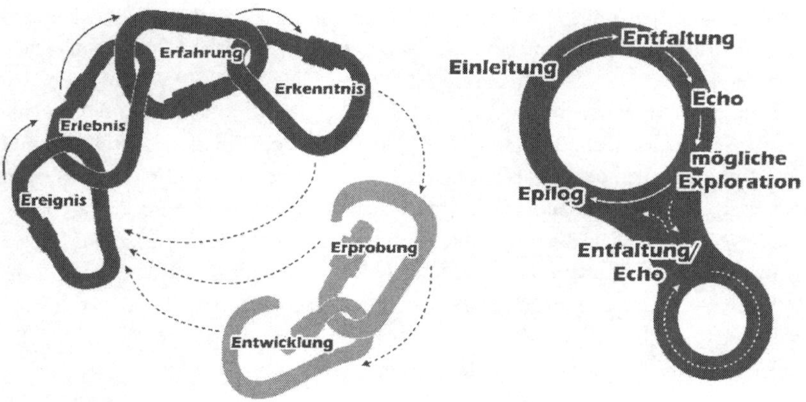

Die grafische Darstellung der „E-Kette" ist angelehnt an Rafaela Zwerger und Debora Widmann (2018, S.77) und wird ergänzt durch die Schritte des EP-Logs.

[11] Michl 2009, S. 11

3 Anwendung der Reflexionsmethode

Der EP-Log ist von seinem Ansatz her so gedacht, dass er dem literarischen Epilog als Schlussrede und Nachspiel eines Dramas sehr ähnlich ist und das Nachspiel, die Reflexion, hier nur im Kontext der Erlebnispädagogik (EP) stattfindet. Ein reales Erlebnis, an welchem mehrere Personen emotional Teilhabe hatten, wird in der Gruppe durch Versprachlichung („Logos“; man könnte es auch „Logifizierung“ nennen) reflektiert. Dabei können verschiedene Blickwinkel gedanklich angenommen und als Fremdwahrnehmung geäußert werden.

Ein großer Vorteil des EP-Logs ist es, dass alle Teilnehmenden noch einmal dem Erlebten in der Erzählung nachgehen und es nachvollziehen. Dies kann am Ort des Settings oder später am Tag, zurück in der Komfortzone, geschehen. In der Erzählung wird zudem ein Gesamtzusammenhang hergestellt, und der Blick der einzelnen Personen weitet sich auf das Gesamtsetting. Einzelne Personen werden nicht mit Namen benannt, sondern anonym in die Erzählung eingewoben. Somit wird keine Person durch besondere Ereignisse, Schwierigkeiten oder Emotionen direkt benannt und hervorgehoben oder gar bloßgestellt. Dieses Vorgehen ist auf mehrere Weisen sinnvoll, denn alle Teilnehmenden können sich in die anonymisierten Protagonisten hineinversetzen und sich in ihnen wiedererkennen oder aus ihnen heraus auf Fragen Antworten geben. Dabei erfährt das übliche Rollenverhalten, welches die Teilnehmenden normalerweise im Alltag zeigen, keine Beachtung, und alle fühlen sich sowohl angesprochen als auch zum Denken und Antworten angeregt. Dies wirkt sich unterstützend auf die Fremd- und Selbstwahrnehmung aus.

Durch die Art der Erzählung ist es der leitenden Person zudem möglich, Situationen und Emotionen zum eigentlichen Geschehen hinzuzufügen. Die Teilnehmenden können sich trotzdem durch ihr eigenes Erleben der Situation und der erzählten Begebenheit Gedanken machen. Sie äußern Antworten, Gefühle und Lösungen und reflektieren diese.

Wie bereits erwähnt, muss der EP-Log nicht direkt im Anschluss an die erlebnispädagogische Aktion stattfinden. Der mögliche Rückweg nach einem erlebnispädagogischen Setting kann zügig angegangen und das bei der Aktion verwendete Material entsprechend wieder verstaut werden. Zudem werden sich die meisten Personen gern nach einem vielleicht nassen, kalten, anstrengenden oder sehr emotionalen Erlebnistag erfrischen, umziehen und körperlich wie auch mental regenerieren wollen. Durch die Erzählung kann eine Reflexion des Erlebten auch später unter gewohnten Bedingungen, zum Beispiel in einer abendlichen gemeinsamen Abschlussrunde, geschehen. Die Teilnehmenden sind dafür dann wieder voll aufnahmefähig.

Im Gegensatz zu üblichen erlebnispädagogischen Aktionen und Reflexionen ist es wichtig, dass die erlebnispädagogisch wirkende Person im EP-Log kompetent von dem Setting erzählen kann. In der Erzählung müssen die verschiedenen Situationen und Erlebnisse der Teilnehmenden gut eingeleitet und umschrieben werden. Dabei muss sich ein roter Faden durch die Erzählung ziehen. Die wichtigen Einzelheiten sind gut einzuleiten, um dann gezielte Fragen an die Zuhörenden zu stellen, welche noch innerhalb der Erzählung antworten sollen. Mögliche Fragen sind zum Beispiel: Wie konntest du in diesem Moment jemandem helfen? Wie hast du dich in dieser Situation gefühlt?

Im gemeindepädagogischen Kontext ist das Erzählen eine gut trainierte und immer wieder angewendete Methode von pädagogisch und theologisch tätigen Personen, vor allem bei biblischen Erzählungen. Zudem sind es die teilnehmenden Personen bei gemeindepädagogischen Veranstaltungen gewohnt, Erzählungen in verschiedenen Varianten zu hören. Von daher ist der EP-Log eine Reflexionsmethode, bei der sich zwischen Gemeindepädagogik und Erlebnispädagogik eine positive und gewinnbringende Verknüpfung herstellen lässt.

Wie erwähnt ist das Erzählen dem Menschen eine urvertraute Form der Kommunikation. Gute-Nacht-Geschichten, Märchen oder Erzählungen aus vergangenen Tagen sind allen bekannt. Das Erzählen muss aber geübt und die Fantasie wie ein Muskel trainiert werden. Dann kommt es auch beim EP-Log zum Kino im Kopf, und alle Teilnehmenden finden sich im selbst erlebten und mitgestalteten Film wieder.

4 Erfahrungen mit dem EP-Log

> *„Mit den Augen eines anderen sehen,*
> *mit den Ohren eines anderen hören,*
> *mit dem Herzen eines anderen fühlen." Alfred Adler*

Bei einer Reflexion mit Hilfe der Methode des EP-Logs haben sich für mich mehrere positive Aspekte herausgestellt. Die mögliche Pause zwischen der erlebnispädagogischen Aktion und der später durchführbaren Reflexion, wie auch die Anonymität innerhalb der Erzählung, sind dabei besonders hervorzuheben.

- Durch die Form des verinnerlichten Stilmittels des Erzählens kann die Reflexion zu einem späteren Zeitpunkt stattfinden und trotzdem Spannung, ein Raum für Resonanzen, erzeugt werden. Die Teilnehmenden haben die Möglichkeit, vielleicht auch einen notwendigen physischen sowie psychischen Abstand zum Erlebnis einzunehmen.

- Vorteilhaft ist die Anonymität in der Entfaltung des Geschehens. Keine Person wird durch Fragen bei einer sonst vielleicht gängigen Reflexionsphase direkt konfrontiert. Durch die Anonymität fühlen sich meist auch mehrere Personen gleichzeitig angesprochen.
- Alle Zuhörenden können sich in die Protagonisten hineinversetzen, das erzählte Erlebnis mit ihren Augen sehen und aus Sicht der Protagonisten auf die gestellten Fragen antworten. In der Identifikation wird Empathie gegenüber den wirkenden Personen trainiert. Darüber hinaus wird die Selbst- und Fremdwahrnehmung in besonderer Weise gefördert.
- Der Leitung ist es zudem möglich, in die Erzählung Gegebenheiten einzuweben, die so gar nicht vorgekommen sind. Vergleichbar wäre dies mit einem metaphorischen Handlungslernen, aber nicht vor der erlebnispädagogischen Aktion, sondern erst danach.
- Je nach Gruppe antworten die Teilnehmenden mal schneller oder langsamer und bringen das „Feuer zwischen den Zeilen“ zum Brennen. Die Pausen bis zu weiteren Antworten bieten Zeit zum Nachdenken. Zeit, die es auch braucht, um neue Facetten des Erlebnisses zu entdecken und auch aufeinander aufbauende bzw. weiterführende Antworten auf die Fragen zu geben.
- Die Wiederholung der gegebenen Antworten durch die Leitung ist im ersten Moment etwas ungewohnt, und die Teilnehmenden finden dies vielleicht irritierend. In dem Wiederholen bekommen die Antworten aber eine gewisse „Autorität“ und sind noch einmal für alle hörbar. Sie fließen in die Entfaltung direkt mit ein und sind Teil der gesamten Erzählung: Einer Erzählung von einem Erlebnis, bei dem jede Person ihren Anteil hatte und hat.

Literatur

Begrich, Gerhard (2014): Genesis, Das erste Buch Mose neu übersetzt und erläutert. Stuttgart: Radius.

Friebe, Jörg (2012): Reflexion im Training. Aspekte und Methoden der modernen Reflexionsarbeit. 2. Auflage. Bonn: managerSeminare Verlags GmbH.

Heinen, Sandra (2005): Bestandsaufnahmen der Erzähltheorie. (Review of: David Herman/Manfred Jahn/Marie-Laure Ryan [eds.], Routledge Encyclopedia of Narrative Theory, London/New York: Routledge 2005; James Phelan/Peter J. Rabinowitz [eds.], A Companion to Narrative Theory, Malden, MA: Blackwell 2005.). In: JLTonline (18.10.2007). http://www.jltonline.de/index.php/reviews/article/view/22/172 (abgerufen am 04.05.2021)

Hentschel, Anni (2015): Logos. Aus: Das wissenschaftliche Bibellexikon im Internet. Bauks, Michaela, Koenen, Klaus, Pietsch, Michael. https://www.bibelwissenschaft.de/wibilex/das-bibellexikon/lexikon/sachwort/anzeigen/details/logos/ch/59f473982898683f5f6968c77e0a2cd8 /#h0 (abgerufen am 07.04.2021)

Michl, Werner (2009): Erlebnispädagogik. München. UTB.

Michl, Werner (2018): Erlebnis und Pädagogik, S. 17-19. in: Handbuch Erlebnispädagogik. München. Michl, Werner & Seidel, Holger (Hg.). München: Reinhardt.

Pohl-Patalong, Uta (2013): Bibliolog. Impulse für Gottesdienst, Gemeinde und Schule. Band 1: Grundformen. 3. Auflage. Stuttgart: Kohlhammer.

Pohl-Patalong, Uta (2018): Bibliolog S. 567-573., in: Handbuch Bibeldidaktik. Zimmermann, Ruben (Hg.). 2. Auflage. Tübingen: Kohlhammer.

Rank, Bernhard (1995): Wege zur Grammatik und zum Erzählen: Grundlagen einer spracherwerbsorientierten Deutschdidaktik. Baltmannsweiler: Schneider Verlag

Rutkowski, Mart (2015): Der Blick in den See. Reflexion in Theorie und Praxis. Augsburg: ZIEL.

Zwerger, Rafaela, Widmann Debora (2018): Übergriff oder Unterstützung: Vom Einmischen in Lernprozesse oder von der Unmöglichkeit des „Nicht-Einmischens“, in: Schettgen, Peter, Ferstl, Alex, Bous, Barbara (Hg): Einmischen possible!. Augsburg: ZIEL.

Heilpraktikerin für Psychotherapie und
Führungs- und Fachkräftetrainerin
Angelika Voß

Weltmeister im DiscGolf und Dipl. Sportlehrer
Hartmut Wahrmann

Angelika Voß arbeitet im Personalmarketing mit Beratung, Coaching und Workshops. Ihr abgestimmtes Beziehungsmanagement macht Arbeitgeber für Mitarbeiter attraktiv, so dass sie gerne langfristig für ihr Unternehmen arbeiten und ihren Arbeitgeber auch nach außen weiterempfehlen. Auf der Suche nach einem Alleinstellungsmerkmal, das Emotion und Lebendigkeit in diese Prozessarbeit bringt, ist sie auf DiscGolf und Hartmut Wahrmann gestoßen.

Hartmut Wahrmann spielt seit 1979 auf internationaler Ebene Frisbee®Golf als aktiver Turnierspieler. Seine wichtigsten sportlichen Erfolge im Frisbee®-Sport waren der US–Open Sieg 1996 in den USA und zwei Weltmeister-Titel 1997 in Finnland. Heute ist er u.a. sportlicher Leiter für DiscGolf-Firmenveranstaltungen. Angeboten werden DiscGolf Events, Verhaltensseminare und Firmensport. Als Dipl. Sportlehrer ist es ihm möglich, Lerninhalte im Disc-Sport abzubilden und damit erlebbar und nachhaltig zu machen.

E-Mail: voss@discconsulting.de und hartl@discconsulting.de

Website: www.discconsulting.de

DiscGolf in der Erlebnispädagogik als Wertevermittler

1 Passt DiscGolf in die Erlebnispädagogik?

DiscGolf oder besser bekannt als Frisbee®[1]-Golf, wird ähnlich wie klassischer Ball Golf gespielt. Der Unterschied, anstelle der Löcher im Boden gibt es einen großen Auffangkorb und anstelle von Ball und Schläger eine Frisbee Scheibe.

Das klingt nicht nur einfach, es ist auch ganz leicht. Eben, weil das Spiel so einfach ist, gibt es uns viele Möglichkeiten, es pädagogisch zu nutzen.

Nun hat die Erlebnispädagogik bestimmte Vorstellungen, damit auch über Sport Lerninhalte vermittelt werden können. Für die emotionale Erfahrung werden oft Extremsportarten herangezogen, um über den Kick etwas zu bewegen.

Den Kick bietet DiscGolf über die Faszination der fliegenden Scheiben. Die Beobachtung ihrer Flugbahnen hat eine fast mediative Wirkung und führt somit zu einer schnellen Entspannung der Teilnehmer. Ein idealer mentaler Zustand, um neues zu lernen. Die neue Situation, die Bewegung, das Spiel sowie die haptischen, auditiven und olfaktorischen Eindrücke bieten zusätzlich Gedächtnisanker.

Gerade weil DiscGolf keine sportlichen Extremanforderungen stellt, sondern nur die Kondition eines Spaziergängers erfordert, werden Teilnehmer, im Vorfeld eines Workshops, nicht durch Versagensängste abgeschreckt. Das erhöht die Teilnehmerquote und gibt diesem Sport die Möglichkeit, eine breite Masse anzusprechen bzw. einzubeziehen.

Die einfachen Regeln, die schnell erlernbaren Würfe, die Kommunikationsmöglichkeiten während des Spiels und die regelmäßigen Pausen für den Bahnwechsel ermöglichen es, zusätzlich zum normalen Spiel weitere Regeln einzubauen. Mit diesen Zusatzaufgaben kann für bestimmte Erlebnisse gesorgt werden, um die gewünschten Lerninhalte nachhaltig zu vermitteln.

---

[1] Der Name „Frisbee“ ist ein eingetragenes Warenzeichen der US-Firma WHAM-O

2 An DiscGolf haben auch Sportmuffel Freude

Über die geringe Anforderung an die Kondition hinaus, werfen die Teilnehmer eine Scheibe von nur 150 bis 170 g. Zum Vergleich, Essteller haben, ohne Essen, im Durchschnitt ein Gewicht von 870 g. Neben dem Werfen müssen sich die Spieler natürlich häufig nach den Scheiben bücken, die in der Landschaft landen. Das klingt nach wenig, und gerade das macht die hohe Akzeptanz bei unsportlichen Gruppen oder Teilnehmern aus. Im Kern besteht der Sport aus einfachen leicht auszuführenden Bewegungen die jeder aus dem Alltag kennt und durchführen kann. Hemmschwellen werden durch die niedrigen Anforderungen abgebaut und die leicht und einfach zu werfenden Scheiben bringen schnelle Erfolgserlebnisse, die die Menschen begeistern und über diese Emotion für Bewegung und Lehrinhalte öffnen.

Ohne Zeitdruck können die Menschen das Spiel in ihrem ganz persönlichen Tempo betreiben, was für den Alltag eine wunderbare Entschleunigung mit all ihren Vorteilen bedeuten kann.

Gerade Sportmuffel verbinden sportliche Aktivitäten oft mit Negativerlebnissen, die den „inneren Schweinehund“ ermuntern, seinen Sportmuffel weiter vom Sport abzuhalten, um ihn vor weiterem Versagen zu schützen. DiscGolf bietet gerade Anfängern über die schnelle Erlernbarkeit auch schnell Anerkennung, was das „Sporttrauma“ abschwächen oder sogar beheben kann. Schnelle Erlernbarkeit und schnelle Erfolgserlebnisse bieten aber auch denjenigen etwas, die aus unserer modernen Zeit Geschwindigkeits- und Hedonismuserwartungen haben. So vereint DiscGolf alte mit neuzeitlichen Erwartungen.

Für den Schulsport mag dieses Argument weniger schwerwiegend sein, denn die Schüler können sich dem Unterricht schlecht entziehen. Anders sieht es in der Erwachsenenbildung aus. Auf sportliche Angebote reagieren in diesem Bereich meist nur Sportbegeisterte. Sportvermeider boykottieren solche Angebote. Damit geht für eine Vielzahl von Menschen die wunderbare Erfahrung verloren, in der Natur, an frischer Luft, spielerisch mit Bewegung Lerninhalte aufzunehmen.

2.1 Bloß keinen Sport oder: Sport ist Mord

Viele, die dieser Meinung sind, führen Premierminister Churchill als Sympathisanten an. Obwohl er 91 Jahre alt geworden ist, hatte ihm diese laxe Einstellung zur Bewegung hohen Blutdruck, einen Herzinfarkt sowie zwei Schlaganfälle eingebracht. Sport ist gesund, das ist bekannt und vielfach wissenschaftlich bewiesen.[2]

Trotzdem vermeidet ca. die Hälfte der Gesellschaft, sich regelmäßig zu bewegen. 50% davon vermeidet Bewegung wegen fehlender Motivation, 37 % wegen körperlicher Einschränkungen, 35 % aus beruflichen Gründen, 25 % wegen der Familie, um nur die wichtigsten Gründe zu nennen[3]. Eine passende Motivation könnte also vielleicht zu mehr Bewegung führen. Aber was ist passend? DiscGolf hat einen großen Aufforderungscharakter.

Vor einiger Zeit hatte ein IT-Unternehmen Hartmut Wahrmann zur Durchführung eines Firmenevents gebucht. Bei den Firmenevents geht es nicht um die Vermittlung von Lerninhalten, sondern in erster Linie um das Gemeinschaftserleben außerhalb der gewohnten Arbeitsatmosphäre. An diesem Beispiel lässt sich aber sehr schön die motivierende Wirkung von DiscGolf erzählen.

Als Vorbereitung zu DiscGolf Veranstaltungen gehören auch Hinweise zur sportlichen Kleidung. Trotz der Hinweise erschien die Männergruppe im Anzug, mit Krawatte und Lackschuhen. Deutlicher kann man fehlende Motivation kaum ausdrücken, aber eine Reaktion, wie sie oft beobachtet werden kann, wenn Mitarbeiter in die gutgemeinten Pläne der Führungskräfte nicht eingeweiht werden. Mitarbeitern fehlt durch Nichtbeachtung ihrer Interessen, ausreichend Wertschätzung von den Führungskräften bzw. den Organisatoren der Veranstaltung. Darauf reagierten in unserem Fall die IT´ler, ihrerseits mit Abwertung, indem sie mit demonstrativ unpassender Kleidung zum Event erschienen. Ein schönes Beispiel, wie mangelnde Wertschätzung mit erneuter Abwertung beantwortet wird und sich daraus u.U. ein Pingpongspiel der Verletzungen ergeben kann. Zum Glück hat sich Hartmut Wahrmann von deren Protest nicht beeindrucken lassen. Er begegnete der Gruppe auf Augenhöhe und konnte den richtigen Ton finden, um die Gruppe aus ihrem Protest herauszuholen. Es hat dann keine 15 Minuten gedauert, bis die ersten von ihnen, teilweise hochvergnügt, barfuß oder zumindest ohne Jackett und Krawatte über den Platz liefen.

Der Umgang auf Augenhöhe war jedoch nicht der einzige Grund für die schnelle Wandlung.

---

[2] WHO (2010)

[3] Techniker Krankenkasse (2016)

Schon nach einer kurzen Aufwärmphase begannen die Spieler ihre Scheiben in Richtung Auffangkorb zu werfen. Egal ob gute oder schlechte Würfe, die geschmeidigen Flugbahnen der Scheiben wurden von den Spielern andächtig, bewundernd oder jubelnd beobachtet. Auf das Werfen und die Beobachtung der Flugbahnen geht die volle Konzentration. Werfen und Beobachten zieht die Teilnehmer in einen Bann, dem sich kaum einer entziehen kann.

Die Ursache dieser Faszination liegt in unseren Wurzeln, die weit tiefer reicht, als persönliche Erfahrungen. Ein Teil unserer Regungen ist ein Erbe aus der Urzeit der menschlichen Stammesentwicklung. Alles, was unser Überleben sicherte, ist in unserem alten Teil des Gehirns abgespeichert. Die menschliche Seele ist damit das vorläufige Endprodukt einer Entwicklung von einigen Millionen Jahren. Das betrifft u.a. auch die Motivation.[4]

Laufen, Klettern, Schwimmen, Beobachten und Werfen brauchte der Urzeitmensch zum Überleben. Vermutlich begann der Homo erectus vor 400.000 Jahren mit bewusstem Körpertraining, als er mit Speer und Steinschleuder begann zu jagen. Erfolg mit diesen Werkzeugen hatten nur die, die sie geschickt einsetzen konnten.[5]

So sprechen Werfen und Beobachten beim DiscGolf Urinstinkte des Menschen an, denn sie halfen zu Urzeiten, das Überleben zu sichern. Es gibt wohl kaum eine bessere Motivation, als „um sein Leben zu werfen und zu beobachten".

Aber nicht nur das Werfen spricht den Urinstinkt des Menschen an, auch der gemeinschaftliche Zusammenhalt entspricht unseren ursprünglichen Bedürfnissen, da Einzelgängerverhalten zu Urzeiten zum Tode führte. So werden humane Werte wie zugewandte Kommunikation, Gerechtigkeit, Sicherheit, Fairness, Wertschätzung oder Verantwortung im Spiel gelebt.

Um zu unseren IT`lern zurückzukehren, ihre geliebte digitale Welt hat hier keinen Platz, aber sie hatten von Anfang an Gemeinschaftserleben, das aufgrund unserer Urerfahrungen ein Grundbedürfnis ist. Da, wo wir diese für unser Gemeinschaftsleben bedeutsamen Werte vorfinden, sind wir begeistert und lassen uns zu mehr motivieren.

[4] Schulz von Thun (2005)

[5] Bruno Martin (2014)

3 Der „Spirit of the Game"…

…bildet die natürlich Grundlage für Werte und soziales Miteinander beim DiscGolf. Den „Spirit of the Game" hat sich der DiscGolf Sport vom Disc-Sport Ultimate abgeguckt. Ultimate wird ebenfalls mit Frisbeescheiben gespielt, ist aber ein temporeicher Wettkampfsport, der Elemente aus dem Basketball und American Football enthält. Ultimate zeichnet sich durch den „Geist des Spiels" aus und hat ihn schriftlich niedergelegt. Im Prinzip geht es um das Fair Play und den Spaß am Spiel, der im Vordergrund stehen soll. Ultimate schafft es damit in Deutschland und bei internationalen Wettkämpfen ohne Schiedsrichter auszukommen.

DiscGolf hat diesen Fairplay-Gedanken für sich übernommen und kommt bei Tournieren ebenfalls ohne Schiedsrichter aus. Der Verhaltenskodex lautet:

„Alle Spieler sind dafür verantwortlich die Regeln zu handhaben und zu befolgen. Ultimate vertraut auf einen Spirit of the Game, der die Verantwortung für das Fairplay auf jeden einzelnen Spieler zuweist. Es wird davon ausgegangen, dass kein Spieler absichtlich die Regeln bricht; daher sind keine strengen Strafen für Verstöße vorgesehen, sondern stattdessen eine Methode um das Spiel wieder aufzunehmen, die nachvollzieht, was am wahrscheinlichsten passiert wäre, hätte es die Unterbrechung nicht gegeben. Hochgradig wettbewerbsorientiertes Spiel wird gefördert, sollte jedoch niemals auf Kosten des gegenseitigen Respekts zwischen den Spielern, des Befolgens der vereinbarten Regeln und der grundsätzlichen Freude am Spiel gehen."[6]

Abgeleitet aus dem Spirit wird von den Spielern während des Spiels die Kenntnis der Regeln, Wertschätzung, Kommunikation und Verantwortung erwartet.

Einige Auswirkungen des „Spirits" auf gelebte Spiel-Werte:

- **Respekt vor der Natur**, denn die Spielkurse werden an die Landschaft angepasst und nicht umgekehrt, wie beim Ball-Golf.
- **Hilfsbereitschaft** ist ein hoher Wert in der DiscGolf Gemeinschaft, durch die sie sich selber stärkt und ein positives Spielklima schafft. z. B. beim sich gegenseitig Tipps geben in Material- und Technikfragen oder jeden – auch Anfänger, willkommen heißen.
- **Gleichberechtigung**, weil jeder den Sport machen kann, egal welchen Alters, welchen Könnens, welcher Intention. Auch Menschen mit Handicap sind willkommen. Wie beim Ball Golf ist es auch beim DiscGolf möglich, dass Spieler mit unterschiedlichem Können zusammen spielen und Spaß haben ohne, dass

---

[6] Frisbeesport-Landesverband Berlin e.V.

sich einer von ihnen benachteiligt fühlen muss. Der Disc-Sport ist für jeden Geldbeutel erschwinglich, da die Anschaffungskosten gering sind.
- **Gesundheitsförderung,** die über die spielerisch-sportliche Bewegung eine **wert**-schätzende Beachtung findet.
- Training **sozialer Kompetenzen**, wie z.B. Empathie, Toleranz, Team- und Konfliktfähigkeit. Das Spiel bietet mit seiner zugewandten Kommunikation dafür einen idealen Handlungsrahmen.

4 DiscGolf in der Erlebnispädagogik

Die Erlebnispädagogik setzt darauf, dass besondere Erlebnisse Lernprozesse in Gang setzen, sich tief einprägen und lange nachwirken. Angestrebt werden damit Entwicklungen in Verhalten, Denken und Fühlen.

Das Miteinander beim DiscGolfen, das Anknüpfen an ursprüngliches Verhalten in Form von Werfen, Laufen und zugewandtem Kommunizieren sowie die Inhalte des „Spirit of the Game" bilden die Erlebnisgrundlage für die Teilnehmer. Der Parcours wird quasi zur „Laborsituation" des Lebens. Dazu bietet der bereits beschriebene einfache Ablauf des Spiels die Möglichkeit, zusätzliche Regeln oder Erlebnisse einzubauen, um das angestrebte Lernziel nachhaltig zu vermitteln.

Nach kurzer Zeit des Spiels fallen, wie unter 2.2. beschrieben, die „Masken", und es ist zu beobachten, wie das Team oder die Einzelperson sich verhalten. Bleibt der Teilnehmer noch freundlich, wenn es mal unbequem wird? Wie kommunikativ ist er? Wie teamfähig? Wie humorvoll? Ist er seinen Mitstreitern bei Bedarf behilflich? Wie kreativ ist er, wenn es z. B. darum geht, die beste Spielroute zu ermitteln oder eine Situation zu analysieren? Auch das ist für alle Beteiligten sehr lehrreich.

Besonders hervorzuheben ist, dass bei erlebnispädagogisch aufgearbeiteten DiscGolf-Veranstaltungen ein durchgehend hohes Energieniveau für eine gute Aufmerksamkeit sorgt. So verfügt jede erlebnispädagogische DiscGolf-Veranstaltung über einen Entertainment-Aspekt mit Wettbewerbscharakter. Zusätzlich halten kurzfristige Wechsel zwischen Sport und Theorie, Spielbahnen mit unterschiedlichen Anforderungen und ein festes Zeitmanagement die Teilnehmer geistig und körperlich in Bewegung und damit aufmerksam und bei Laune.

5 Das DiscGolf-Werteseminar

Unsere DiscGolf Seminare oder Workshops haben unterschiedliche Lerninhalte. Um drei Beispiele zu nennen: Diversity-, Motivations- oder Kommunikations-Workshops werden häufig nachgefragt. Die Idee für das Werteseminar entstand aus dem Ärger eines Personalverantwortlichen, der sich zunehmend über Rücksichtlosigkeit und Konflikte im Ausbildungsbereich beklagte und nach einer Möglichkeit suchte, ohne erhobenen Zeigefinger das Gespräch darüber anzustoßen.

Zusätzliche Regeln, wie blind werfen und den Nichtsehenden anleiten, werden zu erlebter Führung, Führung oder Nähe annehmen oder sich hilflos fühlen.

Foto: Angelika Voß

Kann in der Sache kein echtes Problem entdeckt werden, können Grenzüberschreitungen oder Streit an unterschiedlichen Wertvorstellungen liegen. Menschen leben unbewusst nach Ihren Werten. Werden sie erfüllt, fühlen sie sich wohl. Werden sie verletzt, bekommen sie ein ungutes Bauchgefühl, werden ärgerlich oder sogar wütend.

In solchen, aber auch anderen Zusammenhängen wird oft ein Werteverfall beklagt. Auf Unternehmerseite wird z.B. Pflichterfüllung, Gehorsam, Leistung, Loyalität oder Strebsamkeit gefordert. Auf der anderen Seite spielen Begriffe wie Freiheit, Widerstand, Emanzipation oder Selbstverwirklichung eine Rolle.[7]

„Was soll ich tun?“ fragte sich zu diesem Problembereich bereits Immanuel Kant. Unterschiedliche Zeiten, Generationen, Kulturen oder Gemeinschaften können verschiedene Vorstellungen oder Ansprüche an das Gesellschaftsleben haben.

[7] Dietmar Pickl, Aufsatz: Werte Normen Haltungen

In diesem Zusammenhang sind Begriffe wie Ethik, Moral, Haltung, Normen, Sittlichkeit, Konventionen und Werte gebräuchlich, die für das bessere Verständnis voneinander abgegrenzt sein sollten:

Ethik ist in der Philosophie eine methodische Untersuchung des sittlichen und moralischen Verhaltens einer Gesellschaft. Unter Moral werden allgemein alle Wertvorstellungen, Verhaltensnormen, innere Haltungen, Gebote und Regeln verstanden. Unterschiedliche Kulturen, Gemeinschaften und Zeiten können mit unterschiedlichen Moralvorstellungen verbunden sein. Sittlichkeit ist ein anderer Begriff für Moral. Normen geben uns den Maßstab für das Bewerten von Handlungen. Mit einer inneren Haltung sind Anschauungen und Einstellungen zu bestimmten Sachverhalten gemeint. Konventionen sind Übereinkünfte der Menschen über ihr Zusammenleben, die jedoch meist nicht mit moralischen Kriterien bewertet werden. Werte sind die von einer Gemeinschaft angestrebten und akzeptierten Handlungsziele sowie die Bedingungen für das Werten von Dingen, Handlungen, Bedürfnissen und Einstellungen.

In unserem Fall ging es also um Handlungsziele, die nicht erreicht wurden. Ein Umstand, der auch für andere Situationen gilt. Ein weites Feld könnte man meinen, weil Werte auch dem Zeitgeist unterliegen. In vielen Fällen geht es aber schlicht um das Nichterreichen unserer Grundbedürfnisse, die Maslow mit physiologischen-, Sicherheits-, sozialen-, Individualbedürfnissen und der Selbstverwirklichung benannt hat. Diese Bedürfnisse stehen in Korrespondenz mit aufmerksamen, empathischen, respektvollen, toleranten und freiheitlichem Denken und Handeln. Dieses Verhalten ist in aller Munde, wird aber oft vernachlässigt. In den meisten Fällen geschieht das unbewusst und aus diesem Grund möchten wir diese Werte, die unsere Grundbedürfnisse erfüllen, in das Bewusstsein rücken.

DiscGolf als Sport beherzigt viele dieser Werte, aber um sie in den Mittelpunkt zu verschieben, waren uns die Sportregeln zu wenig. Also haben wir uns dafür zusätzliche Ereignisse und Regeln einfallen lassen, damit diese Grundwerte mit allen 5 Sinnen erfasst werden können. Denn das sensibilisiert und bleibt in den Köpfen der Teilnehmer haften.

Je nach Ziel- und Zeitvorstellung, können in einem Spiel ein oder auch mehrere Werte thematisiert werden. Die Bahnwechsel bieten dabei einen Cut, um ein neues Wertethema zu beginnen. Durch Bahnwechsel ergeben sich auch Pausen, die sich für zusätzliche interaktive Wissensvermittlung, Reflektion oder Rätsel eignen. Dies sollte Einfluss auf das Spielergebnis haben, um zur Mitarbeit zu motivieren.

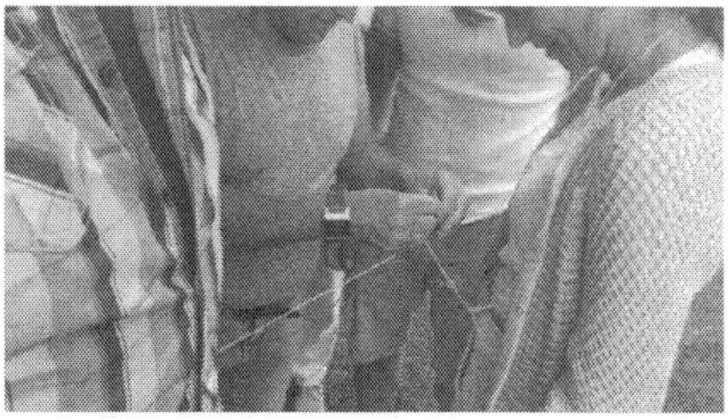

Für den Wert Freiheit verbinden sich Spieler mit Schnüren, um im Spiel Unfreiheit zu spüren.

Foto: Angelika Voß

Ein Beispiel zum Wert Freiheit[8]

Als Material werden benötigt: eine lange Schnur (z.B. ein Knäuel Paketband), eine Schere, Notizzettel, Stifte und drei (Ampel)-Karten für alle Teilnehmer.

Aufgabe: Im ersten Schritt, erhalten alle einen Notizzettel und einen Stift. Im zweiten Schritt, wird den Teilnehmern die Frage gestellt, wie sie gerne die nächste Bahn oder den Parcours spielen würden. Die Antwort sollen sie auf den Notizzettel schreiben. Sie bekommen Zeit, um sich die Bahn oder den Parcours anzusehen. Danach sollen sie sich den Zettel weglegen, damit er beim Spiel nicht stört. Im vierten Schritt, soll sich jeder Teilnehmer ein Stück Band von beliebiger Länge abschneiden und davon ein Ende nach Belieben am eigenen Körper befestigen. Anschließend werden sie gebeten, in ihrer Gruppe zusammen zu kommen und sich miteinander zu verbinden. Nachdem alle Teilnehmer miteinander verbunden sind, sollen sie die Bahn oder den Parcours spielen.

Im Spiel ist es den Teilnehmern überlassen, wie sie die Bahn spielen. Sie bekommen dafür keine Anweisung. Der oder die Trainer ziehen sich zurück und beobachten den Prozess, um Anstöße für die anschließende Reflektion geben zu können.

Nach dem Spiel oder der Bahn folgt die Reflektion des Erlebten. Jetzt kommen die Ampelkarten zum Einsatz. Auf die Frage, wie habt Ihr Euch gefühlt, sollen die Teilnehmer eine rote, gelbe oder grüne Karte vor sich ablegen, um damit die momentane Stimmung auszudrücken. Nach dem Ablegen kann jeder zu

[8] Aus: Hartmut Wahrmann und Angelika Voß (2020)

seiner Stimmung etwas sagen. Sollte die Reflektion ins Stocken kommen, könnten Notizen der Trainer helfen, um die passenden Fragen zu stellen.

1. Wer aus Eurer Gruppe hatte die größte Freiheit?
2. Wer fühlte sich in seiner Freiheit eingeschränkt?
3. Wem war die Nähe der anderen angenehm?
4. Schaut auf Eure Zettel und vergleicht. Zu wieviel Prozent konntet Ihr Eure Vorstellungen umsetzen?
5. Wer ist Kompromisse eingegangen?
6. Waren die Kompromisse echt?
7. Wie habt ihr Euch mit Kompromissen gefühlt?
8. Falls Du die Schnur gelöst hast, wieso hast Du das getan?
9. Falls Du die Schnur nicht gelöst hast, wieso hast Du das nicht getan?

Zur Vertiefung des Wertethemas und die Verbesserung des Punktekontos kann mit einem Rätsel abgeschlossenen werden.

Nehmen Sie z.B. das bekannte Rosa Luxemburgzitat „Freiheit ist die Freiheit des Andersdenkenden“ und lassen sie die Spieler raten, ob der Satz von Benjamin Franklin, Lean-Jacques Rousseaus, Che Guevara oder Rosa Luxemburg stammt.

Am Ende werden die Punkte aller Würfe addiert und mit den Ergebnissen des Rätsels verrechnet.

Ein positiver Abschluss mit einer kleinen Siegerehrung hilft zusätzlich, Wissensanker zu setzen und das Gemeinschaftsgefühl zu stärken.

Denkbar wären dafür z.B. Frisbeescheiben mir Zitaten zur Freiheit.

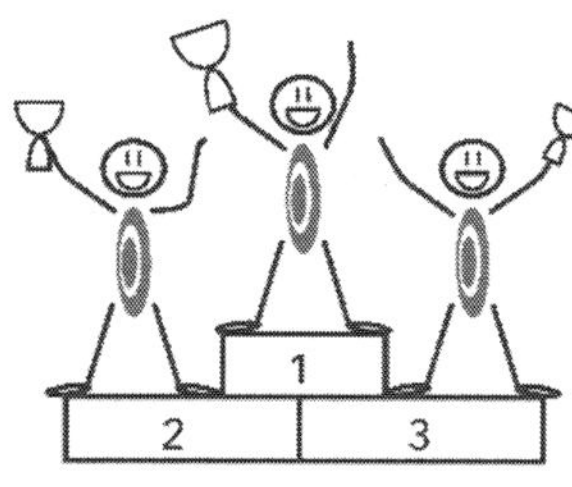

Eine Siegerehrung setzt positive Anker für das Erlebte.

Der discColinio ist die Erklärfigur der discConsulting

6 Literatur

WHO (2010): Bewegung und Gesundheit für Europa: Erkenntnisse für das Handeln. Kopenhagen: WHO-Publications.

Techniker Krankenkasse (2016): Beweg Dich, Deutschland. Bewegungsstudie. Hamburg.

Friedemann Schulz von Thun (2005): Miteinander reden, Hamburg: Rowohltverlag

Bruno Martin (2014): Intelligente Evolution, Spurensuche nach dem Sinn des Lebens, 3. Auflage, Kindle Eigenveröffentlichung

Frisbeesport-Landesverband Berlin e.V. (n.n.): Flugscheiben-Weltverband WFDF

Angelika Voß und Hartmut Wahrmann (2020): „Scheibchenweise zum Erfolg" Augsburg: ZIEL

Henrike Hirschmüller

Diplompädagogin, Erlebnispädagogin und Lehrerin in der Erzieher-Ausbildung

Seminarangebot „Lagerfeuerschule“: Erlebnispädagogik in Mentoring und Prozessbegleitung, Mehrtägig unterwegs mit Gruppen, Methodik rund ums Feuer

E-Mail: h.hirschmueller@wirksambegleiten.de

Website: www.wirksambegleiten.de

Ein Teil des Ganzen sein – von erlebnispädagogischen Gruppenerfahrungen zum Selbstverständnis des Einzelnen in Gemeinschaft und Gesellschaft

1 Einleitung

Lappland. Ich war 17, mit einer Gruppe auf Tour und hatte eine dicke Blase an der Ferse. Mein Kamerad legte mir ein „supertolles" Blasenpflaster nahe, das wir darauf klebten. Beim Weiterwandern löste sich das Pflaster mitsamt der Haut großflächig von meiner Ferse, und die Stelle entzündete sich. Für die nächsten beiden schmerzhaften Wandertage durch Kälte und Schneeschauer nahmen mir meine Kameraden Teile des Gepäcks ab. Als wir die nächste Fjällstation erreicht hatten, wurde die Wunde professionell versorgt. Wir kürzten unsere Route, so dass wir vier Tage Pause einlegen konnten. Da ich die nächsten Tage in Badeschlappen wanderte, war immer wieder die ganze Gruppe herausgefordert, um mich trockenen Fußes durch sumpfige Stellen und über Bäche zu bringen.

Ein Zwischenfall und eine Erfahrung, wie sie Jugendliche in der Erlebnispädagogik immer wieder machen können. In Gruppen stellt sich dann die Frage des Umgangs damit: Ist es das Pech des Einzelnen, oder eine Herausforderung, der sich die ganze Gruppe stellt? Hilft es, den Schuldigen ausfindig zu machen? (Vielleicht hätten wir auf die aufgeweichte Haut lieber kein Blasenpflaster kleben sollen…) Wer trägt die Konsequenzen? In unserem erlebten Fall war klar: Wir sind als Gruppe unterwegs, und wir meistern die Lage gemeinsam. Für mich war es eine gute Erfahrung, dass meine individuelle Situation gesehen wurde – und dass es für alle selbstverständlich war, nach vorne zu blicken und eine gemeinsame Lösung zu finden. Unser Selbstverständnis als Gruppe ermöglichte das Bewältigen von Schwierigkeiten und das Eingehen auf Einzelne – und dabei weiterhin gut gelaunt gemeinsam unterwegs zu sein. Eine gute Erfahrung!

Erfahrungen in Gruppen wirken sich auf das Selbstverständnis von Menschen in einer Gemeinschaft aus – und damit auf ihr Empfinden und Handeln in der Gesellschaft. Anhand des Modells der Themenzentrierten Interaktion (TZI)[1] nehme ich in diesem Beitrag einige unscheinbare, aber doch wirksame Aspekte von Gruppenerfahrungen genauer in den Blick (Kap. 2). Auf dieser Grundlage möchte ich zu einer aufmerksamen Prozessbegleitung einladen, die zur personalen und sozialen

[1] Cohn/Farau 1984

Entwicklung beiträgt, indem sie Menschen sieht, achtet und ermutigt – und stärkende Gruppenerfahrungen ermöglicht (Kap. 3).

2 Gruppenerfahrungen im Kontext der Erlebnispädagogik

2.1 Die Unterscheidung zweier Blickwinkel

In erlebnispädagogischen Gruppen (wie auch in allen anderen) geht es immer wieder um die Perspektiven des Ich und des Wir: Im einleitenden Beispiel hatte **ich** ein Problem – und es tat gut, dass meine Gruppe es als selbstverständlich ansah, dass **wir** die Herausforderung gemeinsam bewältigen. Eine starke „Wir-Gemeinschaft" kann Energie freisetzen und Einzelne in Schwierigkeiten tragen. Sie kann aber auch Einzelne unter den Druck der Konformität setzen. Wie entsteht eine funktionierende Wir-Gemeinschaft, die den Einzelnen guttut? Was können wir als Erlebnispädagoginnen und -pädagogen dazu beitragen?

Die Themenzentrierte Interaktion (TZI) kann uns helfen, unseren Blick auf das lebendige Geschehen in Gruppen zu schärfen. Ruth C. Cohn benennt in ihrem Modell vier Faktoren, deren „Gleichgewichtigkeit" in ihrem Ansatz von pädagogischer Gruppenarbeit anerkannt und gefördert werden soll[2]: Jede Person (Ich), die Gruppeninteraktion (Wir), das Thema (Es) und das Umfeld des Geschehens (Globe). Die Perspektiven des Themas und des Globes spielen im Gruppengeschehen immer mit eine Rolle – z.B. durch inhaltliche Ziele oder durch äußere Rahmenbedingungen wie das Wetter. In diesem Beitrag konzentriere ich mich jedoch auf die Perspektiven des „Ich" und des „Wir".

Dabei ist folgende Differenzierung wichtig: Oft sehen wir vor unserem inneren Auge zunächst das Ich als eine einzelne Person (das Subjekt) und demgegenüber das Wir der Gruppe, sozusagen mehrere andere Personen. In diesem Bild rücken das Ich und das Wir in eine gegenüberliegende Position. Diese Konstellation findet sich auch in der Realität, wenn sich z.B. eine einzelne Person von ihrer Gruppe gedrängt fühlt. Auf den zweiten Blick zeigt Ruth Cohn's Ansatz jedoch etwas anderes: Unter dem Begriff „Ich" betont sie die „Wichtigkeit jeder einzelnen Person"[3]. Das Ich bezeichnet hier also nicht die (egozentrische) Position eines Einzelnen **gegenüber** der Gruppe, sondern die Perspektiven jeder einzelnen Person – also die Perspektive des Subjekts **genauso** wie die individuelle Perspektive jedes anderen! Es geht somit um

---

[2] vgl. Cohn/Farau 1984, S. 352ff

[3] Cohn/Farau 1984, S. 353

den Blickwinkel, die Einzelnen in der Gruppe zu sehen, der durch einen zweiten Blickwinkel ergänzt wird: den Blick auf das Wir, auf das Gemeinsame, dem alle „Ichs" angehören.

So geht es hier nicht vorrangig um eine mögliche Spannung zwischen eigenen Interessen und Gruppeninteressen, sondern um die **Unterscheidung von zwei Blickwinkeln, die beide gleichermaßen richtig und wichtig sind:**

- **Der Blickwinkel des Ich** ist das Beachten der Einzelnen, der individuell unterschiedlichen Personen, ihrer Interessen und Bedürfnisse. In einer Gruppe gibt es immer mehrere Ichs.
- **Der Blickwinkel des Wir** umfasst das Beachten der Interaktion untereinander, der gemeinsamen Interessen und Anliegen. Hier zeigt sich die Möglichkeit, dass sich die einzelnen Personen in der Gruppe nicht nur als Ich, sondern zugleich auch als Teil eines größeren Ganzen wahrnehmen können: Als Wir, als eine Einheit, die aufgrund einer gemeinsamen Basis Vieles erreichen kann.

Bei genauer Betrachtung fordert dieser Ansatz unser gewohntes individualisiertes Denken heraus: Anstatt sogenannte „Interessen der Allgemeinheit" in **Kontrast** zu individuellen Bedürfnissen von Menschen zu setzen (was eine ellbogenhafte „Emanzipation" einzelner Teilgruppen begünstigt), wird hier die Unterschiedlichkeit der Situation und Bedürfnislage Einzelner klar anerkannt – und doch macht es **zugleich** Sinn, in eine größere Einheit zum Wohle aller zu investieren! Gerade im Kontext aktueller (gesellschaftlicher) Krisen sollte dieser Punkt in Erziehungs- und Bildungsbemühungen meines Erachtens eine größere Rolle spielen. Welchen Beitrag die Erlebnispädagogik dazu leisten könnte, zeigen die folgenden Ausführungen.

2.2 Der Blickwinkel des Ich

Blicken wir zuerst auf die Perspektive eines Einzelnen in der Gruppe: Dazugehören ist ein gutes Gefühl. Doch wenn wir den Eindruck haben, dass wir uns „verbiegen" müssen, um dazuzugehören, wird es uns in einer Gruppe unwohl. In einer Gruppe angenommen fühlen wir uns, wenn wir als Individuum wahrgenommen werden, wenn die Unterschiedlichkeit der Einzelnen akzeptiert und vielleicht sogar als Bereicherung gesehen wird. Es ist gut zu wissen: **Ich darf sein, wie ich bin – und gehöre dennoch dazu.**

2.2.1 Eine nicht-egoistische Ich-Perspektive

Immer wieder ist es in einer Gruppe hilfreich, bewusst von der Wir-Perspektive zum Blickwinkel des Ich zu wechseln, wie folgendes Beispiel eines Teilnehmenden in der Erlebnispädagogik zeigt:

„Meine Gruppe zieht mit viel Power und Tempo den Berg hinauf – doch ich komme ins Schwitzen und Schnaufen. Soll ich etwas sagen?“ Meine eigenen Bedürfnisse stehen nun gegen das momentane Gruppenhandeln. Soll ich mich ***gegen*** *die Gruppe äußern oder mich lieber anpassen? Beides klingt unangenehm – sowohl das Unterdrücken der eigenen Bedürfnisse als auch die Gegenposition zur Gruppe.*

Es gibt aber auch eine andere Lösung: Anstatt die eigene Lage gleich ***gegen*** *die (angenommene) Einheit der Gruppe zu setzen, hilft mir ein einfacher Perspektivwechsel: Ich gehe für einen Moment weg vom Wir-Blickwinkel („Gemeinsam sind wir stark, puh...“) und nehme die Ich-Perspektive ein: Wie geht es mir gerade? Indem ich meine persönliche Wahrnehmung ausspreche, bringe ich die Ich-Perspektive in die Gruppe und lade zugleich die anderen Teilnehmenden ein, ebenfalls auf ihr eigenes Empfinden zu achten: Vielleicht ist das schnelle Wandertempo für manche zwar machbar – aber ein langsameres Tempo wäre auch für sie angenehmer?*

So wechselt die Gruppe als Ganzes den Blickwinkel und kommt in den Austausch über die Bedürfnisse der Einzelnen. Es kann ein Gewinn für alle sein, wenn sich Eine oder Einer traut, im Schwung der Gruppe Zweifel zu äußern, und anregt, den Blickwinkel des Wir durch die Stimmen der Einzelnen zu hinterfragen! Diese Art der Ich-Perspektive führt nicht zu einer egoistischen Haltung **gegen** die Gruppe, sondern zu einer Öffnung der Gruppe **für** die Bedürfnisse von Einzelnen. Auch Einzelne, denen es „im Gruppen-Flow“ gerade gut geht, können den Blickwinkel des Ich anwenden, indem sie auf die Menschen neben sich schauen, und ggf. deren Ich-Perspektive in die Gruppe hereinholen: „Sag mal, ist das Tempo für dich ok?“

Der Blickwinkel des Ich, angewandt auf mich und die Menschen um mich, ist gelebte Empathie und Solidarität. Er führt dazu, dass es den Menschen in der Gruppe gut geht – und häufig auch zu besseren Ergebnissen im Gruppenhandeln.

2.2.2 Bedürfnisse und Potentiale der Einzelnen sehen

Wenn eine Gruppe (zeitweise) nur das Wir sieht, und schwungvoll nach vorne prescht, geraten nicht nur Bedürfnisse Einzelner „unter die Räder“, sondern auch deren Potentiale. Vieles scheint dann allzu klar: gemeinsame Ziele, aber auch auf welche Art und Weise „man“ eben vorgeht. Die Rollen sind verteilt, die Gruppe sieht sich als „eingespieltes Team“. Ein solches Handeln als Einheit ist effizient. Andererseits gerät dabei der einzelne Mensch hinter seiner Rolle aus dem Blick.

Der Blickwinkel des Ich lädt ergänzend dazu ein, die Einzelnen zu sehen – und für unerkannte Fähigkeiten und Potentiale offen zu sein, die ein Individuum entwickeln kann, wenn es die Möglichkeit dazu bekommt. Wenn jedoch aufgrund einer starken Wir-Perspektive die Offenheit für das Unentdeckte in den Personen abhandenkommt, bleiben wesentliche Ressourcen der Gruppe brach liegen.

2.3 Der Blickwinkel des Wir

Das bisher Gesagte zeigt, dass der Blickwinkel des Ich den Einzelnen in der Gruppe guttut. Sie werden mit ihren Bedürfnissen und Potentialen gesehen, was auch der Gruppe als Gesamtes dient. Wozu dann der Blickwinkel des Wir?

Stellen wir uns ein paar Erwachsene vor, die sich zu einem siebentägigen „Bergabenteuer" angemeldet haben – unabhängig voneinander und mit den unterschiedlichsten Erwartungen (Naturerfahrung, sportliche Leistung, ein paar Tage Spaß...). Indem der anleitende Erlebnispädagoge die Bedürfnisse und Ressourcen Einzelner sieht und in die Gruppe hineinnimmt, wird er dem Blickwinkel des Ich gerecht. Durch die Verständigung über Einzelinteressen werden individuelle Erwartungen beachtet und die Gruppe wird handlungsfähig.

Alles prima, um eine schöne Tour miteinander zu erleben? Wenn wir uns die beschriebene Situation bildlich vor Augen führen, stellt sich die Frage, ob hier „mehr" entstehen könnte als sieben Tage Bergwandern auf Basis einer schlichten Interessenübereinkunft: Ein Erleben von Gemeinschaft? Freude daran, einander kennenzulernen und sich aufeinander einzulassen, vielleicht die Erfahrung eines kraftvollen Zusammenhaltens? Der Wunsch, entstehende Kontakte zu vertiefen?

Das Beispiel zeigt, dass das Achten der Einzelnen wichtig ist, aber einen begrenzten Fokus hat. Eine Gruppe kann mehr sein als eine reine „Zweckgemeinschaft", wenn noch etwas dazu kommt: ein lebendiges interaktives Geschehen, das Finden gemeinsamer Ziele und Werte, kraftvoller Zusammenhalt, das Entstehen von Neuem. **In der Perspektive des Wir geht es um diese „unsichtbaren Kräfte", die der Gruppe eine lebendige Basis geben, sie zusammenhalten – und sie zu mehr werden lassen als eingebrachte Einzelinteressen.**

2.3.1 Die Schattenseiten des Wir

Die Perspektive des Wir führt die Gruppe zusammen und bündelt ihre Kräfte. Doch eine „starke" Gruppe hat auch Schattenseiten: Mit dem Fokus auf eine gemeinsame Idee kann sie Ansichten unterhinterfragbar absolut setzen und Einzelne übergehen. Wie kommt es, dass das Wir manchmal so „übermächtig" wird?

Ein Blick auf die **Entwicklung einer Gruppe** lässt uns nachvollziehen, wie es dazu kommen kann, dass eine Gruppe Einzelne durch das Wir vereinnahmt: Das TZI-orientierte Gruppenphasenmodell von Irene Klein[4] setzt an entscheidender Stelle einen anderen Akzent als das geläufige Modell von Eberhard Stahl[5]. In Abbildung 1

---

[4] Klein 2000, S. 26ff

[5] Stahl 2002, S. 49ff

sind beide Modelle nebeneinandergestellt. Die ersten beiden Phasen des Ankommens und ersten Aushandelns werden recht ähnlich beschrieben. Die dritte Phase nennt Klein „Vertrautheitsphase“. Diese wird erreicht, sobald jede Person „ihren Platz“ in der Gruppe gefunden hat[6]. Wie im „Norming“ bei Stahl bilden sich hier Gruppennormen heraus. Über eine eher sachliche Zielvereinbarung hinaus benennt Klein jedoch das darin entstehende **Wir-Gefühl**, das für Vertrautheit sorgt, aber zugleich dazu führt, dass das Gemeinsame zeitweise übermäßig betont wird und sich die Einzelnen vorübergehend zugunsten der Gruppe zurücknehmen.

Wenn die Gruppe in dieser Phase „stecken bleibt“, beginnen Einzelne unter dem Konformitätszwang und dem fehlenden Raum für ihre Bedürfnisse und Ideen zu leiden. Wenn sich die Einzelnen im Inneren nicht bewegen können, ist auch die Gesundheit des Ganzen gefährdet. Damit das neu entdeckte (zunächst wohltuende) Wir nicht zur Sackgasse gerät, muss sich die Gruppe weiterentwickeln.

Abbildung 1: Zwei Modelle von Gruppenprozessen (eigene Darstellung nach Stahl 2002 und Klein 2000)

---

[6] Klein 2000, S. 38ff

2.3.2 Die innere Lebendigkeit der Gruppe

Während Stahl eine tragfähige Zielvereinbarung als wesentlich für den Schritt in ein konstruktives Performing (Phase 4) sieht, beobachtet Klein in diesem Übergang, was im Verhältnis zwischen den Blickwinkeln des Ich und Wir geschieht: Entscheidend für die Weiterentwicklung der Gruppe ist die Frage, ob innerhalb des gemeinschaftlichen Wir auch **Raum für die Einzelnen** entsteht: Gelingt es, dass Einzelne Vertrauen fassen und sich stärker persönlich zeigen? Wird dies von anderen gewürdigt, so dass eine neue Offenheit für Individualität entsteht? Wenn ja, hat die Gruppe die Phase der „Differenzierung" erreicht[7]. In dieser Phase gewinnt die Gruppe an innerer und äußerer Stärke, indem sie die Blickwinkel des Ich und Wir gleichermaßen beachtet und passend ausbalanciert:

- Der **Blickwinkel des Ich** wird geachtet, indem in der Gemeinschaft eine Offenheit für die Einzelnen besteht. Durch interessiertes Nachfragen, Zuhören und Bemühen um Verstehen findet Unterschiedliches Platz, und das Verständnis füreinander wird vertieft. Eine wohlwollende Atmosphäre macht den Einzelnen Mut, Unsicherheiten zu zeigen. Im geschützten Rahmen der Gruppe können sie ihre Potentiale erproben und entfalten.
- Der **Blickwinkel des Wir** bleibt relevant, indem die gemeinsame Basis und gelebte Gemeinschaft Sicherheit geben. Gute Erfahrungen motivieren dazu, in die Gruppe zu investieren und sich gemeinsam weiterzuentwickeln.

Darüber hinaus erfährt das Wir durch das bewegte Geschehen zwischen den Einzelnen neue Lebendigkeit: Wenn sich unterschiedliche Personen frei einbringen und sich aufeinander einlassen, entsteht Bewegung. Menschen setzen sich mit Widersprüchen auseinander, und erarbeiten kreative Lösungen für Konflikte. Dies wirkt sich auf die Gruppe als Gesamtes aus. Eine Gruppe, in deren Innerem Neues entstehen darf, ist veränderlich und dynamisch. Sie kann sich durch ihr inneres Geschehen flexibel an neue Gegebenheiten anpassen und sich dabei selbst weiterentwickeln. **Was sich im Inneren regt und bewegt, macht die Lebendigkeit des Ganzen aus.**

2.3.3 Ein Teil des Ganzen sein

Wer die beschriebenen Erfahrungen kennt – in Gruppen, Freundschaften, Familien- oder Paarbeziehungen – weiß, dass das Leben in einer solchen „lebendigen Einheit" nicht immer leicht ist: Einerseits sind da individuelle Bedürfnisse und viele Bewegungen zwischen den Einzelnen. Andererseits ist da der gemeinsame Rahmen des Wir, der als Bezugspunkt dient, der sich verändern kann und auch muss, um den veränderten Gegebenheiten – innen und außen – immer wieder neu gerecht zu

---

[7] Klein 2000, S. 41f

werden. Bei so viel Bewegung und (Gruppen)Dynamik, die irgendwie in Balance gehalten werden muss, ist es kein Wunder, dass immer wieder Unsicherheiten und Zweifel aufkommen! Beziehungen erfordern eigene Investitionen und die Bereitschaft, sich immer wieder neu vertrauensvoll einzulassen – und doch können wir immer nur einen Teil dazu beitragen.

Dennoch – gerade **weil** wir nur einen Teil dazu beitragen können, bedeuten Gruppen und Beziehungen auch einen großen Schatz. Es ist eine gute Erfahrung, als individuelle Person gesehen zu werden, und sich zugleich als ein „Teil eines Ganzen“ zu empfinden: Wir, das ist etwas Lebendiges, es ist mehr als nur Einzelne. Wir – unsere Familie, unsere Schulklasse, unsere Jugendgruppe, unser Abschlussjahrgang, unser Verein oder unsere Bewegung. Dieses Ganze, als dessen Teil ich mich empfinde, kann schrittweise größer werden. Im Selbstverständnis eines Einzelnen als Teil eines Ganzen steckt viel Kraft und Zuversicht: **Ich bin ich – doch ich bin auch Teil meiner Gruppe und meiner Gemeinschaft, Teil der Gesellschaft, der Menschheit und unserer gemeinsamen Welt.**

3 Ein Fazit für das Begleiten von Gruppenprozessen in der Erlebnispädagogik

3.1 Gruppenerfahrungen sind wichtige Lebenserfahrungen

Das Geschehen in Gemeinschaft ist komplex und lebendig. Es ist herausfordernd, doch wir Menschen sind als soziale Wesen lernfähig. In Beziehungen und Gruppen können wir lernen, die beiden beschriebenen Blickwinkel flexibel und situativ passend anzuwenden:

- **Für mich sprechen.** Sage ich meine Idee, oder nicht? Spreche ich Kritik aus, oder mache ich trotz Zweifeln mit? Ich muss entscheiden, wann ich mich einbringe, und wann ich mich zurückhalte. (Blickwinkel des Ich, vgl. das Chairperson-Postulat der TZI) [8]
- **Auf die Menschen neben mir schauen.** Wie geht es den anderen meiner Gruppe? Nehme ich wahr, wenn nicht alle gleichermaßen „mitkönnen“? Wie reagiere ich? (Blickwinkel des Ich / Empathie und Solidarität)

---

[8] Cohn/Farau 1984, S. 358f

- **Sehen, was uns zusammenhält.** Was ist unsere gemeinsame Basis? Was verbindet uns? Wie bleiben wir „aneinander dran"? Wie kann sich unsere Gruppe weiterentwickeln? (Blickwinkel des Wir)[9]

Ja, es kostet Mühe! Da in einer Gruppe mehrere Menschen zugleich agieren und reagieren, kann eine äußerst starke Dynamik entstehen. Die Wir-Ebene bedeutet Arbeit: Unterschiedliche Ansichten unter einen Hut zu bekommen und konsensfähige Lösungen zu finden, bei Enttäuschungen aneinander „dranzubleiben" und immer wieder eine neue gemeinsame Basis zu finden, kostet Mühe. Nicht immer gelingt es. Im Leben in Gemeinschaft haben wir nicht alles unter Kontrolle. Manchmal ist es angebracht, sich gegen die Gruppenmeinung zu stellen, oder eine Gruppe hinter sich zu lassen. Die bisherigen Ausführungen zeigen, wie wichtig die Kompetenz ist, die Blickwinkel des Ich und des Wir in einer „dynamischen Balance"[10] flexibel und situativ passend anzuwenden. So können Menschen in einer Gemeinschaft bestehen, in ihr Rückhalt finden, und Eigenes zum Ganzen beitragen.

Ein Selbstverständnis im Wir entwickeln. In gelingenden Gruppenprozessen in Familien, Schulklassen und Jugendgruppen erwerben Heranwachsende entsprechende soziale und personale Kompetenzen, doch es geht auch um die Entwicklung ihres eigenen Selbstverständnisses: Es macht einen Unterschied, ob ich mich in meinem Aufwachsen **nur** als Ich erlebe (um das sich alles dreht) oder **nur** als Teil eines Ganzen (für das ich als Individuum keine Rolle spiele) – oder ob ich mich als wertgeschätztes Individuum erfahre, das **zugleich** einem Wir angehört und dazu Eigenes beiträgt.

Es wirkt sich aus, wenn Menschen im Jugendalter differenzierte Erfahrungen in Gruppen machen können: So kommen sie als selbstverantwortliche Subjekte in einem größeren Ganzen zurecht, und werden sensibel für Bedürfnisse anderer Individuen. Zugleich entwickeln sie auch einen Blick dafür, was eine Gruppe – oder eine Gesellschaft – als Ganzes zusammenhält und dafür, dass sie selbst etwas zu einer gemeinsamen Zukunft beitragen können.

3.2 Gruppenerfahrungen in der Erlebnispädagogik ermöglichen

Menschen profitieren davon, wenn sie in ihrem Aufwachsen folgende Erfahrungen machen können:

[9] Cohn/Farau 1984, S. 354f

[10] Cohn/Farau 1984, S. 353

- Ich werde in meiner Gruppe als individuelle Person wahrgenommen und akzeptiert. Ich möchte Menschen um mich entsprechend sehen und akzeptieren.
- Meine Ansichten und Bedürfnisse zählen – und die der anderen auch.
- Ich kann meine Potentiale und Fähigkeiten einbringen – und alle anderen auch.
- Es ist in Gruppen nicht einfach, Entscheidungen zu treffen. Doch ich kann lernen, für meine Mitmenschen und mich selbst aufmerksam zu sein, verantwortungsvoll zu entscheiden und flexibel zu handeln.
- Wir können als Gruppe immer wieder eine gemeinsame Basis finden. Das ist die Mühe wert! Gemeinsam können wir mehr erreichen als jeder allein. (Zusammenfassung aus Kapitel 2)[11]

Sich als Ich und Wir erleben. Die Erlebnispädagogik kann diese Erfahrungen auf ihre eigene, eindrückliche Weise ermöglichen[12]: Zum einen kann sie ohnehin ablaufende Gruppenprozesse – in Schulklassen, aber auch auf der Ebene der Schulgemeinschaft – durch ihre Methodik begleiten, damit entscheidende Aspekte des Ich und Wir bewusst machen und deren Entwicklung fördern.

Zum anderen kann die Erlebnispädagogik gezielt außerschulische Räume für Heranwachsende gestalten, wie z. B. Abenteuerspielplätze: Hier können tragfähige Gruppen entstehen, in denen Kinder und Jugendliche reiche Erfahrungsmöglichkeiten mit sich selbst und anderen bekommen. Wenn dabei von den Kindern selbst eigene Projekte verwirklicht werden dürfen, können sie ihr Ich selbstwirksam erleben, aber auch die wichtige Erfahrung machen, als Einzelne zu einem großen gemeinsamen Wir beizutragen!

Lernen durch Herausforderungen. Wie das Eingangsbeispiel zeigt, wird die Qualität von Gruppenbeziehungen gerade in herausfordernden Situationen, die gemeinsam bewältigt werden müssen, erlebbar. Es muss nicht gleich ein unglücklicher Zwischenfall passieren – auch das gemeinsame Zeltaufbauen, das geliehene T-Shirt auf der Kanutour, die Unsicherheit im Hochseilgarten oder auf der Nachtwanderung, und die spielerische Problemlöseaufgabe sind typische Herausforderungen: Hier spürt sich die Gruppe als Wir – und zugleich zeigen sich Bedürfnisse und Ressourcen der einzelnen Ichs. Im erlebnispädagogischen Ansatz werden die Perspektiven des Ich und Wir z. B. in der Reflexion von Teamaufgaben zum inhaltlichen Thema. Auch das bekannte Motto „Challenge by Choice“ (Jede bzw. jeder entscheidet selbst über den Herausforderungsgrad der Aufgabe) zeigt, wie der Respekt vor der individuelle Entscheidung Einzelner innerhalb einer gemeinsamen Aktivität in der Praxis umgesetzt und hautnah erlebt werden kann.

---

[11] vgl. Cohn 1984, S. 352ff

[12] Vgl. Paffrath 2013 und Heckmair/Michl 2008

3.3 Gruppenprozesse aufmerksam begleiten

Ein erster Schritt der Erlebnispädagogik ist es, solche Gruppenerfahrungen zu ermöglichen und anzustoßen – doch reicht das aus? Für die Entwicklung von Selbstverständnis und Kompetenz macht es einen Unterschied, ob Erfahrungen in frustrierenden und schnell scheiternden Gruppen gemacht werden, oder ob in gelingender Gruppenentwicklung immer tiefere, stabile und motivierende Beziehungen entstehen! Daher sehe ich einen bedeutsamen Aspekt unserer Arbeit in dem, wie wir uns als Begleitende während erlebnispädagogischen Gruppenerfahrungen verhalten.[13] In diesem Sinne möchte ich abschließend ein paar praktische Anregungen zu einer aufmerksamen Prozessbegleitung geben:

Ein sensibler Blick für die beiden Blickwinkel. Zunächst erscheint es mir wichtig, den eigenen Blick für die feinen Aspekte der Erfahrungsmöglichkeiten und Herausforderungen im komplexen Beziehungsgeschehen zu schärfen, wie ich es mit diesem Beitrag versuche. Gerade in der oft lebendigen Gruppendynamik und in den Mühen des Dranbleibens, die es für das Weiterkommen braucht, ist eine differenziert wahrnehmende Begleitung eine wertvolle Hilfe im Prozess, indem sie reflektierendes Nachdenken unterstützt, Ressourcen in der Gruppe aktiviert und lösungsorientiert Mut macht.

Aufmerksamkeit im Prozess. Im erlebnispädagogischen Handeln, das den Teilnehmenden handlungsorientierte und subjektiv bedeutsame Erfahrungen ermöglichen möchte, ist pädagogische Zurückhaltung essentiell, um dem Prozess Raum zu geben. Diese bedeutet jedoch nicht Passivität, sondern eine professionelle Aufmerksamkeit, die auf Erfahrung, fachliches Wissen und Können zurückgreift: Je genauer wir mit geschultem Auge und geübter Intuition erkennen können, wie es den Einzelnen im Gruppenprozess geht, und erfassen können, was auf der Wir-Ebene „vor sich geht", desto mehr gelingt uns passendes prozessorientiertes Handeln. Es ist wichtig, in unseren Interpretationen vorsichtig und stets offen zu bleiben – und doch ist unsere (teilweise intuitive) Wahrnehmung zentral, um mit situativ passenden Aussagen und gezielten Interventionen hilfreich zu agieren.

Unsere Haltung und unser bewusstes Handeln. Auch wenn wir uns als Anleitende am Rande des Gruppenprozesses halten, sind wir nie ganz außen vor. Nicht nur unsere Interventionen wirken, sondern auch unser beiläufiges Handeln, unsere Worte: Die Erfahrungen, die Teilnehmende mit „dem Ich und dem Wir" machen können, beginnen mit **unserer** aufmerksamen Achtung für den Einzelnen und unserer respektvollen Sensibilität für das zwischenmenschliche Geschehen. Durch unsere

---

[13] Vgl. Hirschmüller/Link 2021

wertschätzende und ermutigende Begleitung werden stärkende Erfahrungen in Gruppen und Beziehungen möglich.

Fazit: Eine solche sensible, aufmerksame und bewusste Erlebnispädagogik wirkt unscheinbar, und doch kann sie im Sinne des „Einmischen necessary" eine weitreichende Wirkung entfalten: Durch gut begleitete Gruppenerfahrungen fördert sie die Entwicklung starker Persönlichkeiten – die sich zugleich als Teil eines größeren Ganzen begreifen.

4 Literatur

Cohn, Ruth / Farau, Alfred (1984): Gelebte Geschichte der Psychotherapie. 1. Auflage. Stuttgart: Klett-Cotta

Heckmair, Bernd / Michl, Werner (2008): Erleben und Lernen. Einführung in die Erlebnispädagogik. 6. Auflage. München: Reinhardt

Hirschmüller, Henrike / Link, Mirjam (2021): Über sich selbst hinaus. Ehrenamtliche mit Mentoring begleiten. 1. Auflage. Stuttgart: Buch+Musik

Klein, Irene (2000): Gruppen leiten ohne Angst. Ein Handbuch für Gruppenleiter. 8. Auflage. Donauwörth: Auer

Paffrath, F. Hartmut (2013): Einführung in die Erlebnispädagogik. 1. Auflage. Augsburg: Ziel

Stahl, Eberhard (2017): Dynamik in Gruppen. Handbuch der Gruppenleitung. 4. Auflage. Weinheim: Beltz

Kolja Müller-Späth M.Sc.

Lena Hoffmann B.A.

Kolja Müller-Späth, M.Sc. Sportwissenschaft mit Schwerpunkt Sport und Bewegung im Kindes- und Jugendalter, studierte Sportwissenschaft in Köln und Heidelberg. 2016 schloss er das Studium ab. In seiner Masterthesis ging er den Zusammenhängen von körperlicher Aktivität mit der kognitiven Entwicklung (Exekutiven Funktionen) von Grundschülern nach und wurde dafür mit dem Hermann-Rieder Preis der Universität Heidelberg ausgezeichnet.

Lena Hoffmann, B.A. Sportwissenschaft mit Schwerpunkt Sport, Gesundheit und Prävention, schloss ihr Studium an der deutschen Sporthochschule Köln 2015 ab. Anschließend spezialisierte sie sich im Bereich des erlebnispädagogischen Arbeitens und erfahrungsorientierten Lernens. Mehrere Jahre leitete sie Trainings mit Jugendlichen in Schullandheimen.
Seit Anfang 2016 sind beide gemeinsam für das sport- und erlebnispädagogische Projekt move&do Mannheim² verantwortlich und bringen ihre unterschiedlichen Erfahrungen und Fähigkeiten in das tägliche Selbstregulationstraining mit Kindern und Jugendlichen ein.

E-Mail: moveanddo@mannheim.de

Website: www.mannheim.de/moveanddo

ICH, mein eigener Chef – Ein Konzept zur Stärkung von Selbstregulation und Eigenverantwortung bei Jugendlichen

1 Einleitung

Selbstregulation ist die Fähigkeit, das eigene Denken, Fühlen und Handeln zu kontrollieren. Nur dadurch ist es möglich, langfristig, zielgerichtet, kreativ und konzentriert zu arbeiten.[1]

Kinder und Jugendliche, die gelernt haben, sich selbst besser zu regulieren, sind, im Vergleich zu Altersgenossen, seltener sozial auffällig[2,3], sie erreichen durchschnittlich einen besseren Schulabschluss und zeigen bessere Ausbildungsleistungen.[4,5,6]

Grundlage von Selbstregulation sind die sogenannten exekutiven Funktionen im menschlichen Gehirn. Diese sind hauptsächlich im präfrontalen Cortex ansässig und tragen beispielsweise durch Impulskontrolle, Handlungsplanung oder Perspektivwechsel maßgeblich zur Verhaltenssteuerung bei.[7,8]

Die exekutiven Funktionen entwickeln sich bis ins junge Erwachsenenalter. Insbesondere Kinder und Jugendliche, denen geeignete Vorbilder und Übungsmöglichkeiten für selbstreguliertes Handeln fehlen, benötigen gezielt Unterstützung. Ein genaueres Verständnis der grundlegenden Gehirnprozesse kann helfen, Verhaltensweisen besser zu verstehen und bestimmte Fähigkeiten gezielt zu fördern.

Speziell dafür wurde das Konzept „ICH, mein eigener Chef" entwickelt. Kern des Konzepts sind langfristige Sozialkompetenztrainings mit Kindern und Jugendlichen, bei denen es zunächst darum geht grundlegende Funktionsweisen des Gehirns zu

---

1 Röthlisberger, 2010

2 Gledhill & Petermann, 2013

3 Mischel u.a., 1989

4 Best u.a, 2011

5 Mazzocco & Kover, 2007

6 Roebers u.a., 2012

7 Bellebaum, Thoma & Daum, 2012

8 Drechsler, 2007

verstehen, um das eigene Handeln, Denken und Fühlen besser reflektieren zu können. Dazu wurde das move&do Modell der Selbstregulation entwickelt, das im Folgenden näher vorgestellt wird. Kooperative Spiele und sportliche Herausforderungen machen die gemeinsam erarbeiteten Inhalte erlebbar und bieten die Möglichkeit, das Gelernte praktisch anzuwenden. Reflexionsmethoden unterstützen, dass der komplexe Transfer in den Alltag gelingt.

2 Exekutive Funktionen – Die drei Mitarbeiter im Kopf

Die Grundlage von Selbstregulation sind verschiedene Gehirnfunktionen, deren Aufgaben es zu verstehen gilt. Dazu werden die Gehirnfunktionen im Projekt move&do symbolisch als Mitarbeiter im Kopf dargestellt, um sie für die Kinder und Jugendlichen greifbarer zu machen.

Die drei Mitarbeiter im Kopf (Bibliothekarin, Detektiv, Polizist).

Im Folgenden werden die drei Mitarbeiter im Kopf näher beschrieben, um die Idee des Modells verständlich zu machen. Dabei wird ein einheitlicher Aufbau gewählt. Jeder der drei Mitarbeiter hat spezielle *Aufgaben*. Diese werden zunächst kurz beschrieben. Unter dem Punkt *Grenzen* wird erläutert, wodurch ein unzureichendes Arbeiten dieses Mitarbeiters bei Kindern auffällt. Die wissenschaftlichen Fachbegriffe und Erklärungen finden sich jeweils unter dem Punkt Hintergrund.

2.1 Der Polizist – Impulse kontrollieren und Reaktionen hemmen

Aufgaben: Der Polizist in unserem Kopf steuert und kontrolliert alles, was in unser Bewusstsein dringt. Das bedeutet, dass er in der Lage ist, alle Störungen, wie zum Beispiel Geräusche oder Nebengespräche, auszublenden. Damit ermöglicht er es, alle Aufmerksamkeit auf die gerade anstehende Hauptaufgabe zu richten. Außerdem kümmert er sich ebenso um Störungen, die von innen kommen. Diese Störungen sind vor allem Emotionen, wie z. B. Wut oder Frustration. Aber auch Bedürfnisse wie Hunger und Durst kann der Polizist kurzzeitig ausblenden, um ein zielgerichtetes Arbeiten zu ermöglichen.

Grenzen: Wenn der Polizist nicht ordnungsgemäß arbeitet, dann fallen Kinder vor allem durch impulsives, teilweise auch aggressives Verhalten auf. Diese Kinder lassen sich dann oftmals schnell ablenken und reagieren auf jedes Nebengeräusch. Außerdem kann es ihnen schwerfallen, ihre eigenen Gedanken und Aussagen zurückzuhalten, bis sie an der Reihe sind.

Hintergrund: In der psychophysiologischen Fachsprache wird der Polizist als Inhibition, auf Deutsch: Hemmung, bezeichnet. Diese Funktion kommt bei allen komplexen Denk- und Handlungsvorgängen zum Einsatz. Sie sorgt dafür, dass automatisierte Reaktionen auf äußere Reize gehemmt werden.[9] Dabei wird entweder eine bereits begonnene Handlung durch ein äußeres Stoppsignal angehalten oder eine Handlungstendenz durch inneren Antrieb unterdrückt.[10]

Eine weitere wichtige Aufgabe der Inhibition ist die Steuerung der Aufmerksamkeit, indem wichtige von unwichtigen Informationen unterschieden werden. Die Entscheidung über die Wichtigkeit hängt maßgeblich vom jeweiligen Ziel und damit von der aktuellen subjektiven Situation der Einzelperson ab. Daher nehmen Menschen in gleichen Situationen ganz unterschiedliche Dinge wahr.[11,12]

Zusammenfassung: Der Polizist in unserem Kopf unterstützt zielgerichtetes Arbeiten und situationsangemessenes Handeln. Das Ausblenden von Störreizen jeglicher Art ist Voraussetzung, um konzentriert und diszipliniert bei der Aufgabe zu bleiben.[13]

---

9 Seiferth et al., 2007

10 Chambers u.a.,2009

11 Dowsett & Livesey, 2000

12 Kubesch, 2005

13 Rösler, 2011

2.2 Die Bibliothekarin – Regeln speichern und Informationen nutzen

Aufgaben: Die Bibliothekarin kümmert sich besonders darum, Informationen und relevante Regeln für die Dauer der Aufgabe zu speichern und diese miteinander zu verknüpfen (Arbeitsgedächtnis). Dafür ist sie mit Notizblock und Stift bestens ausgerüstet. Daneben hat sie aber auch Zugriff auf unser inneres Archiv, d. h. unser Langzeitgedächtnis. Informationen, die wir für bestimmte Aufgaben brauchen, werden von ihr bereitgestellt. In dieser Zeit kann auch das vorhandene Wissen verändert und auf andere Informationen bezogen werden.

Grenzen: Die Bibliothekarin hat grundsätzlich eine begrenzte Speicherkapazität, die jedoch in aller Regel ausreicht, um ihre Aufgaben zu erfüllen. Es gibt Kinder, bei denen dieser Speicher stark eingeschränkt ist. In diesem Fall können Kinder besonders durch ihre "Schusseligkeit" auffallen, vergessen z. B. häufig die Arbeitsmaterialien, müssen wiederholt nach der Aufgabenstellung fragen, oder können keine Zwischenschritte behalten.

Hintergrund: Die Aufgaben der Bibliothekarin entsprechen denen des Arbeitsgedächtnisses. Die Fähigkeit, Informationen kurzfristig zu speichern, aufeinander zu beziehen und miteinander zu verknüpfen, unterstützt bei der Problemlösung und Zielsetzung.[14]

Außerdem stellt das Arbeitsgedächtnis eine Verbindung zwischen der Umwelt und dem Langzeitgedächtnis her. Informationen, die sprachlich oder optisch aufgenommen werden, verbleiben für wenige Sekunden im Arbeitsgedächtnis, dort werden sie weiter verarbeitet und es kann entschieden werden, ob die Informationen dauerhaft abgespeichert werden sollen. Dabei ist die Speicherkapazität des Arbeitsgedächtnisses auf fünf bis sieben Elemente (Ziffern, Wörter, Objekte) begrenzt.[15]

2.3 Der Detektiv – Flexibel denken und andere verstehen

Aufgaben: Der Detektiv ist mit Taschenlampe und Lupe immer auf der Suche nach neuen Ideen, Verbindungen und Lösungen. Er kommt besonders dann zum Einsatz, wenn ein Problem neu für uns ist oder wir die vorhandenen Ideen anpassen müssen, weil sich beispielsweise die Situation geändert hat. Der Detektiv unterstützt uns

---

14 Miyake u.a, 2000

15 Kubesch, 2005

beim kreativen Denken und ermöglicht uns, auch fremde Standpunkte und Meinungen nachzuvollziehen, indem wir uns in andere Menschen oder Situationen hineinversetzen können.

Grenzen: Arbeitet der Detektiv nicht, wie er es sollte, fallen Kinder oftmals durch Ideenlosigkeit auf oder haben Probleme, sich auf neue Situationen einzustellen, wie z. B. veränderte Unterrichtsformen, neue Lehrkräfte oder häufig wechselnde Unterrichtsfächer und die damit verbundenen kognitiven Anforderungen.

Hintergrund: Für die Aufgaben des Detektivs wird häufig der Fachbegriff „kognitive Flexibilität" verwendet. Gemeint ist die Fähigkeit, den Aufmerksamkeitsfokus zu wechseln, zwischen verschiedenen Teilaufgaben hin- und herzuspringen sowie unterschiedliche Blickwinkel auf ein Problem oder verschiedene Standpunkte in einer Diskussion einnehmen zu können. Zusätzlich macht diese Funktion den Wechsel zwischen Handlungsroutinen und das Anpassen an veränderte Bedingungen oder Regeln möglich.[16,17,18]

Zusammenfassung: Der Detektiv spielt eine entscheidende Rolle bei der Verhaltenssteuerung. Denn er ermöglicht es, das Verhalten zu variieren und an unterschiedliche Umweltanforderungen anzupassen, variabel und divergent zu denken, sowie sich in andere Menschen und deren Sichtweisen hineinzuversetzen. Erst dadurch gelingt es, in unterschiedlichen sozialen Kontexten zu bestehen und die Erwartungen der Umgebung zu erfüllen, auch wenn diese situationsabhängig verschieden sind. Die Fähigkeit, möglichst viele, unterschiedliche Lösungswege zu finden und gegeneinander abzuwägen, ist eine Grundvoraussetzung für kreatives und innovatives Arbeiten. Erstdurch den Wechsel zwischen verschiedenen Standpunkten entsteht eine Kompromiss- und Teamfähigkeit.[19,20]

16 Blasco u.a., 2014

17 Davidson u.a., 2006

18 Drechsler, 2007

19 Bellebaum u.a., 2012

20 Seiferth & Thienel, 2013

3 ICH, mein eigener Chef

Die drei Mitarbeiter im Kopf stehen für einzelne Funktionen mit eigenen Aufgaben. Dennoch sind sie voneinander abhängig und beeinflussen sich gegenseitig. Miyake und Kollegen (2000) sprechen in diesem Zusammenhang von „*Unity and Diversity of Exective Functions*“.[21] Damit wird die ständige, enge Zusammenarbeit zwischen den drei Funktionen, aber auch eine klare Unterscheidbarkeit in klinischen Studien herausgestellt.[22,23]

Im Modell der drei Mitarbeiter sprechen wir bei move&do von optimaler Teamarbeit, wenn jeder seine eigenen Aufgaben bestmöglich erfüllt und sich stets darauf verlassen kann, dass auch die Kollegen ihren jeweiligen Teil beitragen.

Damit diese Teamarbeit gut funktionieren kann, ist in schwierigen Situationen das Eingreifen von mir selbst als Chef notwendig. Das kann beispielsweise bedeuten, den Polizisten bewusst einzusetzen und mir selbst STOPP zu sagen oder mit Hilfe des Detektivs aktiv nach kreativen Lösungen zu suchen.

Das Bild des Chefs ist keine einzelne Funktion im Gehirn, sondern steht vielmehr für eine Einstellung und die aus ihr resultierende Verhaltensweise.

Chef zu sein bedeutet, verantwortungsbewusst und zielgerichtet zu handeln, die Kontrolle und den Überblick zu behalten, die eigene Meinung zu vertreten und andere Meinungen zu akzeptieren.

Damit ist die Einstellung „ICH bin mein eigener Chef“ Voraussetzung für eine gelingende Selbstregulation.

---

[21] Miyake et al., 2000

[22] Colette et al., 2005

[23] Miyake & Friedman, 2012

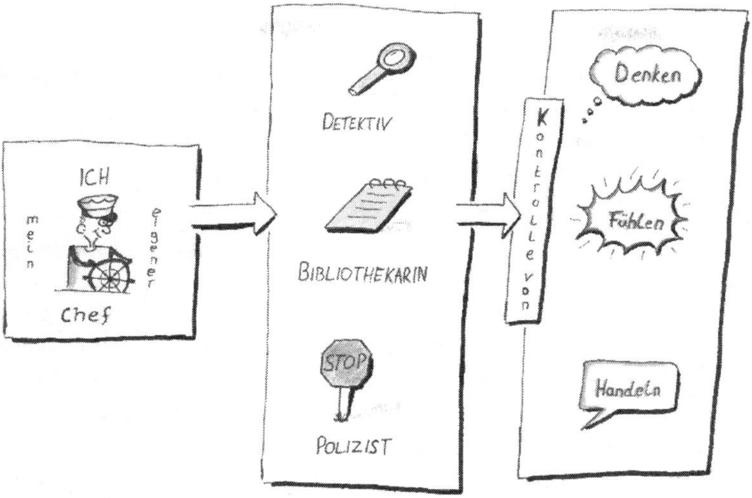

Abb. 1: Grundidee von „ICH, mein eigener Chef" (Kolja Müller-Späth, move&do Mannheim²).

4 „ICH, mein eigener Chef" in der Praxis

Das Modell der drei Mitarbeiter im Kopf ist zentraler Bestandteil aller move&do Mannheim² Sozialkompetenztrainings. Diese richten sich an Schülerinnen und Schüler weiterführender Schulen. Hauptsächlich nehmen Werkrealschulen aus den sozial schwächeren Stadtbezirken Mannheims teil. Ein Training umfasst in der Regel 27 Trainingseinheiten (á 45 Minuten) verteilt auf sechs Termine über mehrere Monate. Zwischen den einzelnen Terminen liegen einige Wochen, die zum Transfer in den Alltag genutzt werden sollen.

Der erste und letzte Termin bilden den Rahmen mit Übungen zum Einstieg und Kennenlernen sowie zur Reflektion und zum Alltagstransfer. Der zweite und dritte Termin legen die inhaltlichen Grundlagen. Insbesondere das Modell der Mitarbeiter und die eigene Chefrolle werden gemeinsam erarbeitet, in verschiedenen kooperativen Spielen erlebt und reflektiert. Die Termine vier und fünf bilden das Aufbaumodul, in denen das Gelernte in großen Aktionen (z.B. Waldwanderung, Bogenschießen) von den Schülerinnen und Schülern angewendet werden muss. Zudem wird an einem dieser beiden Termine eine Bauaktion mit Holzklötzchen durchgeführt. Diese

Aktion wird im Folgenden beispielhaft beschrieben, um den praktischen Einsatz des Modells zu verdeutlichen.

Unsere Mitarbeiter im Einsatz beim Domino bauen

Die Klasse erreicht den Trainingsort pünktlich um 9.00 Uhr. Im Besprechungsraum steht bereits ein Stuhlkreis auf dem die Schülerinnen und Schüler gespannt Platz nehmen. Im nebenanliegenden Aktionsraum sind sechs Felder abgeklebt und acht Kisten voller Holzklötzchen stehen bereit. Doch noch weiß niemand, was in diesem Raum in den nächsten drei Stunden entstehen soll.

Zur Auflockerung starten wir mit einem kleinen Spiel. Auch hier kommen schon die Holzklötzchen zum Einsatz. Anschließend werden die Playmobil Figuren der drei Mitarbeiter in die Mitte gestellt. Die Teilnehmenden erkennen sie sofort wieder und können auch die einzelnen Aufgaben wiedergeben. Dies geschieht zur Vorbereitung auf den Vormittag, denn die drei werden während der Aufgabe enorm gefordert sein. Einer der Trainer erklärt im Anschluss, was diese Aufgabe sein wird. Der gesamte Bauraum soll mit einem riesen Domino gefüllt werden. Dafür stehen über 8.000 Holzklötzchen zur Verfügung, sowohl um die Dominolinie zu bauen als auch um die Zusatzaufgaben zu lösen. Denn jede der sechs Kleingruppen, in die die Klasse nun eingeteilt wird, muss eine zusätzliche Schwierigkeit, wie z.B. ein Spielzeugauto, einen freien Fall oder eine Flussüberquerung, einbauen. Dabei muss das Domino natürlich ohne Eingriff von außen weiterlaufen. Außerdem gilt es jede Teilstrecke mit der der Nachbargruppe zu verbinden.

Nachdem der erste Schreck über die schwierige Herausforderung verdaut ist, machen sich alle ans Bauen. Einige probieren direkt eine Dominostrecke zu bauen, andere beschäftigen sich zunächst mit der Zusatzaufgabe oder machen sich mit dem Material vertraut. Während dieser ersten Phase gehen die Trainer herum und klären offene Fragen oder unterstützen bei der Ideenfindung. Hierbei wird immer wieder aufgefordert den eigenen Detektiv einzusetzen, Ideen auszuprobieren und wieder anzupassen. Innerhalb der Kleingruppe werden Pläne diskutiert und es entsteht eine Aufgabenverteilung.

In der folgenden Phase hat jeder seine Rolle gefunden und die Teilnehmenden beginnen zu performen. Die Zusatzaufgaben werden erarbeitet. Parallel entstehen großartige Dominokonstruktionen an den einzelnen Bauplätzen. Die Teilnehmenden entwickeln großen Spaß daran immer kreativere und längere Streckenverläufe zu bauen. In der Folge passiert, was passieren muss. Irgendwo wird ein Stein angestoßen und die Strecke fällt. Das war so nicht geplant. Aber die Motivation ist groß, es wird neu aufgebaut und fällt wieder um. Dieses Spiel wiederholt sich in allen Ecken des Bauzimmers wieder und wieder. Langsam werden die verzweifelten Ausrufe lauter. Erste Dominosteine fliegen und sorgen an anderer Stelle für Verwüstung. Die

Trainer greifen ein und suchen das Gespräch mit Einzelnen oder kleinen Gruppen. Immer wieder wird reflektiert, was passiert ist und welcher Mitarbeiter jetzt wie zum Einsatz kommen kann, um die Situation zu lösen. In dieser Phase des Bauprozesses wird der Polizist in mir immer wichtiger. Er hilft den Teilnehmenden die eigenen Emotionen und den Frust zu kontrollieren. Außerdem blendet er den Krach der Anderen und die Störungen aus, die nun immer präsenter werden. So wird das Domino nach und nach wieder größer, auch wenn jetzt immer häufiger eine einfachere Streckenführung gewählt wird.

Aufbau der Dominostrecke (Kolja Müller-Späth, move&do Mannheim[2])

Es ist 11.15 Uhr. Die enorme Konzentrationsanstrengung der letzten eineinhalb Stunden macht sich nun bemerkbar. Immer wieder fallen Teile der Dominostrecke aufgrund von Flüchtigkeitsfehlern. Glücklicherweise wurden mittlerweile an verschiedenen Punkten Sicherheitssperren eingebaut - ein großartiger Lösungsweg der verschiedenen Detektive im Kopf. Dennoch wird die steigende Überforderung der Teilnehmenden immer deutlicher. In dieser Situation geht es darum, die eigene Überforderung wahrzunehmen, die Emotionen zu kontrollieren und eine passende Strategie auszuwählen. Die Kinder werden gezielt von den Trainern auf ihre Chefrolle angesprochen und in der Situation begleitet. Einige entscheiden sich dafür eine kurze Pause im Nebenraum einzulegen, etwas zu essen und zu trinken, um anschließend mit neuer Energie und Motivation weiterzubauen. Andere fühlen sich noch fit und entscheiden sich erst späte eine Pause zu machen.

Auf diese Weise entsteht ein ständiger Wechsel im Bauraum. Die Teilnehmenden bewegen sich vorsichtig zwischen den fertigen Teilen der Dominostrecke und suchen nach den Orten an denen noch Hilfe benötigt wird. Während die Trainer die letzte halbe Stunde Bauzeit ansagen, lösen sich langsam die ursprünglichen Gruppen auf und es entsteht ein gemeinsames Domino.

Die Sicherheitssperren werden langsam herausgenommen und die Spannung im Raum wird direkt greifbar. Da passiert, was passieren muss. Ein Stein fällt und löst eine Kettenreaktion aus. Mehrere Schüler springen zur Hilfe und versuchen das Schlimmste zu vermeiden. Das gelingt zwar, doch ein großes Stück der Strecke ist bereits umgefallen. Die Gruppe reagiert unmittelbar. Gleich mehrere Teilnehmende sagen: „Wir wollen das jetzt aber schaffen!“ Und so machen sie sich gemeinsam ans Werk, die Strecke wiederherzustellen.

Fertigstellung der Strecke und der Zusatzaufgaben. (Kolja Müller-Späth, move&do Mannheim²)

15 Minuten später ist es geschafft. Alle Aufgaben sind erledigt und die Dominostrecke ist im ganzen Raum wiederhergestellt. Langsam und vorsichtig suchen sich alle ihren Platz im Raum. Nach ein paar Worten von Seiten der Trainer über die enorme Leistung der Gruppe und das tolle Ergebnis, das nun vor ihnen steht, wird der erste Stein angestoßen. Die Begeisterung wächst mit jedem Stein der fällt und jeder Zusatzaufgabe die funktioniert. Zweimal stoppt der Verlauf, wird aber ohne großes

Aufsehen wieder in Gang gebracht und als die gesamte Konstruktion auf dem Boden liegt, bricht die Gruppe spontan in lauten Applaus aus.

Nach dem gemeinsamen Aufräumen trifft die Gruppe sich nochmal im Stuhlkreis. Dort werden die Herausforderungen des Tages gesammelt und die Leistung jedes Einzelnen reflektiert. Mit diesem Eindruck über mehrere Stunden „mein eigener Chef“ gewesen zu sein, werden die Teilnehmenden in den Nachmittag verabschiedet.

5 Fazit

Das Konzept „ICH, mein eigener Chef“ wurde von move&do Mannheim[2] in Zusammenarbeit mit move&do in Stuttgart als Reaktion auf veränderte Zielgruppenbedürfnisse im Bereich des Sozialen Lernens entwickelt. In den Jahren 2018 bis 2021 wurde das Konzept in die Praxis implementiert.

Aufgrund der pandemiebedingten Schulschließungen musste die geplante Evaluation des Konzepts vorerst verschoben werden. Abschlussgespräche und Befragungen der Klassenlehrkräfte am Ende der einzelnen Trainings deuten auf eine insgesamt verbessertes Lernverhalten (z.B. Motivation, Konzentration, Zuverlässigkeit) und Sozialverhalten (z.B. Zusammenarbeit, Umgang, Hilfsbereitschaft) in den teilnehmenden Klassen hin. So werden Kinder und Jugendliche durch das Programm gezielt in ihrer Persönlichkeitsentwicklung und ihren Sozialkompetenzen gestärkt. Die Erfahrungen von Autonomie und Selbstwirksamkeit sowie Zusammenhalt und Unterstützung legen den Grundstein für verantwortungsvolles Handeln und engagiertes Eingreifen in die gesellschaftliche Entwicklung im Erwachsenenalter.

6 Literatur

Best, John R.; Miller, Patricia H. (2010): A developmental perspective on executive function. In: Child development 81 (6), S. 1641–1660. DOI: 10.1111/j.1467-8624.2010.01499.x.

Best, John R.; Miller, Patricia H.; Naglieri, Jack A. (2011): Relations between Executive Function and Academic Achievement from Ages 5 to 17 in a Large, Representative National Sample. In: Learning and individual differences 21 (4), S. 327–336. DOI: 10.1016/j.lindif.2011.01.007.

Blasco, P. M.; Saxton, S.; Gerrie, M. (2014): The Little Brain That Could: Understanding Executive Function in Early Childhood. In: Young Exceptional Children 17 (3), S. 3–18. DOI: 10.1177/1096250613493296.

Chambers, Christopher D.; Garavan, Hugh; Bellgrove, Mark A. (2009): Insights into the neural basis of response inhibition from cognitive and clinical neuroscience. In: Neuroscience and biobehavioral reviews 33 (5), S. 631–646. DOI: 10.1016/j.neubiorev.2008.08.016.

Collette, Fabienne; van der Linden, Martial; Laureys, Steven; Delfiore, Guy; Degueldre, Christian; Luxen, Andre; Salmon, Eric (2005): Exploring the unity and diversity of the neural substrates of executive functioning. In: Human brain mapping 25 (4), S. 409–423. DOI: 10.1002/hbm.20118.

Davidson, Matthew C.; Amso, Dima; Anderson, Loren Cruess; Diamond, Adele (2006): Development of cognitive control and executive functions from 4 to 13 years: evidence from manipulations of memory, inhibition, and task switching. In: Neuropsychologia 44 (11), S. 2037–2078. DOI: 10.1016/j.neuropsychologia.2006.02.006.

Davidson, Matthew C.; Amso, Dima; Anderson, Loren Cruess; Diamond, Adele (2006): Development of cognitive control and executive functions from 4 to 13 years: evidence from manipulations of memory, inhibition, and task switching. In: Neuropsychologia 44 (11), S. 2037–2078. DOI: 10.1016/j.neuropsychologia.2006.02.006.

Dowsett, S. M.; Livesey, D. J. (2000): The development of inhibitory control in preschool children: effects of "executive skills" training. In: Developmental psychobiology 36 (2), S. 161–174.

Drechsler, Renate (2007): Exekutive Funktionen. In: Zeitschrift für Neuropsychologie 18 (3), S. 233–248. DOI: 10.1024/1016-264X.18.3.233.

Gledhill, Daniela; Petermann, Franz (2013): Aggressive Kinder. Welche Bedeutung besitzt der Belohnungsaufschub? In: Kindheit und Entwicklung 22 (3), S. 139–144. DOI: 10.1026/0942-5403/a000109.

Kubesch, Sabine (2005): Das bewegte Gehirn. Exekutive Funktionen und körperliche Aktivität. Dissertation. Universität Ulm, Ulm. Medizinische Fakultät.

Mazzocco, Michèle M. M.; Kover, Sara T. (2007): A longitudinal assessment of executive function skills and their association with math performance. In: Child neuropsychology: a journal on normal and abnormal development in childhood and adolescence 13 (1), S. 18–45. DOI: 10.1080/09297040600611346.

Miyake, Akira; Friedman, Naomi P. (2012): The Nature and Organization of Individual Differences in Executive Functions: Four General Conclusions. In: Current directions in psychological science 21 (1), S. 8–14. DOI: 10.1177/0963721411429458.

Miyake, Akira; Friedman, Naomi P.; Emerson, Michael J.; Witzki, Alexander H.; Howerter, Amy; Wager, Tor D. (2000): The Unity and Diversity of Executive Functions and Their Contributions to Complex "Frontal Lobe" Tasks: A Latent Variable Analysis. In: Cognitive Psychology 41 (1), S. 49–100. DOI: 10.1006/cogp.1999.0734.

Roebers, Claudia M.; Cimeli, Patrizia; Röthlisberger, Marianne; Neuenschwander, Regula (2012): Executive functioning, metacognition, and self-perceived competence in elementary school children. An explorative study on their interrelations and their role for school achievement. In: Metacognition Learning 7 (3), S. 151–173. DOI: 10.1007/s11409-012-9089-9.

Röthlisberger, Marianne (2010): Exekutive Funktionen im Vorschul- und Grundschulalter. Entwicklungsverläufe und Möglichkeiten der Einflussnahmedurch Umweltfaktoren. Inauguraldissertation. Universität Bern, Bern. Philosophisch-humanwissenschaftliche Fakultät.

Rösler, Frank (2011): Psychophysiologie der Kognition. Eine Einführung in die Kognitive Neurowissenschaft. Heidelberg: Spektrum Akademischer Verlag; Imprint: Spektrum Akademischer Verlag (SpringerLink : Bücher).

Seiferth, N. Y.; Thienel, R.; Kircher, T. (2007): Exekutive Funktionen. In: Frank Schneider und Gereon R. Fink (Hg.): Funktionelle MRT in Psychiatrie und Neurologie. Berlin, Heidelberg: Springer Berlin Heidelberg, S. 265–277.

Verbruggen, Frederick; Logan, Gordon D. (2009): Models of response inhibition in the stop-signal and stop-change paradigms. In: Neuroscience and biobehavioral reviews 33 (5), S. 647–661. DOI: 10.1016/j.neubiorev.2008.08.014.

Wright, Ingram; Waterman, Mitch; Prescott, Helen; Murdoch-Eaton, Debbie (2003): A new Stroop-like measure of inhibitory function development: typical developmental trends. In: Journal of child psychology and psychiatry, and allied disciplines 44 (4), S. 561–575.

Dipl. Sozialpädagogin (FH) / Dipl. Sozialarbeiterin (FH)

Stefani Krieg

Outdoor- und Erlebnispädagogin, Visionssucheleiterin, Natur-Coach und Kommunikationstrainerin, Lehrbeauftragte für Natur- und Erlebnispädagogik an der Evangelischen Hochschule Freiburg, Lehrtrainerin für Erlebnispädagogik bei Snaketeam e.V.

E-Mail: stefani_krieg@web.de

Website: www.stefanikrieg.woess.co

Klima- und umweltpolitische Aspekte für die Arbeit im Outdoorbereich

1 Einführung

Der Klimawandel und die Umweltverschmutzung sind in vollem Gange, die Weltmeere können sich kaum noch vor Mikroplastik retten, das Trinkwasser wird knapp, und wir Menschen zerstören zunehmend unsere Lebens- und Nahrungsgrundlagen. Was aber haben wir als Erlebnispädagog*Innen bzw. Menschen, die im Outdoorbereich arbeiten, damit zu tun, und viel wichtiger: Was *können* bzw. *müssen* wir tun?

Schon 2018 wurde beim Kongress „erleben und lernen“ unter dem Titel „Einmischen possible“ festgestellt, dass auch wir als Erlebnispädagog*Innen einen gesellschaftspolitischen Auftrag haben. Dies zeigt sich in der Folge mit dem Kongressthema 2020: „Einmischen necessary“. Joanna Macy (Tiefenökologie), Gerald Hüther (Neurobiologe) und Peter Wohlleben (Förster) sind neben der gesamten Klimabewegung (Fridays for Future, Extinction Rebellions, Ende Gelände usw.) nur einige der Stimmen, die darauf hinweisen: Der dringend notwendige Wandel kann nur angestoßen werden, wenn jeder seinen Teil dazu beiträgt. So können wir als Menschen *gemeinsam* mehr bewirken.

Vorab möchte ich erwähnen: Ich schreibe hier im Rahmen meiner Tätigkeit als Erlebnispädagogin mit einem großen privaten Interesse an klima- und umweltpolitischen Themen. Mein Text kann und soll daher auf wissenschaftlicher Ebene nicht alle Aspekte aufnehmen. Vielmehr sollen die folgenden Zeilen dazu einladen, sich der verschiedenen Zusammenhänge (nochmals) bewusst zu werden und zu reflektieren, wie wir Erlebnispädagog*Innen in unserem Arbeitsalltag für einen weitreichenden und nachhaltigen umweltfreundlicheren Umgang und letztlich auch für eine „enkeltaugliche“ Zukunft einstehen können.

2 Klimapolitische Aspekte unserer Arbeit

Im vergangenen Jahr habe ich mich mit mehreren Kolleg*Innen über Klima- und Umweltthemen, die unsere Arbeit betreffen, ausgetauscht. Folgende drei Säulen waren uns für den Outdoor- und Seminarbereich besonders wichtig, da diese unseren Arbeitsalltag besonders betreffen: Mobilität, Ernährung und Material inklusive Kleidung.

2.1 Mobilität

162 Millionen Tonnen CO_2 produzieren wir Deutschen pro Jahr im Sektor Verkehr. Diese Zahl bleibt seit 1990 beinahe konstant.[1] Dass diese Emissionen nachhaltig den Klimawandel anfeuern, die Ozonschicht schädigen und weitreichende gesundheitliche Schäden für Mensch und Natur verursachen, sei hier nur am Rande erwähnt.

Neben den Abgasen sollte in der Klimabilanz der Bau der Fahrzeuge, welcher diverse Metalle, Plastikstoffe und Co. beinhaltet und mit den neuen E-Autos auch den Abbau von seltenen Erden, Kobalt usw. und die entsprechenden Umwelt- und Sozialschäden verursacht, bedacht werden. Nicht zu vergessen, sind auch der dazugehörige Straßenbau und die dafür nötigen Ressourcen bis hin zu weitreichenden Flächenversiegelungen für Parkplätze und Straßen und deren Auswirkungen. Was das für die Natur bedeutet, kann man derzeit direkt im Dannenröder Forst[2] beim Ausbau der A49 erleben.

Was bedeutet das für uns konkret? Was können, was müssen wir tun?

Konkret bedeutet dies: Schau dir deinen Fuhrpark an. Wie groß muss dein Auto wirklich sein? Mit kleineren verbrauchsfreundlicheren Autos kann bis zu einem Drittel des CO_2-Ausstoßes eingespart werden.[3]

Welche Wege *müssen* mit dem Auto zurückgelegt werden und wie *schnell* musst du fahren?

Wo finden meine Seminare statt?

Muss mein Seminar im Ausland stattfinden?

---

1 Greenpeace Media Group (Hrsg.) 2020, S. 20

2 Wald bei Stadallendorf (Hessen), der für eine Autobahnerweiterung teilweise abgeholzt wurde.

3 Vgl. Greenpeace Media Group (Hrsg.) 2018, S. 33ff.

Und wie kommen meine Teilnehmer*Innen dort hin? Gibt es umweltfreundliche und klimaneutrale Anreisemöglichkeiten? Carsharing oder Zugfahrten sind anerkannte Alternativen.

Vielleicht kann ich auch mit der Gruppe per Orientierungslauf vom nächstgelegenen Bahnhof aus anreisen? Dies wären erste Denkanstöße.

2.2 Ernährung

Unsere derzeitige Form der Ernährung schädigt nachhaltig die Erde und damit (auch) unsere Lebensgrundlage. Im Bereich Nahrung produzieren wir besonders durch Viehwirtschaft zu viel Kohlenmonoxid und setzen Klimagifte wie Methan und Lachgas frei. Weiterhin werden für die Produktion unserer Lebensmittel (Sojabohnen, Palmöl etc.) große Flächen Regenwald und weitere Ökosysteme zerstört. Ein trauriger Querschnitt durch unsere tägliche Ernährung – zumindest bei vielen von uns. Was ist zu tun? In vielen Kreisen ist es angekommen: Eine saisonale, regionale, vegane Ernährung gilt als klimafreundlich. So kann etwa bei konsequent biologischer Ernährung pro Jahr und Kopf ein halber Liter hochkonzentrierter Pestizide eingespart werden.[4] Übermäßige Verwendung von Dünger und Spritzmittel vergiften Böden und Grundwasser.[5] Transport, Lagerung und Verarbeitung tun ihr weiteres.[6]

Was bedeutet dies für die Arbeit im Outdoorbereich?

Erster Schritt: Wie so oft, erst einmal auf den eigenen Teller schauen! Was und wie konsumiere ich/ ernähre ich mich?

Zweiter Schritt: Was heißt das für meine Seminare und Trainings? Braucht es die Südfrüchte und das Steak während des Seminars? Weise ich schon im Vorfeld meine Teilnehmer*Innen ausdrücklich auf diese Thematik hin und lade zu einer veganen, saisonalen und biologischen Ernährung während der Gruppenzeit ein? Wird diese Form gar ein wichtiger Bestandteil meines Lagerlebens? Oder habe ich einen festen Platz, kann vor Ort selbst Biogemüse anbauen und dies in die Seminare mit einbinden?

---

[4] Vgl. Greenpeace Media Group (Hrsg.) 2018, S. 35

[5] Vgl. Heinrich-Böll-Stiftung u.a. (Hrsg.) 2017, S. 19.

[6] Vgl. BUNDjugend (Hrsg.) 2015, S. 14

Gibt es Biobauernhöfe oder Solidarische Landwirtschaften (kurz Solawi), mit denen ich oder wir als Verein kooperieren können? Wäre Foodsharing[7] eine Option für meine Veranstaltungen? Oder gehe ich ganz auf die „Survivalschiene" und ernähre mich und die Teilnehmer*Innen von dem, was gerade in der Natur wächst? Damit wäre auch das Thema Müll buchstäblich vom Tisch, das an dieser Stelle nur am Rande erwähnt werden soll.

Diese und viele weitere Ideen sind möglich – ein großer Bereich mit spannenden Zusammenhängen. Ich lade alle Kolleg*Innen herzlich ein, dieses Thema und den offenen Umgang damit auf kreative Art und Weise in die Angebote aufzunehmen.

2.3 Material und Kleidung

Die Arbeit als Erlebnispädagog*In macht viel Freude und ist oft auch eine Materialschlacht. Wie sieht es hier mit dem Thema Nachhaltigkeit und Umweltfreundlichkeit aus? Auch hier begegnen uns viele Themen, wie Müll und Energieaufwand für die Herstellung unserer Materialien, z.B. für Aluminium und Stahl für Karabiner.

Zusätzlich glänzt unsere funktionsfähige Outdoorkleidung mit Chemikalien auf Erdölbasis, die sich hinter den Namen Polyester, Elastan, Nylon oder Acryl verstecken. Nicht zu vergessen sind dabei die perfluorierten und polyfluorierten Chemikalien, kurz PFC, die unsere Kleidung wasserfest machen sollen. Diese sind nachhaltig umweltschädigend und zudem gesundheitsgefährdend.[8]

Was ist zu tun? Reduce, Reuse, Recycle sind hier die Schlagworte. Im Outdoorbereich stehen wir zusätzlich vor der Herausforderung, die Sicherheit unserer Materialien zu gewährleisten. Dennoch gilt die Frage: „Was brauchen wir wirklich?" auch für uns.

Gibt es Möglichkeiten, mit anderen Anbietern zu kooperieren und bestimmte Materialien gemeinsam zu nutzen?

---

[7] Statt Lebensmittel wegzuwerfen, bietet das Konzept von *Foodsharing* die Möglichkeit, Lebensmittel, die wir selbst nicht benötigen, abzugeben und so anderen zur Verfügung zu stellen. Auf der Website www.foodsharing.de können Privatpersonen, Händler und Produzenten Lebensmittel entweder kostenlos anbieten oder sie kostenlos abholen. Ziel ist es, einen Beitrag gegen Lebensmittelverschwendung zu leisten. (23.12.2020) https://www.real-markt.de/besser-leben/umwelt-nachhaltigkeit/foodsharing-lebensmittel-teilen-statt-wegwerfen/

[8] Vgl. https://www.greenpeace.de/themen/endlager-umwelt/outdoor-kleidung-ohne-schaedliche-chemie 19.12.2020 und https://utopia.de/ratgeber/erdoelprodukte-und-bessere-alternativen/ 19.12.2020

Welche Hersteller und Firmen gibt es, die auf nachhaltige und umweltschonende Produktion achten?

Welche Möglichkeiten gibt es, die Materialien zu recyceln? Unsere ausrangierten Kletterseile als Spielseile zu nutzen, ist nur eine davon. Einige Firmen, wie z.B. Lacrux, Newseed und Soulseil, bieten die Rücknahme bzw. das Recyceln deiner alten Seile an.

Bei der Kleidung gilt ein ähnliches Augenmerk: Was benötigen wir wirklich? Müssen wir bis auf die Unterwäsche mit „hochgetunter" Funktionskleidung bestückt sein, während wir „nur" im deutschen Winter unterwegs sind? Vielleicht ist es so, vielleicht auch nicht. Und ganz wichtig die Frage: „Muss es immer neu sein?" Auf Flohmärkten und Kleidertauschparties können durchaus gute Artikel gefunden werden. In sogenannten Repair-Cafés sitzen Menschen, die wahre Wunder mit alten Sachen bewirken können. So können viele Ressourcen geschont werden.

Es gibt einige teils bekannte Firmen, die in der Produktion darauf achten, möglichst umweltfreundliche Artikel zu fertigen. Im besten Fall findet dies im Rahmen eines sogenannten Close Loops, also eines geschlossenen Kreislaufes, statt, bei dem am Ende der Tragezeit die Artikel zum Hersteller zurückgesandt und zur Fertigung neuer Produkte aufbereitet werden können.

Firmen wie Bleed, Vaude, Patagonia, Klättermusen, Pyau und Triple 2 bemühen sich um ressourcenschonende Produktion, indem sie z.B. Recycling-Polyester aus PET-Flaschen zur Herstellung nutzen.[9] Hier ist auch interessant zu sehen, welche Firmen sich mit Themen wie Klimakompensation und sozialer Verantwortung beschäftigen. Hierzu gibt es einige Organisationen, wie z.B. UN Global Compact oder Initiative Science Based Targets (kurz SBTi), denen sich einzelne Firmen anschließen können.

Als umweltschonender gelten weiterhin Produkte aus Naturfasern. Funktionsunterwäsche aus Wollfasern erspart den Weltmeeren nicht nur Mikroplastik, sondern bewahrt uns vor toxischen Stoffen in der Kleidung, wie z.B. Nanosilber.[10]

Diese und viele weitere Themen stecken in der „Säule" Material und Kleidung. Meine Empfehlung: Bevor ihr das nächste Mal einkaufen geht, hört euch das Lied „Reduce, Reuse, Recycle" von Jack Johnson[11] an, und überlegt, was wirklich nötig ist.

---

[9] https://utopia.de/ratgeber/nachhaltige-outdoor-bekleidung/ 20.12.2020

[10] Ebd.

[11] https://www.youtube.com/watch?v=uSM2riAEX4U (16.06.2021)

3 Resümee

Diese Sammlung von Hinweisen und Anregungen soll an dieser Stelle genügen – sie darf und soll zum Nachdenken anregen und führt sicherlich noch zu vielen weiteren Aspekten im großen Themenfeld von Umwelt und Natur.

Schauen wir uns die genannten Faktoren an, wird es unbequem. Es ist an der Zeit, unseren Umgang mit der Natur und unserer Lebensgrundlage zu überdenken und Verantwortung für unser Tun und alle Mitwesen dieser Erde zu übernehmen. Das mag zunächst herausfordernd und irritierend und vielleicht auch beängstigend wirken. Doch wir als Erlebnispädagog*Innen wissen: Der Schritt aus der Komfortzone (vgl. Abstreiter et al. 2017, S. 43 ff.)[12] hält das Geschenk der Horizonterweiterung durch neue Erfahrungen und in diesem Falle auch ein Leben und Arbeiten im Einklang mit Natur und Umwelt bereit. Daraus resultiert eine Vergrößerung unserer Komfortzone; diesmal (hoffentlich) ganzheitlich und nachhaltig.

Es gibt viele wundervolle Beispiele, wie auf schöne und leichte Art und Weise ein klima- und umweltfreundliches Leben gelingen kann.

Viel Freude beim Ausprobieren!

[12] Die Idee der Komfortzone stammt aus dem Komfort-/ Lernzonenmodell oder auch drei Sektorenmodell genannt. Weiteres dazu Abstreiter et al. 2017, S. 43ff

Literatur

Abstreiter, R., Zwerger, R., Zwerger, R. (2017): Außen handeln – Innen schauen. Augsburg: Ziel

BUNDjugend (Hrsg.) (2015): Das Klimakochbuch. Stuttgart: Franckh-Kosmos Verlag

Greenpeace Media Group (Hrsg.) (2020): Greenpeace Magazin 3.20. Enthüllt. Die Zukunft des Autos. Hamburg: Greenpeace Media Group

Greenpeace Media Group (Hrsg.) (2018): Greenpeace Magazin 6.18. Bloß nicht hinwerfen. Wie wir alle für unsere fragile Welt Verantwortung übernehmen können. Und mit kleinen Dingen großes bewirken. Hamburg: Greenpeace Media Group

Heinrich-Böll-Stiftung, Rosa-Luxemburg-Stiftung, Bund für Umwelt und Naturschutz Deutschland (BUND), Oxfam Deutschland, Germanwatch, Le Monde Diplomatique (Hrsg.) (2017): Konzernatlas 2017, 2.Auflage. https://www.bund.net/fileadmin/user_upload_bund/publikationen/landwirtschaft/landwirtschaft_konzernatlas_2017_01.pdf

https://www.real-markt.de/besser-leben/umwelt-nachhaltigkeit/foodsharing-lebensmittel-teilen-statt-wegwerfen/ 23.12.2020

https://www.greenpeace.de/themen/endlager-umwelt/outdoor-kleidung-ohne-schaedliche-chemie 19.12.2020

Sozialpädagoge B.A.
Erlebnispädagoge be®
David Schwarz

Dozent für die Zusatzqualifikation Erlebnispädagogik an der F+U Fachschule für Sozialwesen mit dem Schwerpunkt Jugend- und Heimerziehung in Heidelberg. Zudem freiberuflicher Erlebnispädagoge mit dem Projektschwerpunkt auf Trainings und Reisen mit benachteiligten Kindern und Jugendlichen.

E-Mail: david.schwarz@fuu.de

Website: www.david-schwarz.org

Die Erlebnispädagogik als Vermittler
Der Spagat zwischen Beibehalten des eigenen Standpunktes und der Übernahme anderer Sichtweisen

1 Einführung

Der folgende Beitrag bezieht sich auf die praktische Arbeit in einer erlebnispädagogischen Aktion. Die erlebnispädagogische Berufspraxis bietet die Möglichkeit, Gruppen aus verschiedensten Kontexten zu erfahren. Oftmals sind unterschiedliche Sichtweisen oder eingefahrene Meinungen zu spezifischen Themen, die innerhalb einer Gruppe zu Spannungen oder Konflikten führen können, vorherrschende Problemlagen. Dabei spielt die Herkunft der Gruppe (Jugendhilfe, Firmen, Freizeit) keinerlei Rolle. Der folgende Beitrag stellt die Frage, inwieweit es durch den Einsatz einer erlebnispädagogischen Kooperationsübung möglich ist, einer Gruppe ein Setting zu bieten, in der sich diese auf praktische Weise mit unterschiedlichen Meinungen und Sichtweisen auseinandersetzen kann. Dabei liegt besonderes Augenmerk darauf, ob eine aus Gruppenperspektive eigenständige Konfliktlösung möglich ist, mit der alle Parteien einer Gruppe zufrieden sein können. Die Idee und Erfahrungen mit dieser Thematik stammen aus der Arbeit des Autors im Bereich der Kinder- und Jugendhilfe.

In der sozialpädagogischen Arbeit geht es in vielerlei Hinsicht um Vermittlung. Vermittlung zwischen Konfliktparteien, z. B. bei der Arbeitsplatzsuche, in der Wertevermittlung oder der Wissensvermittlung. Vermittlung lässt sich auch als einen Prozess beschreiben, um ein gewünschtes Ergebnis oder eine Handlung zwischen zwei unterschiedlichen Interessen zu erreichen.[1]

Dies ist als grundlegende Information wichtig, da die Vermittlung zwischen unterschiedlichen Meinungen oder Parteien innerhalb einer Gruppe sehr oft mit Gegensätzen zu tun hat. Bei der Wissensvermittlung ist es der Gegensatz zwischen Wissen und Nichtwissen, bei der Wertevermittlung der Gegensatz unterschiedlicher Wertevorstellungen und im Bereich der Konfliktvermittlung können es unterschiedliche Meinungen, Motive, Gefühle und Handlungsweisen sein, die einen Konflikt erzeugen können. In all diesen Bereichen ist eine Vermittlung notwendig.

---

[1] Vgl. Bibliographisches Institut GmbH, Duden

Vermittlungsarbeit ist eine der Haupttätigkeiten in der sozialpädagogischen Arbeit. Das Diskutieren mit Kindern und Jugendlichen, um eine Konfliktlösung zu finden, geschieht meist intuitiv und selbstverständlich. Hierbei ist es dem Pädagogen manchmal nicht bewusst, was dieser mit seinem angebotenen Lösungsmodell bei den betroffenen Jugendlichen auslösen kann. Zudem kann dem Jugendlichen unklar sein, was der Pädagoge mit seiner Konfliktlösung erreichen möchte. Es kann vorkommen, dass aus der Sicht des Pädagogen der Wunsch nach Klärung oder Lösung eines Konflikts, ein starker Antrieb sein kann. Dabei muss die Frage gestellt werden, ob die vom Pädagogen angebotenen Lösungen für alle Betroffenen sinnvoll sind, oder was diese Konfliktlösung bei den jeweiligen Kindern und Jugendlichen auslöst. Damit ist nicht gemeint, dass eine durch einen Pädagogen erarbeitete Lösung nicht sinnvoll oder zielführend sein kann, sondern vielmehr der Ansatz, dass eine durch die betroffenen Jugendlichen z. B. selbstständig gefundene Konfliktlösung nachhaltiger wirksam ist. Denn die Bereitschaft, an etwas mitzuarbeiten, ist größer, wenn die Jugendlichen es selbstständig entwickelt haben. Dies lässt sich mit der Theorie der Selbstwirksamkeit erklären.[2] Das Konstrukt der Selbstwirksamkeit bezeichnet die Überzeugung einer Person, die Bewältigung von Herausforderungen aus eigener Kraft erfolgreich meistern zu können. Wolfgang Wahl formuliert für die Erlebnispädagogik den Zirkel der Selbstwirksamkeit (in Anlehnung an Albert Bandura). Durch neue Herausforderungen (bspw. eine Problemlöseaufgabe) wird die Selbstwirksamkeitserwartung (der Anspruch des Jugendlichen an sich selbst, einen Konflikt eigenständig klären zu können) angesprochen. Durch einen Handlungserfolg kann eine Bestätigung dessen und Selbstzuschreibung („ich kann das") zu einer Selbstwirksamkeitserfahrung führen und hier als Ausgangspunkt für die Meisterung neuer Herausforderungen dienen.[3] Hierfür müssen in diesem Beispiel die Jugendlichen eigene Lösungen entwickeln dürfen. Wenn sie diese Lösungen ausprobieren und der Konflikt dadurch beigelegt werden kann, so können die Jugendlichen daraus eine Selbstwirksamkeitserfahrung machen.[4] Deshalb ist es relevant, dass durch die Erlebnispädagogik ein Setting kreiert wird, in dem diese Vermittlung und Konfliktlösung ohne Einfluss durch einen Pädagogen möglich wird.

In den folgenden Kapiteln wird ein praktischer Ansatz der Vermittlung vorgestellt, der eine vertretbare Lösung für die Parteien auf Seite der Kinder und Jugendlichen impliziert. Hierbei spielt vor allem die Perspektive der Betroffenen eine entscheidende Rolle.

---

[2] Vgl. Wahl, W. (2018), S.28f

[3] Vgl. Zimbardo, P.G., Gerrig, R.J. (1999): S.542ff

[4] Vgl. Wahl, W. (2018), S.28f

2 Neuer Ansatz der Vermittlung

Die eigentliche Idee, die der Vermittlung zugrunde liegt, ist nicht neu. In Bezug auf die Praxis der Erlebnispädagogik kann diese sogar als klassische Herangehensweise bezeichnet werden. Relevant ist dabei das Verständnis, dass das Setting und die ausgewählte Herausforderung, in diesem Fall ein Lernprojekt[5] mit Aufgabenübernahme, bereits für die Konfliktlösung wichtig sind. Die Aufgabenübernahme meint dabei, dass jede beteiligte Partei eine Aufgabe für eine andere Gruppe zu erledigen hat. Ohne diese Aufgabe, kann keine Gruppe ihr Ziel erreichen. Grundsätzlich könnte umgangssprachlich Folgendes formuliert werden: *Ich (als Jugendlicher) gebe meinen Standpunkt nicht auf, bin aber bereit, dir (anderer Jugendlicher) zuzuhören und zu überlegen, warum du nicht meiner Meinung bist. Ich erkenne an, dass du andere Meinungen haben darfst und diese aus deiner Sichtweise auch richtig und schlüssig sind. Ich bin bereit dir zuzuhören und herauszufinden, was wir jeweils wollen, um dann gemeinsam eine Lösung zu erarbeiten.*

Dies ist eine Aussage, die in Diskussionen und Auseinandersetzungen oft wünschenswert wäre. Menschen, die sich auch bei konträren Meinungen zuhören würden, um zu verstehen, warum jemand einer anderen Meinung sein könnte. Es geht um echtes Interesse und aktives Zuhören dem gegenüber, was nicht meiner Meinung entspricht. Ich möchte mich hier nicht mit den Gründen beschäftigten, warum dieses nicht passiert bzw. wie der Eindruck entsteht, dass man sich in Diskussionen oder Konflikten nicht mehr gegenseitig zuhört. Vielmehr sollen Aspekte aufgeführt werden, warum es auf praktischer Ebene im Konfliktfall erfolgversprechend sein kann, auch einmal andere Sichtweisen einzunehmen.

Unter einer Diskussion ist im einfachsten Sinne ein Meinungsaustausch zu verstehen, in dem unterschiedliche Argumente vorgetragen werden. Sinnverwandte Begriffe sind die Auseinandersetzung, das Wortgefecht oder Streitgespräch[6]. Der Konflikt ist oft mit negativen Begriffen wie Streit, Ärger oder sogar Bedrohung verbunden.[7] Nach Glasl beinhaltet ein Konflikt, „dass stets zwei oder mehr Elemente (Inhalte, Interessen, Bedürfnisse) in einer Beziehung der Gegensätzlichkeit, Unvereinbarkeit oder Unverträglichkeit zueinander stehen.“[8] Aus allen Begriffen wird deutlich, dass sich eine emotionale Energie (“Grad an Aufregung und Spannung“[9])

[5] Vgl. Heckmair, B. (2018), S.239ff

[6] Vgl. Bibliographisches Institut GmbH, Duden

[7] Vgl. Deutscher Verein für öffentliche und private Fürsorge e.V. (2017), S. 519

[8] Ebd. S.519

[9] Ebd. S.519

wiederfinden lassen kann. Dieses trifft vor allem auf einen Konflikt zu.[10] Je emotionsgeladener eine Diskussion, desto schwieriger kann die sachliche Auseinandersetzung und somit die Möglichkeit eine Übernahme einer anderen Sichtweise sein.[11]

Wird von einer Diskussion oder Streitsituation ausgegangen, so sollte der Versuch erfolgen, einen Kompromiss mit den Betroffenen zu erarbeiten. In diesem sollten beide Parteien versuchen, die Position des anderen zu verstehen und anzunehmen. Oft ist dies für die Beteiligten eines Konfliktes nur schwer möglich, da diese entweder aufgrund ihrer Emotionen innerlich gefangen sind oder sie den Eindruck haben, dass ihre Meinung/ Sichtweise nicht gehört wird, oder falsch ist.[12] Daraufhin entsteht eine Abwehrhaltung, welche das gemeinsame Finden einer Lösung deutlich erschwert.

An genau diesem Aspekt setzt nun die Vermittlungsarbeit durch die praktische Übung in der Erlebnispädagogik an. Der Grundansatz, der in der Praxis verfolgt werden soll, ist das Beibehalten des eigenen Standpunktes und gleichzeitig die Aufgabe, sich für die Sichtweisen der anderen Partei zu öffnen. Eine Konfliktlösung ist langfristig nur möglich, wenn der eigene Standpunkt auch (zum Teil) aufgegeben werden kann. Um die beteiligten Parteien am Anfang dazu zu motivieren, an einer Konfliktlösung teilzunehmen, ist es für den Beginn wichtig, dass der eigene Standpunkt vorerst beibehalten werden darf. Ein Lernprojekt[13] eignet sich dahingehend, da es eine Interaktion auf praktischer Ebene ermöglicht. „Lernprojekte taugen hervorragend für die kurzfristige Inszenierung gruppendynamischer Prozesse und sind so „Mikrowelten" (Peter Senge), in denen sowohl direkt und unmittelbar, aber auch reflektierend und alltagsbezogen gelernt werden kann".[14]

Die zugrunde gelegte Überlegung fußt auf besserem gegenseitigem Zuhören, Verstehen und verstanden fühlen. Damit verbunden ist die respektvolle Haltung gegenüber anderen Meinungen, anderen Menschen, deren Aussagen und der Wertschätzung eigener Positionen.[15] Wenn ich als Betroffener meine Meinung nicht aufgeben muss, kann ich meinem Gegenüber auch offener begegnen. Es entsteht keine Kampfsituation darum, wer seinen Standpunkt behalten darf und wer auf den

---

[10] Vgl. Ebd. S. 519f.

[11] Vgl. Thomann, C.; Schulz von Thun, F. (2005) S.84

[12] Vgl. ebd. S.45

[13] Vgl. Heckmair, B.; Michl, W. (2018) S.212ff

[14] Ebd. S.212f

[15] Vgl. Thomann, C.; Schulz von Thun, F. (2005) S.85f

anderen zugehen muss.[16] Durch das praktische Lernprojekt mit Aufgabenübernahme haben die beteiligten Jugendlichen die Möglichkeit, ihren Standpunkt beizubehalten. Die Aufgaben im Lernprojekt stehen dabei symbolhaft für den eigenen Standpunkt und später auch für die Perspektivübernahme. Auf praktischer Ebene werden diese Bestandteile in Aufgaben aufgeteilt. Wie zuvor beschrieben, ist dieses Beharren auf dem eigenen Standpunkt vor allem für den Start der Vermittlung relevant, da hierdurch ein Grundstein für klare Kompromisse und Lösungen gelegt werden kann, mit denen sich alle Parteien identifizieren können.

2.1 Grundgedanken zur Übung

Für die Vermittlung ist es relevant, dass je nach Problemlage und Problemgruppe ein Überblick über den Konflikt oder das Diskussionsthema innerhalb der Gruppe besteht. Denn der Vermittlungsprozess wird in einer Moderation durch den Pädagogen begleitet. Dabei ist es von Vorteil, sämtliche Bestandteile des Konfliktes zu kennen.[17] Wie bereits im vorherigen Abschnitt erwähnt, zielt die Vermittlung darauf ab, alle Meinungsparteien in einer Gruppe, die Möglichkeit einzuräumen, den eigenen Standpunkt vorerst nicht verlassen zu müssen. Dies bedeutet für die Umsetzung, dass eine Option/ Möglichkeit geschaffen werden muss, in denen beiden Parteien ihren Standpunkt äußern und benennen dürfen, ohne dass dieser dabei zerredet, angegriffen oder kleingemacht wird. Wichtig ist hierbei das Gleichheitsprinzip.[18] Für alle Parteien gelten dieselben Kommunikations- und Diskussionsregeln. Diese können je nach Gruppe unterschiedlich gestaltet sein. Möglichkeiten sind Redezeitbegrenzungen, Ich-Formulierung usw. Hierzu gibt es in der Literatur sehr viele gute Ansätze, um Konflikte wertschätzend und lösungsorientiert zu bearbeiten.[19] Die Einhaltung des Gleichheitsprinzips ist dahingehend wichtig, dass überhaupt die Grundlage für eine Vermittlung geschaffen wird. Beide Parteien sind gleichermaßen stimmberechtigt und dürfen ihren Standpunkt aus ihrer Perspektive vollständig präsentieren. Nur durch das Einhalten des Gleichheitsprinzips sind beide Parteien bereit, sich auf eine Problemlösung einzulassen. Erlebt und spürt eine Partei, dass sie nicht ernst genommen wird oder die Sichtweise der anderen Partei wichtiger erscheint, sinkt entsprechend auch ihre Bereitschaft, an einem Kompromiss mitzuarbeiten bzw. sich an eine Vereinbarung zu halten. Denn bereits Schulz von Thun

---

[16] Vgl. ebd. S.87

[17] Vgl. Thomann, C.; Schulz von Thun, F. (2005) S.43f

[18] Vgl. ebd. S.44ff

[19] Vgl. ebd. S.51ff

vertrat die Meinung, „wer sich verstanden fühlt, kann auch andere verstehen.“[20] Daher ist es wichtig, dass beide Parteien zu Beginn bei ihrem Standpunkt bleiben dürfen. Eine durch Zwang und Druck erzeugte Veränderung der eigenen Position behindert und erschwert die Konfliktlösung. Hierbei geht es vor allem um den Beginn der Konfliktlösung. Während der späteren Kooperationsübung müssen die Teilnehmenden sich von ihrem Standpunkt wegbewegen, um die Aufgabe zu lösen.

Bevor der eigentliche praktische Vermittlungsteil startet, soll folgender Hinweis für die Praxis gegeben werden: Diese Methode kann auch bei akuten Konflikten angewandt werden. Langfristige Problemlagen und festgefahrene Konflikte können ebenfalls bearbeitet werden. Da es sich um ein praktisches Arbeiten anhand einer abgewandelten Kooperationsübung handelt, sollten die beteiligten Personen in der Lage sein, eine Kooperationsübung durchführen zu können.

2.2 Einzelne Aspekte der Vermittlung

Wie schon erläutert, sollte im ersten Schritt der Vermittlung die Wahrnehmung aller Meinungen stehen. Hierbei ist es wichtig, dass die mit der Moderation beauftragte Person weiß, worum es geht. Hintergrundinfos und Bestandteile des Konflikts können für die Konfliktlösung wichtig sein. Hierauf wird im dritten Schritt noch genauer eingegangen.

Im ersten Schritt ist es relevant, dass beide Parteien gleichwertig wahrgenommen werden. Dieses bildet die eigentliche Grundlage der Vermittlung. Der Start in die praktische Lösung erfolgt anhand der Erläuterung und Einführung in die Kooperationsübung. Hierbei funktionieren mehrere unterschiedliche Übungen, sofern sie nach dem Prinzip der Aufgabenübernahme aufgebaut werden.

Des Weiteren wird in der Vorbereitung und Aufgabenstellung, wie in einer klassischen erlebnispädagogischen Kooperationsübung vorgegangen. Bei sehr klaren Konfliktsituationen können die Konfliktbestandteile, wenn dieses praktisch umsetzbar ist, auch in die Kooperationsübung mit eingebaut werden. Ansonsten kann eine neutrale Kooperationsübung genutzt werden.

Im zweiten Schritt wird nun an der eigentlichen Vermittlung gearbeitet. Hierbei wird das praktische Mittel der Erlebnispädagogik – *die Aufgabenübernahme* - verwendet. Dies bedeutet, dass in der praktischen Aufgabe eine Abhängigkeitssituation für die Gruppenteilnehmer geschaffen wird, in der die beteiligten Personen nur gemeinsam eine Lösung erreichen können. Diese Abhängigkeitssituation entsteht durch Teilaufgaben, die die jeweils anderen Parteien für die eigene Gruppe lösen müssen. Dabei

---

[20] Ebd. S.45

entsteht eine gegenseitige Abhängigkeit, da jede Partei für die andere eine Teilaufgabe besitzt und lösen muss. Ohne das Lösen dieser Teilaufgabe, ist eine Zielerreichung nicht möglich.

In vielen Kooperationsübungen hat eine Gruppe die Aufgabe, eine für Sie gestellte Aufgabe in einer bestimmten Zeit mit vorgegebenen Schwierigkeiten zu lösen.[21] In diesem Fall würde die Gruppe nur für sich selbst arbeiten. In diesem Beispiel wird nun die Aufgabenübernahme angewendet. Dieses bedeutet, dass zwei Gruppen zur selben Zeit unterschiedliche Aufgaben lösen müssen, das Endziel jedoch nur in Abhängigkeit von der zweiten Gruppe erreichbar ist. Anhand eines Puzzlespiels lässt sich dieses Prinzip besser erklären. Das Puzzle besitzt 100 Teile. Jede Kleingruppe besitzt 99 Teile eines Puzzles. Das letzte Teil ist jedoch im Besitz der anderen Kleingruppe. Dieses gilt für beide Gruppen. Sie haben es also nicht in der eigenen Hand, das Puzzle vollständig zu lösen, da sie in einer Abhängigkeit zur anderen Gruppe stehen. Das letzte Teil erhalten die Gruppen nur, wenn die jeweils andere Gruppe stellvertretend eine Aufgabe für sie übernimmt. Dieses stellt auf praktischer Ebene den Konflikt zwischen beiden Parteien dar. Es besteht eine Verbindung und/ oder Abhängigkeit von der anderen Partei. Für die Lösung bzw. Klärung des Konfliktes ist der andere Konfliktpartner notwendig.

Der eigene Standpunkt der Gruppe wird in der Aktion durch die Lösung der eigenen Aufgabe dargestellt. Jede Teilgruppe bzw. Konfliktpartei hat eine andere zu lösende Aufgabe vom Pädagogen bekommen. Das Beharren auf dem eigenen Standpunkt ist gleichbedeutend mit dem Lösen der „eigenen“ Teilaufgabe. Dieses ist für das theoretische Verständnis wichtig. Es kann später im Reflexionsprozess durch den Pädagogen mit eingebaut werden. Keine der beiden Gruppen ist verpflichtet, die Aufgabenübernahme der anderen Gruppe durchzuführen. Jedoch führt dieses zu einer Blockadehaltung beider Seiten, weshalb keine Gruppe zum Ziel kommen kann. Es entsteht durch diese Abhängigkeit eine Form des „zwanghaften Zusammenarbeitens“. Versuche, die andere Gruppe zu blockieren, können im Gegenzug ebenfalls zu einer Blockadehaltung der anderen Gruppe führen, welche die Erreichung des Kernziels für beide Seiten unmöglich macht. Diese Abwägung innerhalb der Gruppen (Konfliktparteien) führt zu einem selbstgewählten Kompromiss. *Ich helfe der anderen Gruppe unter der Prämisse, dass ich selbst ans Ziel komme. Dieses verdeutlicht den im Titel genannten Satz, der Spagat zwischen dem Beibehalten des eigenen Standpunktes und der Übernahme anderer Sichtweisen.*

---

[21] Vgl. Heckmair, B.; Michl, W. (2018) S.212ff

Im dritten Schritt werden, nach Absolvierung der Aufgabe und der gegenseitigen Aufgabenübernahme, in einem Reflexionsprozess die einzelnen Schritte besprochen.[22] Hierbei liegt der Fokus vorerst nur auf der Aufgabe. Kernaspekte der Auswertung sind die Aufgabenübernahme und die Gefühlslage der Teilnehmer in der Abhängigkeitssituation. Diese zwei Aspekte spielen für die anstehende Konfliktlösung eine Rolle. Im Grunde wird der Konflikt durch die erlebnispädagogische Aktion nicht gelöst. Am Ende der Aktion steht aktuell noch der ungelöste Konflikt. Erreicht wurden jedoch ein emotionaler Zugang und ein Verständnis zur Notwendigkeit der Zusammenarbeit mit der anderen Gruppe. Das bedeutet, es wurde durch die Aktion an der Bereitschaft zur Konfliktlösung gearbeitet. Erlebt haben beide Gruppen die Abhängigkeit voneinander und gleichzeitig den Erfolg des Lösens der eigenen Aufgabe. Aber Achtung: Wie immer in einer erlebnispädagogischen Aktion kann es auch zum Scheitern kommen.[23] Es gibt Gruppen, die in eine vollständige Blockadehaltung gehen. Hier ist ein konstruktives Arbeiten vorerst nicht möglich. Verweigerungshaltungen entstehen in diesem Kontext, wenn eine Partei nicht bereit ist, die Teilaufgaben der anderen zu lösen. Dadurch scheitert auch der Versuch der Konfliktlösung. Scheint die Kooperationsübung jedoch lösbar und das Ziel erreichbar (Erfolg motiviert), ist die Wahrscheinlichkeit mit den anderen Parteien zu kooperieren, höher. Bei Gruppen, welche erfolgreich ihre Aufgabe gelöst haben, kann sich durch das damit verbundene positive Gefühl die Dramatik und die Spannung des vorherigen Konfliktes bereits gelöst haben.[24] Durch das gemeinsame Tun kann eine Konfliktspannung abgebaut werden, sodass sich ein Konflikt ruhiger besprechen lässt. Sind diese Spannungen noch nicht abgebaut, so kann durch das zuvor beschriebene eigene Erleben die Übernahme anderer Sichtweisen erleichtert werden. Das eigene Erleben bezieht sich auf die Wahrnehmung, dass durch Kooperation eine Lösung möglich ist. Die Konfliktspannung kann noch vorhanden sein, dennoch hat die eigene Wahrnehmung dargelegt, dass kooperative Handeln, also in dem Sinne eine Konfliktlösung, zum Erfolg führen kann. Hierfür ist es nötig, mit den anderen Parteien zu interagieren und deren Sichtweisen zu akzeptieren. Die eigentliche verbale Konfliktlösung, die selbstverständlich noch erfolgen sollte, kann nun möglich sein. Die verbale Konfliktlösung sollte sich an die Gleichheitsprinzipien halten, die zuvor erwähnt worden sind. Auch sind die klassischen Merkmale einer erlebnispädagogischen Reflexion zu beachten.[25]

---

[22] Vgl. Gilsdorf, R. (2018), S.38ff

[23] Vgl. Wahl, W. (2018): S.28

[24] Vgl. Markus, S., Jacob, B., Eberle, T. (2018), S.35

[25] Vgl. Friebe, J. (2018), S.45ff

3 Ausblick

Eingangs wurde das Wort Vermittlung aufgegriffen. Vermittlung als Hauptaufgabe der pädagogischen Arbeit. Durch den eben dargestellten Ansatz ist es möglich, einer Konfliktgruppe ein Werkzeug an die Hand zu geben, mit der eine eigenständige Vermittlung in einem Konflikt möglich ist. Was mit Worten nicht erreicht werden kann, das kann praktisch erlebt werden. Durch das Erleben der Aufgabenübernahme wird eine positive emotionale Verknüpfung aufgebaut. Diese besteht aus dem Gefühl, die Aufgabe gelöst und gleichzeitig mit der anderen Gruppe kooperiert zu haben. Dieses setzt bereits einen emotionalen Verarbeitungsprozess in Gang.[26] Auf diese Art und Weise wird der bestehende Konflikt auf einer praktischen Ebene neu thematisiert.

Grundsätzlich ist dieser Ansatz für viele Formen der Konfliktlösung möglich. In der Praxis konnte der Autor gute Erfahrungen in festgefahrenen Konfliktsituationen machen. Betroffene erleben sowohl die Notwendigkeit als auch den Nutzen, andere Sichtweisen anzunehmen. Dies wird durch den praktischen Vermittlungsversuch der Kooperationsübung erreicht. Wichtig ist hierbei jedoch, dass eine ausführlich vorbereitete und begleitete Reflexionsphase an die Kooperationsübung anschließen muss. Das eigene Erleben sollte in diesem Kontext auf den Konflikt übertragen werden und dient somit als Hilfestellung zur Lösung der Situation. Der klassische erlebnispädagogische Ansatz des „The Mountains speak for Themselves“, wo das eigene Erleben aussagekräftig genug ist und deshalb keine Reflexion benötigt wird, ist in diesem Kontext nicht praktizierbar.[27]

Die Idee der Vermittlung lässt sich auch unter dem Kongressthema „Einmischen necessary – Von der Kunst des beherzten Handelns“ einordnen. Die Kunst des beherzten Handelns als Aufforderung dazu, sich einzumischen und Hilfestellung anzubieten. Dieser Artikel stellt eine praktische Möglichkeit darf, Betroffenen einen neuen Weg anzubieten, um Konflikte lösbar zu machen. Auch wenn Sie als Pädagoge nicht direkt beteiligt sein müssen, so ist das Bereitstellen der Konfliktlösungsidee, eine Form des beherzten Handelns und Einmischens.

---

[26] Vgl. Paffrath, F. H. (2018), S.20f

[27] Vgl. Michl, W. (2009), S.65f

4 Literatur

Deutscher Verein für öffentliche und private Fürsorge (Hrsg.) (2017): Fachlexikon der Sozialen Arbeit. 8. Auflage. Baden-Baden: Nomos Verlagsgesellschaft

Dudenredaktion (Hrsg.) (2019): Deutsche Universalwörterbuch. Das umfassende Bedeutungswörterbuch der deutschen Gegenwartssprache. 9. Auflage, Bibliographisches Institut GmbH

Friebe, Jörg (2018): Reflexion in der erlebnispädagogischen Praxis. In: Michl, Werner; Seidel, Holger (Hrsg.): Handbuch Erlebnispädagogik. München: Ernst Reinhardt Verlag, S.45-48

Gilsdorf, Rüdiger (2018): Reflexion – Nachdenken, Suchen und Erkennen in der Erlebnispädagogik. In: Michl, Werner; Seidel, Holger (Hrsg.): Handbuch Erlebnispädagogik. München: Ernst Reinhardt Verlag, S. 38-44

Heckmair, Bernd (2018): Lernprojekte. In: Michl, Werner; Seidel, Holger (Hrsg.): Handbuch Erlebnispädagogik. München: Ernst Reinhardt Verlag, S.239-242

Heckmair, Bernd; Michl, Werner (2018): Erleben und Lernen. Einführung in die Erlebnispädagogik. 8. Auflage. München: Ernst Reinhardt Verlag

Markus, Stefan; Jacob, Barbara; Eberle, Thomas (2018): Die Bedeutung von Emotionen im erlebnispädagogischen Kontext. In: Michl, Werner; Seidel, Holger (Hrsg.): Handbuch Erlebnispädagogik. München: Ernst Reinhardt Verlag, S.33-37

Michl, Werner (2009): Erlebnispädagogik. 1. Auflage. München: Ernst Reinhardt Verlag

Michl, Werner; Seidel, Holger (2018): Handbuch Erlebnispädagogik. München: Ernst Reinhardt Verlag

Thomann, Christoph; Schulz von Thun, Friedemann (2005): Klärungshilfen 1. Handbuch für Therapeuten, Gesprächshelfer und Moderatoren in schwierigen Gesprächen. Reinbeck bei Hamburg: Rowohlt Taschenbuch Verlag

Paffrath, F. Hartmut (2018): Zu theoretischer Konzeption und interdisziplinärem Kontext der Erlebnispädagogik. In: Michl, Werner; Seidel, Holger (Hrsg.): Handbuch Erlebnispädagogik. München: Ernst Reinhardt Verlag, S. 20-22

Wahl, Wolfgang (2018): Bildung und Kompetenzerwerb. In: Michl, Werner; Seidel, Holger (Hrsg.): Handbuch Erlebnispädagogik. München: Ernst Reinhardt Verlag, S.27-32

Zimbardo, P.G., Gerrig, R.J. (1999): Psychologie. 7. neu übers. und bearb. Aufl.. Berlin, Heidelberg, New York: Springer, S.542ff